IN MIXED COMPANY
小团队沟通课

Communicating in Small Groups and Teams

TENTH EDITION

by J. Dan Rothwell

[美] J.丹·罗斯维尔 —— 著

魏思静 —— 译

中国友谊出版公司

目 录

前 言   1

第 1 章   团体中的沟通能力

沟通的谬论	8
沟通的定义	11
沟通能力	20
获得沟通能力	24
团体的定义	32
提升练习	35

第 2 章   作为系统的团体

各部分之间的关联性	41
对环境变动的适应能力	49
规模的影响	58
提升练习	63

第 3 章   团体发展

团体的基本维度   69

团体发展的周期阶段 70
提升练习 93

第 4 章　营造团体气氛

竞争与合作 98
沟通和团体气氛 107
提升练习 121

第 5 章　团体里的角色

角色的影响：不只是一场游戏 126
角色类型：每个人都有自己的位置 133
角色适应：保持宽松 139
角色形成：了解我们的分工 140
新人：扰乱系统 142
提升练习 147

第 6 章　团体领导

定义领导：不断演变的共识 150
获得和维系领导力：到达仅仅是开始 155
有效领导的不同视角：不断演变的观点 163
提升练习 176

第 7 章　建立有效团队

团队与团体的区别 180
团队成员 184
团队精神建设 189
合格团队领导 203

提升练习 206

第 8 章　团体讨论：有缺陷的团体决策和问题解决

信息超载：输入太多 210
信息不足：缺乏分享 216
思维定式：僵化的逻辑思维 217
集体推理错误：非批判性思维 220
团体极化：极端非批判性思维 226
团体迷思：批判性思维的假死状态 229
提升练习 234

第 9 章　团体讨论：有效率的决策和问题解决

讨论程序 238
参　与 250
召开有效率的会议 252
批判性思维和有效决策 255
创造性解决问题 261
提升练习 270

第 10 章　团体中的权力：核心动力

权力的定义 274
权力的指标 276
权力资源 281
权力失衡的影响 290
解决权力失衡 292
提升练习 307

第 11 章 管理团体冲突

冲突的定义	313
冲突管理形态	315
情境因素	322
谈判策略	329
愤怒管理	337
提升练习	341

第 12 章 科技和虚拟团体

科技团体选项	348
虚拟团体的优势和挑战	351
虚拟团体效能	358
提升练习	364

附录 A

团体口头报告	366
团体口头报告的典型类型	366
演讲焦虑症	369
获取和保持注意力	372
组织和提纲	375
使用视觉辅助手段	378

附录 B 重温批判性思维：论据和谬误

论据的结构	380
谬　误	381

前　言

作为最畅销的小型团体沟通教材，美国数百所高校大约 30 万名学生业已使用过本书。他们给予了极高的赞许，对他们的深刻见解和宝贵建议，我致以诚挚的感谢。

在本书第 9 版中，我保留了过往版本里的精华部分。本书的讨论仍然围绕着一个统一的核心主题：在小型团体中，合作比竞争更重要。并且在讨论小型团体的核心概念和进程时，我仍然使用交际能力模型作为指导。这个模型来自传播学，也是传播学对于理解和改善人类行为的独特贡献之一，我会在本书中对它进行深入探讨。本书也仍旧使用系统论这一关键理论，为我的分析和理解提供概念框架。本书还保留了对小团体权力的独特关注。正如德歇尔·凯尔特纳（Dacher Keltner）提到的："人类天性醉心于权力。"在小型团体中，冲突、合作、决策、解决问题、规范行为、角色和领导力的核心基础因素都是权力。它值得仔细分析，而不是一次简单地、义务性提及，或者草草略过，我对此深信不疑。

另外，我一如既往地重视本书的可读性。虽说教材不需要像悬疑小说那么通俗易读，可也不能像报税说明书那么让人昏昏欲睡。幸好这本书不是微积分，不然我也想不出有趣的小组讨论和交流，幸好它本身与你的生活息息相关，足以调动你的兴趣。我已经竭尽全力来让你们觉得兴奋，而不是索然无味。当然了，你们可能会说："哈？这就是你的竭尽全力了？"唉，是的。无论这本书还有哪些不足，我心里总会想着我的读者们。我在一切显而易见或者看似不相关的场景寻找具体、深刻中肯的例子和戏剧化的案例来强化你们的阅读乐趣。相比一般的教科书，我采取了更具故事性和叙事性的写法。我努力用讲故事，而不是列出详细冗长的清单，来告诉你们要做什么、不做什么。例如，我在第 6 章里列举了一些有效领导力的观点，但是我尽量把这些观点互相联系起来，让你们看到其中一个如何进化到另一个。这会让你们了解到领导力理论和研究内在的逻辑过程。就算我列出了该做和不该做的清单，我也尽量让它们至少读起来比菜谱要有趣（比如说，领导者精进里的"你切忌"、跟难相处的小组成员相处步骤、标准议程的 6 个阶段、头脑风暴指南、高效会议指南）。近距离的观察，生动的案例和个人经验本身就具有故事性，包括阐述观点和概念，以及激发读者兴趣。研究表明，叙事体风格不但可以增添趣味、增强理解力，且能帮助读者回忆起更多信息。

为了让我的写作风格更加活泼有个性，我也努力使用多彩的语言和生动的比喻，让本书更加具象化。为了和标准的学院派写法区分开，我采用了第一人称。相比教科书广泛采用的更为客观的叙述方式（例如"从作者的角度来看"），偶尔使用第一人称会更直接，跟读者的距离更近。尽管一直有人建议我，为了避免看上去太主观和自我中心，我应该采用"编辑腔的我们"（editorial we）而不是第一人称单数"我"，但我还是倾向于同意马克·吐温说的："只有绦虫病患者才有权自称'我们'"，其他人都应该避免这么说。我也可以用被动语态来避免自称"我"，但这会让编辑崩溃的。

最后，我深信我能用自己的幽默来抓住读者的注意力。我爱大笑，如果学生在我的课堂上大笑，我也会因此产生极大的满足感，即使他们是在取笑我犯了一些愚蠢的错误（这并不少见），我也挺开心。幽默往往能跨越年龄的距离，能让学生对看似抽象又冷冰冰的学术领域产生兴趣，幽默的案例、俏皮话、好玩的故事能让阅读过程变得妙趣横生，甚至强化理解。你能在本书的每一章里找到幽默的部分。

第1章

团体中的沟通能力

　　如果你想知道人们如何看待团队合作,那就去问一问。像我,就会定期让小团队沟通课上的学生做调查问卷,结果令人深思。对很多学生来说,小组合作就像拔智齿一样令人痛苦。他们评论说:"如果上帝成立了一个委员会来创造世界,他们肯定到现在还在继续讨论提案。""团体工作就像吃豆腐,大家都说这对我有好处,可我就是觉得它恶心。""如果要在猪流感和小组作业里做出选择,我宁愿选前者。""我讨厌小组,我讨厌小组作业,我也讨厌布置小组作业的老师。你懂的。"一项调查显示,58%的受访学生表示他们不喜欢小组作业;83%的受访者表示,如果可以选择的话,他们有种种理由不去参与团队工作。另一项调查也显示出学生对团队工作抱有相当负面的态度。索伦森(Sorensen)还专门创造了"团队恐惧症"这个词,来描述人们对团队合作的抗拒。

　　导致这种普遍性"团队恐惧症"的原因很多。首先,人们往往觉得自己对团队的贡献比其他成员多。格瑞斯(Gurrie)在2013年进行的一项调查显示,高达97%的被调查学生表示,他们曾经在完成小组作业时,独自一人承担了全部工作。抱有这种"我是团队里唯一的贡献者"的想法，人们就对团体的印象比较差。第二，团体中有一种人会对所有的工作袖手旁观，并将其全部推给队友，这种人就是所谓的"社会惰化者"。而他们这种消极怠工的态度会传染给其他成员，因为谁都不想被占便宜，所以其他成员也会减少付出。结果就是团队工作效率因此降低，而大家也开始讨厌团队合作。第三，团队工作往往耗时极多且进展极慢。管理人员有三分之一的时间都被小组会议占据，这些会议既杀脑细胞又浪费时间。更烦人的是，有时候一天得参加好几个不同的会议。如果会议太频繁，员工会疲惫不堪，暴躁不已。

尽管大家对团体抱持着种种负面的态度，但它的积极效应也显而易见。甚至可以说，我们每个人都能从中获益良多。初级群体（家人和朋友）和社交网络（脸谱网、领英网和推特）这些团体能给人带来归属感。面临困境，你还能从自助和互助小组（匿名戒酒会、癌症求生者组织）获得支持。同时，如果你在项目小组（特别工作组、自我管理型团队）的工作中解决了主要问题，会得到巨大的满足感；参加学习小组（班级学习小组、大学的研讨会小组、模拟审判小组），你可以巩固自己的知识；在活动小组（国际象棋俱乐部、运动团体）里，你得以娱乐身心，刺激神经；而在邻里组织（业主委员会）中，你得到社群意识的洗礼。最后，你可以在社会服务性团体（兄弟会、女生联谊会、扶轮社、狮子会、同济会）里获得自我认同，实现自我价值。你也可能在音乐和艺术团体（乐队、合唱团、缝纫小组）里挖掘出自己的创造性。当然了，每个组织都有不止一种好处。

最成功的团队能令成员热爱团队工作，并且有所收获。而最失败的团队，会让成员都厌恶参与其中，只看到团队的缺点和负面部分。若一个人加入了目标明确并能令他有所收获的团队，他会就此改变对团队的态度。而对于实现团队目标乃至让参与者获取有益经验，沟通恰恰有着至关重要的作用。因此，有效沟通是治疗"团队恐惧症"的最主要方式。举例来说，假如领导者能很好地引导团队会议，就能改善参与者对于团队会议的消极态度。而在沟通良好的团队里得到了充分指示的成员，往往对团队工作抱有最积极的态度。不幸的是，大多数人都没有受过这种必要的沟通训练，也就无法让团队工作效率最大化。于是，就产生了大量的"团队恐惧症"患者。

除非你打算独自在洞穴里度过余生，否则不管你喜不喜欢集体，你都没法摆脱它。并且在未来，我们对于团体的依赖程度只会越来越高。科学发展协会、美国国家英语教师委员会、美国国家数学教师委员会以及美国国家传播协会都提倡在高校课堂里多进行一些小组活动。财富美国 1 000 强公司和组织中有 4/5 都拥有自我管理型团队。这是一个全球性现象。而计算机和电子科技的日趋发达，则催生了大量的虚拟团队——这些团队的成员完全靠电子科技联系。某大型调查报告显示，80% 的雇员都或多或少参与了虚拟团队。该调查报告还总结道："全球商业中的虚拟团队将会持续增长。"全球众多高校也越来越多地采用"虚拟教室"来开展远程教育。截至 2013 年年初，美国有超过 6 700 万学生注册了网络学位课程。这些课程大多要求参与在线小组讨论和活动，并完成小组作业。

由此看来，团队工作不可避免，而最大化团队经验带来的利益似乎就成了一个值得努力的目标。本书的核心目的就是指导你在小型团体与团队中做一个出色的沟通者。当然，这个目标假设你有很多东西需要学习。我们都曾身处各种团体，也许你已经从过去的经验里学到了很多东西。但是，从经验中学习并非总是最有效果的方式。有时，经验也会让我们学到一些坏习惯和错误信息（注意下文讨论的谬论）。我不会事先告诉你，你对小型团体沟通有哪些了解和欠缺。你需要自己去挖掘，在这个过程中，你也许需要导师的帮助。

但是，当你进行最初的自我测评时，你需要考虑：大多数人都倾向于高估自己在团体中的沟通能力。曾有一项长期调查涵盖了不同公司的 600 个团队里的 6 000 名成员，最终结果是：团队成员给团队领导者的评估分数，竟比领导者的自我评估低 50% 之多。而这些团队成员也都提到了团队中整体上存在着严重的沟通不畅。讽刺的是，最差的沟通者往往自我测评的分数最高。

没有人是完美的沟通者，因此我们每个人在团体沟通技巧上都有改进的空间。本章的目的就是，为提高小型团体和团队中的沟通能力奠定理论基础。本章有四个目标：

1. 纠正人们沟通过程里普遍存在的错误观念；
2. 阐释何为沟通；
3. 概括性地定义有效沟通；
4. 讨论提高沟通能力的一些常规途径。

沟通的谬论

在探讨"什么是沟通",以及更深入地探讨"什么是有效沟通"这个话题之前,让我们先清除人们脑海中对沟通持有的一些过时和错误概念。正如美国幽默大师威尔·罗杰斯(Will Rogers)的名言:"给我们带来麻烦的并非未知的东西,而是我们自以为是的错误认知。"愚蠢源自谣言。下面就有四个关于团队沟通的不攻自破的谬论:

↘ 谬论一:沟通是把万能钥匙

沟通不能解决所有的烦恼。有些时候更多的沟通只会加重分歧,而且在此过程里你可能会发现对方暴露了某些你不喜欢的特质。积极倾听可能会让你明白无法留在团体里的真相。有时候团体分崩离析,并非因为沟通不良,而是因为成员们的个性和价值观存在严重冲突,或是因为他们与团体的愿景相悖。况且,你可能宁愿被扔到热煤床上烤熟,也不愿意处理那些冗长烦琐的团队事务。再融洽顺畅的沟通,也不可能让无聊的任务变得有趣,而你也没可能更有动力。

沟通是一种工具,在知识渊博和技巧熟练的人手中,它可以被用来解决团体里出现的大多数问题。但沟通本身不是结果,它仅仅是通向结果的一种途径。就算学会了更有效地沟通,你也无法解决团体里可能发生的所有问题。因为并非所有的问题都源自沟通不良。

↘ 谬论二:交流会中止

交流不会中止。机器会故障;它们会停止运作,不过如果在我手里,它们会惊人地规律运行。人类永远都在交流,就算心不甘情不愿,交流也不会中止。比方说不参加小组会议,在小组讨论时保持沉默,或者在小组讨论时一言不发地中途离开,都不会中止交流。在这些无言的举动里,成员仍在传递信息,尽管可能传递的是错误信息,但是具有潜在的重要性。

沟通可以中止这种观点,部分来自我们的某种认知:通过沟通我们并非总能达到目的；沟通失败以团体解散而告终。但就算矛盾双方的沟通过程堪称完美，团体目标仍有可能以失败告终。所以所谓的"结束"在哪里？

谬论三：有效沟通不过是建立在高超的技巧上

技巧取向的沟通方式总是假定只要你学会沟通的关键技巧，你就能变成一个更好的沟通者。但是如果不能理解沟通过程的复杂性，大量的技巧不仅无意义，甚至可能会造成危害。比如说，若是仅仅给一名受虐女性提供一些自信的技巧，而不强调虐待关系中存在的反复无常和无法预料的情况，可能会给受虐女性与儿童带来致命伤害。若老板或上司过分自信，你的沟通技巧很可能只能导致被解雇，或者被降职去当清洁工。没有适合所有情况的单一技巧。

在缺乏知识和充分理论指导的情况下传授沟通技巧，就像盖房子没有周密的蓝图。在后面的章节中，我就为你准备了这样一份让你在团队中成功的"蓝图"，它是交际能力模型。

谬论四：有效沟通不过是常识

人们很容易有后视偏差，也就是所谓的"事后诸葛亮"。当我们得知了某个问题的正确答案，我们会倾向于高估早先的认识。知道正确答案之后，每件事看起来都不过是常识，或者像心理学家大卫·梅耶斯（David Myers）所说："要想显得聪明多简单啊，先射箭，再描画靶心就可以了。"每个人都知道异性相吸，对吧？当梅耶斯讲出这条理论时，大多数学生都觉得这个结论在意料之中。但是，即便是"物以类聚"这种与异性相吸完全相反的结论，大多数学生同样会觉得毫不新奇，觉得是常识。

在我们接受沟通技巧训练时，后视偏差可能会让我们觉得有效沟通（competent communication）不过是常识罢了。但如果它是常识，为什么还存在这么多沟通失误呢？具体来说，大多数团体无法实现自己的目标，80%~90%的团队很难有良好表现。其中的关键原因就是，这类团体大多没经过沟通训练，没学到如何让团体高效率工作。

要想证实团体沟通是否仅仅是你早已知晓的常识，最简单的办法就是在教学之前先提问。我总是在学期开始的时候向学生们发难，向他们提问一些团队沟通的基本知识（见自我测试 1-1）。我不会提问技术层面的问题，也不会问概念、定义（这是整个学期最没挑战性的测试）。我一般会出判断题。例如"对大多数人来说，竞争会提升团队表现并激励更高成就吗？"或者是"智商和有效团队领导是否密切相关？"学生们往往在这个测验里表现非常差（大部分不及格）。我对这样的结果并不意外，也不会嘲笑他们。要是我真的期望学生没上过我的课就在考试中大放异彩，那才愚蠢呢！

学习需要适度的谦虚以及正视和克服缺点的意愿。正如阿尔弗雷德·科兹巴斯基（Alfred Korzybski）所说，没有人无所不知。学海无涯，欢迎你带着不断学习以改善自己团队沟通能力的态度来研习这本书，而不是学习之前便对自己的知识和技巧（无论程度如何）志得意满。你不仅会了解团队沟通测试的正确答案，学到知识，你也会把知识转化为实践，应用在各种各样的团队中，验证你真正的能力。

> >>> 自我测试

请判断下列描述，填是或否

1. 团队不应该阻碍沟通，因为对他人开放是有效沟通的关键原则。（ ）
2. 要解决团队中出现的棘手冲突，妥协可能是终极且最符合预期的目标。（ ）
3. 管理怒气时，宣泄出来比隐忍不发更具建设性，也更有效，因为这种方式疏解了怒气，不至于积累成大爆发。（ ）
4. 强调个人成就的奖励体系，比如规定业绩最好的团队成员能够得到红利和加薪，这样的薪酬计划有助于激发团队中大部分成员的动力和业绩。（ ）
5. 竞争塑造了性格，也让大部分团队成员明白要有风度地接受失败。（ ）
6. 如果你非常聪明，有高超的演讲才能，外形迷人，那么你很有可能成为一名有效率的团队领导者。（ ）
7. 团队应对复杂问题进行高质量决策时，无法获得很多信息。（ ）
8. 团队越是和谐，团队的决策质量越高。（ ）
9. 如果团队成员够努力，也精通沟通，他们总能取得一致意见。（ ）
10. 团队中有些成员毫无作为。（ ）
11. 一般而言，团队领导总是天生具有领导特征，因此要决定谁才是团队

中最有效率的人或谁才是最好的领导者，最好的办法就是找出团队中带有这些特征的人。（　）
12. 团队规模扩大总是有利的，因为团队的资源在不断增加。（　）
13. 要井然有序地安排团队会议，大小团队都要遵照议事程序（一套具体详细的规则）。（　）
14. 团队与团队之间的竞争往往能促进团队内部的凝聚力（团队成员之间的联系）。（　）
15. 团队要实现高效，必须弱化甚至摒弃冲突和争议。（　）

答案在本章结尾。

沟通的定义

迄今为止，我一直在解释沟通不是什么，却没说它到底是什么。要想明确什么是沟通，我们首先来思考一下以下这些基本原理。

➥ 沟通的交换属性：从四条腿的角度

温达尔·约翰逊（Wendall Johnson）曾经将人类的沟通定义为一种四条腿的过程。仅仅传递一条信息无法构成沟通，信息必须有一个接收者。但是沟通又不仅仅是发送者和接收者之间像来回打乒乓球一样地传递和交换信息。沟通是一种交换。这意味着两件事：

第一，每个沟通者都同时身为发送者和接收者，而非仅仅是其中一方。当你说话时，你便得到了反馈（反应），大多数情况下是倾听者的非语言反应。与此同时，这种反应会影响你接下来要输出的信息。技巧熟练的沟通者能够准确读懂对方的反馈，并适当调整他们接下来要输出的信息。

第二，作为一种交换，沟通里的每一方都在互相影响。你跟父母的沟通方式肯定跟好朋友之间的不一样。你的团队领袖可能表现得十足像唐纳德·特朗普，飞扬跋扈、面色阴沉，让人望而生畏。假如是这样，你在沟通时可能会愈发斟字酌句、举止僵硬。但若是面对一个态度轻松、平易近人的领导，你则不会如此紧张。

考量信息的两个维度——内容和关系,你就能很清楚地了解这种双向影响的过程。内容维度指传输的信息,而关系维度指信息如何定义或再定义团队成员之间的关系。

思考以下交换型的对话:

> 安妮:我们应该开会准备小组报告。
>
> 本尼:我要工作。在周三晚上六点半之前我都来不了。
>
> 谢尔斯:周三七点的话我可以。你们其他人觉得怎么样?
>
> 大卫:我不行,我很忙。
>
> 爱德华多:没办法,让你自己别那么忙。我们的项目还有一个星期的时间了,但是我们的进度远远落后。
>
> 本尼:好啦好啦,大家都冷静点。没必要弄得不愉快。
>
> 安妮:大卫,你周三晚上到底是有多忙?你不能调整一下日程安排吗?
>
> 大卫:我真的很忙!这个话题到此为止吧。
>
> 爱德华多:好吧,问题是你引起来的,你为什么不能稍微在你"繁忙"的日程里挤出一点点时间?
>
> 谢尔斯:下周一晚上怎么样?
>
> 安妮:那又会跟我的日程有冲突。

这个小组正在沟通小组会议的时间以及日程安排中的冲突。然而,关系维度向来更复杂。小组成员不止在安排日程上有分歧,他们也在为自己巧取小组中的权位。潜台词是"谁应该告诉谁做什么"(这层意思不是通过字面意思表达的,而是通过他们的说话方式)。一个人的说话方式(是讽刺还是请求)影响着团队其他成员的反应。团队成员之间的态度是合作还是竞争,是影响团队讨论的重要因素。

当你身处团队中,你的每一次表达、每一个选择和行为都在不断定义和再定义你是谁(对其他成员来说),以及其他成员对你来说是谁。这是一种持续且不可避免的过程。个体会影响集体,而集体也会影响个体。团体沟通是一系列持续不断的交换过程。

▷ 沟通是一个过程：永不止息的流动

将沟通看作一种过程，是承认了世界上没有静止的事物，或者就像汽车贴纸上说的："改变无可避免，自动贩卖机出来的货物除外。"沟通体现了所有的关系和事件的本质，即它们处在不断变化中。

正因为所有的关系和事件的变化某种程度上都是一种永不止息的流动，沟通也是一种过程。仅仅截一帧电影里的浪花，你无法理解整个海洋。只有在动态中，你才能解读海洋：时刻流转的潮汐、洋流和浪花，互相作用并依存共生的植物和动物等。同样，沟通也无法通过只言片语、一个手势、一个面部表情或者一个感叹词来实现，要把有声和无声的思想和感情看作一个整体。

例如，学生的态度以及他对课程的兴趣，会影响讲课的质量。如果学生不感兴趣，或者对讲师有抵触情绪，老师讲得再精彩，在他看来也是索然无味。相反，若学生充满热情，老师原本讲得再平淡无奇，在他看来也会渐渐生动。学生可能在上一分钟失去兴趣，下一分钟又兴致勃勃。在短短一堂课的时间里，仅仅因为用词不当，师生之间的关系就可能发生变化，出现争议。

我们无法将关系冻结在某个时间点。每次对话都是下一场对话的起点。每一次沟通的过程都是以往沟通结果的总和。每一种新的沟通经验都会影响未来的沟通。人类之间的沟通是一个过程。

▷ 沟通是意义共享：体现意义

通过与他人沟通，我们的世界才变得有意义。你无法在社会孤立中建立意义。与他人分享观点、感觉、反思和经验就是一个构建意义的过程，是一个在我们的意识中建立联结和规律的过程，也是一个我们理解世界的过程。

语言沟通：准确定义，不出差错　我们通过语言来分享意义。语言是一种结构化的符号系统，用来表达意义。符号是对指示对象的表达——无论符号指代的是什么。符号只能表示指示对象，不能表示物体、观点、事件或者关系，因此符号离开我们就不再具有意义。下面这个故事恰好印证了这个观点。一名精神病医生给客户做罗夏墨迹测验（Rorschach Inkblot Test），让客户识别每种墨迹的含义，客户认为第一幅是"一对情侣在做爱"，第二幅是"浴帘后显现出一个裸体女性的轮廓"，而第三幅是"一对裸体情侣在手拉手走路"。

精神病医生暂停了实验，评论道："史密斯先生，您似乎满脑子都是跟性有关的东西。"客户愤怒地反驳道："你这是什么意思？给我看这些色情图片的人不是你吗？"事物的含义是观察者的主观认知。语言和墨迹都并非天生有固定含义。语言是符号，因此语言本身没有任何含义。我们不是"实话实说"（定义客观存在），我们是在用语言向他人描述我们对世界的主观认识。当我们解读彼此的语言时，我们创造了各种关系和联结，含义由此产生。

喜剧演员斯蒂芬·怀特（Steven Wright）曾经发问："为什么陆运时用'shipment'一词而海运则用'cargo'？"以及，"为什么很多盒子堆在一起就叫'公寓'？"语言学家理查德·里德尔（Richard Lederer）也曾提过类似的问题："为何我们的脚有嗅觉而我们的鼻子可以跑步？"答案很简单，含义和语言的运用来自约定俗成。作为一个语言社群，英语使用者公认了语言的某些含义和用法。

然而，这种所谓的"公认"不能完全避免误解，因为语言可能存在歧义，它们可能会有双重甚至多重常见的含义。例如英文里的"Booty Call"，既可以指邀请某人参加寻宝游戏，也可以指代寻求某些跟"宝物"相去甚远的东西。报纸《哥伦比亚新闻评论》（Columbia Journalism Review）的标题常常就能体现出语言本身的歧义："妓女求助于教皇"（Prostitutes Appeal to Pope），"学校可以期待比想象中更多的学生"（Schools Can Expect More Students Than Thought），"孩子们制作有营养的零食"（Kids Make Nutritious Snacks）。一项针对机组人员和空中交通指挥员之间的"不良沟通"的研究表明，"几乎可以确定，沟通问题是导致相当比例的航空事故的关键原因"。"单词和词组的多重含义"被列为首要问题之一。

文化差异会加剧字面含义的曲解和混乱。伊莱克斯是一家北欧的吸尘器制造商，它曾经在美国使用了这样一条促销广告："没有比一台伊莱克斯更糟糕的吸尘器了。"该公司发现错误之后，迅速撤下了这条广告。而在2008年中国北京奥运会前夕，住在北京的退休陆军上校大卫·图尔（David Tool）被聘请去纠正这个城市里错漏百出的英文指示牌，于是"北京肛门医院"（Beijing Anus Hospital）被改正为"北京肛肠医院"（Beijing Proctology Hospital），谢天谢地，"残废厕所"（Deformed Man Toilet）被改正为"残疾人厕所"（Disabled Person Toilet）。

随着商业全球化的迅速发展，多元文化的机构和团体应该选择哪种语言进行沟通，也成为一个重要问题。"说母语的人之间会有一条语言的纽带，而对那些将其作为第二语言的人来说，情况则有所不同。"如果把英语作为某项生意的优先语言，就会自然而然地把那些能轻松使用英语的人和无法自如运用的人区分开来，形成圈里和圈外。选择某种语言从而引导工作展开，会很直接地影响团队合作，也会影响到长期商务合作的成败。

在日益增多的多元文化工作场合里，有些团队可能会使用无法让所有成员都完全听懂的工作语言，由于语言理解上的困难而无法融入对话的人，就会觉得遭到了排挤并感到愤怒。这种语言差异会降低团队生产率。

全球化虚拟团队的出现，也带来了国际性的语言挑战。虚拟团队（特别是在国际商务领域）中来自不同文化背景的成员日益增多，对他们中的很多人来说，英语只是第二语言。英语是互联网里的主导性语言。以英语为例，我们掌握一门语言时，会遇到许多微妙和复杂之处，这难免会带来口译甚至书面翻译上的问题，对全球化的虚拟团队来说，这个问题尤其突出。一项针对虚拟团队的研究显示，64%的被调查者都觉得语言上的困难让他们头痛。试想你从上司那里收到一封邮件，说你们团队的项目"还可以"，它到底应该解读为差强人意呢，还是对你们的完美成果竖起大拇指呢？又比如，一个美国人对你说"可能吧"，意味着"有可能办得到，有可能实现"，但是如果说话的人是一个日本人，那就意味着是礼貌的拒绝。

预设任何一个单词对所有团队来说意思都完全一样，会导致信息的错误传达。要防止错误传达，你就得对那些可能会引起歧义的关键词汇做明确的定义。无论如何，语言复杂且含糊不清，就算我们再怎么避免错误传达，交流中还是会产生误会。

非语言沟通：无言的意义　　与使用语言一样，我们会无言地表达我们的意思。非语言沟通就是指不用语言来跟他人传达信息。我们的面部表情、眼神交流、个人仪态、语调、手势、姿态、碰触以及我们对空间和时间的利用，都能够潜在地向我们的团队成员传递信息。例如，当团队成员相互竞争时，他们会倾向于彼此面对面而坐，或是彼此拉开距离。但是当团队成员互相合作时，他们更倾向于互相挨着坐。合作关系下的团队成员倾向于模仿对方的姿势，而处于竞争关系中的成员则倾向于展现出跟对方相反的姿势。落座和姿势是一种信号，显示出团队成员专注于合作还是相互竞争。在美国文化里，商务会议默认要准时召开。哪怕是5到10分钟的小延迟也会让人觉得被冒犯

图中英文含义分别为:

"小心孩子。"
"禁止停车,违者将被拖走。"

语言含糊不清,充满歧义,甚至令人发笑。

而生气,但是在大部分拉美、南欧、非洲和中东文化里,人们对时间并不敏感。迟到15分钟甚至是一天都被视为合理的,也没人觉得被冒犯到。

非语言沟通也跟语言沟通一样充满歧义。当你讲话时,如果你的组员隔几分钟就会低头看一下,他们到底是觉得你讲的内容无聊、令人不适,根本没听,还是在仔细思考你的讲话,抑或是在想早退的借口呢?当某位组员皱眉时,他究竟是表示困惑,还是被你的某句话冒犯到了,又或者是为某件不相干的事陷入了沉思?陪审团顾问霍华德·瓦林斯基(Howard Varinsky)注意到,在判决之前,试图通过观察陪审员有没有回避跟被告的眼神接触来判断法官的裁决是非常愚蠢的。"当他们走进法庭时是在看谁?这个问题你能找到50种不同的答案,"在旧金山做决策分析的陪审团顾问里奇·马修(Rich Matthews)也表示,在审讯中"解读面部表情、姿势和反应存在巨大的风险,而且从实践角度来说这几乎不可能"。

尽管非语言沟通可能会存在歧义,而且很难准确解读,但它却在很大程度上影响着我们对他人的印象。2004年,斯科特·彼得森(Scott Peterson)被认定谋杀了他怀孕的妻子和未出生的孩子。陪审员在审讯后透露,他们选择死刑的部分原因是,正如陪审员里歇尔·奈斯(Richelle Nice)所说:"对我来说,做出这个决定,很大一部分原因是他在判决时竟然毫无反应,没有任何情绪。他高谈阔论。今天还在桌前放声大笑。"陪审团主席斯蒂芬·卡多

这幅漫画说明了(正确答案可能不止一项):

1. 相比语言沟通,非语言沟通中的歧义更少。
2. 非语言沟通有可能会存在严重歧义。
3. 一种非语言的表达,例如眨一下眼睛,只有唯一一种含义。
4. 一种非语言的表达可能存在多种含义。

答案见本章末尾。

罗伯特·诺埃尔（Robert Noel），因著名的狗咬人致死事件被控过失杀人，图中他正在受审，他跟你毫无沟通，他的面部表情给你留下了哪种印象？

斯（Steve Cardosi）也随声附和道："他失去了妻子和孩子，竟然无动于衷。"类似地，某项研究调查了模拟审判中陪审员对法官的非语言沟通做出的反应，统计结果显示，陪审员对那些暗示法官心不在焉（例如用笔敲桌、乱翻纸张）或者明显有偏见（例如轻蔑的表情）的小动作异常敏感，并会有负面反应。

语言和非语言的关联性：密不可分 尽管我们通常都把它们当成完全不相干的两件事来说，其实语言和非语言沟通是互相关联的。非语言沟通告诉我们，伴随性语言可以跟口中说出的话一样重要，甚至更重要。例如，明明很有趣的一段口头信息，要是配上慢吞吞的语速、冷冰冰的语气、毫无起伏的声音、了无生气的眼神、毫无表情的脸和频繁的迟疑停顿，可能会变得非常无聊。

矛盾信息同样展现了语言沟通和非语言沟通之间的关系。积极的语言沟通加上消极的非语言沟通，就会传递出矛盾信息来，反之亦然。某个团队成员可能口头上赞同团队的决定，但他的非语言系统却表现出反对，甚至轻视。在语言沟通中隐藏我们的真实感受比非语言沟通时更容易。要想从你自己脸上隐藏某种看法可并非易事。

在虚拟团队的沟通中，难题之一就是伴随着语言表达的面对面非语言表达会全部或者部分缺失。因为缺少了声调、表情、手势、姿态等各种非语言表达，在线信息的情感基调很容易被误解成有敌意、没有人情味或不赞成，除非双方可以召开视频会议。一项针对虚拟团队的研究透露，94%的受访者都将"无法接收非语言表达"视为一个严重问题。表情符和颜文字正是为了传达感情基调而存在，它们虽然有一定的帮助，但仍然存在局限性，而且也会打断信息交流。在商务沟通中，很多人可能也不敢随意使用表情符号，以防显得不够正式和专业。

语境：沟通环境 每一次沟通活动都有其语境，或是含义产生的环境。语境即谁（发送者），跟谁（接收者），沟通什么（信息），为什么（目的），在哪里（场合），什么时候（时间），如何沟通的（方式）。语境是语言沟通中的核心元素。跟朋友聊天时，人们很少会注意自己不假思索讲出的那些粗话。但如果是在面试时说这些，那可相当令人反感，而且面试官会拒绝你的工作申请。

在非语言沟通中，语境同样是核心元素。例如，1997年，马萨诸塞州牛顿市，一名叫路易斯·伍德沃德（Louise Woodward）的英国青少年被控二级谋杀，因为她在担任一对美国夫妇的保姆时，造成了婴儿死亡。为什么评审团不相信伍德沃德的证词：婴儿的死亡是个意外呢？如果是英国陪审团的话，会做出同样判决吗？当时居住在美国并出席了庭审的英国作家乔纳森·拉邦（Jonathon Raban）总结道："我的英国眼睛看到了事情的一面，我的美国眼睛又看到了事情的其他方面。"拉邦的"英国眼睛"看到路易斯·伍德沃德，"谦卑地耸着肩膀，低眉顺眼，声音虚弱，好像英国教堂里的老鼠。伍德沃德小姐给我留下了不错的印象。她的姿势说明她明白自己的处境，她承认法庭至高无上的权力，而她不过是个无名小卒"。他表示："我认为她说的是实话。"但拉邦的"美国眼睛"却看到些相当不同的东西："我的第二双眼发现了伍德沃德小姐的愤懑、伪装、冷酷和自我掩饰。她躲躲闪闪的身体语言清楚显示她正在向法庭隐瞒一些非常重要的东西。"他总结道："我觉得她在说谎。"拉邦的双重文化视角凸显出非语言沟通的歧义性，以及语境（美式文化与英式文化）对解读非语言信息的影响。根据CNN的报道，英国观众也兴致勃勃地收看了这次庭审，他们大多数人都相信伍德沃德是无罪的。

就此，我已经深入探讨了沟通是什么，不是什么。如果要下定义，沟通是指一种与他人进行意义共享的交换过程。下文中，我会探讨是什么构成了有效沟通，你们会更清楚地了解在团队里与他人进行意义共享的复杂和曲折。

沟通能力

了解什么构成了人类的沟通并不能让你学会如何用有效的方式参与其中。不过，首先搞清楚何为良好的沟通有助于你达成这个目的。沟通能力是指沟通双方都能在当前语境下高效且恰当地参与其中。这个定义需要简要论述一下。

↘ 效能：实现目标

沟通能力的前提是结果。效果即我们对目标的实现程度。那些明知自己的沟通行为需要做出改变，但从不付诸行动的人，很难成为一名优秀的沟通者。

程度问题：从缺乏沟通能力到精通　沟通效果是一个相对的概念，是个程度问题。沟通者有的精于实现目标，有的则极其不擅长，处于两者中间的则是水平普通的沟通者，他们之间具有连续性。在特定的情况和场合下，所有人都有沟通的强项，也存在不足。有些人在派对或陌生人聚集的场合怡然自得，但是要面对自己团队中的冲突，他们却感觉生不如死。我们可能在某个场合下如鱼得水，但是在另一个场合里却手足无措。因此，"优秀沟通者"是指某人在特定语境下能否熟练地实现目标，而不是用来判断某人与生俱来的品质。

我们（而非我）取向：团队第一　在团队中，我们的首要注意力应该放在团队（我们）上，而非个体（我）。桑德尔（Zander）甚至进一步阐释道："如果成员们都把自身价值的实现放在首位，那将构不成团队。"当然，这并不等于团队永远高于个人兴趣。但无论如何，试图牺牲团队目标来实现你的个人目的只会给你跟你的团队带来两败俱伤。正如前 NBA 教练帕特·莱利（Pat Riley）在《取胜之道》（*The Winner Within*）里说，有些队员患了"大头症"（disease of me）。他如此形容："他们认为自己高于一切。他们的行为在无声地呐喊'我是宇宙中心'。"莱利认为这种"大头症"不可避免地导致了"我们的失败"（the defeat of us）。

当团队成员共同抱持"我们取向"的理念时，大家可能都会得到回报。团队会赢得冠军，生意会迎来革新，学生的分数会提高。"我们取向"要求每个人都关心他人，而不仅仅关注自己。最后，团队沟通能力要求我们的行为必须既有效又恰当。

↘ 恰当性：遵守规则

只有检查语境，我们才能判断沟通的恰当性。而恰当性意味着沟通者的行为遵守规则并符合期待。规则是一份行为指南，注明了在特定语境里应该做什么、不应该做什么。

思考以下两个例子。首先，一项研究显示，学生给老师发送邮件和文字信息时，常常表述过于随意，例如"你有空见我吗？"（"R U Able to Meet Me?"）这种信息会让导师"不那么喜欢这位同学，觉得他们不可靠，对文字

在美国这样个人主义至上的国家，面试工作的时候只能靠自己。而在集体主义盛行的文化里，你的人脉比你在评委面前的表现重要得多。

信息的质量不上心，从而不那么愿意配合学生邮件里那些简单粗暴的请求"。教师尤其不喜欢文字信息里的缩写（用"RU"代替"are you"）。

拼写错误和明显没有经过校订的文字显然会降低发送者的可信度。学生与老师交流时默认的行为规范是，学生对老师说话要三思而后行，要充满敬意。如果你在学习小组或者项目团队中需要给导师写邮件，尽量避免过于随意和不正式的用词，以示敬意，特别是（学期之初）当你的老师对小组成员还不太熟悉时，更应注意这一点。

第二，互联网招聘公司"哈里斯职业打造家"调查了 2 021 名"招聘主管和人力资源专家"，发现"表现缺乏热情，穿着不得体，以及在面试中接电话或发短信"是面试者最容易犯的错误。考官们期望面试者举止得体。中断面试接电话或者发短信表明应试者对这份工作的兴趣不高，面试对他而言都不如跟电话那头的人马上聊几句重要。而在较为正式的面试里穿着随便则释放了这样的信号："我没把这次面试当回事儿。"你得了解职场规则，并达到面试官的期望值，否则你就自己毁了面试。

沟通方式是否恰当，不能脱离复杂的语境孤立判断。例如，你可以在某些团体里大谈自己的私生活，而在其他团体里却万万不可如此。若你身处一个婚姻治疗小组，大家都期待、鼓励你公开个人隐私，因为这正是该团体的目的。然而若你在学生会或者宿舍咨询委员会面前谈论私生活细节，恐怕只会令其他成员坐立难安，恨不得来场地震结束一切。这些团体的目的可不是治疗，所以在这些语境里，大家期待的恰当的沟通内容自然也跟匿名戒酒会和婚姻交流小组截然不同。

沟通若出现了某些本该避免却未能避免的内容，违反了所在团体的规则，就会变得不得体。这种做法并没有牺牲团体的目标，只是采取了不当的行为。简单来说，不恰当沟通通常源于无知和笨拙。

>>> 聚焦文化

个人主义与集体主义：一种基本的文化差异

针对美国和 8 个东亚国家和地区 131 名商务人士、学者、政府官员和职场人士开展的一项民意测验显示，民众对秩序、个人权利和自由的价值有着不

同看法。测验中有一个问题为:"以下哪一项对你们国家的人民更重要?"答案如下:

	亚洲国家	美国
井然有序的社会	70%	1%
个人自由	32%	82%
个人权利	29%	73%

个体应该追求独特性和独立性,还是与团体保持一致、相互依存,二者孰轻孰重,在不同的文化中差异很大。有些学者认为,在区别不同文化的时候,个人主义—集体主义维度是最深层且最重要的价值观。就此也产生了大量的相关研究。在沟通能力模型中,涉及"我们取向"层面时,个人主义—集体主义维度就处于核心地位。

在个人主义文化中,个体自主权至高无上。此类文化更强调自我实现和个体成长。人们的谈话里会充斥着"独立、自我、隐私、权利"这样的词汇。个人主义文化强调自我意识,相比合作更鼓励竞争。人们决策的出发点是"利己",即使这会损害集体利益。社会强调个人成就和主动性,期待甚至鼓励每个人自我提升。

集体主义文化则恰恰相反,为集体奉献才是最重要的。"忠诚、(对集体利益的)责任、团体"这些词频频出现在人们的谈话中。集体主义文化强调团体意识,高度重视成员在重要的集体(家庭、朋友圈、同事圈)里进行合作,而成员跟外部的来往(外国人、陌生人)可能会带来竞争(对重要集体造成威胁)。为了实现集体目标,个体往往会忽略个人目标。此类文化不鼓励自我提升。

所有文化都同时受到集体主义和个人主义的影响,但是总会有一种倾向占上风。有一项研究调查了50个国家和3个地区,结果显示美国的个人主义文化最强盛,紧随其后的是其他西方国家如澳大利亚、英国、加拿大、荷兰、新西兰,而拉丁美洲、亚洲、西非以及东非的国家和地区在集体主义文化里名列前茅。其中危地马拉是集体主义最为盛行的国家,厄瓜多尔、巴拿马、委内瑞拉、哥伦比亚、印度尼西亚、中国台湾和新加坡同样是高度集体主义的国家和地区。可见世界上大多数人口都生活在集体主义文化里。

尽管文化有巨大张力,没有哪国人民会全部接纳本国的文化价值观(参阅自我测试 1-2,测试你的集体主义和个人主义倾向)。有人回顾了35项针对上千名非裔美国人的研究,得出结论认为相比欧洲白人后裔,非裔美国人的个人主义程度明显更强,但是这两个族群的个人主义程度又远高于亚裔美国人。尽管美国各地区之间均存在文化差异,但总的来说个人主义在西部山区和大平原地区最为盛行,南部则更推崇集体主义。

美国的个人主义已经引来各种批评。社会学家查尔斯·德尔波(Charles Derber)曾经说过:"个人主义过度膨胀会带来社会心理失衡,致使家庭和其他社会支柱解体。"

极端个人主义可能有害,而极端集体主义也同样危险。本书稍后会详细讨论团体压力和对团体的盲从带来的种种后果,提醒我们对任何团体过度忠诚都可能带来风险。集体主义文化要求某种程度的一致性,并有各种严厉的制度规则,大多数美国人对此可能都难以接受。例如,新加坡政府严禁在公共场所随地扔垃圾、吐痰、抽烟以及去公厕不冲水的行为，任何人被发现有这些行为都会遭到重罚。此外，学生必须接受常规的毒品测试，未经警察允许，5个以上的人不可以在街上聚集；十字路口设有监视器以监督遵守交通规则的情况；出版物、音乐、电影都有严格的审查制度；只有警察可以持枪；与政府意见相左被视为危险行为，经常招致罚款或牢狱之灾。

个人主义和集体主义展现了不同的世界观，也设定了不同的行为规范。然而，个人主义和集体主义价值观并非不可调和。当某个个体学会了冲突处理的技巧，或者提高了人际沟通能力，集体和该成员都可获益匪浅。但是团体若想取得成功，个体的目标和议题却必须退居其次，而不是占据首要位置。

美国没必要变成"集体第一"的集体主义文化，但是团队合作和团队优先的精神仍然很重要，且有必要。正如拉尔森（Larson）和拉法斯托（LaFasto）1989年提出的：

人们总是忽视集体解决问题的力量，集体的抱负也往往不能实现，这简直展示了我们某种社交能力上的先天缺陷……

毋庸置疑，如果我们想解决全社会面临的某些重大问题，就必须学会如何高效合作。我们必须把个人事务先放到一边。

强化团队建设和团队合作可以实现个人与社会的双赢。

进一步思考

1. 你认同美国正在变得高度自我中心吗？解释原因。
2. 新加坡犯罪率低，城市安全，失业率低，无家可归者很少。而美国恰恰相反。我们应该努力向集体主义靠拢并效仿新加坡吗？
3. 考虑到美国历史上盛行个人主义，美国有可能变成一个集体主义国家吗？

获得沟通能力

定义沟通能力只能让我们知道它是什么，却无法说明如何获得它。要提高你在团体沟通中的有效性和恰当性，一般来说有5种做法：学习相关知识，磨炼沟通技巧，提高敏感度，增强责任感，以及不要在沟通中忘记道德规范。知识意味着学习规则，它能让你清楚需要什么来使自己的沟通有效且恰当。

知识：学习规则

我已经强调了恰当性和有效性在沟通能力中的关键地位。而这两者都需要知识。

沟通有可能恰当但无效，也可能有效却不恰当。跟语境有关的知识则会告诉你最有可能遇到什么情况。思考下面这个例子：

> 布莱恩·霍兹（Brian Holtz）是一名美国商人，他的公司派他去泰国管理分公司。他尼（Thani）先生是该公司曼谷办公室的一名重要经理助理，他最近上班总是迟到。霍兹得决定如何处理这个问题。经过仔细思考，他认为有4个可能行得通的策略：（1）私下问他尼先生最近为什么总是迟到，并要求他准时上班；（2）忽略这个问题；（3）他尼先生下次

>>> 自我测试 1-2

你是个人主义者还是集体主义者？

在你的文化或共生文化里，你觉得自己更接近个人主义价值观还是集体主义价值观？思考以下观点，用1（非常不同意）到9（强烈赞成）来衡量你对这些观点的赞同程度。

1. 我跟人交谈时倾向于坦率直接。
2. 为了让家人高兴，我情愿做自己厌恶的事情。
3. 我很享受与众不同的感觉。
4. 我经常为了集体利益牺牲个人兴趣。
5. 我注重隐私。
6. 我们应该教育孩子将责任置于享乐之前。
7. 我喜欢对其他人展示我的各种能力。
8. 我不喜欢跟团队成员产生分歧。
9. 我的成功大多源自我的个人能力。
10. 在重要旅行之前，我会征求大多数家庭成员和朋友的意见。

分别计算你在奇数问题中的总分和偶数问题中的总分。奇数问题反映了你的个人主义程度，而偶数问题则反映了你的集体主义程度。你属于哪一边？总的来说，你是否更赞同个人主义的观点（奇数问题得分更高），而非集体主义的观点（偶数问题得分更高）？如果是的话，那么你身上就体现了美国盛行的个人主义文化。

迟到时，公开谴责他；（4）在私人讨论中，表示要让他尼协助自己解决员工迟到的问题，并问他对这种情况有何建议。

你会用哪种策略？美国人通常会采取第一种做法。它直接、高效。然而，考虑到在泰国文化中，人们很少直接斥责他人，这种做法会显得很不恰当，甚至造成严重后果。而第二种做法看似恰当但毫无效果，他尼先生可能会继续迟到。第三种做法则既不恰当也不有效。公开的羞辱可能会让他尼先生这名重要员工羞愧辞职。因此，兼具恰当性与有效性的第四种做法是最佳选项。他尼先生会间接明白他应该准时上班，同时也保住了面子。他可以通过克服拖拉、严守时间来积极回应你的间接暗示，避免在公开场合遭到羞辱。

无论是在你自己的文化语境或是在其他文化语境下，知识都是沟通的关键要素。如果我们对特定场合下的规则缺乏了解，就无法判断怎样做才是恰当和有效的。

我们无法总是采取最明智的沟通方式，相反我们常常因为知识有限而采取愚蠢的沟通方式。在沟通的过程中，狭隘的知识就像黑暗矿井里的微弱烛光。它只够让我们看到眼前的选择，却无法照亮正确的方向。如果你在某个特定情况下不确定应该采用哪种沟通方式，你应该咨询那些了解情况并能帮你理解眼前情形的人。

↘ 技巧：展示，而不只是了解

沟通能力还包含将知识应用到实际情况的能力。行之有效的沟通，需要你把知识和技巧相结合。研究发现，尽管团队合作在各种团体里日益常见，但由于成员缺乏相关的知识和技巧，合作常常以失败告终。他们可能知道该做什么，但不知道该如何技巧性地去做。

沟通技巧即"成功地实施沟通行为并能重复该行为的能力"。当然，要掌握任何沟通技巧，练习都必不可少。团体成员共同受训和练习，可掌握团队沟通技巧，提高团队的业绩。

有充分证据表明，沟通技巧和个人在工作领域的成败密切相关。美国高校与雇主联合会曾主持了一项针对400名以上的雇主的调查，沟通技巧连续13年被列为求职者最应掌握的能力，而团队合作技巧则位列第三。美国管理协会也有一项调查,对象是 2 115 名管理人员,调查结果同样支持了以上结果,该调查还更进一步显示,沟通技巧和团队合作能力在未来会愈发重要。调查结果还强调,员工普遍缺乏这些技巧。"成功的沟通在生意中至关重要。"令雇主求贤若渴的正是那些擅长沟通、乐于团队合作,并能协助团队进行决策的员工。

当然,沟通能力不仅仅是掌握一种或几种技巧而已。正如之前提到的,空有技巧而缺乏知识支撑、不懂运用技巧,将毫无用处甚至有害无益。所以,最重要的是我们必须掌握特定语境下的相关知识,并在此基础上将所学技巧运用自如。

敏感度:接收精度

拥有能判断在特定语境下何为恰当沟通的知识,并掌握高效沟通的技巧,会很有帮助。但是假如你的"雷达"根本接收不到不恰当沟通的信号该怎么办?你根本接收不到团队成员的敌意、不安、愤怒、烦躁、厌恶、局促怎么办?除了知识和沟通技巧外,优秀的沟通者还需要有敏感度。敏感度让你能够准确发现、解读并领悟团队中的暗示和情绪线索。

加利福尼亚州太平洋医疗中心脑部健康中心的路易莎·帕克斯(Louisa Parks)医生认为人们在网络社交应用上花费了太多时间,以致"识别讽刺、幽默,甚至读懂面部表情的能力"都在衰退。媒介沟通正日益取代当面沟通。对很多人来说,一个"皱眉"的表情符比一张眉头紧锁的面孔容易读懂。

无法成功接收、解读团队成员释放的信号,可能会对你们的关系造成严重影响。一个团体的成员越擅长准确判断他人的情绪,这个团队越有可能合作良好并高效解决问题。这种能力甚至比团队成员本身的智商更重要。女性在这种敏感度上表现更为出色,因此对一个任务取向型的团队来说,纳入女性成员非常明智。

除非成员们对彼此交流中的微妙细节高度敏感,否则整个团队就无法发现潜在的问题,最终导致问题扩大。不过,敏感度能够通过学习掌握。本章的目的之一就是教你识别出有问题的团体沟通模式,并提供改善的方法,从而提高你的沟通敏感度。

↘ 投入：追求卓越的激情

有效性需要投入。投入是为了实现目标、追求卓越而进行经久不衰的努力。若无信念，便无成就。你想要一段浪漫的爱情得以持续？那你必须投入其中。你想成为一名伟大的运动员？那你必须投入其中，刻苦训练，才能成功。你想拿奖学金，得高分，拿到学位，并找到一份好工作？若你上课三心二意，还经常缺席，那这些就没法实现。你得渴求它，为之努力，满腔热情地去实现它——你必须全情投入。

有效的沟通者总是极力避免过去的错误，寻找更好的方式来跟团队成员沟通。总是重复过往错误的人往往意识不到自己是个讨厌鬼，甚至是团队中的害群之马。这种心不在焉的成员会影响整个团队的士气，若任其进一步恶化，他们就会变成团队里的"边缘人"。每个学期都有很多学生向我抱怨这类人。谁想跟一个无精打采、游手好闲，既没能力又不产出价值，对一切漠不关心的人共事？他们若从事体育，会被踢出队伍；他们若在商场打拼，会被公司解雇；他们若参与政治，会被集体投出团队；而在学校里，他们也会被"请走"。

投入要求你时刻自省，提高沟通的有效性。跟团队成员互动，你既要做参与者，也得做观察者。

从客观角度看待自己，分析自己的沟通行为，即便当下一无所获，也要寻求改进空间。从根本上说，一个优秀的沟通者必须主动意识到自己有责任努力去改善团队沟通，让沟通更加高效且富有成果。

↘ 道德标准：沟通的对与错

为什么我们在沟通时必须考虑道德因素？作为人类，我们必须依据道德行事。这使我们在本质上有别于香蕉蛞蝓。沟通在定义中要求遵循道德。沟通的恰当性和团队精神也强调了道德的重要性。优秀的沟通者不会仅仅关注对自己有利的一面。自我中心的成员会把整个团队的成就据为己有，抹杀团队里其他成员的重要贡献。这就跟道德产生了冲突。

道德是人类行为规范的评价体系，它设定了一系列标准，并以人类行为是否符合这些标准来判断对错。国家沟通协会的沟通道德信条中提出 5 点价值观，也是判断沟通行为正确与否的道德标准。它们是以下 5 点：

1. 诚实。"诚实是最基本的道德价值观"。美国文化默认诚实可贵，不诚实是错误的。若某人被指责说谎，他会第一时间自我辩护。所有的道德体系都谴责撒谎。试想一个家庭里每个成员都撒谎，谁也不信任谁，这样的家庭要如何维系？

2. 尊重。如果某个团队中的成员不能尊重彼此，他们之间的关系就会支离破碎，团队也无法高效工作。约瑟夫逊道德组织（Josephson Lnstitute of Ethics）的一项调查显示，99%的受访者认为被尊重并尊重他人是"非常重要"或是"必要的"。从伦理道德角度来说，即使对人表示尊重与团队目标冲突（例如对方是竞争对手），尊重仍旧是对的，不尊重仍旧是错的。你希望别人如何尊重你，你就得以同样的方式尊重他人（黄金定律）。"某些黄金定律适用于所有的宗教和道德体系"。

3. 公平。歧视会导致不公。歧视他人者从不希望别人将偏见加诸自身。沟通里不应存在任何歧视与偏见。若导师仅仅因为性别、种族、年龄或生活方式等原因优待一部分学生，惩罚另一部分学生，就会引发学生的极度不公平感。针对某社区大学的调查显示，同学普遍认为公平"非常重要"，甚至"极度重要"。

4. 选择。免受强迫或者恐吓，拥有自由选择的权利是一项基本的道德观。这就是大多数民族禁止酷刑的原因。压迫让人失去选择的自由。自由选择跟诚实相辅相成。如果你因为担心报复而不敢说真话，那你也就失去了选择诚实的权利。

5. 责任。合乎道德的沟通都倡导团队精神。团体和团体中的每个成员都是责任共同体，过分关注自身价值或仅仅关注团体目标都不恰当。如何实现团体目标也值得思量。前文提到的社区大学调查表明，学生将责任视为最重要的道德观。

这些公认的道德价值观指导着人类进行恰当的沟通活动。例如，为了稳固自己在团队里的地位而传播谣言诋毁其他成员，有悖诚实和敬畏的道德准则。向团体夸下海口称自己的研究会带来重要信息，实际却毫无作为，这样做非常不负责任，也是不诚实的。若反对某个人成为团体领袖仅仅是因为她是女性，这是非常不公平和不尊重的行为。

团队沟通是复杂的，但是若用某种绝对标准去衡量团队沟通里的一切表现，也是很有问题的。在确定什么是合乎道德的沟通时，必须考虑当前语境。同样是说谎，诬陷小组成员、在考试里作弊、帮别人掩盖一件纯属个人隐私的尴尬事情……这些情况截然不同。凡事都有例外。学生对于自己想学习的东西没有绝对的自由，他们也不应该有。除非教育大纲要求，不然没人会主动参加公开演讲课，因为大多数人天生害怕公开演讲。然而，诚实、尊重、公平、选择和责任在大多数文化里都是非常重要的价值观。这些价值观应该成为衡量我们沟通行为的基本标准。

>>> 聚焦性别

性别与沟通能力

虽说男性跟女性在大多数情况下沟通方式相差无几，但研究也确实证明了两者在某些方面存在显著差异，这种差异在混合性别的团队互动里尤为明显。人们的刻板印象是女性远比男性健谈，但通过总结63项研究，结果显示男性在委员会会议、课堂讨论、问题研讨小组和其他公共场合里发言的数量远超女性。当某个团队里男性数量超过女性时，该现象尤为突出。这种情况下女性发言比男性少75%。相比之下，男性更习惯于打断小组讨论以掌握主动，而女性往往会为了表示自己感兴趣，仔细询问某个观点和表示赞同而打断讨论。为什么会有这些性别差异呢？部分学者认为，男性跟女性在社交表现上的差别源自社会对性别角色的不同期待。

黛博拉·坦妮（Deborah Tannen）将这种观点发扬光大。她认为对大多数女性来说，谈话最基本的功能是"建立和调节关系"；而对大多数男性来讲，谈话的首要功能是"在阶级社会里保持独立性并维持自己的社会地位"。男性跟女性都会关注谈话双方的地位和关系，但男性往往更关注双方的身份地位，而女性则较多地着眼于二者关系。如上文所说，地位和关系是两个截然不同的维度。因此，也会在沟通力上产生不同的期待和模式。

地位	关系
独立性	互相依赖
（分离）	（亲密）
竞赛	合作
（竞争）	（一致）
权力	许可
（控制）	（选择）

在混合性别的团体里，男性的谈话内容大部分是与具体任务相关的信息、观点和建议。男性通常将谈话视为一场竞赛，试图借此建立或增强自己在其他成员心中的地位。因此，男性会向团体展现他们的知识。跟女性相比，他们更爱讲笑话，更爱分享信息和观点，也更热衷于解决问题。因为对他们来说，这恰恰是他们展示专长、提升自己在团体中地位的好机会。

与之相反，混合性别团队中的女性往往会说一些支持和辅助性的内容。例如对其他成员的谈话表现出赞同和兴趣盎然，鼓励大家积极参与团队讨论。女性努力通过分享情感、倾听心声来跟其他成员建立融洽的关系。展现自己对其他成员的兴趣并鼓励他们也能够促进融洽关系的建立。

男女沟通模式的不同也可以用社交网络中性别差异来解释。女性是脸谱网、推特和Flickr的主要用户。女性使用社交媒体主要是为了社交。脸谱网的首席运营官谢丽尔·桑德伯格（Sheryl Sandberg）说，在脸谱网上分享内容、跟家人朋友互动等行为，62%都是由女性操作的。恰恰相反，维拉诺瓦大学的传播学教授雪莉·帕尔姆特·波恩（Sherry Perlmutter Bowen）认为男性使用社交媒体主要是为了获取知识和提高自己的影响力："我观察到男性会在社交媒体上展示自己的智慧，兜售自己的观点，他们视社交媒体为一种出人头地的机会。"

所以男性只会急功近利地把谈话当成提升社会地位的方式吗？而女性在谈话时也只会唯唯诺诺，感情用事吗？这种解读既狭隘又简单粗暴。不妨从另一个角度想想，女性往往会在谈话中鼓励其他成员积极参与，而男性则很少表现出这种倾向。这又应该被如何解读呢？从关系角度来讲，此举说明女性高度敏感，更关注团队成员的感受，而男性则非常迟钝。然而若从身份地位的角度来看待这种举动，似乎迟钝的人反倒是女性。实际上，邀请一名男性参与团体讨论很可能会损害他的地位。因为这会让大家注意到他压根没参与谈话，并且还不怎么自信。他可能对这个谈话的主题一无所知。就这样把他的无知暴露在众人面前实在叫人尴尬。若让男女双方站在各自的立场上来场谈话，可想而知结果是多么牛头不对马嘴。

然而问题在于，并非所有男性跟女性都表现出上文中的模式。那么沟通时为何会存在这些特定的性别模式呢？有两大派观点并不赞同这种沟通存在性别模式的说法。首先，它严重忽视了权力的不对等。也就是说，使用"女性沟通模式"的人往往在沟通里处于弱势地位。例如，社会地位更高，掌握权力更多的人往往比地位较低的人更常打断谈话。这套"支配性地位"的理论有一定道理，但仍旧无法充分揭示沟通里的性别差异。正如坦妮（Tannen）所说："男性的支配性地位仅仅是一个方面。它无法涵盖男女在谈话里遇到的所有情况，尤其是，它不适用于那些男女双方都积极参与、彼此配合与尊重的场合。"团队领导的研究结果也不支持"支配性地位"的观点。研究表明，女性通常采用友善和支持鼓励型的领导方式，相比倡导竞争的男性领导，女性领导方式在当今的工作和商业领域更为适用，因此"实际上女性可能跟她们的男性同伴势均力敌，甚至更为强势"。这项研究显示，女性即便处于领袖地位（获得了更多权力），仍旧会关注人际关系的建立和维护，因为这正是她们的处世之道。若真是如此，那么随着男女平权的发展，沟通里仍然会存在显著的性别差异。

第二，部分沟通学专家认为，沟通里根本没有所谓的性别差异或者男性的支配地位，男女在沟通上存在差异主要是因为技巧不足。"每一种性别都有其擅长和不擅长的沟通技巧。"男性不善倾听，女性缺乏果敢。同样，这也无法解释男性和女性在沟通中的所有差别。当一个人在团体讨论里展示自己的知识（巩固地位），或者专注倾听（建立联系），这些行为通常不会被视为缺乏技巧。在当下的场合里,它们可能是有效且恰当的沟通方式,但是男性倾向于做出前一种行为,而女性倾向于后者。男性和女性可能都掌握了任何一种行为的技巧,但是他们往往只会选择自己最习惯的那种行动(沟通模式)。

基于这些差异,男性和女性要如何顺畅地与对方沟通呢?他们得承认差异,发挥优势,弥补技巧的不足。人们可以通过以下几种途径来达成这种结果。第一,拓宽对男女在谈话里预设立场的认识。把某个团体的标准应用到另一个团体的行为上可能导致误会。女性若把人际关系作为沟通的唯一标准,就会继续误解男性的行为;而男性若把身份地位作为唯一的沟通标准,则会继续误读女性的行为。地位和人际关系都是衡量对话的合理标准,但是若我们仅仅遵守某一种标准的话,在另一种性别眼里就会显得很愚蠢。第二,适应另一种性别的谈话方式会让自己显得技巧丰富,也会让人获益匪浅。男性要克制自己争夺控制权的欲望,减少打断谈话的次数,在集体讨论时做一个好的聆听者,对论点积极发问,汲取知识,并在恰当的时候鼓励女性参与讨论。这些改变让男性显得更加灵活,更注重人际关系但并不谄媚。而掌握了自信技巧的女性在集体讨论时能得到更多表达自己观点的机会,也会得到更多的重视(提升地位),却无须牺牲自己在人际关系上的敏感度。第三,消除性别权力不对等,避免让女性处于弱势地位,会减少沟通里的性别差异。具体做法在第10章会进一步讨论。

进一步思考

1. 你能想到其他途径来减少男女双方在沟通时的误解,提高团队的沟通效率吗?
2. 你在混合性别团队里的个人经历,符合这些典型的男—女沟通规律吗?
3. 你认为针对"不同性别有不同沟通模式"这一观点的批评合理吗?结合你自己的经历谈谈。

团体的定义

我们已经给沟通和沟通能力都下了定义。在这一部分,我会阐述团体的定义,并将其与人际沟通和公开演说区分开来。

↘ 团体：不止是在巴士站等车的一群人

一个团体是由三个或更多人组成的人类沟通系统，成员间为了某种共同目标产生互动，互相影响。一个团体不等于一群人的"聚合"。

排队买电影票的 25 个人不是一个团体，他们仅仅是一个聚合。因为他们不会为了实现共同目标而产生互动和相互影响（站在你身后买票的陌生人不是为了互相保护对方安全买票而存在），他们不能被认定为一个团体。同理，商场里购物的人潮、因大雾而滞留机场的乘客，或是公园里坐在椅子上休息的人，都不是团体。在这些情况里，其余人的出现并不是为了完成一个特定目

这张照片阐释了定义一个团体的哪些元素？

1. 三个或以上的个体。
2. 为了实现共同目标而产生互动。
3. 调酒师受到两位女性的影响。
4. 两位女性被调酒师影响。

答案见本章末尾。

标（比如买衣服、从 A 地到 B 地，或是享受户外生活）。要被称为团体，这一群人必须作为一个集体去追求某个或某些共同目标，最终或成功、或失败。一群人只要满足了以上定义（例如快闪人群），就可以称为团体。

将沟通视为一种交互行为已经假定每个参与者都会互相影响，因此当我们给团体下定义时，将成员间的互相影响纳入其中也就不奇怪了。

关于团体定义的这个方面，我会在后面的章节里谈及规范、角色、领导和权力时进行详细阐述。而团体定义的另一方面，即团体如何成为一个人类沟通系统，则是第 2 章的主题。

本书着眼于小型团体，特别是第 8 章和第 9 章会重点关注决策型团体和解决问题型团体。然而事实证明，要严格区分小型团体和大型团体非常困难。只要再增加一个成员，某个小型团体就会变成大型团体，这个临界点在哪里？如果你出席某个会议之后，甚至想不起来某个成员有没有缺席，那么你所在的团体大约就是一个大型团体了。当某个团体开始面临很多内部协调的问题，而且必须制定一些规则来开会商讨和争论具体事务（议事程序）时，这个团体就可以被认定为一个大型团体了。借用弗朗西斯科·培根爵士的话说，当成员们的"脸变成了美术馆的一幅幅画像，而说话好像叮叮作响的铙钹"时，这个团体就不再是一个小型团体了。

▶ 人际沟通和公开演讲：并非团体

你可能已经注意到了，至少三个人才能被定义为一个团体，因为仅在两个人之间产生的交流通常被认为是人际沟通。学术界也习惯称其为二元沟通（dyadic）。然而，人际沟通和团体沟通的区别不仅是二人到三人或以上的量变，这其中也会发生质变。正如大多数夫妇经历过的，原本二人世界的人际沟通会因为孩子的到来发生巨大改变。在这种情况下，三个人产生的沟通似乎远远多于两个人。

两人间沟通的复杂程度远低于三人或三人以上团体里的网状交互。谚语说得好，"两人结伴，三人不欢"。因此，当我们分析三个及以上的个体时，其分析单位跟对象是两个人时有结构性的差别（第 2 章里有详细讨论）。团体里会有小团体，会有少数服从多数的现象，而二元沟通里则没有。一个团体天然就不会少于三个人。例如，有研究证明两个人合作解决复杂问题的效果并不会比这两人分头解决更好。但是三个人合作的话会成果斐然。若把家庭看作一个团体，你可能不觉得出奇；但是我如果说一对夫妇或者约会的情侣是团体，你可能会觉得很奇怪。我们通常说，"他们真是一对可爱的夫妻"，但不会说"他们真是一个可爱的团体"。因为两个人之间的互动跟三个或以上的人之间的互动有质的差别。

团体沟通通常也不等于公开演讲。在公开演讲里，演讲者跟观众之间的界限泾渭分明，而且演说的场合往往也远比团体讨论要正式得多。在演讲的场合下，口头反馈往往是延时的。但团体讨论通常会得到即时的口头反馈。公开演讲者一般会提前准备好大纲甚至演讲稿。团体成员在集体讨论前通常不会做什么正式准备，但是他们会在参加专家小组、座谈会或者公共论坛（详情见附录A）之前认真准备。

综上所述，人类的沟通是跟他人分享含义的信息交换过程。沟通能力作为贯穿本书的主题，指的是在特定语境下有效且恰当沟通的能力。要达到这种境界，知识、技巧、敏感度、承诺和道德观都必不可少。对我们每个人来说，学会如何在团体中进行良好沟通至关重要。以此为前提，让我们在下一章里深入探究团体是如何作为一个系统来工作的。

提升练习

批判性思考以下问题

1. 你有没有在参与某个小型团体时，遇到过必须以大局为重的情况？
2. 有效沟通会不会有必须违背诚实原则的时候？试解释。
3. 当你身处某团体时，你应该时刻展现自己对团体的承诺精神吗？有例外情况存在吗？请解释。

> ### 视频案例
>
> 本练习从不同影片里提取了各种视频案例供你分析研究。你可以根据影片的分级（PG-13、R等）和分类（剧情、浪漫喜剧等）来选择适合自己观看的电影。你需要利用每章的核心内容来分析每个视频案例。
>
> **《爱情三选一》**（*Definitely Maybe*，2008）喜剧 / 爱情；PG-13
>
> 女儿嚷着要一位父亲给她讲述关于自己结婚之前的爱情故事，特别是他如何遇见自己的妈妈并且相爱结婚的。虽然父母已经离婚。分析父亲给女儿讲述爱情故事时的恰当性。他遵循了什么原则？他是否触犯了恰当性的某些规则？
>
> **《回家过节》**（*Home for the Holidays*，1995）喜剧 / 剧情；PG-13
>
> 电影讲述了一家人度过压力重重的感恩节周末的故事。剧情起伏但最终以喜剧收场。分析家庭成员的沟通能力，特别是晚餐时的闹剧。晚餐时大家遵循了什么规则，又破坏了什么规则？有没有家庭成员在此时展示了有效和恰当的沟通？请解释。
>
> **《我爱伴郎》**（*I Love You, Man*，2009）喜剧 / 爱情；R
>
> 这是一部夹杂着下流段子的搞笑电影。男主角跟自己的梦中情人订婚了，却找不到伴郎。为了解决这个问题，他跟一位个性奇怪的男子展开了古怪的友谊。这部电影里展现出来的性别差异只是刻板印象，还是恰恰符合本章里提及的研究和讨论？

自我测试 1-1 答案（第 10 页）

除了 14 全部为否。

每答对一题得 2 分，满分 30。计算总分后，将其除以 30，即为你的结果。例如，你答错 5 道题，需要扣 10，你最终得分是 20。将 20 除以 30，你的测试结果是 67%。

多选题答案

漫画（第 17 页）：2，4；照片（第 33 页）：1，3，4。

第2章

作为系统的团体

在我的一堂小型团体沟通的课上，6个女生组成了一个项目小组。她们第一次课堂会议非常温馨友好，人人都以任务为重。时间不长她们就成效斐然：在5个选项里选择了她们要做的项目，进行分工，为每个小任务设立截止日期。她们都表示在这个新团体中很愉快。

第二周，她们的会面时间有所延长。大家仍然对项目的进展表示满意，并愈发因为彼此间和谐的互动而心情舒畅。这时，一个男生来找我说，他缺了一周的课，没办法组成自己的项目小组了，他问我应该在班上4个小组里加入哪个。我让他加入这个全员女性的小组，原因有二：我一向鼓励混合性别小组而非单一性别小组（班上的女生远多于男生），而且其他几个组都已经有7个成员了。然而，从他加入这6名女生的小组起，他就把这个原本和谐高效的小组变成了令人沮丧的团体。他在自我介绍时说："希望经前综合征不会成为我们组的问题。"他被自己的故作幽默逗笑了，但其余6个女生都震惊了。在小组会议上，他时不时发出性别歧视的言论，贬低大家已经选定的项目，彻底遭到了其他成员的讨厌。当他离开课堂时，他大声宣告自己是"小妞团里的领导人"。

其他6个女生冲到教室前面求我把这个讨厌的男生踢到其他组去。我解释说其他小组如果再加人的话就会超员,而且我也不想再把这个问题带给其他组,所以她们的问题没法解决。

在学期中段,我的一些学生又组成了新的项目小组,这个问题变得更复杂了。没有人跟这个捣乱分子一组。当他加入一个新小组时,那个组里的女生就会马上大声威胁我说:"要么你把他转到其他组,要么我就退出这门课。"我好不容易才说服她们留了下来。

这个例子告诉我们,每个团体都是一个系统。系统指在变动的环境中,一群个体共同协作,组成一个整体。团体是彼此联系的个体所组成的共同体存在,而非一群各自独立运作的个体存在。由于系统各部分(所有团体成员)的内在联系,单个成员的行为会影响到整个团体,干扰行为尤甚。在这个案例中,6名女生无法忽略令她们生厌的组员。她们只能去适应他带来的不愉快。这名让人不悦的组员改变了整个团体的气氛,而团体的沟通氛围也自动由温馨友好变为紧张戒备。

总的来说,系统由输入、处理、输出组成。输入由系统外部的资源沟通,例如能源(阳光、电力)、信息(互联网、书籍)、人(新的团体成员)和环境影响(机构、社会、文化)。若输入停止,系统将会衰亡。没有持续不断的输入,系统会不可避免地走向衰落。这种衰亡过程被称为熵,是一个衡量系统走向解体和终点的指标。所以存活的系统都要靠外部输入来对抗熵。例如,如果没有新成员加入,就没有团体能够持续存活。团体可能会因为现存成员失去兴趣、离开或加入其他团体而最终解散,即便没有上述情况,成员们最终也会去世。还记得震颤教(教徒们震颤躯体来驱魔)吗?这个团体现在也快绝迹了。这个教派的三项宗旨决定了它不可避免地走向衰亡:独身主义,完全与主流社会隔离,以及从1965年开始不再接纳新成员。19世纪30年代,该教派达到顶峰时有6 000多名教众,而到2013年其在缅因州安息日湖的社区里仅剩3名成员。跟震颤教拒绝新成员的做法恰恰相反,为团体注入新鲜血液会带来新的信息、观点、经历和能量,甚至可以带来多元化的价值观。新成员可以对抗熵的发展,让团体充满活力,更加兴盛。但与此同时,新成员也可能会打破团体的传统与固有行为模式,进而动摇整个系统。

生产处理则是将输入转化为输出从而保持系统正常运作的过程。团体成员在与彼此的沟通中将输入转化为输出，例如在团体讨论里提供信息，并利用信息解决问题。

结构化理论认为，一个系统，例如一个小型团体，会靠规则、角色、标准和权力分配（以日后发展为中心）建立起结构服务于讨论和解决问题。这些结构被用来保证系统（小型团体）的高效运转和生命力。但是这些结构也会束缚生产处理过程。例如，为小组讨论建立规则（"会议必须按订好的议程进行""主席主导小组讨论""将干扰保持在最低限度"），一切按规办事，能够保证组内事务井井有条。但同时它也限制了自由讨论。规矩总是在保证某些沟通行为进行的同时（礼貌讨论），限制了另一些（激烈争论）。在讨论的过程中，规则、角色、标准和权力分配有时是强制实施的，有时会随着时间的推移而改变。这意味着一个团体始终处于变化的状态中（改变是难以避免的）。

输出是由一个团体在生产处理（输入）中产生的一系列结果构成的。团体输出包括决议、问题解决方案、完成项目、程序性调整、成员凝聚力强化、成员关系改善等。这些输入结果会在接下来的章节里详细讨论。

正如我同事马克·墨菲（Mark Murphy）提出的，一个团体要是处理不好输入、生产处理和输出，它就会一塌糊涂。我在本章会阐释和讨论系统理论及其在团体里的应用，主要目的就是避免这种结果。这不仅仅是学术层面的抽象探讨。对系统理论有最基本的认识能提高我们的眼界，帮我们看清楚为什么有些小型团体能成功而另一些会失败。

以下为本章的三个主题：

1. 解释系统各部分之间的关联性；
2. 讨论团体如何去适应变化的环境；
3. 探索规模对一个团体运转效率的影响。

各部分之间的关联性

各部分之间的关联性是系统理论的一个重要课题。关联性有两种影响：涟漪效应和协同效应。

↘ 涟漪效应：连锁反应

在一个系统里，任何一个部分都可能会对整体产生极大影响。涟漪效应，或者说连锁反应，正如一石激起千层浪，会在整个系统里扩散开来。历史上有个例子很好地解释了涟漪效应。全球有约 5 000 万人在 1918—1919 年的大流感中去世。这比死于一战和二战的总人数加起来还多。这场流感波及了社会的每个角落。美国的卫生系统因此承受了前所未有的压力，经济也因为缺乏劳动力而遭到重创，甚至连社会关系也受到影响。人们尽量避免彼此联系，当他们不得不交流时，大家会戴上口罩以免受病毒侵害。此后，1957 年、1968 年和 2009 年的流感尽管致死性和破坏性远低于此，它们仍然在社会里造成了很大的连锁反应。

最近，针对美国公司和重要行业的网络攻击也引起了连锁反应。奥巴马总统称这些攻击为"美国国家安全面临的最严峻威胁之一"。国土安全部部长杰伊·约翰逊（Jeh Johnson）解释道："网络把所有人连为一体，牵一发动全身。"

庞大系统里的一个小零件就能带来巨大的涟漪效应。美国编剧协会在 2007 年下半年进行了一次大规模罢工，直到次年二月份才平息。如果你仔细看看电影和电视剧的演职人员名单，会发现编剧不过是成百上千个工作人员里的寥寥数人。然而他们的罢工却让电影和电视制作被迫停工，整个行业损失了约 35 亿美金，金球奖被迫大幅缩小规模，奥斯卡奖差点取消，观众只能没完没了地看真人秀节目。在罢工期间，所有相关的影视制作者、餐饮从业者、园艺师、经纪人和演员都失业了。

当然，涟漪效应未必都是负面的。当父母加薪或升职时，全家都会分享这份财富。如果家里有个孩子拿到了名牌大学的奖学金，整个家庭都会从中受益。某个家庭成员的成就会鼓励其他成员实现相似的目标。当团体里让人讨厌的领导人被换成一个广受喜爱的领袖，乐观和快乐的情绪会在整个团体蔓延开来。

认识到涟漪效应的重要性之后，你就会更关注自己给团体带来的影响（参见自我测试 2-1）。你沟通能力的强弱可能会影响整个团体的成败。万万不能小看个体的力量。

在 H1N1 流感爆发期间，墨西哥民众戴着口罩防止被连锁感染。

↘ 协同效应：众志成城

《群体的智慧》(The Wisdom of Crowds) 一书的作者詹姆斯·索罗维基（James Surowiecki）提出，集体协作的力量往往大于个人努力的总和。他曾以电视真人秀《谁想成为百万富翁》(Who Wants to Be a Millionaire？) 举例说明集体的力量。当参赛者答不上某个问题时，他们可以尝试向亲朋好友或观众求助。据统计，亲朋好友回答的正确率是 65%，而场外观众的正确率是 91%。心理学家吉斯·索伊尔（Keith Sawyer）称这种集体智慧为"群众智慧的结晶"。

集体往往会爆发出惊人的力量，创造辉煌的成果。这种集体智慧的结晶就是协同效应。当成员们发挥各自的能力为共同目标齐心协力时，就会产生协同效应。因此，整体不一定等于各部分的总和。它有可能远大于这个总和。

团体决策中的协同效应就像混合药品或化学品。例如在化疗中，混合使用药物比分别使用它们时效果更好。或者是把几种杀虫剂混合起来用，可能会有意想不到的强效。杜兰大学的一项研究显示，若把两种常见杀虫剂硫丹和狄氏剂进行混合，得到的不仅仅是二者药效的总和，而是总和强度的 1 600 倍。主导该试验的内分泌专家约翰·麦卡兰（John McLachlan）说："一加一并不等于二，而是二的上千倍。"

>>> 自我测试 2-1

你是难相处的团体成员吗?

说明:针对以下每项陈述,请用 1~5 给自己打分。这些问题能反映出你是否是个难相处的团体成员。可选的替代方案:如果你愿意的话,可以在做完问卷后,让班上或者小组里其他成员来用同一份问卷给你打分。如果组员有所犹豫,你可以鼓励他们匿名做问卷(理想状态下,所有的团队成员要同时匿名才能保证不透露任何个人信息)。然后根据问卷末尾的分数系统来比较分析结果。

1. 假如我的小组正在讨论一个我很感兴趣的话题,我明知道自己住嘴了也还要滔滔不绝、据理力争。

  频繁发生　　　　　　　　很少发生
  5　　4　　3　　2　　1

2. 在小组讨论里,我经常一言不发,表现得兴趣缺乏。

  频繁发生　　　　　　　　很少发生
  5　　4　　3　　2　　1

3. 当我的小组在努力完成一项任务,特别是这个任务我根本没兴趣时,我就不会再关注它,而是跟大家开玩笑逗乐。

  频繁发生　　　　　　　　很少发生
  5　　4　　3　　2　　1

4. 当我跟小组集体意见相左时,我总会再次提起这个话题,哪怕我知道团体不可能改变意见。

  频繁发生　　　　　　　　很少发生
  5　　4　　3　　2　　1

5. 我经常提高嗓门跟组员公开对峙,打断其他人的谈话强行加入我的观点,而且常常批评那些不赞同我的人。

  频繁发生　　　　　　　　很少发生
  5　　4　　3　　2　　1

6. 我总是巧舌如簧地美化自己在小组讨论里的贡献,还试图让其他组员觉得他们自己不负责任。

  频繁发生　　　　　　　　很少发生
  5　　4　　3　　2　　1

7. 我倾向于对团体保持悲观态度,特别是任务有风险时。而且我往往会关注团体决策里出错的地方,而不是做对的部分。

  频繁发生　　　　　　　　很少发生
  5　　4　　3　　2　　1

计算你 7 项答案的得分(最多 35 分,最少 7 分),再除以 7 算出平均分。如果你平均分大于等于 3 分,你可能是个不太好相处的团队成员。如果你某个答案等于或超过了 3 分,意味着在这个方面你可能会给团体造成麻烦。这 7 项表述跟我们在第 5 章里要讨论到的 7 种令人不快的角色一一对应。

1980 年，美国奥运冰球队可谓团队协同的经典案例，他们赛前并不被看好，却在半决赛以 4∶3 击败了如日中天的苏联队，并最终夺得金牌，打造了令人目眩的"冰上奇迹"。

"人类家园"团体（Habitat for Humanity）是协同效应的研究对象之一。人类家园团体始建于 1976 年。它为全世界近 90 个国家的将近 300 万穷人建造了超过 80 万间经济适用房。到 2015 年，它建造的房屋数量有望超过 100 万间。它已经变成了美国最大的房屋建造商之一。人类家园团体的成员由分工不同的志愿者组成，每个小分队一定时间完成一部分特定的工作。这些志愿者大多数并非该领域的专家，其个人能力看起来完全无法完成这样的工程。但他们确实共同创造了巨大的成功。

基本来讲，协同效应有三种产生途径。首先，协同效应来自高度激励人心的共同目标，比方说一个关系到团体成员课业得分、工作甚至性命的目标。人类家园团体的成员都发自内心地想为穷人建造舒适的家，因此才能创造出令人惊叹的成果。

第二，协同效应来自集体力量，而非个体的独立奋斗。人类家园团体的成员均以小分队的形式工作，没有个人行动。如果团体成员都不从集体讨论里汲取智慧而是分头行动，团体也仅仅是汇总这些个人成果，协同效应就不

人类家园团体的一支女性队伍正在合力建造房屋。

会出现。例如当你的团体需要做问答测验，每个成员被分配到其中一个问题，如果不把各自的答案拿出来共同讨论修改，那么就不会得到一份更好的答案，也就没有协同效应。

第三，相比起组成成分较单一的团体，成员具有深层次多样性的团体产生协同效应的潜力更大。深层次多样性指成员们在相关的技能、知识、能力、信念、价值观、视角和问题处理策略上都极富多样性。要想形成协同效应，团体成员必须多才多艺。在一项针对以上两类团体的模拟测试中，成员具有深层次多样性的团体产生了巨大的协同效应，集体表现远超自己最优秀的组员，而另一组则表现糟糕。如果人类家园团体没有那些充满激情但技巧不足的志愿者，而全部由建筑领域的能工巧匠（例如电工、水管工）组成，协同效应很可能会被成员的专业性掩盖。相反，人类家园由于具有志愿者团体的特质，即便是在较小的工作团队里，也拥有其他团体无法获得的深层次多样性。

⬇ 负协同效应：结果不堪设想

系统不一定总会产生协同效应。如果所有成员都愚昧无知，那也不可能有什么集体智慧的结晶。2006年的全美地缘公共事务地理知识报告显示，美国 18～24 岁的年轻人在地理知识上有重大缺失。随机抽取的 510 名测试者仅仅答对了略多于半数的地理问题，有一半的测试者无法在地图上找到日本，65% 的人不知道我们的"故乡"大不列颠在哪个位置。回到国内部分，一半人不知道纽约的位置，甚至还有 6% 的人在地图上找不到美国。我在每个班级的小测验里都问过一个无关紧要的问题："世界上最高的山是什么？"有个学生的答案是激浪（Mountain Dew 是百事旗下的饮料品牌——译者注）。联想到全美地理知识调查的结果，我都不敢确定这个学生是不是在开玩笑。这个报告的作者写道："美国不是世界上唯一的国家，但恐怕在很多美国年轻人眼里，还真是如此。"令人庆幸的是，那些受过本科及以上教育的人，在这项测试里表现好得多。然而，即便面对感兴趣的问题，一个缺乏相关知识的团体也无法迸发出魔力。比方说让一群缺乏地理知识的人来制定美国的中东政策，简直愚蠢至极。如果你都没法在地图上找到某个国家，那你很可能对这个国家的文化、政府和价值观之类的东西一无所知。这种集体性无知可不会得出什么好结果。

更有甚者，团体成员的集体无知可能会产生负协同效应。有时，成员集体工作的结果甚至比各自能力应达到的程度更差，这就是负协同效应。一加一小于二。负协同效应就像酒精中加入镇静剂，把沉睡变成自杀。当团体的成员都对某件事所知甚少，却自以为是地互相倾轧，拒绝改变，或者是集体保持偏见、冥顽不灵，他们集中各自力量创造的结果简直不堪设想。正如大卫·雷肯（David Lykken）观察到的："一个黑帮比一堆坏人更可怕。"就算是一个团体中的成员在某个领域天赋异禀、训练有素，它也可能在另一个截然不同、毫无经验的领域遭遇灾难性的失败。例如，军队可能在战场上所向披靡，但却不擅长维持和平。因为后者要求与他国合作、外交和创造性解决问题的能力。

2003 年 2 月，国土安全部建议美国人都要在自己家里选一间房做"安全屋"（如衣橱），以防生物恐怖主义的攻击。安全屋要用塑料板和强力胶布密封起来。但是这里面有个显而易见的缺陷被忽略了：缺氧会导致死亡。

奥巴马医保官网在 2013 年 10 月 1 日的首次亮相简直是个灾难。整个系统陷入瘫痪，几乎没人注册成功任何医保，大部分人在尝试了无数次之后心灰意冷，只能对着死机的屏幕发呆。在接下来的数周，问题层出不穷。总统创新研究员，曾任职于奥巴马技术团队的克莱·约翰逊（Clay Johnson）把这一切都怪罪到一群不称职的合同工身上。他们做出来的系统不是有几个小故障这么简单，而是整个崩溃了，花了几个月才修复。

我们可以具体来看看以下这段围绕冬季生存项目的对话，这个小组需要决定哪些东西对野外生存必不可少，并做出取舍。他们的讨论过程生动展示了负协同效应。

B：虽然听上去有点儿疯狂，但我觉得我们需要带上收音机。

A：为什么要带收音机？它已经坏了。

B：我知道我知道……但它不一定派不上用场。

C：我不懂。

A：我觉得我懂……但你继续说吧。

B：好。我是这么想的，我们可以用它的一些零件自己做一台信号发射器。

A：也是……我们可以把天线取下来放在一棵高树上，通上电，然后开始做一个发射器。然后我们可以用它发送摩尔斯电码，就不需要说话了。

B：那能源从哪里来呢？

A：我们可以用飞机的电池。

B：但是它不在列表上啊，按规则我们不能自己假设列表上没有的东西。

C：我们可以用太阳能。

B：对，太阳，电力……我们可以自己造发电机！

A：我们懂摩尔斯密码吗？

C：我知道 SOS 的摩斯码是三短、三长、三短。

B：不管怎么样我们就发射信号就对了，什么信号都行！

C：所以我们带广播？

B：对，我敢打赌除了我们，谁都想不到这个点子。

从以上对话可以看出，这个小组里没有任何成员对如何做发射器和发电机有一丁点儿了解。结果造成本来就糟糕的想法在集思广益下变得更糟，这就是负协同效应。

这幅漫画说明了：

1. 协同效应。
2. 涟漪效应。
3. 负协同效应。
4. 熵。

答案见本章末尾。

对环境变动的适应能力

系统永远不会处于静止状态。在终结之前，系统始终处于变化中。系统必须自我调整以适应持续变化的环境。这里的环境是系统运作时所处的情境，例如一个工作团队处于机构中或一个学生小组处在大学课堂里。你无法选择环境变化与否。可能存在的选择题是，一个系统（团体）能否在面对必然发生、不可避免的变化时及时做出调整？

每个系统会用自己的方式对变化做出反应。比如，同样起点、经历了类似外部环境的两个团体最后可能会产生极大差异。相反，起点和外部环境截然不同的两个团体最终却可能会走向相似的结果。换句话说，有类似甚至相同目标（例如经济安全）的两个团体，可能会用完全不同的方式去实现这一目标（可能一个家庭会投资股票，另一个家庭会投资房地产或靠养老金过活）。

用系统理论术语来讲，这叫殊途同归性。本章节就会探讨系统适应变化的过程。

▶ 动态平衡：把握稳定性和变化

任何系统都始终存在稳定和变化的动态拉伸。所有系统都试图通过对抗变化来保持稳定，并达到平衡状态（内部平衡），但没有系统能躲过那些不可避免的变化。过于稳定会导致乏味与停滞不前。而过多的变化则会招致混乱，令团体分崩离析。任何系统里稳定和变化都不存在完美的平衡点，但是在一定范围内，系统可以有效掌控变化以实现增长，同时避免过多的不稳定性摧毁系统。这个范围被称为动态平衡。当一个系统能够调控变化的程度、速度和有利条件时，它就能实现稳定和变化的动态平衡（参阅案例研究"与难相处的组员打交道"）。

若系统没能调控好变化的三个变量，会发生什么？我朋友是个小公司老板，他最近决定走高科技路线，用最先进的复杂设备把公司的办公室数字化。但当时办公室正好在装修，为了完美嵌入这个想法，他不得不新招了一个合伙人。可他的员工都气得半死，员工都没学过如何操作这些先进又复杂的电脑程序和设备。他们对装修恨得咬牙切齿，因为他们被迫从自己的办公区域搬了出来，整件事极度混乱，严重损害了他们的工作效率。大家还发现这位新合伙人非常苛刻，无视员工眼下的重重困难，要求他们马上做出成果。他办公室的墙上挂着他最喜欢的格言："不可能这个词只会存在于蠢货的字典里。"雪上加霜的是，我朋友还坚持让他的员工在一切恢复正常之前，周末加班半天。员工纷纷辞职，他们怒气冲冲，迈着重重的脚步离开了公司再也没有回来。他们还给我朋友的合伙人留下一个礼物——一本字典，名字被黑色马克笔修改成了"蠢货字典"，里面充斥着傻瓜、自命不凡、笨蛋、蠢货这样的字眼，还特意划出了白痴这个词。这家公司不得不关门两周，损失了一大笔收入。

这家公司在过短时间内（速度）进行了太多改变（程度），却又没有好好跟员工协商，让他们认识到这些改变的价值并接受它们（需求度）。如果时间充分，成员们也相信改变有益的话，即便再大的变化，团体也能逐步适应。当然，在某些情况下，用焕然一新、根除了弊端的系统替代效率低下的旧系统很有必要。比方说球队有时候会炒掉教练团队，开除一大批表现不好的队员，从头再来。

边界控制：调控输入

对系统来说，开放性和改变相辅相成。开放性是指内部随外界环境改变的程度。当系统对外部开放时，新的输入就会进入系统，也会不可避免地干扰它。若允许女性进入过去由纯男性成员组成的俱乐部、会议室、律师事务所，它们必然会发生改变。哪怕是在你的小组里增加一名成员，正如前面的案例展示的，这个小组也可能遭到无数干扰。团体要么适应改变，要么就得承受冲突甚至是终结。适应变化意味着团体边界根据外部环境条件的改变做出调整。

边界会调控输入和系统内随之产生的变化。团体确立了边界，它们就能调控变化的程度、速度甚至需求度。边界控制决定了系统从外部获取输入的数量和外部环境带来的影响。

每个团体都有不同程度的边界控制。它是团体的核心功能之一。电视剧《老友记》（Friends）的演员都很清楚保持边界的重要性。在电视剧里扮演谦虚的钱德勒（Chandler）的马修·派里（Matthew Perry），在一次滑雪事故后对止痛药上瘾，后来他变得骨瘦如柴。在派里康复期间，其他主演对他进行了严密的保护和支持。他们非常团结，对彼此的友谊高度忠诚，没有对公众和媒体透露半点信息。

但另一方面，边界并非无懈可击。它们也会有纰漏。任何团体要想彻底自我封闭、拒绝改变都是不可能的。外部环境的影响会无孔不入地渗透团体内部，引起变化，有时候甚至会引起严重后果。法庭如今会将推特、互联网搜索和手机短信当成信息源。陪审团边界控制失灵的事件一再发生。在佛罗里达州的一次大型联邦毒品审判中，有9名陪审员承认他们通过上网搜寻信息来进行调查研究，直接违反了法官对这种行为的禁令，法院只好宣布判决无效。马里兰州和新泽西州的两个上诉法庭，不约而同地因为陪审员通过社交

> >> 案例研究

与难相处的成员打交道：从系统角度谈"坏苹果"

本章以一个"坏苹果"的故事开始。这名成员的不当行为会在团体里激起涟漪效应，带来诸多纷争，让团体无法保持凝聚力和高效运转。威尔·菲尔普斯（Will Felps）和他的同事在2006年进行了一项针对"坏苹果"的研究，展示了一个团体成员可以讨厌到什么程度。这项研究的对象之一是广播节目"美国生活"，菲尔普斯给这项研究提供了很多额外的细节。一位经验丰富的学生演员生动表演了三种"坏苹果"。他先扮演了一个对其他成员非常无礼的傻瓜，这个角色总把"你懂什么！""这个主意太蠢了！"挂在嘴边。他又扮演了一个懒虫，这个角色面对必须在45分钟内完成的艰难任务无所事事，给朋友发短信，间或回复其他成员一句"随便"或是"我不管"。最终他又扮演了一个悲观主义者，这个角色把头枕在桌子上，抱怨任务很无聊，小组肯定会失败。（想了解更多"坏苹果"的例子，请阅读第5章关于"干扰型角色"的讨论）

结果是惊人的。不管团队里其他人多么优秀，那些有"坏苹果"的团队的最终得分都比其他组要低上30%~40%。讨厌的行为会传染。当演员扮演傻瓜时，他的组员也会用粗鲁的语言回击这名成员。当他扮演懒虫时，其他组员也会变得消极怠工，说着："就这样吧，随便放个什么好了。"当他扮演悲观主义者时，其他组员也变得爱冷嘲热讽，对项目失去兴趣。有个小组在开始时全员充满热情，大家都从椅子上探出身来投入任务。结果这个悲观主义者出现之后，

整个45分钟里所有人都四肢敞开地瘫在椅子上，意志消沉，冷眼旁观。

另一项研究则显示，若团体里有一个成员对其他人表现得无礼和粗鲁，半数受访者表示自己会考虑离职，而12%的受访者确实曾因此辞职。跟傻瓜共事让人时常暴跳如雷。谁想要这样呢？每个公司都对人才求贤若渴，优秀员工总会有更好的工作机会，所以一颗老鼠屎弄坏整锅粥的时候，团体中的优秀员工往往是最有可能离开的。这会导致团体的情况在未来进一步恶化。

根据加州山景城Edgewise咨询公司的杰瑞·泰利（Jerry Talley）估测，一颗"坏苹果"至少要浪费掉公司10%的时间，如果公司不作为的话，这个数字会很快增加到30%甚至40%。大多数决策和问题处理机构的成员都表示自己没办法恰当处理这些令人不快的行为。而且它会传染整个团体，演变成集体问题。

团体通过调节变化的等级、速度和需求度来保持动态平衡。在本章开篇的案例中，"坏苹果"给同组6名女生带来的困扰很严重，甚至引起混乱，因此这个小组也产生了巨大的变化。这个令人不快的新成员带来的变化非常突然，出乎众人的意料。他的行为打破了团体里的平衡，团体被迫对变化做出反应。同时，他的扰乱行为极其令人讨厌。这6名女生需要尽力降低他的干扰程度，鼓励那些恰如其分的行为，以维持组内的动态平衡。

当团体需要处理这种威胁到组内动态平衡，甚至破坏团体运转的成员时，

它需要采取以下几个基本步骤。

首先，要确保齐心协力的团体氛围。团体氛围在第4章有深入阐述。大部分难相处的成员都产生于充满竞争的系统。如果你的团体里充斥着剑拔弩张、勾心斗角的氛围，大家在工作时肆意传播流言、搬弄是非、暗中交易、破坏别人努力的成果，那么正如苍蝇不叮无缝的蛋，很可能会催生出难搞的伙伴来。当然，前文的6名女生营造了齐心协力的团体氛围，她们的团体氛围并非导致麻烦的原因。但她们确实犯了一些错误，正如我们看到的，她们纠正了一部分错误，但对其他的无所作为。

第二，团体应该建立明确的准则来指导成员的行为。这套准则应当规定哪些行为被严格禁止（骚扰、举止粗鲁、威胁、偏执言论和任何不尊重他人的言行）。医疗团体认证联合委员会就针对下属的15 000个医疗机构制定了行为规范，以避免医生和护士之间的不当行为。这套行为规范被视为解决此类不当行为的"必需条件"。行为规范是一套系统化问题解决方案，因为它对每位成员的不当行为都形成了约束。

第三，改变你跟这位难相处成员的沟通方式，例如：

a. 不要对挑事的人忍气吞声。在有人对其他成员开性别或种族歧视的玩笑，或者有其他冒犯行为时，如果你只是腼腆地笑笑，往往无异于鼓励他将来做更出格的事。对挑事者实行怀柔政策没什么用，为了把讨论维持下去就容忍那些再三打断谈话的人毫无意义。姑息只会养奸。一开始，6个女生被这名成员的言论弄懵了，所以她们在听到性别歧视的"玩笑话"时只是害羞地笑了笑，还让他继续自说自话。很快她们收敛了笑容，集体阻止他一再打断谈话。她们开始对他说："等一下，我还没说完。"

b. 不要被恶人同化，要无条件坚持原则。不要用侮辱性语言去回击侮辱性语言，你越反击，挑衅者越兴奋。互相攻击会让冲突升级，所以别中计。反复告诫自己，一旦你采用他们的方式回击，你就跟他们变成了一样的人，这会令你陷入被动。以暴制暴只会血流成河。按捺住自己的脾气。这要求自我控制（有时简直应该给做到这一点的人颁奖）。当然在某些极端的情况下，这实在很难。6名女生都展现了极高的涵养，没人对这名男生人身攻击。这需要集体努力（系统化方式），因为只要有一个成员中计了，开始攻击挑事的人，对方就会更加兴奋。继续展示他不明智的行为。

c. 将自己设置为旁观者。把"自我"从冲突里抽离出来，站在一个事不关己的第三方立场去审视挑事者。把自己想象成是调解员，专门来解决这场冲突。在菲尔普斯的实验里，只有一个存在"坏苹果"的团队成功抵抗了挑事者的负面影响。这个小组里有个心理强大的成员，面对侵犯没有以牙还牙，没有生气，而是认真听了各位成员的观点，问了很多深层次的问题。他成了这颗会传染的"坏苹果"的克星。他立场坚定，不会被人带偏。他的父亲是名外交官，可能他从父亲身上学会了如何跟这些难相处的成员打交道。

d. 不要给挑事者表演的机会。在我的教学生涯里，我在课堂上仅被学生打断过两次，抱怨课堂。第一次，我没法控制事态。发难的学生大声说："我们能不能做点儿改变？我受够了一直讨论别人的问题。"我没能控制住自己，一心想证明我的教学没有问题。毫不奇怪，他根本没被我震慑住，继续肆意妄为。第二次，有人在课堂上抱怨我为什么要

"浪费这么多时间讨论不同性别的沟通模式"。这次，我马上问班上其他同学："你们希望我利用课堂时间来探讨他的不满吗？"他们当然表示不想。在集体的支持下（系统化方式），我阻止了这名同学继续在课堂上跟我对峙。因为他不敢跟全班对着干。但是要注意，我只是中止了冲突，你没法无视骚扰行为的存在，尤其是当它变成长期的。

第四，尽量把干扰转化成正能量。假设在讨论中途有人大叫："这个提议蠢到家了！"你可以选择做一个友善但窝囊的人，忍气吞声。但你也可以从积极角度利用他的抱怨，问他："你有更好的建议吗？"你的回复不会让这个挑事者继续他的挑衅，让讨论离题。而是把话题引上了正轨。研究显示在小组讨论时进行实质性的评论会促进关注内容本身，而不是人际关系冲突。当干扰者专注于讨论的主题时，他们继续挑衅的可能性就会降低。如果干扰者对你回归正题的建议无动于衷，那你可以采取下一步。

第五，跟"坏苹果"正面对峙。如果整个小组都被某个成员搞得情绪低落（不单是某个个体，整个系统都被扰乱了），那整个团体应该与这个人正面对峙。此时团体的行为规范就派上了用场。即使再我行我素的人也会感受到整个团体的张力。尽量把话讲清楚。明确指出哪些行为有冒犯性，恰当做法是什么。例如，告诉他："你对女性的评论冒犯到我了。请你收回。"不要对不良分子发火，不要骂他。我强烈建议这6名女生集体跟那个男同学对峙。我提出，这应该被当成一个处理难相处成员的实验。可惜的是，她们从未与他正面对峙。

第六，如果以上都行不通，就跟这个难相处的人分开。沟通并不能解决团体里出现的所有问题。对有些无药可救的人，我们只能请他离开，而这可能对整个团体都好。例如，一个服装店老板，炒掉了一个"坏苹果"。虽然这名员工是店里业绩第一的销售员，但他离开之后，整个店的业绩飙升了将近30%。

如果这个难相处的成员大权在握，你可能没法把他赶走。这种情况下，你只能试着跟他拉开物理上的距离。尽量避免跟对方接触。把你们之间的互动保持在最低限度。某些情况下，你可能会为了自己的心理健康着想，选择离开。那些让你每天要遭受前辈或上司羞辱的工作，不值得留恋。

我给你呈现了对付"坏苹果"的一个理性的模型。试试这些办法。大多数情况下它们都管用。但人类并非绝对理性的生物。有时候那些捣乱分子让其他成员瞬间暴怒或者大受打击。以我自己的经历来说，我发现就算我控制不住自己的情绪，大发雷霆，结果也比忍气吞声来得要好。甚至你的愤怒转化为身体攻击（这不是个好主意），至少你对那个挑事的人表明了他的行为无法被接受，而你没有吃哑巴亏。

进一步思考

1. 把难相处的成员赶走会带来哪些可能的负面影响？为什么这种做法是最后的手段，而不是第一选择？
2. 你曾经跟"坏苹果"共事过吗？对你来说什么方法对付这种人最管用？

网络技术获取信息而逆转刑事定罪。正如美国审讯顾问协会主席道格拉斯·基恩（Douglas Keene）所说："重点是陪审员不知道何为禁区，以及它为什么是禁区。"公正无偏见的审判面临着危机。

边界控制的沟通方法：树立屏障

团体通过一系列沟通方法来建立边界。它们可以树立起物理、心理和语言上的屏障，他们也会确立规则、角色和信息网络。

物理屏障：保护团体空间 团体可以通过很多物理上的途径向外界表明自己的"界限"。例如锁上会议室的门，或者选择在楼里不方便的位置开会以避免打扰。开会时，高层一般会坐在一个升高的台子上，或者观众无法直接到达的地方，以示分别。物理边界有时候不易察觉。黑帮们往往会用一些标记在城市里划分地盘。路标或建筑物上的涂鸦很可能就是黑帮划分地盘的标志。要是哪个帮派分子涂掉或者乱画了对家的涂鸦，可能会招致杀身之祸。

心理屏障：成员专属名 团体会让某人知道，他不是其中一员。此时，团体就是在建立心理屏障。比方说在小组讨论时，总是跳过某个人的意见；或者明显把他当成外人。团体甚至可能直接请这名成员离开。历史上，女性和少数族群都曾经感到自己被白人男性社会边缘化。

语言屏障：所谓"内部黑话" 为了在外部环境中隐藏自己，团体成员会使用只有彼此明白的词汇和俚语来交流，这就是语言屏障。成千上万个黑帮用高科技标签来标记自己的网站，进行着虚拟战争。瘸帮、血帮、各路亚洲黑帮和不知名帮派都用自己的网站来耀武扬威，招兵买马。在不同帮派和不同地域间，这些街头语言可能大相径庭。例如，芝加哥黑帮可能用大炮或者大锤来代指枪。而在休斯敦，枪的暗语是火器、斧头和管子。但在纽约，大家会叫它爵士鼓、饼干、短家伙、棘轮、老鼠或弗拉明戈。只有本帮成员能懂这些"黑话"的意思，听不懂的人显然是外人。

规则：并非事事都许可 会员制度规定了哪些人可以进入团体。这些制度也规定了哪些行为在特定场合下是恰当的。通过明确规定哪些团体是不恰当和干扰性的，制度和规范为团体建立起边界。规则也规定了谁可以跟谁交谈，控制了输入和输出。联邦司法中心的出版物，《美国地区法官手册》（*Benchbook for U.S. District Court Judge*）规定了陪审团的行为守则："你不能跟任何人在

这是一张美国和墨西哥边境的照片，它说明了：

1. 边界并非无懈可击。
2. 调节系统变化。
3. 边界控制。
4. 殊途同归。

答案见本章末尾。

邮件、手机短信、推特、博客、脸谱网、谷歌、聚友网、领英或者是 YouTube 上谈起案件的任何内容。"换句话说，你必须断绝跟世界的联系。这些陪审守则是为了防止陪审员判断失误，导致审判无效或者错判。

角色：保持纽带 角色是指跟我们在团体里承担功能相符的行为方式。这些对团体角色的期待具体指明了应有的行为，因此让一切有可预见性并能控制变化。一旦某个成员被限定了行为模式，边界就建立起来了。

在美国，经理们需要尊重员工个人生活和工作之间的边界。对单身女员工指指点点，安排她去相亲，都被视为管理者的"越界"行为。但是，印度人对此可能不会有同样反应。因为印度社会盛行父权式管理。对印度人来说，理想的管理者通常是一位如同父亲般关心员工的男性。因此，假如一个印度上司安排单身女下属去跟一位条件不错的男士相亲，大家都会觉得他是在优待这名员工，关心她的个人生活。这名女员工往往会心怀感激（并且去参加饭局）。但在美国，等待这个上司的可能是性骚扰投诉。角色边界和文化是密不可分的。

关系网：控制信息流　团体通过建立关系网来设置边界。关系网是一个层次分明的信息流通和人际接触环境。关系网控制着团体里信息流的规模，它们也有可能会将团体与外界隔离开。例如，脸谱网最初仅对哈佛大学学生开放。外界人士无法注册，它是一个相对封闭的社交网络。很快，脸谱网扩大到超过10亿用户，但是每个用户可以"接受"或者"拒绝"其他用户的好友请求，来控制谁可以访问自己的主页。一个关系网越开放，参与人群范围就越广，流通的信息量也就越大。开放的关系网会催生变化和潜在的干扰；而封闭的关系网更强调稳定性、隐私和持久力。

◢ 边界控制与团体效率：开放和封闭系统

尽管所有的团体都会设立边界，但美国的文化更偏好开放性和松散的边界，排斥封闭性和严格的界限。我们倡导开放的社会和开明的思想。思想封闭可能会导致个人独裁和教条主义。朝鲜就接近一个封闭社会。但开放性永远是好的而封闭性永远是不好的，这种信仰是错的。没有团体能够负荷无穷无尽的开放，它必须隔绝某些外部影响，严格限制某些信息。因此，边界控制是一项必不可少的团体功能。

若一个团体的输入在数量和形式上都给该团体带来了过度的压力或是阻挠它完成任务，这个团体就必须暂时封闭起来。例如，有时某些家庭会向自己的亲朋好友咨询意见，但是有时一个家庭也会隔绝外界的指手画脚。如果给了姻亲们太多指手画脚的空间，他们就会给家庭带来压力。即便亲戚朋友是一番好意，他们自作主张的干预和意见也很容易招致口角、激化矛盾，甚至让家庭分崩离析。

即使是在那些热门真人秀里，例如《幸存者》(*Survivors*)、《老大哥》(*Big Brother*)、《学徒》(*The Apprentice*)、《新泽西主妇》(*Real Housewives*)和《亚特兰大主妇》(*Atlanta*)等，那些被镜头和麦克风记录下一举一动的参与者也不会表现出自己的真实状态。巨额奖金让他们没办法保持真实。为了生存，我们需要边界，否则陌生人探究的目光就会让我们压力大到崩溃。

团体中的成员应该留意团体过分开放或封闭的征兆，比方说成员是否正处在巨大的压力下，或是感受到分歧、无聊、焦躁，并因此效率低下。这时候可能就需要放松或者收紧边界了。到底应该怎么做，取决于这时候的团体是过分开放还是过分封闭。

不真实的"真人秀"，例如《幸存者》，对观众来说具有松散的边界和极度的开放性。

规模的影响

在任何人类的系统中，规模都是一个核心元素。规模的波动对团体的结构和功能都具有重大影响。

团体规模和复杂性

随着团体规模的增长，其复杂性也随之变强。试想你要给一个15~20人的团体安排一场会议，哪怕是至少不跟任何成员的日程安排冲突，也相当困难！团体会遇到无数复杂情况，其自身的复杂性也会因此上升。本章就会讨论这些复杂情况。

量化的复杂性：指数化的复杂程度　随着团体规模的增长，团体成员间可能发生的互动也会呈指数地增加。统计结果如下：

团体成员数	可能存在的互动数
2	2
3	9
4	28
5	75
6	186
7	441
8	1 056

在一个两人组合中，只存在两种可能的关系，即 A 对 B 或反之。A 和 B 可能对他们的关系有着不同的看法。A 可能视 B 为亲密好友，而 B 可能仅仅视 A 为一个熟人。在三人团体里，则可能存在 9 种关系模式：

1. A 对 B   4. C 对 A   7. A 对 B 和 C
2. B 对 A   5. B 对 C   8. B 对 A 和 C
3. A 对 C   6. C 对 B   9. C 对 A 和 B

仅仅增加一名成员，团体的复杂性就会大大增加。研究显示，团体失败的一个重要原因是，当成员达到 8 人或以上时，安排会议议程就会变得极其困难。举个例子，戴安（Diane）和斯坦利·库克（Stanley Cook）在照料他们日益庞大的家庭时面临的重重困难。大学时，他们梦想着有一个大家庭。他们的愿望实现了，远远超出预期。他们有 5 个亲生子女和 106 个寄养子女！这些寄养儿童里很多人在生理或心理方面有先天残疾。这对惊人的夫妻收养了其中 13 个孩子。也就是说，同一时期有 13 个孩子一起居住在这个房子里。要避免家里一团糟绝非易事。"家里还算井井有条，"戴安·库克解释道，"每个人都有贡献。"

复杂性与团体事务：规模很重要　规模的差异对团体事务有几大影响。第一，相对于小团体，大型团体里通常有很多毫无参与感的人。这种情况部分是因为在大型团体里对发表言论机会的争夺更加激烈，很多不善言辞的成员宁愿安静地坐在一边，也不愿意为了发声而大打出手。这也意味着在大型团体里能言善辩的人更容易当上领袖，因为一个人在团体里的影响力部分来自他的言论。

第二，较小的团体更容易抑制公开反对的声音、扼杀不满的苗头。较小的团体会对异见者施加更多压力令其服从主流。反对派更有可能诞生在较大型团体里。在一个6人团体里，可能只有一个不愿意服从集体的人。但如果团体扩大到12个成员，就很容易诞生两个或者更多的异见者，形成反对派。

在电影《十二怒汉》（*12 Angry Men*）中，只有一个陪审员在初次投票时投了"无罪"，经典的一幕便是他为了维护公平和正义以个人力量与众人对峙，这戏剧化的一幕一直为观众津津乐道。这个势单力薄的陪审员跟众人争辩良久，但是最终表示如果没有人支持他，他就选择放弃。他跟法官达成了一个交易。如果下一次投票时仍然没人投"无罪"，他就会随大流改变立场，把被告送上死刑场。而他随后便获得了一个同盟，故事有了更加戏剧化的展开。当你不再孤身奋战时，与主流对抗就没那么难了。

第三，团体会影响合作的程度。曾有研究对比了人数在12~30之间的不同团体，发现人数最少的团体合作程度最高，也就是说大家在完成任务时更加依赖彼此，更为团结，而领袖的力量也更突出。但是随着团体的逐渐庞大，合作程度便会降低。这导致工作效率低下，目标无法达成，冲突增加。其他研究还发现，较大的团体里容易产生派系和小团体，导致团体气氛紧张、充满竞争。

第四，当团体超过10人时，成员们会更不满意。团体的整体氛围往往会随着规模的扩张恶化。任务更加难以操作，矛盾增加，团体里的核心成员往往会对其余成员表现出攻击性，强迫其他成员去服从他们。

因此，参与度减弱，分歧增加，合作程度降低，满意度减少，这些方面都会明显降低较大型团体的生产率。麦西亚·布兰科（Marcia Blenko）和她同事在2010年的研究显示，在一个7人的决策小组中，每增多1名成员，决策效率就会下降10%左右。按照这个定律，一个17人的团体基本上就"无法做出任何决定了"。太多的团体成员会导致决策停摆，无法合力做出决定。

另一项针对329个团体的2 623名成员的研究显示，3~8人的团体远比9人或以上的团体更高效。其中，3~6人的团体生产率是最高的。

因此一个团体的理想规模是多大呢？是3~6人，还是七八个人？答案是永远没有完美的成员数。亚马逊CEO杰夫·贝佐斯信奉"两个比萨原则"。当两个比萨不够所有成员吃时,这个团体就太大了。很明显,这个原则对于何为理想的团体规模来讲,并非一个明确的硬性标准(是小比萨、中比萨还是大比萨?是薄底的还是厚底的?)对于一个团体来说,最完美的规模就是用最少的人数最高效地完成任务。当然这也不是硬性标准,但当我们去衡量一个团体的规模是否合适时,我们会在质量和速度中做出取舍和平衡。如果团体的出发点是决策的质量,那么七八个人的团体是最合适的。若团体成员各自精通某个方面的知识和技能,而团体任务又要求在几个方面有非常深入的知识和技能,那么这类小型团体就是最高效的。但是如果团体的出发点是速度,那么3~4个人就比较合适。那些有上百个成员的大型团体虽然会有更多的资源,但它们的决策过程有时会慢得让人发疯。

曾有一场模拟审判将6人和12人的两个组进行对比,人数较多的组思考时间更长,投票也更多。但陪审团的标准人数就是12人,因为陪审员通常会面临着无数个选择,而且他们的任何决定都会影响人们的生命。如果你的自由取决于一个陪审团的裁定,你肯定希望这个团体是质量优先,而不是越快越好。基于陪审团的结构,它不太可能快速做出决定,也很难达成共识。在非匿名投票的情况下,每个成员都需要仔细考虑案件的关键点和证据,才能在投票里达成共识。

然而,相比工作效率,其他环境因素(政策、法律法规、制度、成员可获得性、任务复杂程度等)也会在很大程度上影响团体的规模。我曾经在一个培训招聘人员的训练营工作过。最开始,特别小组的成员只有7人。整个训练营弥漫着不满情绪,很多人都对自己无法参加特别小组感到不满。最终,为了维护和谐,这个7人小团队变成了20人的大团队。在接下来几个月里,这20个成员从未同时出席过会议,而且会议常有人交头接耳或者打断别人的讨论。优秀的沟通者能够在较大的团体里高效工作,但是规模的增加总会带来更多挑战。

组织:多个团体的集合

团体增长到一定规模就会变成具有多个分支机构的组织。例如你决定跟两个朋友合开一个小公司。我们暂且叫它电脑维修分销公司(简称CRUD)。

创业初期，你们的团体结构很随意，分工基本上就是平均分配。因为你们三个合伙人是朋友，所以沟通也是平级交流，不像等级秩序森严的大公司。你们的工作标准和决策程序也只是根据三人的实际情况而定。

如果小公司成长迅速，你们就得开始招聘员工、拓展生意，公司的工作也会变得更加复杂。你们需要制定工作流程。你们可能需要买一些卡车来组成一个电脑维修"机动队"。你们还需要有工作服，制定工作规范。对日新月异的电脑行业来说，定期培训也必不可少。公司还得建立正式的申诉程序来处理员工跟上司之间的矛盾。你们可能会决定再开一个CRUD折扣店，甚至把公司做成连锁品牌，在全国范围内出售特许经营权。现在你们必须要雇用管理人员、会计和律师，建立董事会，发售股票，而你们自己则变成了公司的高管。一门小小的生意也可能会成长为一个大型组织。

就拿脸谱网来说，现在它是全世界最大的社交网络。2004年的脸谱网只是哈佛大学校园内的一个小公司。创始人马克·扎克伯格和他的室友及同班同学爱德华多·萨维林（Eduardo Saverin）、达斯汀·莫斯科韦兹（Dustin Moskowitz）、克里斯·休斯（Chris Hughes）开发了一个哈佛学生的在线交友社区，很快它就变成了全球范围内举足轻重的社交媒体。尽管关于扎克伯格是否窃取了脸谱网创意的争议一直存在，但它在创办后的短短10年内就从一个4人公司发展壮大为在全球有超过6 300名员工的国际组织，这一点毫无争议。

当小团体变成大型团体，最终进化为复合型组织时，它们内部系统的结构和功能也会随之变化。相较之下，小型团体更加个人化。小型团体内的权力分配相对比较平均，而团体则作为一个整体来运行。随着团体规模的增长，一切会变得日益正式。传统的大型组织都是分级结构（成员由上至下等级森严），各级权力泾渭分明，有从上到下的沟通网络。但目前很多公司开始向扁平化结构转型，逐渐打破了上下级角色之间泾渭分明的界限，更强调团队合作。

在组织内部使用社交网络沟通也有助于公司推进扁平化结构。在传统的组织里，公司利益高于任何个人利益。单个员工对公司这个整体来说可能没那么重要。但是在关系紧密的小型团体里，失去任何一个成员都可能导致团体的终结。

信息流是区分小型团体和复合型组织最重要的特质。通常，组织底层的负面信息很难传达到团体顶层，即便能传到，也得遭遇种种耽搁。谁想听坏消息？传来坏消息的信使经常会被枪毙。

当团体较小时，糟糕的决定往往无处藏身。没有了庞大的机构来藏污纳垢，你捅的任何娄子都无处遁形。比方说你们三个人经营一个小公司，其中一个人犯傻做了损害公司利益的事，你的选择立刻就缩小到了两种可能（当然除非你装聋作哑）。因为犯错的人就是你的两个合伙人之一。

相较而言，大型组织里的信息失真更为严重。管理人员通常扮演着守门人的角色，监控着信息，决定哪些可以被传到高层。但是一条信息从底层传到组织的最高管理者那里时，它可能已经面目全非。同样，当信息从顶层传到底层时，它可能也已经严重失真。

在较小的团体里，沟通往往更加直接，信息经过多次转手以讹传讹的情况较少。团体越小，要向整个团体传达信息就越容易，因为信息的失真程度会降低。

尽管组织并非本章的重点，我仍然会在这里囊括一些组织的知识背景。因为这跟你们很多人都息息相关。本书中讨论的所有内容都与提高组织内的沟通能力有关。毕竟，"一个组织可以看成是一群团体"。在大型组织的系统里，工作往往都是以团队的形式完成，这是第 7 章的主题。

总的来说，团体即系统。系统的三个要素即各部分之间的内在联系、对变化的适应能力和规模的影响。小型团体与大型团体之间没有严格的分界线。而对大多数决策型团体和问题解决型团体而言，最合适的规模即它们能够最高效完成任务的最少人数。基于我们目前学习到的小型团体的理论基础，我会在下一章讨论团体发展的过程。

提升练习

批判性思考

1. 团体里的捣乱者是如何说明一个系统里各部分间的内在联系的？
2. 你所在的团体里建立了哪些边界？

3. 你曾身处过边界过于严格的团体吗？你为何会觉得它的边界过于严格？

4. 你经历过的没有因为规模庞大而遭遇严重问题的最大团体是什么？它为什么可以运转良好？

视频案例

《城市岛屿》（*City Island*，2010）喜剧／剧情；PG-13

安迪·加西亚（Andy Garcia）扮演的是一个心怀演员梦想的狱警。他藏起了自己的这个心愿，背着妻子乔伊斯偷偷去上表演课，妻子误以为他出轨了。这对夫妻被秘密围绕着，而其他家庭成员也有自己的秘密，家庭关系因此开始出现裂痕。从系统的角度分析这个家庭里的边界控制，以及其开放性和封闭性的问题。

《传染病》（*Contagion*，2011）剧情；R

你可能得忍着恶心看完这部电影。它讲了一种新型致命病毒在几天内席卷全球的故事。根据这部影片分析涟漪效应和系统理论。

《自由作家》（*Freedom Writers*，2007）剧情；PG-13

这部电影讲述了由希拉里·斯旺克（Hilary Swank）饰演的理想主义的年轻老师在一所充满种族矛盾和暴力的高中开始第一份工作的故事。故事根据艾琳·葛劳薇尔（Erin Gruwell）的真实经历改编，这部白描式的电影避免了居高临下和虚伪的煽情桥段。结合系统的三个主要元素，将葛劳薇尔的课堂作为一个系统来分析。

《大公司小老板》（*In Good Company*，2004）喜剧／剧情

丹尼斯·奎德（Dennis Quaid）扮演了一位广告销售总监，他的家庭和工作被一名20多岁、毫无经验的新上司托佛·格雷斯（Topher Grace）打乱了。这名上司还跟他女儿约会。审视在这个故事里家庭系统和团体系统对变化的适应能力。思考边界控制的一系列问题。最后，分析格雷斯这个角色的行为在小型团体（奎德的家庭）和大型组织（广告公司）里的恰当性。

《宿主》(*The Host*，2013)冒险/科幻/浪漫；PG-13

电影讲的是人类身体被一种小型外星生物入侵了，故事普通但还算有趣。从系统角度分析那群躲在洞穴里抵抗外星生物入侵的人类。什么是互相联系的部分，他们对变化的适应能力及边界控制如何？规模都给这个系统带来了什么影响？环境是怎么左右这个团体的？

多选题答案

漫画（第49页）：3；照片（第56页）：1，2，3。

第3章

团体发展

1997年4月24日，达美航空公司（Delta Air Lines）的董事会宣布将不与公司董事长罗纳德·艾伦（Ronald Allen）续约，艾伦被迫下台。一位匿名的董事会成员坚持要他离开，原因是"日积月累的伤害"。所以到底是哪些"伤害"让董事会决心换掉艾伦呢？在一份对员工开放的备忘录里，董事会提到他们"高度重视和尊重公司的文化传统和纽带"，因此董事会需要"选择一个能够融入我们非常珍视的企业文化的人"。

罗纳德·艾伦明显没有足够维护和尊重董事会看重的友好、家庭式的公司氛围。他的管理方式相当严苛，唯恐在维护员工关系上多花钱。他喜欢在众人面前斥责某个员工。大家都说他专制、苛刻，很难相处。当霍利斯·哈里斯（Hollis Harris）告诉艾伦，他要辞去达美航空的职务去领导美国大陆航空时，艾伦要求霍利斯当下便交出他的公司用车钥匙，导致霍利斯困在当场，没有交通工具回家。艾伦砍掉了公司里上千个工作岗位。员工都被他强硬的预算控制搞得疲惫不堪。艾伦得知大家对他这些"铁腕"手段的不满后，第一反应竟然是"就这样吧"。很快，飞行员、空姐和机械师都开始在胸前佩戴

"就这样吧"的徽章。

员工士气低迷，高级经理接二连三跳槽。很多资深员工要么被解雇，要么主动离职。达美航空曾在业内引以为傲的服务也迅速恶化。脏乱的飞机舱和暴躁的空姐成了常态。航班的准点率从业内顶尖一落千丈。乘客们开始嘲笑达美航空"永远不会离开机场"（Doesn't Ever Leave The Airport，首字母连起来为Delta）。当艾伦接手达美航空时，他的确需要解决公司在财务上的困境，但是正如华盛顿人力资源顾问维恩·霍维茨（Wayne Horvitz）所说："成为强大的领导人不等于你得做个混蛋。"艾伦破坏了公司曾引以为豪的"灵魂"。他带领公司走上了一条近乎自我毁灭的道路。他的目光局限在让达美航空重新盈利上，忽略了员工关系对团体成功的巨大作用。

2005年，达美航空申请了破产保护和重组。"破产之后，达美航空花费了上百万美元重振士气。公司的4.7万名员工里很多人都受邀参与了一系列团队建设和关系修复的活动。达美航空还说服债权人把15%的股份分给了员工。"理查德·安德森（Richard Anderson）在2007年成为达美航空的首席执行官。他每月会以机组人员的身份飞行一次，来收集驾驶员对公司的改进意见，他还花了两天时间整理了来自2 000多名员工的建议。2007年，达美航空公布的盈利为5亿美元，这是达美航空破产之后的首次盈利。在安德森的领导下，达美航空成功渡过了2008年的次贷危机，从2010年到2013年总计盈利32亿美元。

这个例子生动展示了团体任务和其社会维度之间的紧密联系。简单来讲，团体成员的待遇和员工关系的好坏对团体任务的完成有举足轻重的影响。当你跟你室友关系紧张时，你试试看叫他们去把公寓打扫干净整洁（任务）。一项研究显示，同事之间的良好关系能够提高工作动力；恶劣的关系则会让员工精疲力竭甚至想辞职。在团体成长的不同阶段里，其任务和社会维度会变成影响其成败的关键因素。本章的基本目标就是探究任务和社会维度之间的关联性。本章有两个主要课题：

1. 解释一个团体的任务与其社会维度之间的关系；
2. 讨论团体不同发展阶段里的任务和社会维度。

团体的基本维度

罗纳德·艾伦的案例解释了社会关系对团体工作表现和效率的重要性。但这并非是个单向的过程。团体内部的社会关系会影响任务完成，反之亦然。在本章中，我们会探究任务和社会两个维度的系统互联性。

▶ 任务和社会维度：工作和社会化

所有的决策型团体都有任务和社会两个维度。任务维度是指团体的工作表现，社会维度则是团体成员之间的关系与其对团体的整体影响。因为团体是系统，任务和社会这两个维度也是彼此关联的。因此，对团体任务的重视程度会影响员工关系。反之，对员工关系的重视程度也会影响团体任务的完成。

一个团体在任务维度的输出是生产率。生产率是一个团体完成任务的效率。而团体在社会维度的输出则是凝聚力。凝聚力是员工对团体的归属感高低以及对工作和彼此的忠诚度。凝聚力始于对团体内社会关系的重视。

一个决策性团体若想成功，就不能忽视社会和任务维度中的任何一个。找到生产率和凝聚力之间的最优平衡对所有团体来说都是重要目标。过分关注生产率可能会制造压力和冲突，降低凝聚力。罗纳德·艾伦就片面关注了达美航空的生产率，并因此破坏了公司内部的人际关系和谐。这种破坏最终导致了糟糕的服务、低迷的士气以及优秀员工的流失，让公司在整个行业和消费者群体里的形象大打折扣。另一方面，过分关注凝聚力会让大家无心工作（"派对时间到了！"）。虽然每个员工都彼此喜欢对方，但没人记得去完成任务了。除非团体存在的目的仅仅是让大家度过一段欢乐时光，并无其他任务要完成，否则这便会是一个严重的问题。

总的来讲，只要不过火，凝聚力都有助于提高团体生产率。两者的关系在小型团体里比大型团体更紧密，在自然形成的团体里比人为组建的团体里更紧密，在合作性团体里比在竞争性团体里更紧密。任务内容和团体的类型也会影响凝聚力和生产率之间的关系。在完成任务时，成员对彼此的依赖程度越深（例如驾驶客机、进行外科手术、篮球比赛），凝聚力和生产率之间的关系就越强。

↘ 建立凝聚力：把我们聚在一起

因此团体如何建立凝聚力？主要策略有：

1. 倡导志趣相投的成员准入机制。加入团体的成员彼此相处愉快、志同道合，那么建立凝聚力就不是什么难事。但是如果有格格不入的成员加入了团体，凝聚力的建立就会遭遇阻碍。当然了，一个团体不会总是那么幸运，能随心所欲地决定谁可以加入。有时小型团体的准入机制不得不服从所处的环境（例如一个机构或者企业）。

2. 培养共同目标。凝聚力的一个方面就是拥有共同的愿景。当所有成员共同努力去实现某个目标时，凝聚力就能得到加强。

3. 完成任务。在完成任务的过程中，很多团体日益团结。如果成员对工作成果感到满意，大家通常会对彼此更加信任进而增强团队精神。这个理论一般都会奏效，除非在工作过程里有一部分人觉得只有自己在全力付出，其他人都在偷懒。那这些努力工作的员工就会产生怨气，逐渐失去干劲，最终导致团体工作表现变差，凝聚力下降。成功的团队总是充满和谐，失败的团队里成员则常常互相指责、诽谤，充斥着沮丧和焦躁的情绪，这是一条铁律。糟糕的生产率可能会让团体走向解散。

4. 倡导积极合作的团队文化。如果成员都愿意相互合作而不是彼此竞争，那凝聚力就会空前强大。我们在第 4 章会讨论如何在小型团体里加强合作关系。

5. 鼓励成员接纳彼此。让每个成员都觉得自己在团体里备受欢迎和重视。努力建立友好的对话环境。如果部分成员在团体里感受到了隔阂，觉得自己被排挤，团体的凝聚力就会下降。

任务和社会这两个维度对团体的形成和发展阶段都不可或缺，通过研究团体发展周期的不同阶段，我们就能弄清楚这两个维度是如何贯穿一个团体的生命的。

团体发展的周期阶段

塔克曼（Tuckman）在 1965 年将团体的 4 个阶段描述为：形成、风暴、规范、表现。这些阶段不是连续发生的。团体的成长脉络不同于人（青年、中年、老年），它未必会呈线性发展，也不一定一一经历这些阶段。团体的成长脉络一般更加混乱迂回，有时会忽然折返到一个看似已经完成的阶段（可惜人的年龄没法回到从前）。

一般来说，团体的发展被认为有这么几个阶段：多个个体由于某种原因聚到一起的初始阶段（形成）、冲突阶段（风暴）、树立标准和成员行为规范的阶段（规范）以及集中力量完成目标的阶段（表现）。这些阶段可能是周期性的，也就是说它们会出现、消失、再出现、再消失，循环往复。无论团体大小，身处何方，一般都会有形成、风暴、规范和表现这4个发展阶段。我们将在第9章重点讨论小型团体在决策过程里会出现的几个阶段。

形成：聚集成员

一个团体始于它自身的形成。在这个章节，我们会着眼于两个话题：（1）为什么我们要加入团体；（2）成员多样性如何影响团体。

我们加入团体的原因：动机　我们加入团体的原因是团体形成的催化剂。我们加入团体是为了满足某些需求。我们加入团体通常出于以下6种原因：

1. 对归属感的需求：没有人是一座孤岛。人类是群居生物。我们都对归属感有着强烈的需求，跟我们对食物的需求程度不相上下。这种与生俱来的需求跨越了文化，是全人类共有的。它对人类的生存有重要价值。与团体成员形成社会纽带能够保护我们的生命财产免受外来威胁。有了伙伴，你就能免受孤独之苦。我们通过加入团体来找到伙伴（例如单亲父母团体），我们能从家人和朋友那里得到一些好处来满足自己的欲望。美国文化强调个人主义，但是正如进化生物学家乔治·辛普森（George Simpson）观察到的："追求孤独是徒劳的，人类从未成功过。"加入某个团体是满足我们深层次归属感的机会。相比经济上的回报，归属感更能把我们留在一个团体里。

2. 人际吸引力：来自他人的吸引力。我们会加入一个团体是因为被它的成员所吸引。我们会被与我们在个性、态度、信仰、族裔、性取向和经济地位相近的人所吸引。很多校园社团和支持者团体之所以有吸引力，是因为其成员有相似性。生理上的吸引力也可能会让我们加入某个组织。我们可能会仅仅因为喜欢里面某个成员而加入一个团体。尽管大家普遍观念里认为生理上的吸引力对男性比对女性影响更大，但也有成百上千个研究表明了不一样的结果。

3. **团体活动的吸引力：为了找乐子而加入。**有时候我们加入一个团体是为了参与其中的活动。这是大部分人参与学校田径队、兄弟会和姐妹会的直接动机。出于对某项活动的喜爱加入一个团体不会妨碍你同时跟其他成员建立社会联系。当我执教大学辩论队时，有些同学本来加入社团只是为了参加比赛。但是在此过程中，大家却渐渐有了其他动力留在团体里，比如全国旅行、发展友谊、恋情，以及参与跟辩论等有关的各种社交活动。全球联赛通常会分为A、B、C三个级别，从而把高水平运动员跟业余爱好者区分开。有些选手痴迷于运动本身，但也有很多人只是喜欢参加跟比赛相关的社交活动。

4. **团体目标的吸引力：目标驱动下的会员机制。**我们加入和留在一个团体的另一个原因是对团体目标的向往。政治团体的成员都是为某个参选人或是政治目标吸引而来。我们会加入某些志愿团体也是因为我们为该团体的目标所吸引。

当你因为某种崇高的理想而加入一个团体时，你不仅有幸跟其他成员交流，你还会对整个过程乐在其中。你可能在跟各种人打交道的过程里精疲力竭，受够了某些成员的怪癖，但是你对这个团体目标的向往和追求足以把你留在团体里。

5. **构建含义和身份：团体即我们。**当情况暧昧不明时，我们就会寻求答案。我们经常会为了更好地了解自己、了解我们的世界或了解那些和我们境况类似的人而加入某个团体。前马萨诸塞州公共健康官员黛博拉·帕斯洛-斯蒂斯（Deborah Prothrow-Stith）曾主导了一项针对年轻人暴力的研究，结果显示，黑帮之类的反社会团体跟兄弟会等亲社会团体之间存在着相似性："它们都给年轻人提供了生活目标、世界观和一个为他们重视的场所。"你可能会因为类似原因加入合唱团、军乐队或田径队。

6. **满足不相关的需求：我们的私心杂念。**最后，我们可能会为了满足跟团体任务、目标、成员甚至归属感都不相关的需求而加入某个团体。我们可能是为了拓展生意上的人脉而加入某个团体。有时我们加入某个团体仅仅因为它跟我们曾经待过的团体有点儿像，可以免去团体成形阶段带来的不确定性。某些情况下，我们响应权力机构的要求而加入某个团体。你可能被传唤去当陪审员，此时给予肯定的答复是明智的选择。你的导师可能会叫你加入

我们加入团体的原因各不相同，何种原因更为真实：归属感？团体活动的吸引力？团体目标的吸引力？构建含义和身份？满足不相关的需求？

一个你毫无兴趣的小组，从实用主义角度来说，你最好听话，毕竟这可能关系到你这门课的得分。

个体加入团体的原因对团体的凝聚力和生产率有显著影响。如果大家都是因为被其他成员所吸引而加入，那么这个团体的凝聚力肯定比那些为了满足自身需求而加入的团体要强。如果大家加入团体是被团体目标吸引，那么团体的生产率很可能就会提高。如果成员都只是为了不相干的个人利益而加入团体，那他们很可能会成为团体的负累，并最终拖垮团体。

成员多样性：差异的优势和挑战　美国人口调查局的数据显示，美国1/3的人口是非白人。到2043年，墨西哥裔和其他拉丁裔美国人、非裔美国人以及亚裔美国人等少数族裔将成为这个国家的主要人口。另外，随着成员年龄、种族、文化背景大相径庭的虚拟团体日益增多，你可能越来越可能加入只有"同类"的团体了。这样既给我们带来了机会，也带来了挑战。

团体通常会从成员的多元化里受益匪浅。成员的多元化是通过文化、种族、性别和年龄的比例来界定的。成员混杂（多元化）的团体里往往会存在着深层多样性，例如不同的技能、视角、背景、信息和经历（第2章里讨论过）。

相比成分单一的团体，这种深层次多样性能够为问题解决和决策提供更多的资源。例如，研究显示在小型团体里的性别多元化能够提升团队表现，有很多亚裔、非洲裔、拉丁裔、英裔美国人的团体在表现上也远远好于只有英裔美国人的团体。塔夫茨大学的塞缪尔·R. 索莫斯教授（Samuel R. Sommers）曾经研究了29个种族组成的多样化模拟陪审团里的200个参与者，他总结道："这些成员多元化的陪审团审议时间更久，会提出更多与案件相关的问题，并且他们的审议更具深度和广度。"更重要的是，"他们在讨论证据时更少出现事实性错误，即使出现了错误，他们也能在讨论中自己纠正过来。"最后，那些由不同性别和种族成员组成的团体在消除偏见时也比成分单一的团体更高效。

然而，团体成员的多元化也可能会带来巨大的挑战。多元化可能会导致成员很难达成共识，特别是若存在我们在第1章里讨论的个人主义—集体主义文化价值观差异，或是我们即将在第9章讨论的权力—距离价值观差异，情况会更为严峻。对团体来说，要建立和保持凝聚力和团体满意度也会更难。主流成员和少数派成员可能会争夺权力和资源，导致敌对和歧视。随着团体多元化而来的是潜在的冲突和误解。哈克曼（Hackman）就曾研究过交响乐团里的性别多元化，发现固执的男性成员对大量女性进入乐团非常排斥。他总结道：

> 在男性成员占绝对多数的乐团里，一两个女性成员的进入不会引起太大波澜，特别是如果她们表演的是竖琴这种"女性"乐器。但是，大量女性的涌入会动摇男性成员既有的统治地位，带来性别间的冲突，让所有成员都备感张力，并且最终会破坏乐团的社会动态。

年龄多样性带来的挑战也值得深思。皮尤研究中心2009年的一项调查展示了美国40年里最大的代际差异。65岁及以上的人跟18~29岁的人在政治、宗教、社会关系、科技使用和其他很多话题上存在着巨大的差异。当然，我们不能片面地用年龄辈分来划分人群，但对团体来说，代际差异确实会带来巨大挑战。在大多数成员都为十八九岁或者20多岁的大学社团里面，年纪较大的成员跟年轻人之间很难彼此认同。年长的成员可能会觉得很孤独，渐渐失去存在感，也可能会像父母一样"掌握大权"，拒绝接纳年轻成员。初出校园的职场新人可能会在跟成熟且经验丰富的同事共事时战战兢兢。双方会在规则遵守、敬畏权威和工作细节上产生冲突。除了这些挑战，团体里的成员多样性通常会产生积极影响。

可惜，仅仅在决策型团体和问题解决型团体里加入突破传统的成员并不能产生奇迹。性别歧视、性骚扰以及刻板印象仍然在混合性别团体里屡见不鲜。很多人为了做表面文章而在团体里加入少数族裔、女性或者年龄跟其他人截然不同的成员，但是这些被拿来做门面的成员往往会成为歧视和欺凌的目标。他们很容易遭到冷落和骚扰，或者被迫保持沉默。

当团体处在形成阶段时，应该尽可能地让成员更加多元化。要保持多元化，就得遵守20%定律。研究者发现，当团体里的女性或少数族裔等弱势团体人数超过2人，比例不低于20%时，针对他们的歧视就会显著减少。

另外，若团体的元老成员对随成员丰富性（年龄、种族等）而产生的一系列摩擦多加留意，就能有效察觉多元化带来的负面影响。同时，大家不应该过度放大这些差异（例如"我们这代人觉得……"），而是应该在团体讨论和解决问题时尽可能地去弱化它们，从而减少冲突的可能性。

总而言之，有效沟通者能够通过以下几个途径，在团体的形成阶段就敏感地察觉到团体的需求：

1. 表达积极的态度和感受。这个阶段是团体成员培养感情的阶段，此时表现得太离经叛道并不合适（例如做出失礼的举动，发表伤人或挑衅的言论，或者穿奇装异服）。要避免祸从口出。尽量展现自己最好的一面。

2. 表现得友善、开放和兴趣盎然。努力让自己显得亲切，积极跟大家眼神交流，主动打开话题，跟他人交流时反应热情。

3. 倡导"拉近彼此"式的对话。这将对社会维度的重视置于任务之前。正如第1章所说，这通常来讲是男女差异，因为男性往往在交谈时重视地位多于联系。一个拉近彼此的谈话会让你发掘多元化的成员里各种不同的兴趣。将多元化视为一个机会，而不是阻碍。不同的视角能够让团体更好地决策和解决问题。

4. 寻求共同点和合作空间。当团体成员过分关注彼此的差异而非相似点时，问题往往会涌现。要避免民族优越感，即坚信自己的文化高于任何其他民族，尤其是当两个文化存在巨大差异时，更要避免这一点。文化差异不是坏事，但是要尽量去挖掘你们在价值观和看待问题角度上的共同点，找到合作的方式。在第4章、第10章和第11章，我会具体讨论共同点和合作。

5. 树立明确的团体目标。无论是成员多元化还是单一化的团体，若在形成阶段就确立了清晰的目标，都会表现得更好。我们将在第7章讨论如何确立清晰的团体目标。

风暴：感受张力

所有的团体都会经历社会张力，因为对任何系统来说改变都可能是痛苦的。张力可能成为积极力量，当我们有张力时，往往能发挥出最高水平。当运动员在彻底放松和极度焦虑里找到平衡时，他们的表现也会达到最好。但是，过多的张力可能会导致破坏性的冲突，最终使团体分崩离析。张力还可能导致大家消极怠工，生产率下降。既能用张力刺激团体进步，又能有效控制好团体张力，是团体走向成功的重要因素。

团体的社会张力有两种类型：初期张力和中期张力。所有长期存在的团体都经历过这两种张力。

初期张力：最初的不安 当你刚进入一个团体时，你通常会有些惶恐不安，这就是所谓的初期张力。老师讲第一堂课时往往会经历一些初期张力。你刚刚见到室友、同班同学或者队友时，也会感到初期张力。即使是历史悠久的团体，每次会议开始时也会面临初期张力。特别是像家长教师联谊会、业主委员会或者学生会团体这类不常聚会的团体，每次开会的初期张力尤为明显。就算在虚拟团体里，如果成员在线上的联系较少的话，每次线上聚会也会出现初期张力。

初期张力有很多表现方式。成员可能会在沟通时变得紧张和犹豫。可能会出现令人尴尬的长时间沉默或战战兢兢地聊天。成员常常过于礼貌和小心，以避免分歧，打断谈话的人都会立刻道歉。

初期张力是团体生活的一部分。大多数情况下它只是短期存在，不会引起太多麻烦。随着时间的流逝，你会跟团体相处得越来越舒服，初期张力也会消失。

在不会引起冲突的话题上开玩笑，讨论下你们的兴趣、经历和信仰，这些都有助于减少初期张力。你可能不会"支持同性婚姻""推动智慧设计论"

或者"警惕气候变化"。"我的名字是马尔科姆。你支持堕胎吗?"这样的自我介绍方式可能并不利于你融入团体。冲突性话题会增加团体成员间的张力。你的目的是被其他成员接纳。当你跟大家熟悉之后,感受到的威胁就会更少,而初期张力也会减少。

如果一个团体过于焦虑,以至于没法开始着手工作,也没法闲聊,初期张力就可能会在团体里形成一种拘谨、生硬和不安的气氛。大家在沟通时只能支支吾吾,闪烁其词。过多和过久的初期张力会影响团体的正常工作能力。

通过闲聊来缓解初期张力因文化而异。在美国,大多数人觉得闲聊就是浪费时间,特别是当聚会的目的是某个具体任务(例如完成一份商务合同)而不是社交时。但是在很多亚洲国家(例如中国、韩国和日本)、中东国家(例如沙特阿拉伯)、拉美国家(例如墨西哥、巴西和智利)的文化里,人们可能会花上几个小时喝茶闲聊,或是聚会,但是谈话内容跟团体任务一点关系也没有。对埃塞俄比亚人来说,工作任务本来就得花很长时间才能做完。对很多美国人来说,长时间闲聊就等同于"什么也没干",但是在其他一些国家的人看来,这是项非常重要且意义深远的活动。

中期张力:后续的紧张和张力　团体发展到一定阶段产生的紧张和张力被称为中期张力。当团体不得不做出决定的时候,就会产生中期张力。当团体成员无法确定自己在团体中的地位和角色,就会不可避免地产生一系列矛盾冲突。过于紧迫的任务可能导致中期张力产生。时间太紧张还会让小型团体的表现变差。无论什么原因,在一个长期存在的团体里总会出现中期张力。若一个团体的中期张力程度较轻,可能证明它的内部高度和谐,但也可能意味着成员都无所事事,缺乏工作动力,根本没把任务放在心上。

若成员忽然开始对彼此大发雷霆、互相挖苦、互相敌视,或是大声争吵,那就表示出现了中期张力。极端的中期张力对团体来说会相当不愉快。如果任其发展,团体的存在都可能被动摇。

陪审团审议里的中期张力已经成为一个不可小觑的问题。这个问题在陪审团遇到争议性法条时尤为突出,例如"三击服刑制"或死刑。即使是在相对较小的案件里,中期张力也会在陪审团里挑起战争。纽约曼哈顿曾有这样一场审议,案子是一名男子被控向他人出售了一包价值10美元的海洛因,陪审员们激烈地吵成一团,4天以后,他们甚至给法官写了一张纸条,抱怨那个与众人意见相左的陪审员。纸条上写着"我们张力很大,精疲力竭,大家都失去了判断力"。而这起案子还发生过法庭书记官互殴、陪审员朝窗户砸椅子、有些陪审员尖叫的声音大到法院的其他楼层都能听见之类的事情。当阿拉斯加前参议员特德·斯蒂文斯（Ted Stevens）的腐败案在2008年开庭审理时，有11名陪审员集体给法官写了纸条，投诉其中一位陪审员，信上说："她对其他陪审员大发雷霆，非常粗暴，这根本不能解决任何问题。"曾有陪审员被抓到从审议室里溜走，还有一次，一名陪审员为了逃避无休无止的审议，试图跳下陪审团巴士。美国各地的法庭都开始给陪审员提供审议指南手册，教大家在审议时保持平静和理智。

我们的目标不是去彻底消除团体里的中期张力。很多决策型团体都经历过中期张力，在可容忍的限度内，中期张力可以成为正面力量。张力对团体有激励作用，能促进成员进行创造性思考，还能团结团体成员。回避或掩饰中期张力可能会让我们误以为团体一切运行良好。但是在表面的和谐之下团体可能正在悄悄瓦解，或是做出了糟糕的甚至灾难性的决定。

对一个有效沟通者来说，真正的挑战是把中期张力控制在一个可承受的范围内。但是我们如何得知团体的最大限度在哪里呢？毕竟，这是无法量化的。有些团体能够承受大量的意见不合与冲突，还有些团体却会在矛盾冲突里分崩离析，因为其中的成员可能脸皮太薄或是缺乏安全感，会把意见不合上升到对他个人尊严的攻击。

若一个团体出现了无力完成任务和无法保持良好氛围的情况，通常就意味着这个团体的张力已经超过其极限。洛杉矶曾有一个案子，被告被指控严重殴打了一个名为雷吉诺德·丹尼（Reginald Denny）的卡车司机，陪审团承受的张力明显超标。11名陪审员以"无法进行审议"为由，请求法官开除了一名陪审员。一名女陪审员因为必须与外界隔离，无法跟男朋友见面，变得非常低落，她跑下了法院的楼梯并大喊："我受不了了！"为了降低陪审团的张力，让他们重整旗鼓并完成任务，法官只好让陪审团在周末休息。

有效沟通者在控制中期张力时能够做到以下几点：

1. 努力承受，甚至是鼓励不同意见。压制团体里的不同声音往往会提高张力水平，激化冲突。诀窍是把意见不合控制在可承受的范围里。其中一个办法是将意见不合的部分集中在跟任务有关之处（当然，除非这种冲突是社会性的）。避免把争端引到与任务无关的话题上，尤其是那种有争议的话题。

2. 做一个文明理性的人。你可以不赞成，但别浑身带刺。因为你希望得到一个合作良好的讨论环境，而不是剑拔弩张的战场。你可以表达自己的不同意见，但别对那些跟你意见不合的成员发火。

3. 做一个积极的倾听者。鼓励所有的成员分享自己的观点跟感受。澄清令人困惑的重点。尽量克制你想打断别人的冲动，特别是当其他人已经对你的打断表示过不满了之后。努力去理解那些与你意见相左的观点。

4. 善用幽默感。在一项死刑审判长达414页的档案里，有51次大笑被记录其中，当然这些大笑并非均出于幽默（有些是为了掩饰尴尬）。大笑最常见的原因就是释放张力。当然，若你用幽默作为武器来攻击团体里的其他成员，它也可以导致张力上升。自嘲式的幽默可以让你避免把幽默用作负面工具。在这场死刑审判里，一位陪审员不慎误读了另一位陪审员的判决，把"30年徒刑"说成了"30天"。庭上爆发了哄笑，但是你可以从他的回应里看到自嘲式幽默如何化解了这样一场严肃讨论里的张力："对不起，我必须得更正一下，是30年。哇，判一个杀人犯30天刑期，这惩罚简直比一摞没交的停车罚单还要可怕。我对待犯罪真是毫不手软啊！"

团体中有数不尽的缘由让张力水平升高。在第10章和第11章，我们将详细讨论有哪些原因会令成员大动干戈，以及有效解决这些问题的策略。目前你应该认识到冲突和张力是你在团体里的必经之路。有些团体可以平稳地解决张力，而有些团体会在张力下波涛汹涌。

规范：调控团体

在团体里，那些规定了恰当行为标准的条款被称为规范。在这个章节，我们会讨论规范的类型，规范的目的与发展，以及是否符合规范。

规范的类型：公开性规范和暗示性规范　规范分为两种类型：公开的和暗示的。公开性规范就是那些明确规定了何种行为是可接受的条款。例如各种规章制度、兄弟会章程、宗教规定等。我们社会里所有的法律都是公开性规范。但是大多数小型团体里的规范却没有那么明确。暗示性规范是在团体成员统一的行为和态度里隐含的规范。

我们可以从大学课堂中明白公开性规范和暗示性规范的区别。如果你是初次上某一门课，那么你会从以下几种途径来了解团体规范。通常，这门课的教授会有一个教学大纲，清楚写明了你在这个学期应该做什么。这些规范可能包括"不准迟到和缺席""必须按时交作业""所有的论文必须打印出来,没有例外"以及"你应该积极参与课堂讨论"。

暗示性规范可能有"不要打断教授讲话""围坐在桌子的四周""当你与其他同学意见相左时,请保持礼貌"以及"不要藏老师的教案,开玩笑也不行(这确实发生过)"。你会通过观察教授和同班同学的行为来得知这些规范。

规范的目的和来源:实现团体目标　规范普遍是为了实现团体目标而设立的。以过量进食者互助协会为例,大家的改变(体重减轻)需要通过规范来实现,其中一条规定就是成员只准用通用术语来称呼食物(例如碳水化合物、蛋白质等),不能说出食物的具体名字(例如小蛋糕、汉堡、饼干等)。这项规定预设,提到某种特定食物的名字会刺激一个人对该食物的欲望从而阻碍了目标的实现,而成员用通用术语称呼食物就不会激发食欲。很明显,当你仅仅听到众人在讨论碳水化合物时,不会有打开冰箱的冲动,但是听到"哈根达斯"这几个字之后,你可能会不顾一切地冲到冰箱面前。

通常,团体在形成之后会迅速建立规范的流程。当一个团体成立时,成员就会开始判定何种行为是可接受的,何种是不可接受的。初期张力可能部分来自面对团体礼仪的小心翼翼。

在小型团体里,规范有三种主要来源。第一个来源是该小型团体外部的系统。通常,大型组织里某个团队的工作标准和特定行为规范都会受整个组织大环境的影响。兄弟联谊会的分会、互助治疗小组这类团体的规范通常都是由上级团体或机构统一制定的。

小型团体规范的第二种来源是某个特定成员的影响。研究显示,某个特定的成员能够推动整个团体去接受更高的行为和表现标准。相反,若没有该成员,这些规范就不会出现。即便在这个有影响力的成员离开团体之后,这些规范通常还会流传下去。这种富有影响力的成员可能是团体领袖,也可能只是刚进入团体的新人。

团体规范的第三种来源就是团体自身。小型团体的规范往往是在成员的互动和交流里自行产生的。有时大家会将这些规范探讨清楚(例如陪审团会规定需经过哪些程序来做出判决),但是大多数情况下,规范都产生于经验和教训("呃,大家都好像看疯子一样看着我,看来我不应该将所有想法都说出来")。

服从程度:团体张力的强度　所罗门·艾斯克(Solomon Asch)在1995

年的实验发现，当一个团体的成员在实验里集体错估了一条线的长度，受访者有35%的概率会选择相信这个明显错误的答案，而这批受访者里有75%的人在这次实验里不止一次服从了团体的错误判断。1997年加州大学圣克鲁兹分校的社会心理学家安东尼·普拉特坎尼斯（Anthony Pratkanis）在NBC电视台的《日界线》（*Datekube NBC*）节目里，复制了这次实验。在他的实验里，16名大学生里有9个人都一致赞同另外6个人做出的选择，即使这个选择明显是错误的。讽刺的是，一名受访学生在实验前声称自己是个从不盲从的人。但是在实验里，他比其他队员更快和更频繁地向团体屈服。服从是成员对团体规范的忠诚，在这个案例里，随大流的表现就是选择一个错误答案。

一项针对高校学生过度饮酒的研究向我们展示了服从的另一严重负面作用。根据"本调查优先针对那些至少一到两周里会一口气喝5瓶以上酒的人"这一界定，37%的美国大学生存在酗酒现象。同一个研究还显示，14%的大学生每隔一两周就会一口气喝掉10瓶酒，还有5%的人会一口气喝15瓶。兄弟会和女生联谊会的学生有超过80%的人曾经过度饮酒。每年有大约1 825名大学生因为过度饮酒死亡，还有大约60万大学生因为过度饮酒受伤，大约70万大学生曾遭受过醉鬼的殴打，还有大概10万人曾经因为过度饮酒遭受性侵和强奸。除了受伤和死亡，过度饮酒还会使人失去正确的判断力。哈佛大学的一项研究认为，大概37%的过度饮酒者都表示自己清醒后有过非常后悔的行为（例如跟朋友吵架、进行不安全性行为）。但仍有不少团体规范鼓励过量饮酒。佐格比国际公司（Zogby International）的一项民调显示，在受访的1 005名大学生里有56%自称曾因团体压力而饮酒。

服从并不总是坏事。我们可以把团体压力利用在积极的方面。俄亥俄州的谢克海茨高中有一个少数团体发展委员会（Minority Achievement Committee，简称MAC），它是一个由获得较高成就的非洲裔美国男性学生组成的小型团体，致力于建立规范，告诉成员在学习上表现出色是很酷的行为，而不是"假装白人"。一名学生必须GPA达到2.8以上，才能进入MAC。MAC的每周聚会都以坚定的握手开始，其宗旨是："我是非洲裔美国人，我承诺维护我们非洲裔美国人的名声和形象。我会努力学习，保持教养，像对待兄弟姐妹那样对待他人。"MAC正在跟一股相反的潮流对抗。另一项针对高中少数族群学术成绩差距的全国性报告显示，当一个同龄人团体不重视学习上的优异表现时，成员会为了"获得伙伴的认可"故意不好好学习。

团体中的同伴压力是导致过度饮酒的主要原因之一。

我们为何要服从：为了融入　我们为什么要服从规范？特别是在各类组织个人主义盛行的社会里，为什么人们仍旧服从规范？这其中的原因有二。第一，我们服从规范是为了被喜欢。我们想要社会的接纳、支持、友谊和认可。我们必须随大流以融入社会（见案例研究"高中小团体"）。我们可以通过遵守规范来表现自己对组织的忠诚，从而得到其他成员的认可。规范让成员间的关系更加坚固。我们天性里对归属感和被喜爱的需求会让这份坚固的关系看起来诱惑十足。通过服从团体规范，我们可以满足一些个人目的，例如交朋友或增加社交活动。正如沃尔特·基尔恩（Walter Kirn）所说，大学生往往不只是为了追求醉酒的快感而过度饮酒："他们认为自己在做一件更有意义的事，是向新朋友展现自己的忠诚，赢得他人的尊重，制造宝贵而有趣的回忆。兄弟会和某些社交俱乐部正是利用了学生们对归属感的强烈渴求。"

第二，我们服从规范是因为我们希望做对事。表现失当可能会尴尬又可笑。团体规范定义了何为正确行为。在这种情况下，我们宁愿不去赢得众人的喜爱，也不愿被人愚弄取笑。没人想让自己表现得像个傻子。

服从的条件：当我们向团体压力屈服　在某些情况下，人们更容易服从团体规范。首先也是最重要的一点，一个团体的凝聚力越强，成员的服从度也会越高。凝聚力跟服从性之间有着惊人的联系。根据凝聚力的定义，它是我们被一个团体所吸引并想成为其中一员的程度。如果团体对你毫无吸引力，你根本不想加入它，那你就没有理由去配合它的行为规范。若团体对某个成员来说不值一提，它也不会对这名成员产生什么影响力。相反，只有那些被团体强烈吸引、拼命想留在团体里的人才会屈服于同伴压力，让自己的行动和观点跟大家保持一致。

第二，随着任务越来越重要，服从度也会提高。一旦发现准确执行团体任务的重要性，即使是那些粗心大意的人也会高度配合跟服从。

第三，当成员们发现自己会长期留在一个团体中时，服从度也会提高。毕竟，这群人可能会跟你终生相伴，为什么要格格不入，让自己生活得不开心呢？特别是当你因为个人经济问题不能随便跳槽时，有什么理由不服从你的工作环境呢？

第四，当某些成员意识到自己在团体里地位较低，或没有被完全接纳时，服从性就会变高。地位较高的成员已经获得了表达异议的特权，而地位较低的成员还在拼命争取可以偶尔不服从团体的权利。地位较低的成员通常也更急于向团体证明自己，因此他们会极力展示忠诚。

处理不服从者：当团体变得强硬　由于团体行为受到规范的约束，因此当有人违抗规范时，团体里很容易人心惶惶。违规行为会扰乱系统。除非有特殊情况，团体通常不欢迎这些拒不服从的行为。通常，团体会采取四种手段来让拒不服从者听话。大多数情况下这些策略要依次进行，但某些时候可能得略加调整。

第一，团体成员极力劝服异议者。针对这名不服从者的谈话会大幅度增加。团体会表现得迫切希望不服从的人"重回正轨"，并极力劝说他。再说明白点，团体成员希望这个给大家造成麻烦的人能够改变他的观点和行为。

第二，如果劝说失败，团体会开始耍一些小手段。团体一般会通过某些方式让这个成员觉得是自己让团体在外界的眼中形象变差了，产生愧疚感。另一种策略就是告诉这个抗拒服从者他的努力是徒劳的，最终将一事无成。"反正你最后什么也改变不了，那为什么还要制造混乱呢？"这是工作场合经常会使用的策略。其他小手段还包括升职、给予特权、金钱奖励等，以此来换取成员的服从。

第三种手段就是对其施加压力。此时团体就开始显露出粗暴的一面了。沟通例会将充满辱骂和威胁。团体甚至会用一些很讨厌的手段来逼迫这名成员就范。比如告密者，就是那些把公司里的资源浪费、诈骗、冲突和危险行为暴露给社会公众的人，会受到公司的开除威胁，有时候公司甚至真的会解雇他们。公司也可能会把这种人贬到那些没人想做的岗位和地点去，上司和同事都会对这个人百般刁难和羞辱。

团体让某个成员就范的终极手段是孤立。通常，这种手段被称为"排挤"，也就是故意忽略这个人，对其视而不见，或者把这名成员隔离在团体的交流之外。这种社会性的死亡往往会给一个人带来巨大的心理创伤。一个人即使是被三K党这种遭人鄙视的团体排挤了，也会感到受伤。排挤是"一种异常强大的社会力量"。它利用了成员对团体归属感的渴求。当各种施压手段对"告密者"不管用时，一般就轮到排挤出场了。当成员发现自己有机会重回团体温暖的怀抱时，很可能会为了抓住机会而向团体就范。

研究还发现，即使是在网络世界中，排挤也威力十足。例如一个线上团队或聊天室里的用户开始故意忽略某个违抗了团体规范（比如操作错误、讲话离题、讲脏话、对他人无礼等）的成员，这就是网络排挤。即使大家并非故意排挤某人（比方说这个成员只懂西班牙语，大家却在说英语，反之亦然），这种行为也会产生负面效果。

团体的规范令团体得以建立恰当有效的沟通机制。有效沟通者应该在团体的规范阶段做到以下几点：

1. 让自己的沟通符合团体规范。正如前文提到的，在不影响团体目标的前提下，假如你的违规行为已经需要团体来慎重对待，那你的沟通就是不恰当的。

2. 当规范过于死板时，应该鼓励改变。规范不是神圣不可侵犯的。有些规范死板得让人窒息，这种情况下改变就势在必行了。规范的僵化会导致抗拒服从和干扰行为。如果理性讨论不成功的话，成员可能需要强硬地打破规范，推动变化。但是成员不能做损害团体利益的事。当然，你也可以选择离开这个团体。若团体无法自己从内部放宽要求，那么就需要外部力量的干预，例如去起诉或抗议。

3. 假如规范太宽松，也需要鼓励改变。过高的开放度对一个系统来说并非好事。我们需要采取跟对待死板的规范一样的方式来进行改变。

>>> 案例研究

高中小团体：服从的教训

学校午餐时间的铃声一响，全国的学生就会瞬间涌出教室，跟自己的小团体待在一块儿。一项针对加州克鲁兹地区三所高中的田野调查显示，高中生里有五花八门的小团体——运动员、精英、小垃圾人、冲浪者、滑板少年、哥特人、书呆子和各种族自己的团体。我们都记得高中里那些小团体，对你们有些人来说，往日情可能也历历在目。

小团体是从属于一个较大系统的次级团体。学生会加入小团体是因为他们迫切需要被同龄人接纳。那些被各种主流小团体排斥的边缘人有时候会组成自己的小团体。正如苏奎尔高中的一名女孩说的："我们都不受欢迎，但至少我们还能抱团取暖。"加州大学克鲁兹分校的发展心理学教授玛格丽特·埃斯梅沙（Margarita Azmitia）说："有些孩子不想加入边缘人小集体，但他们别无选择。"小团体给予了他们一种身份，还能在他们遭到那些更受欢迎的小团体欺辱时提供保护。

高中的小团体一般都阶级分明，充满竞争。运动员在金字塔顶端，而书呆子在金字塔的底层。这种充满竞争的等级秩序很容易导致圈内人跟圈外人互相敌对。大家会给那些不怎么受欢迎的小团体的成员起外号、进行人身威胁、朝他们扔水球。"他们整天朝我们扔东西。"一个18岁的男孩子说，他指的是那些玩冲浪的人和运动员，还有其他受欢迎的孩子们。"有人向我扔过酸奶、苹果和橘子，"另一个一身黑衣的学生说，

"他们叫我垃圾、废柴、怪胎。"阿托普斯高中一名很受欢迎的运动员说："我讨厌他们，我不在乎。"另一个运动员附和道："他们身上很臭，他们还不穿鞋。"一名15岁的女孩诉说了她多次被其他小团体欺负的痛苦经历："很多人对着我们大叫。他们说，'你这个怪物，你这个撒旦教徒！'我们被人欺负到掉眼泪。我有一次哭着回家。他们还继续大叫：'滚回地狱去，没有人需要你。'我很受伤。""这几乎跟种族主义一样可怕，"一名18岁的男生说，他是运动员欺负的对象之一，"我们就是我们，我们没办法成为其他人。"边缘人同病相怜，因此他们聚在一块以获得身份认同并自我保护。

高中小团体里对规范的服从非常强烈。至少当你面临侮辱时，你不会孤身一人。有些学生对融入某个团体的渴望实在太过强烈，他们甚至愿意为了进入和留在某个小团体去做任何事。埃斯梅沙教授发现小团体通常只有10~12名成员。这就形成了一种激烈的竞争机制，那些受欢迎的小团体尤其如此。哪怕你只是稍微违反了一丁点儿规范，比方说穿错了衣服，跟某些不受欢迎的人玩，或者错过了一次聚会，你都可能被小团体踢出去。正如阿托普斯高中一名9年级学生说的："这对我来说并不自在，我得逼自己屈服。我觉得穿成某种风格去参加聚会、酗酒以及吸毒都让我压力巨大。"有一天她在自己棕色短发外面围了一条鲜艳的头巾，大家都对她露出

了"难以捉摸的表情""他们对一切都太神经质了"。最后她离开了这个受欢迎的小团体，随后她很快又加入了边缘人那一组。

小团体不只常见于高中，猎头公司凯业必达一项针对3 000名美国工人的调查显示，43%的工人反映说自己的工作环境里充斥着小团体。每10个人里就有一个曾被小团体恐吓过，20%的人表示他们曾为了融入某个小团体而做过违背意愿的事情，还有19%的人为了被某些小团体接纳曾经"取笑过别人或是假装不喜欢某些人"。

通过给你提供社会接纳、身份认知、归属感、支持、友谊和同伴的认可，小团体会让你的自尊心得到极大满足。你可能会在小团体里收获友谊，然而小团体也会让那些"不够格"的人饱受孤独与隔绝。同时，小团体里会出现极度盲从的情况，特别是小团体间的竞争升级到了敌意，并开始羞辱那些"格格不入的"人时，盲从尤为严重。

进一步思考

1. 你还记得你加入过的小团体吗？你的经历大多数是正面的还是负面的？
2. 你曾有过为了进入某个小团体而被迫屈从于其规范的经历吗？不同小团体之间的敌视和战争有没有导致某些人被欺负？你当时有什么反应？
3. 当一个小团体接纳和拒绝某些成员时，会将种族因素考虑进去吗？利用我们在第1章讨论过的种族沟通的5个条件来解释。

▶ 表现：团体输出

如果每次跟我抱怨委员会的决策多么荒谬时我都能得到1美元，我现在可能就会在热带的沙滩上喝着黑啤享受生活了。

关于委员会，还有一句老话是："一群一无所长的人凑在一块儿群策群力，然后发现什么都干不了。"还曾有人说："妄想通过集体讨论来解决一个问题，就跟你想按下喇叭就解决塞车一样不切实际。"擅长挖苦的温斯顿·丘吉尔也嘲讽过委员会："一群穿制服的人组织了一群没用的人去做一些根本没必要的事，这就是委员会。"在我所在的学校里，委员会无处不在，蚕食着教授和行政人员的时间，消耗着组织的生命力。根据上一次统计，我们学校有63个委员会。最近甚至还有人提议要建立一个管理委员会的委员会，将这些浪费时间的机关控制起来，但从没有人对此做出任何努力。

从工作角度来说，团体作为决策型单位需要建立良好的公众关系。很多人倾向于认为团体只会降低办事效率,是决策过程中的绊脚石,产出不了任何有价值的结果。团体厌恶确实存在。

那么,团体真的无法避免成为高效决策和解决问题的绊脚石吗?个人表现永远优于集体表现吗?在团体沟通领域里最受关注的课题之一就是比较个人跟团体的表现。

这些研究的关注点并非是团体跟个人谁的表现更好,而是团体在什么条

这张照片展示了社会惰化的一种表现形式。社会惰化:

1. 会随着团体规模的扩大而衰减。
2. 其实就是害羞。
3. 是由于部分成员没有认识到个人努力跟集体成就之间的关系而产生的。
4. 基本原因是该成员缺乏动力。

答案见本章末尾。

件下可以超越个人表现之和，反之亦然。当团体表现太差时，往往会产生团体厌恶。因此团体跟个人表现是一个值得探究的课题。

工作动力：社会惰化和社会补偿　我们之所以会对组织的决策和问题解决过程态度消极，原因之一就是某些成员的懈怠。你肯定也参加过那种成员都无精打采的组织，他们有气无力的回应把你的工作热情消磨殆尽。这些很常见的经历往往会导致团体厌恶。为什么有些成员对工作充满干劲，有些人就没有呢？集体努力模型（CEM）表明，团体成员如果深信自身的努力能够转化为有价值的成果，团体里就会对工作热情高涨。如果成员认为工作任务不重要或者毫无意义（仅仅是为了打发时间），或某个成员的努力对整个团体的工作成果影响甚微，即使这个工作成果本身有高度价值（一个能力较低的人跟一群能力较高的成员一起工作会出现这种情况），团队中就可能产生社会惰化。

社会惰化是指成员在集体工作时付出的努力比各自独立工作时来得少。在虚拟团体（线上团体）里，这个问题尤为突出。曾有人针对多个线上跨国团队的 600 名员工做了调查，75% 的员工表示社会惰化是个严重问题，原因我们会在第 12 章讨论到。团体里的社会惰化通常表现为缺席会议或迟到，工作时漫不经心，或者是无法完成团体交代的任务。这里我们要注意，因为害羞而不敢在集体讨论中发言不属于社会惰化。社会惰化是因为缺乏动力、兴趣不高或态度不端正而无所作为。

社会惰化在个人主义文化中比集体主义文化中更为多见。在团体里，个人努力和成就往往得不到太多关注和认可，因此在个人主义文化里更容易出现社会惰化。而集体主义文化更加看重共同努力的价值，为团体利益集体奋斗和奉献的意愿更为强烈。

那么你觉得我们应该如何化解社会惰化呢？以下是解决这个问题的几个步骤：

1. 选择有意义的任务。团体不一定总有机会选择自己的任务，有时候上级机关会把那些没有挑战性的任务分配给某个团体。如果团体有机会从诸多选项里选择一项任务，最好是选择对整个团体来说最有趣的那个，而不要选择那种只有一两个主要成员感兴趣的项目。

2. 建立团体责任机制。强调个体对整个团队的责任，以及每个成员都做出同等贡献对成功完成任务的重要性。公平和责任感是重要的道德指标。

图中为中国贵州的苗族群众在拔河。社会惰化是团体里的常见问题。社会惰化：

1. 在集体主义文化里更为常见。
2. 在个人主义文化里更为常见。
3. 在两种文化里出现的概率差不多。
4. 从不会在竞争高度激烈的环境里出现。

答案见本章末尾。

  3. 认识到个体努力的重要性。要让每个成员都觉得他们的个人付出是特别的，对团体的成功必不可少。当成员相信他们的贡献对完成团体目标不可或缺时，他们通常都会加倍努力。尤其是面对艰巨任务，当每个成员都觉得自己的能力独一无二时，这种效应更为明显。

  4. 量化工作绩效。给每个成员分配最适合他们的任务，为每项任务设置期限，从而考察每个人对团体任务的贡献程度。让成员对彼此的能力和进步面对面地进行评价，而不是互相批评，这样有助于消除社会惰化。

  5. 增强团体凝聚力。那些如一盘散沙的团体比高度团结的团体里更容易产生社会惰化。但当凝聚力较高的团体面临期望值较低的工作要求时，可能整个团体都会充满社会惰化。要了解如何增强凝聚力，可参考本章前半部分。

  6. 直面"惰化者"。如果以上的步骤都不奏效，那么团体的领袖或某个特定的成员，甚至是整个团体就需要直接质问那些惰化的成员为何要消极怠工。

增强该成员的参与度，肯定他对整个团队的贡献和努力，在团体里征集意见来帮助这个成员变成有贡献的人。不要给这个成员起外号，或者是对其进行人身攻击。

7. 咨询更高等的力量（并不是让你去跟神明祈祷，虽说那没准真的管用）。如果以上的办法都失败了，团体应该去咨询上司、导师或其他更高级别的人，听取对方的意见。这位更高级别的人可能需要跟社会惰化的成员讨论问题所在。

8. 最后的措施：开除不肯做事的人。虽然很多团体一开始就想这么做，但是不要把它放在第一步，你也可能没办法开除掉这名成员。

9. 绕过不做事的成员。重新分配每个人的责任和任务，这样一来即使那名成员什么都不做，其他人也可以绕开他高质量地完成任务。

某些成员的社会惰化可能会在其他成员身上引起截然相反的反应，即社会补偿，是指某些个体会增大劳动量来弥补他人的欠佳表现。研究显示，有些成员在对其他成员的付出不抱希望时，会展现出更高的工作动力，且会产生比单独工作时更优秀的工作表现。特别是当一个能力突出的成员发现由于其他成员能力低下、表现不佳，自己必须发挥最大价值才能确保团体或是某项任务的成功时，该成员身上会产生强烈的社会补偿效应。若有人发现那些能力不高的成员由于某项外部原因（运气不好，生活压力）表现很差时，社会补偿效应也可能会出现。但是，如果这种较差的表现是个人原因造成的（懒惰），那么社会补偿可能就不会出现，尤其是当大家怀疑能力较高的成员出现社会惰化时，因为大多数人都不愿意给一个有能力却不想付出的人收拾残局。

当集体表现超越个人：三个臭皮匠赛过一个诸葛亮 集体成绩常常超越个人总和。即便是集体血液酒精浓度超标的醉汉团体也能表现得跟没喝酒的团体一样好，他们的表现都好于成员单打独斗之和。酒精对认知的损伤会被集体工作的优势抵消掉。当然了，我不是鼓动团体成员去喝酒，而是要说明这种现象体现了集体力量在挑战面前的优越性。

在一些特定情况下，团体表现常常超越个人。首先，当任务要求广泛且大量的信息和技能时，团体比任何个人都更有优势。有研究发现，团体在测试里的得分会远高于其中得分最高的成员。这就是集中智慧的结果。

>>> 自我测试：社会惰化

诚实评价你自己在参与小型团体决策和解决问题时的表现。

1. 我会准时出席团体会议。
   很少　　　几乎总是如此
   1　　2　　3　　4　　5
2. 我会从会议里早退。
   很少　　　几乎总是如此
   1　　2　　3　　4　　5
3. 我在集体讨论时会保持安静。
   很少　　　几乎总是如此
   1　　2　　3　　4　　5
4. 在集体讨论时我的注意力都放在工作任务上。
   很少　　　几乎总是如此
   1　　2　　3　　4　　5
5. 我在团体里干劲十足。
   很少　　　几乎总是如此
   1　　2　　3　　4　　5
6. 当其他成员对任务成功与否漠不关心时，我也会对完成任务失去兴趣。
   很少　　　几乎总是如此
   1　　2　　3　　4　　5
7. 当其他成员对团体任务的参与度较低时，我也会降低自己的参与度。
   很少　　　几乎总是如此
   1　　2　　3　　4　　5

理想状态下，你应该在1、4、5题得到高分（4或5分），而在2、3、6、7上得到极低分数（1或2分），那么你的社会惰化程度便较低。

当得分最高的成员答不出某个问题时，一般也有其他成员知道答案。因为成员会有不重叠的知识面，团体就能作为一个整体从中获益。幽默大师威尔·罗杰斯（Will Rogers）曾经说过："每个人都有自己完全不懂的领域。"团体表现成功的关键就是要聚集一群知识面不完全重合的成员，而不是都在某个方面一无所知的人。

第二，假如团体和个人在某个任务面前都不是专家，团体一般表现得会比个人要好。这就是协同效应的威力。正如约翰逊被人反复提及的名言："我们中间没有任何人跟'我们'一样聪明。"在某项研究里，虽然没有一名成员知道某个问题的答案，但是有28%的被测试团体都选择了正确答案。相反，独自完成测试的个体成员里只有4%的人回答正确。团体成员共同工作的时间越长，成果越优秀。成立较久的团体往往得分远高于其中最优秀的成员。

第三，当团体和个人都精通某项任务，尤其是这项任务非常大且复杂时，团体表现往往优于个人。因为团体可以进行分工合作，而个体只能背负所有重担单打独斗。沙弗纳（Shaffner）提出了分工合作的建筑学逻辑：如果一个人拥有制造一架波音777需要的所有知识和技能，他可能需要花上250年来制造这架飞机。因此当任务巨大而复杂时，集体合作具有无可争辩的优势。

尤其是一群干劲十足并且在团队合作上训练有素的专家组成的团队，这个团队肯定异常高效。有研究显示，在97%的情况下，专家团队的表现会胜过其中最优秀的成员。团队合作可以科学分工，发挥各自优势实现效率最大化。

第四，即便是一个对某领域知识几乎空白的团队跟一个该领域的专家相比，团体决定有时也会获得优胜。原因之一是当组织高效运转时，成员可以发挥自动纠错功能。大家能够质疑已有的假设，并提出个体很可能忽略的替代方案。另外，集体力量和成员间的化学反应还能创造出协同效应。

当个人表现超过团体：团体里没有奇迹　尽管团体表现经常胜过个人，但情况并非绝对。研究证实，在5种情况下个人表现会优于团体：

第一，在某些领域，一群外行往往抵不上一个专家。例如面对医学或法律问题，集体的无知肯定比不上一位医生和律师。当然，正如前文提到的，即便在这种全是外行的团体里，协同效应有时也能够弥补知识的欠缺。不过这种情况下更有可能产生负协同效应。

第二，当团体制定的标准太低时，团体表现会低于个人。有些团体的成员满足于相对较低的生产率。如果一个团体制定的标准太低，成员工作时就会拖拖拉拉甚至更差。即使是那些对自己有更高要求的人也会被这种效率低下、缺乏干劲的气氛感染。既然表现差强人意就够了，谁还会没事找事去争取更出色呢？

第三，当团体变得太大，个人表现会超过团体。重申一次，我们的宗旨是用最少的人办最多的事。当组织成员有限时（7~8人），表现往往会更出色。如果人数超过这个范围太多，可能就会在效率和协调上出现诸多问题。社会惰化已经成为大型团体里的一个严重问题。无所事事的惰化者更容易在大型团体里藏身。

第四，当任务非常简单时，团体表现很难优于个人。因为此时团体就失去了分工合作的优势。简单任务只需要极少量的资源。如果一个人都能做这项工作，为什么要一群人来干？

最后，当时间为关键因素时，团体往往不如个人高效。当情况紧急、要求速度和效率第一时，个人表现往往优于团体，尤其是跟大型团体相比。原因很简单，团体往往反应迟缓，特别是较大的团体需要花更长时间来做决定。当然也有例外，例如受过专门训练来应对压力和时间紧急情况的救灾团队和急救团队。但大多数团体都没有受过这类训练。正如前文提到的，小型团体往往比大型团体反应更快，但即使是小型团体也可能被其成员拖累。

团体的表现阶段是一个综合性的周期。我目前仅仅是为后文讨论的团体表现奠定基础。但是，我仍然可以给你们提供一些建议，通过良好沟通来优化团体表现。有效沟通者可以通过以下途径来提高团体表现：

1. *专注于任务*。团体的任务和社会维度是彼此联系的，因此专注于有损成员间社会关系的任务没有任何意义。但是，当眼下有工作亟待完成时，团体的基本关注点必须是完成任务。团体可以在任务压力没那么强时再去建设凝聚力，实际上任务的完成也同样可以提高凝聚力。

2. *鼓励团体成员的参与*。团体需要充分利用它的资源，这意味着即使是那些社会惰化者也有诸多力量可以贡献。但是此处我要提醒大家：鼓励成员参与不是一条绝对规则。有些成员会干扰团体的决策流程，团体不能鼓励这部分人过多参与工作（第8章有详细讨论）。

总而言之，所有的团体都有任务维度和社会维度。任务维度的输出是生产率，社会维度的输出则是凝聚力，二者互相影响。团体发展会经过4个周期性阶段：形成期、动荡期、规范期和表现期。这些阶段并非完全按顺序进行。它们经常会迂回反复，某些情况下团体可能会在几个阶段之间跳来跳去。有些团体永远跨不过形成期和动荡期，也有团体因为运转不灵而解散。

提升练习

批判性思考

1. 在小型团体里，什么时候做一名抗拒服从者是恰当的？
2. 是否存在任务非常重要以至不得不忽略团体的社会维度的时期？

视频案例

《我的表兄维尼》（*My Cousin Vinny*，1992）喜剧；R

如果你在观看这部电影时没有捧腹大笑，那你的幽默神经肯定是出了问题。维尼是一名初出茅庐的布鲁克林律师，他被雇用去亚拉巴马州一个非常闭塞的小镇上给自己被指控谋杀的表弟辩护。从规范和服从的角度分析这部电影。什么是公开性规范？什么是暗示性规范？这个结结巴巴的辩护律师是个拒不服从者吗？

《吹牛顾客》（*Bulworth*，1998）喜剧；R

沃伦·比蒂（Warren Beatty）饰演了一个心灰意冷的美国参议员，他因为在演讲里不加掩饰地直抒胸臆而在党内提名选举里落败。他违背了哪些规范，又造成了什么影响？

《绯闻计划》（*Easy A*，2010）喜剧；PG-13

搞笑的美国高中喜剧。艾玛·斯通（Emma Stone）活灵活现地扮演了一名美国女高中生，她因为撒谎自己有过性经历而在学校备受关注，后来却也因此饱受排挤。她在最喜欢的一门课上读到了小说《红字》，她觉得故事中女主人公的经历和自己简直太过相似，于是，她招摇地在胸口贴上了一个鲜红的"A"。分析大家对她叛逆行为的不同反应阶段，以及她是如何引起了大家的这些反应。

《发胶》（*Hairspray*，2007）歌舞；PG

你得是个歌舞片爱好者才能欣赏这个设定在1962年巴尔的摩的青春故事。但是，这里面体现了很多规范与服从的知识点。分析其中的公开性与暗示性规范。故事里众人对违规行为有何反应？这些反应又是如何跟本书里面对违规行为的4种普遍反应相吻合的？

《蝇王》（*Lord of the Flies*，1990）剧情

本片是威廉·戈尔丁（William Golding）的寓言小说在1990年的翻拍版。它讲述了一群小男孩被流放到一个与世隔绝的岛上的

故事，但相比1963年出色的原版电影，这个重制版显得黯淡无奇。根据电影分析团体发展的4个阶段。

《指环王：魔戒再现》(*Lord of the Rings: The Fellowship of the Ring*，2001) 剧情；PG-13

这部魔幻巨作是电影史上的巅峰。从团体发展的4个阶段（形成期、动荡期、规范期和表现期）分析这个紧张刺激的故事。这部电影里充分展现了团体的发展。

《贱女孩》(*Mean Girls*，2004) 喜剧/剧情；PG-13

林赛·罗韩（Linsay Lohan）饰演了一个从小在非洲接受家庭教育的少女，她开始到伊利诺伊州的一所公立学校上学。用这部电影分析高中小团体的权力和影响，以及圈外人遇上小团体时遭遇的困境。

《疯狂原始人》(*The Croods*，2013) 动画喜剧；PG

原始人一家被迫离开家园到一个全新的奇幻世界展开了旅程。他们还得到了创造力非凡的男孩盖伊的帮助。这群笑料十足的人向我们生动展示了各种服从与抗拒服从规范的例子。同时，你需要从团体凝聚力、多元化以及任务和社会维度来评价这个家庭。

选择题答案

照片（第87页）：3和4；照片（第89页）：2。

第4章

营造团体气氛

IDEO 是"世界上最大和最有影响力的产品设计公司"。该公司的 500 名设计师分布在 10 个城市（帕洛阿尔托、旧金山、芝加哥、波士顿、纽约、伦敦、慕尼黑、新加坡、东京和上海），每年要共同完成上百个项目。IDEO 是同行里获得最多设计奖项的公司（www.ideo.com）。

但是，IDEO 作为一家公司，本身收获的关注远不如它设计的产品多。大卫·凯利（David Kelley）是 IDEO 的创始人和它背后的驱动力，也可能是你能找到的最独特的公司高管。凯利开创了一种与绝大多数企业和小公司截然相反的公司气氛。创立 IDEO 时，IDEO 的目标有三个：跟朋友一起工作，不允许存在独断专行的管理者，不允许工作场合里有混蛋存在。

凯利每周都会组织单车骑行活动，根据员工的星座来帮他们办生日会。他还经常坐在一个空房间的地板上召开周一例会。IDEO 的团队会一起去打棒球、看电影，还会一起去旅行、寻找灵感。公司会组织诗歌擂台赛和各种主题派对。IDEO 的气氛可以说是一派悠闲、友好、祥和。曾有一名 IDEO 设计师说："我在月度例会上收到了含羞草，不过我也没怎么感到意外。"对 IDEO

来说，营造和保持正面的公司氛围必不可少，公司里必须洋溢有趣、兴奋和充满支持的氛围，而不是负面的冲突。

团体气氛是我们在团体里沟通的情绪、情感、态度的综合表现。沟通气氛会渗透和影响到团体任务和社会维度的方方面面。

当成员觉得自己在团体里得到了重视、支持和优待时，团体就会保持正面气氛。若成员觉得自己没有得到重视、支持和尊重，对团体的信任度降至低谷时，团体里就会出现负面的气氛。

本章的目的就是探索和解释，为何当团体强调合作型的沟通模式，而非竞争型的沟通模式时，更有可能营造正面的团体气氛。为了达到这个目的，我们主要会讨论以下两个话题：

1. 讨论竞争型沟通模式与合作型沟通模式对团体气氛和团体效率的影响；
2. 探索在小型团体里形成合作的途径。

竞争与合作

接下来先比较小型团体里的竞争与合作。我会一一列举竞争与合作如何影响小型团体的气氛与目标达成。

▶ 定义：概念清晰

这样说可能太直接，但是实际上很多人根本搞不清楚竞争、合作和自我实现这几个词的概念。为了避免引起困惑，我会给这三个词下定义，并引入过度竞争心理的概念。本章我会带你们探究这几个概念在小型组织沟通里的关系。

竞争：胜者为王 考恩（Kohn）将竞争定义为两个或两个以上的主体为达成同一目标而进行的较量。当团体里充满了内部竞争，某个成员的成功就需要以其他成员的牺牲为代价。从定义上讲，竞争必然意味着极少数人的成功和大多数人的失败。当旧金山要招聘50个新消防员时，有超过1万人报名。

这就意味着只有 50 人是赢家，其余 9 950 人都是失败者。在任何竞赛里，失败者的比例都远远大于成功者。

合作：实现共赢　合作跟竞争截然不同，它是两个或两个以上的主体为达成共同目标而努力的过程。任何个人的成功都与团体里其他成员的成功直接相关。当团体成员目标一致时，大家会共同努力而非互相打压。1997 年探测了火星表面的旅居者号（Sojourner），是随火星探路者共同登陆了火星的机器探测车。这个探测车在登陆后实现了跟母舰同样伟大的成功。旅居者号项目是在多娜·雪莉（Donna Shirley）带领下的团队合作的结果。旅居者号的任务是在火星上拍照，探测火星上岩石的化学成分，以及测试火星车在火星土壤上运行的难度。旅居者号看起来像一个有 4 个轮子的微波炉。它造价 2 500 万美元，只花了一个行星际旅行项目的零头。旅居者号必须重量低于 22 磅，能够在零下 150 度的环境里工作，运行的峰值功率为 16 瓦特。旅居者号只需在火星上工作一个星期，且不能离开它的母舰超过 10 米。但实际上旅居者号持续了三个月，在火星表面探测了 100 米远的范围。在这个团队里，每个人都只有同一个目标——用他们一点一滴拼起来的火星车去成功探测火星（由于预算太低，有时候大家为了省钱只能从当地的硬件商店购买零件）。这个团队的成员成功实现了自己的目标。从头到尾，所有人都在互相帮助，否则，这个项目可能就不会如此成功。

旅居者号的成功来自团队成员的合作精神。但另一方面，即便成员合作无间，也未必能够达成目标。因为合作只是一个过程，而非结果。合作是到达终点的方式之一，而非终点本身。合作是实现重要团体目标的一条有效途径，即便两个团体秉持着合作原则进行协商，最终也有可能无法达成一致。

自我实现：实现自己的目标　独立完成你过去未曾实现的目标——例如展现你最好的舞姿或是在考试里拿到你有史以来的最高分——既不是竞争也不是合作。这是自我实现，即在不需要打败别人的情况下实现个人目标。然而，它经常被误会为"战胜自我"。玛利亚·尼尔森（Mariah Nelson）曾经在调查里问过 1 030 名年纪从 11～49 岁的女性，她们最常与之竞争的人是谁，75%的人回答是"我自己，我自己的标准和目标"。为了明确概念，我们在此必须分清竞争与自我实现的差别。如果你"跟自己竞争"，你会既是赢家又是输家，这在概念层面是自相矛盾的。正如考恩所说，竞争不是一份孤独的事业。跟自己竞争就像自己拥抱自己一样不可能，因为拥抱和竞争都必须是至少有两

旅居者号火星探测器，团队合作成功的典范。

方参与的互动性现象。

过度竞争心理：胜利就是一切　　在一项针对198名世界顶尖运动员的调查里，超过半数的受访者表示他们希望能有一颗灵丹妙药让他们在5年里赢得所有比赛。最精彩的部分是，这些运动员还说他们即使知道这颗药会让他们5年之后毙命，也愿意吞下它。对打败他人以实现个人目标这种近乎疯狂的追求被称为过度竞争心理。心理学家艾略特·阿隆森（Elliot Aronson）认为："我们的文化对胜利有一种惊人的占有欲。"

竞争在美国无处不在。每个高中运动员只有1/300的机会得到大学的全额运动奖学金。但父母们还是不断地给青春期的孩子请昂贵的私人教练。他们还会让孩子参加各种俱乐部项目跟"少年棒球联盟"之类的巡回赛，为孩子补充传统比赛经验。所有这些都助长了家长对孩子成为明星运动员的错误信念。大家都"极力推崇儿童和青少年运动，鼓励过度竞争心理，而且越小开始比赛越好"。每年有大约350万名15岁以下的青少年运动员因为运动而受伤，而这些伤病有一半都是他们未完全发育的身体不堪重荷的结果。为了日后获得大学奖学金，孩子们不得不用自己的身体去冒险，还得去承受那些存在过度竞争心理的教练对其情感和心理上的折磨。正如加利福尼亚州高中体育中央沿岸区会长南希·雷思比·布拉瑟（Nancy Lazenby Blaser）说的："逼孩子去拿运动奖学金简直像为了经济利益逼孩子去卖淫一样。棒球和足球有这么重要吗？值得你这样对你的孩子吗？"

我们的教育、经济、法制和政治系统同样都建立在激烈的竞争基础上。美国的大学都"极度个人主义和高度竞争化。学生通过打分系统互相厮杀，员工为了升职和其他学术利益彼此打压"。在我们国家最有名的几所大学里，对奖学金的争夺简直可以用血淋淋来形容。

↘ 有益竞争：降低对胜利的渴望

过度竞争心理——而非竞争心理——会严重阻碍团体里形成充满信任、开放、坦率、支持和奋斗精神的正面气氛。认为所有的竞争都是坏事，以消除竞争、让合作无处不在为目标是不现实也没有意义的。团体会遇到无数次无论付出多少努力来合作，最后还是让竞争占了上风的情况。有些情况里合作根本不可能存在。比方说，若某职位只招一个人，招聘部门如何把应聘者间激烈的竞争转化为合作呢？还有些情况下，有效沟通者必须灵活变通，去适应充满对抗和竞争的环境。在第 11 章里我们还会讲到，竞争式沟通有时对

当竞争性提高，有益竞争就会减少。

解决冲突非常必要。

除开某些情况里不可避免的竞争，竞争也可以是有益的。有益竞争可以是一种正面、愉快的经历，而且可以在不损害人际关系和个人利益的前提下激发成员更加努力。

必要条件：三位一体　在某些条件下，竞争可以是有益的，不会带来负面的团体氛围。这些条件有如下几个：

1. 大家对胜利没那么看重时。团体成员在竞争中对成功的渴求越低，越关注享受过程本身和提升个人技能，就越有利于营造积极的团体气氛。一项对全美少年棒球联盟的孩子的研究显示，这些孩子对胜利越看重，就越有可能半途而废。那些存在过度竞争心理、把赢得比赛当成最核心目标的球队放弃比赛的概率比那些重在享受过程和提升技巧的球队要高5倍，而这两种球队在成绩上并没有什么差异。美国有超过4 100万18岁及以下的运动员参加过各类比赛，其中70%的孩子在13岁之前就放弃了该运动。很多人退出是因为他们自己的兴趣随着时间推移发生了改变，但也有很多人是因为过于渴望成功，根本没有享受运动本身，最终无法承受压力。

传奇高校篮球教练约翰·伍顿（John Wooden）认为适度降低对胜利的渴望非常必要："很多人非常惊讶地发现，我在执教加州大学洛杉矶分校的27年里，从未提到过胜利。"相反，伍顿会强调每个队员必须学会攻防技巧以及尽自己最大努力。伍德这种执教理念的结果会让人惊掉下巴，到今天为止，他带领下的加州大学洛杉矶分校在过去12年里拿下了12个全国冠军，包括一个连胜88场的纪录——在男子篮球界至今无人能打破。

2. 大家旗鼓相当，所有参与者都有机会成功。专业运动员都会说竞争有益。为什么不呢？有多少人靠着击败世界顶尖选手一夜之间名利双收。对那些有能力获胜的人来说，竞争大多数情况下都是好事。即使是那些并非顶尖、只比巨星略逊一筹的运动员，靠着巨大的努力和些许运气，偶尔也是能品尝到胜者的滋味（见图4-1）。这些人可能会觉得竞争是件有趣的事，是挑战、是动力，也是他们自我满足的来源。但是对于并非天才的大多数普通人来讲，不过是在比谁更差罢了。如果竞争的驱动力是成功和卫冕成功，那些明知自己永远不会成功的人怎么可能会热衷于竞争呢？事实上，这种"我永远也不会赢"的自我认知怎么可能不让人灰心丧气呢？在工作领域，那些觉得自己永远无法超过同事的人都想辞职。

3. 有清晰、具体的规定来保证公平性。如果有清晰明确的规定来防止不公平现象，竞争就可以成为一项有益的事业。若竞争里没有规则、规则很随意或不能一视同仁，成员对团体的满意度就会大打折扣，作弊现象也会由此产生。大卫·克拉汉（David Callahan）在他的《作弊文化》（The Cheating Culture）一书中说："作弊起源于不公。"克拉汉记录了美国广泛存在的作弊现象。一项针对大学毕业生的调查发现，有82%的受访者承认自己在校时曾经作弊，而且这其中大多数人作弊不止一次。

如果团体里的普遍氛围是过度竞争，并且没有采取或加强公平性的措施，成员作弊的可能性就会提升。职业棒球赛里的类固醇作弊就是一个很典型的例子。在2005年的国会听证会之前，压根没人对棒球联赛里猖獗的类固醇作弊现象采取什么措施。结果，原本想洁身自好的球员为了不输给那些使用力量增强药物的人，只好也开始使用类固醇。

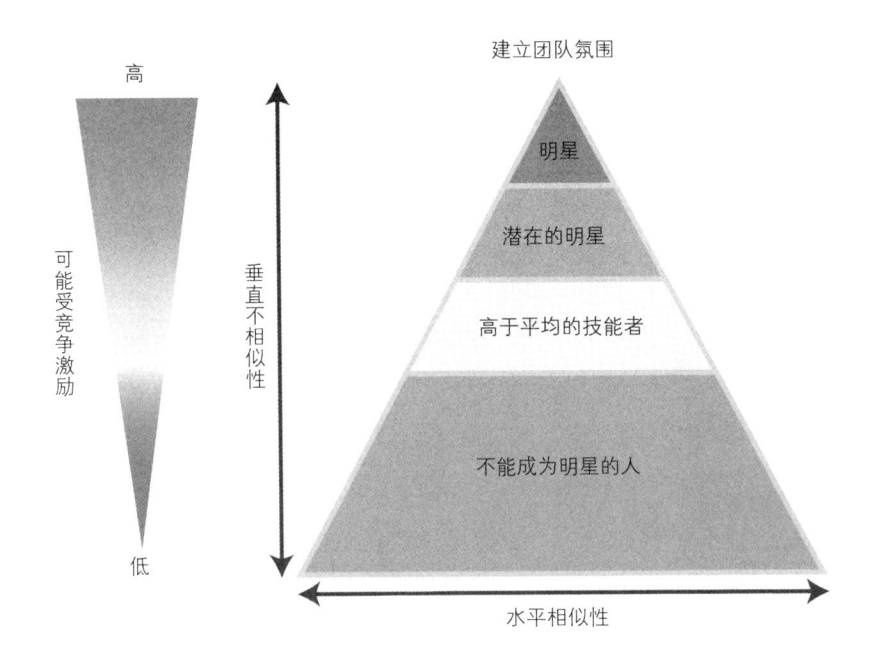

图4-1 竞争的金字塔。
金字塔尖的人有较高可能从竞争里获得达到良好表现和成就的动力，但随着垂直不相似性（竞争者在能力程度上的差异）的增强，这种动力的增加会逐渐变缓。明星们往往不费吹灰之力便能战胜能力远不如他们的人；而能力较差的人则经常被明星吓倒。横向相似度（个体间能力接近）则会在某种程度上对竞争者产生激励作用。

只有满足了以上所有条件,有益竞争才会产生。缺少了任何一个条件,有益竞争都会被削弱。就像我们经常在体育赛事里见到的,不公平的规则会让好胜心中等的球队瞬间变成过度竞争的怪兽。同时,有益竞争的三个条件被满足得越少,竞争就越有可能变得负面。让一切"稍显公平"或者是稍微减少一点好胜心可能会降低竞争的负面作用,但是这不可能完全消除负面效应,也无法用有益成果取而代之。

竞争与有效沟通:我可以成为我们吗? 如果合作是"以我们为取向"的(共同努力),而竞争是"以我为取向"的(为了个人利益互相打压),那么竞争模式里的交流岂不是必然不合格?首先,沟通合格是一个程度问题。喝一小杯酒可能不会让你变成酒鬼,如果你能一直保持最低限度的饮酒量,有时候它甚至还会对你有益。同理,少量的内部竞争并不会损害团体,甚至有可能对团体有益。第二,尽管有效沟通需要"以我们为取向"(而不是"以我为取向"),但这并不排除任何对个人需求的考虑。以什么为取向只是意味着主要方向,而不是唯一方向。重要的是我们强调的合作取向,而不是偶尔存在的竞争性、个人主义的沟通模式。第三,很多活动里既有合作亦有竞争。团体间竞争往往需要大量的团体内合作。

↘ 团体内的竞争与合作:挑战传统观念

竞争在美国社会里普遍存在,而它狂热的捍卫者也让竞争的地位看似无法撼动。然而,即便只是基于我们对可靠证据而不仅仅是道听途说的共同信任,我们暂且理性地分析一下比较竞争与合作效果的各种研究。至少有1 200个调查针对竞争与合作的相关问题进行过研究。这个章节就会讨论这些海量研究得出的对团体内竞争与合作效果的结论,下一个小节则会着眼于团体间竞争与合作的效果。

团体生产率:任务完成度与表现 上百个研究都明白地告诉我们,合作而不是竞争,能够让团体在各种各样的任务里都有较好的完成度与表现。例如,在学习中的合作显然会使成员取得更高的学术成绩。曾有一项研究在每个组织里选取两个团体进行比较,一个为内部竞争型,一个为内部合作型。在所有的测试项目上,内部合作型团体的表现都远远超过了内部竞争型团体。即使是那种最差的、任务完成度不佳的合作型团体,一般也会比最优秀的竞争型团体表现好。特别是当我们把合作的优势跟过度竞争的劣势进行比较，两者会产生巨大的差距。但这两者并不对等，因此这种比较也不公平。

为什么合作和竞争对大多数团体和个人的生产率会产生截然不同的影响呢？原因主要有以下两点。首先，努力表现优秀和试图打败别人是两个不同的目标。剑桥大学某个商学院的一系列研究都证实了这一点。在智商测试里获得高分的人组成的团队，表现得比全员智商一般的团队差。（这只是基于结果进行的分析，两个团队并没有进行比赛。）为什么高智商团体反而表现较差呢？原因是高智商的成员花了大量时间进行过度竞争型的辩论，人人都想超过其他成员。而智商中等的成员们没兴趣对彼此展现智商的优越，所以会进行团队合作。若成员总想打败团体内的其他人，团体就无法专注于高效优质地完成目标。

第二，在合作型的团体气氛下，资源能够得到最高效的利用。在合作型氛围里，团体可以最大限度地利用信息资源，但在竞争型氛围里，人人都只想独享信息。当团体成员为了共同的目标合作进取，而不是为了让个体的目标胜出而竞争时，团体将减少重复的付出，最优化地利用成员的技能，更好地分享信息和知识。协同合作更容易发生在合作型氛围中。

团体凝聚力：团体成员间的社会关系　　与团体成就和表现紧密相连的是团体凝聚力。当成员感觉自己被重视、被喜爱、被支持和被接纳，团体凝聚力就会很强。但如果成员的感受截然相反，团体凝聚力就会受损。那么竞争有可能加强团体的内部凝聚力吗？纵观180项研究，我的结论是合作型沟通远比竞争型沟通更能令成员感受到被喜爱、被支持和被接纳。

儒尔斯·亨利（Jules Henry）认为"竞争型文化靠撕裂人们来维持自身生命力"。尽管很多青少年由于恐惧失败和无法承受紧张的比赛压力而放弃运动，但也有很多人因为害怕尴尬和被队友嘲弄根本不敢尝试运动项目。你还记得小时候参加篮球、足球或者其他运动队选拔时的那份煎熬吗？如果你的同学觉得你是个运动达人，那你必然得加入某支队伍。你关心自己是第一个、第二个，还是第三个被选中，因为这关系到你的自尊和面子。如果你觉得自己是个运动废柴，那你恐怕第一时间会担心成为被人挑剩的那个，这可太丢脸了！

在充满竞争的环境里，最有能力的人最有价值，能力较差的人则会降低团队获胜的可能性，所以他们被视为团队的负担。大多数人宁愿退出也不想整天被当成废物。"我们嘉奖胜利者，鄙视失败者。"

➲ 团体间的竞争与合作：他们跟我们

我在某节团体沟通课上让学生做一个座谈会方案。结果4个组里有两组选择了同一个主题，过度竞争就在此时出现了。为了削弱对手的锋芒，其中一组立刻跟我商量能否让他们先展示自己的方案。另一组人听到了我们商议的内容之后，愤怒地大骂这组人犯规。两组人开始了无休止的争吵跟指责。我还算冷静，用随机图片决定了两组展示的先后顺序。同时我向他们保证两组都可以用这个主题，打分时也不会把两组作品进行比较，但这些学生仍然不满意。

下课之后，双方的战争仍在继续。午饭时，两组人在餐厅里互相攻击。重新开始上课以后，两个组都在各自窃窃私语说对方坏话。每个组都生怕自己搜集到的资料被对方看到。有个女生主动提议要跟敌营聊一下，但对方粗鲁地回绝了她。

这两个小组根本没有互相竞争的必要，但他们偏偏这么做了。本来他们可以通过资源互补和强调不同的侧重点来更好地完成作业。但恰恰相反，两组人发现题目撞车之后都如临大敌，马上要求对方更换题目。那么结果呢？两组人都完成得非常一般。

大量研究都表明，团体间的互动通常远比个体间的互动更倾向于竞争。柏拉图在《理想国》里借玻勒马霍斯之口说："正义由帮助朋友和伤害敌人组成。"如今我们把这句话表达的意思称为团体利益规范——团体成员应该尽可能实现团体输出最大化（为胜利全力以赴），即使这意味着成员得违心地去跟其他团体进行过度竞争。即使我们可能对打败其他团体、阻止他们成功的这一目标心存异议，我们仍然愿意帮助自己的团体获得胜利。20世纪的最后10年里，团体间的过度竞争和敌对在全世界造成了3 000万人死亡。

除开团体间的敌对，难道这种一定要打败另一个团体的信念没有增强你自己团体里的凝聚力吗？在某种程度上，事实的确如此。有"微弱证据"表明，团体间的竞争会促进团体内的团结。当你的团体成员万众一心地去对抗某个共同敌人时，凝聚力确实会提升。但是从长远来讲，基本上只有胜利的队伍凝聚力才会变强。失败的团队通常会四分五裂，成员互相指责。竞争对胜者而言当然很有意思，但对失败者可不是。

即使团体间的竞争有助于加强团体凝聚力，这也是种很不靠谱的办法。团体必须不断地制造敌人、击败敌人才能长久地保持由此激发的凝聚力。于是凝聚力就变成了人为诱导的产物，而不是团体成员互动的自然产物。一旦找不到对手，团体的凝聚力就会烟消云散。与此相反，合作型的团体气氛会加强成员之间的社会联系，凝聚力和生产力只是这种积极交流过程的附赠品。

团体间的竞争可能会非常激烈。获胜的队伍会空前团结，但失败的队伍往往分崩离析，成员也会互相指责。

沟通和团体气氛

临时炒热气氛（"让我们大家从现在起相亲相爱"）无法让团体产生合作，即便我们有一片赤子之心也没用。掌握合作式沟通的技巧才是营造正面团体气氛的关键。

>>> 聚焦文化

竞争与文化

竞争在美国社会里的普遍存在很容易让我们误以为这就是人类的天性。但这有证据吗？对人类大脑的研究显示，人类的神经系统是为合作而生的，而非竞争。即便是被特尼森（Tennyson）描写成"适者生存""茹毛饮血"的动物世界，其竞争激烈程度也被极度夸大了。动物学家弗兰斯·德瓦尔（Frans de Waal）认为："为了帮助其他动物而将自己置于危险中的情况在动物世界里广泛存在。"此类思想肯定了合作在动物界对生存的重要性。能够在寻找食物和防范敌人时互相帮助的动物，比那些单打独斗的动物活得更好。合作对生存的这种重要价值在人类社会同样适用。

对比不同文化我们会发现，"每个社会的竞争程度是由其自身的文化规范决定的"，而不是由人类天性决定的。人类学家玛格丽特·米德（Margaret Mead）提出："社会结构的构建方式决定了一个社会的个体是倾向于合作还是竞争。"

参考下面这个小学生的例子，他怎么也答不出一道数学题。老师催促他"再努力想想"，于是这个战战兢兢的孩子就更有压力了，此时他多希望自己是个天才。而他的同班同学纷纷举起了手，他们肯定早就得出了正确答案。最后，老师只好放弃这个还在迷茫中的学生，让另一个孩子大声报出了正确答案。一个孩子的痛苦等于另一个孩子的胜利。亨利（Henry）这样总结美国课堂上这种常见的竞争："所以往往一个人的成功要以我们大多数人的失败为代价。对一个祖尼族、侯琵族或是达寇塔族印第安人来说，'超过其他同学'简直是难以想象的残酷行为，踩在别人的失败上赢得竞争，简直是一种酷刑。"

有充分证据表明，美国社会中的过度竞争倾向来自倡导个人主义的文化价值观体系，而不是生理必然性。集体主义文化中的竞争意识远不如美国强烈。曾有两个独立的研究分别比较了美国人团体（高度个人主义）和越南人团体（高度集体主义），发现美国人更有竞争意识，而越南人即便在对方表现得争强好胜时，也展示了"超凡的合作精神"。这些研究的作者总结道："极端个人主义的文化跟极端集体主义的文化之间的差别是非常巨大的，并会各自发展出不同的文化规范。"文化规范则会对一个社会的竞争意识强弱产生重大影响。

进一步思考

1. 你能想象出完全没有竞争的文化吗？这样的文化有何吸引力，又有何弊端？
2. 你曾经身处过强调合作的文化里吗？如果是的话，你是如何反应的？

防卫性沟通与支持性沟通：营造团体气氛

杰克·吉布（Jack Gibb）通过一项长达8年的团体研究，指出了哪些沟通模式既会增强也会减弱自我防御——我们感到自我概念和自尊心被攻击时产生的反应。那些让我们觉得被贬低的沟通模式会激发我们的自我防御机制。我们对这种贬低的回应通常是否认攻击内容的真实性，或回击那些贬低我们的人，然后退出防御状态。有研究表明，防御性的沟通模式会让员工情绪爆发，甚至产生辞职的冲动。

防御挑衅的沟通方式会让我们为了维护自己的形象而反应过度。支持性的沟通模式则会促进合作。仔细想想以上这些沟通模式有没有在你的团体生活经历里出现过（测试4-1）。

>>> 自我测试 4-1

你对防御性沟通和支持性沟通的反应

将你自己置身于以下各种情形下，想象你会作何反应。

1. 你跟两个室友同住一个公寓。这个星期你两次忘记洗碗。一个室友对你说："把你自己的碗洗了。我受够帮你收拾残局了！"

   很不喜欢　　　　很喜欢
   　5　　4　　3　　2　　1

2. 你正跟团队在合作一个集体项目。一名成员对大家说："我觉得我们很可能没法按时完成项目。离项目展示只有两天了，我们才做到一半。你们怎么想？"

   很不喜欢　　　　很喜欢
   　5　　4　　3　　2　　1

3. 你是一名垒球运动员。你的教练在整个球队面前对你说："你搞砸了我们上个星期的比赛。这次能表现好点儿吗？"

   很不喜欢　　　　很喜欢
   　5　　4　　3　　2　　1

4. 你在工作时绊倒了一跤，肩膀严重摔伤。老板对你说："我听说昨天你受伤了。你需要回家休息吗？那一定很痛。你需要我做点什么来让你在办公室里更舒服吗？"

   很不喜欢　　　　很喜欢
   　5　　4　　3　　2　　1

5. 你参与了一个互助小组，大家每周会聚在一起分享各自的经历、解决私人问题。小组里的协调人对大家说："我们没空听XX（你的名字）的事。我们还有更重要的事情要考虑。"

   很不喜欢　　　　很喜欢
   　5　　4　　3　　2　　1

6. 当团体正在解决某个问题时，一名成员说："我有一个解决问题的办法。

这可能会让我们走得更远。"

很不喜欢　　　很喜欢
5　　4　　3　　2　　1

7. 你是学生会的一员。学生会正在讨论一个有争议的校园问题，学生会主席说："很明显我们在这个问题上有分歧。作为主席，我应该做最后的决定。"

很不喜欢　　　很喜欢
5　　4　　3　　2　　1

8. 在宿舍委员会的一次会议上，某个委员对大家说："我知道我们都对这个问题有很多想法。但是我们应该集中意见然后找到一个人人都能接受的办法。有人想提出自己的想法吗？"

很不喜欢　　　很喜欢
5　　4　　3　　2　　1

9. 在一次热烈的课堂讨论里，一名同学说："我知道我是对的，你们中没人能动摇我的想法。"

很不喜欢　　　很喜欢
5　　4　　3　　2　　1

10. 你的课堂作业小组跟老师提出了自己的方案，但老师根本不喜欢它。她对你们组说："我知道你们很喜欢这个方案，但它不满足这个作业的要求。我建议你们继续头脑风暴。"

很不喜欢　　　很喜欢

5　　4　　3　　2　　1

11. 你是一位面试考官。在一场面试的间歇，另一位面试官把你悄悄拉到边上说："嘿，我希望你能选我那个面试者。我们做朋友这么久了，这件事对我很重要。你能帮我这个忙吗？"

很不喜欢　　　很喜欢
5　　4　　3　　2　　1

12. 学校成立了一个委员会专门解决校园里的停车问题，你是其中一员。委员会主席命令道："我希望委员能在停车问题的方案上达成共识。我会主导我们的会议，但我只有一张票可以投，其他人也是一样。"

很不喜欢　　　很喜欢
5　　4　　3　　2　　1

答案：1、3、5、7、9和11题，5分代表防御性沟通（控制、评价、冷漠、优越、确定和操纵——按以上顺序）；2、4、6、8、10和12题，5分代表支持性沟通（描述、同理、协商、问题取向、自发和公平——按以上顺序）。算出你在奇数题和偶数题每个序列的平均分（用总分除以6）。你更喜欢防御性沟通还是支持性沟通（平均分较低那个）？

评价与描述　　在1989年10月那场高达6.9级的洛马－普雷塔大地震发生时，我有个朋友正在他位于加利福尼亚州圣克鲁兹市的家里。各种物体在房间里乱飞，橱柜倒在地板上，屋里到处都是玻璃碴。大自然的发作仅仅持续了15秒便消逝，随之而来的是一片寂静。这时他5岁女儿胆怯、惊恐的声音从房间里传来："爸爸，不是我干的。"

在美国社会里，我们习惯在第一时间互相评价，尤其是负面评价，我们时刻准备着进行自我辩解——用很多借口让我们免遭指责——即使没有人评价我们。负面评价包括批评、鄙视和指责。正面评价则是表扬、认可和奉承。负面评价会激发一个人的自我防御机制。在职场上，批评制造的冲突比怀疑、个性不合、工资或者权力斗争造成的冲突更多，而严厉的批评会挫伤工作积极性，甚至会让员工产生逃避心理，抗拒工作。外部人士（其他团体里的人）的批评激发的自我防御比内部人士（你自己团体里的人）的批评更为强烈。但如果这个内部人士只是个初出茅庐或还没被整个团体认可的新成员，他的批评也会引发强烈的抵触情绪。在以上任何一种情况下，批评者的身份对该团体而言都是值得怀疑的。

另一方面，大家都非常渴望表扬，但往往得不到它。很多调查都表明，对出色工作表现的表扬和认可不足往往会让员工心生去意。盖洛普公司（Gallup）曾调查过8万多名管理人员，结论是："表扬和认可对打造良好的工作环境必不可少。"

然而，即使表扬也有可能引起抵触，特别是当团体里只有一名成员得到了表扬而其他人没有（"为什么我没有被夸奖？"）或者当我们怀疑这份夸奖别有用心时。要注意，表扬必须有的放矢。过誉只会带来不切实际的希望和日后的失望，只要你见过那些没天分的选手在《美国偶像》（American Idol）里的表现，就会明白我的意思。出于爱和支持，他们的亲朋好友会尽最大善意地盲目夸奖这些选手，可他们荒腔走板的演唱只会等来评委们仁慈的（对观众来讲）淘汰。所有梦想和努力化为灰烬，等待这些选手的是无尽的失望。这种巨大的失望可能不会激发出他们灵魂深处的才华，大多数情况下这会激起他们对评委的反击。

描述感受能最大限度地降低自我防御。描述是一个人从第一人称视角来阐述自己的感受，他认为什么是对的，想要别人做出什么样的举动。当《美国偶像》的评委专注于选手的歌唱表现时（"忘词不应该出现在比赛的这个阶段"），他们的评论会更有益，也不会像人身攻击（"你的演唱听起来像一条热天里的狗"）或是讽刺（"对于一个毫无天分的人来说这表现已经够好了"）那么容易引发选手的防御性。

要做到有效的描述式沟通，可参考以下4个步骤：

1. 先表扬，再描述。在表述有问题的行为之前，先表扬值得鼓励的行为（"这份项目报告写得很好，不过我还有几点改进建议供你参考"）。当你用表扬开场后，接收者更有可能会赞同你接下来对他的负面评价。同时，接收者也更倾向于认为你的负面评价是出于好意。当然，这种"表扬先行"的策略也有风险，它可能会被视为屈尊俯就或操纵。但真诚的赞扬的确能够降低对方的防御性。

2. 使用"我讯息"，而不是"你讯息"。"我讯息"就是用讲话者的个人感觉开场，然后描述与这种感觉相关的行为。"我觉得被大家排除在外了，很孤独，因为大家对我的贡献毫无回应。"以上这句话就是例子。这种"我讯息"式表达将重点放在讲话人的身上。如果讲话者没有特别重要的感受可以分享，那么就简单地提出一些改进意见（"我想做点改动，希望你能考虑一下"）。建议改变会暗示某个成员在某些方面"不够格"（负面评价），但是用"我讯息"来包装你的表述会让它显得没那么像指责（"你需要做出这些改变"）。如果你是代表你的团体说话，"我讯息"需要转换为"我们讯息"（"我们很担心项目无法按时完成"）。"我们讯息"是"我讯息"的复数形式。

另一方面，"你讯息"式的负面评价会让接收者变成被攻击的目标。"你把我排除在整个团体之外，而且你让我觉得很孤独"就是一种指责式的表达。那你只能从被指责的人那里听到否认（"我们从来没有把你排除在外"）或是反击（"如果你被大家排除在外了，那是因为你说话像屎尿屁电影里的傻瓜一样"）。任何以"你没有做……""你不应该……"或是"你还没完成……"开场的表述都容易让接收者瞬间进入防御状态，因为这些话听起来都很像一连串指责的开场白。避免"你讯息"式表达不一定总能降低对方的自我防御（比方这句，"你可能得考虑一下这些变化"），但是我们应该努力去培养用"我讯息"式表达的习惯。

3. 你的描述要尽量具体，不要含糊不清。努力做到表述清晰。"当你在我上司周围表现不恰当时，我感觉有点怪异。"这就是一条不清楚的描述。"怪异"和"不恰当"需要更具体的阐述。你应该直击要点。"当你在我上司面前拿女人和同性恋开玩笑时，我感觉特别尴尬。"这就是更为具体的表述。

4. 不要在描述性表达里加入评论。有些"我讯息"式表达完全是公然的人身攻击。"我觉得很丢脸，你当时在我同事面前表现得像个傻子。"这句"我讯息"式表述里没有表示支持的意思和类似字眼。即使是看起来不带有判断的"我讯息"式表达，有时也会无意中变成评判。"我觉得很生气，因为你评论那些根本不重要的事完全就是浪费委员会的时间。"这个表达里就有容易激怒别人的字眼。"浪费时间"和"不重要"这两个词含有评价和攻击的意味，很可能会引起对方的防御性反应。把这些没必要的词都去掉比较好。

当然了，即便你的表述如教科书般完美：表扬式开场、第一人称视角、具体明确、不带评论色彩，可你的语气里却透着嘲讽或高傲，眼神不善，又或者你表情跟肢体语言里满是恐吓、使用侮辱性手势，你依旧没法营造支持性的氛围。你应该专注于你自己的感受，指出你认为需要改进的具体行为，不要嘴上说着描述性的内容，非语言表述却传达负面评价。

控制与问题取向 英国诗人塞缪尔·巴特勒（Samuel Butler）曾经说过："有人的妥协不过是口服心不服。"控制性沟通就是一味发号施令和要求顺从，特别是团队成员明知应该做什么却迟迟没动作的情况。学生很少理会老师独断专行的要求。杰克·布里姆（Jack Brehm）提出了心理反应理论来解释为什么我们会抗拒那些试图控制我们的行为。简单来讲就是，一个人要求我们去做某些事（控制我们）的程度越强，我们就越倾向于抗拒其要求，甚至做出与之相反的举动。就像下面这句话说的："完成一件事有三种方式——自己做、雇人做或强迫你的孩子去做。"父母越是严厉禁止孩子抽烟、吸毒、在身体上到处穿洞，孩子越有可能这样做，因为他们可以借此品尝到自由的滋味。

一旦你告诉某人不能做什么，这件事往往就会变成对方最想做的。有学者对"激进组织"进行了长达 15 年的研究，内容涵盖了上千个主题，最后的结论是强制年轻人离开这些组织会"驱使年轻人再次回到这些组织，或是在数年内都非常热衷于邪教"。

我们如果是合作性地去解决一个问题，就可以防止防御性气氛的产生。整个过程应该聚焦问题本身以及如何解决它，而不是如何去控制那些掌握权力较少的人。控制性沟通都是无法消除的（父母总想保护孩子，避免孩子做愚蠢的事），但我们可以把它控制到最低限度。团体的领袖或者全体成员可能不得不让不负责任的成员（例如因为懒惰而迟迟不交报告）改变自己的行为："我们需要你的报告才能完成这个项目。你遇到什么困难了吗？我们能帮你吗？"往往当我们专注于解决问题本身时，就能够避免人际冲突和权力斗争。

曾有研究调查了美国 356 家公司里的决策情况，发现当项目主管试图将自己的想法强加给同事时，58% 的方案都会被拒绝。

当项目主管向员工寻求解决方案时，96% 的方案会通过。独断专行无法真正解决问题（"这就是我的决定，你们必须照做"），问题只有在集体合作跟头脑风暴里才可能得到解决。

但要成为有效沟通者，单纯的降低控制度和以解决问题为取向是不够的。有效沟通者必须知道如何解决问题，掌握必要的技能，并全力以赴地去寻找

人性的本质

这幅漫画说明了：

1. 自我防御性。
2. 第一人称单数语言。
3. 批评。
4. 心理反应。

答案见本章末尾。

解决方法。关于这些要点，我在后面几章会更详细地讨论。

操纵与自发　大多数人都反感、抵触被操纵。如果你也是大多数人里的一员，那你得学会快速识别某人有没有为了自己的利益而试图影响你。在我刚从大学毕业的那个暑假，我短暂地做过百科全书的上门推销员（当时上门推销的方式很常见），那简直是人间炼狱。我先是遭遇了无数冷言冷语和当面摔门。第一个邀请我进去的是一位年轻、友好的女性，她当时不知道我是想推销百科全书。我事先经过了培训，知道要先隐藏自己的真实目的，以避免马上被拒绝（很少成功）。一进她家，我就注意到她醉醺醺的丈夫和咆哮的德国牧羊犬。"如果你是来卖东西的，"这位不高兴的丈夫厉声说，"你可能就得尝尝我的狗的厉害了。"我赶快找了一个借口离开了。我当时只想找个地方躲一躲，可附近没有教堂。幸运的是，我被一对捷克斯洛伐克的老夫妇收留了。他们给我端来了茶水和饼干，我们愉快地聊了将近三个小时他们古老的国家。为了这美好的夜晚，我没有向他们推销百科全书，因为我意识到一个陌生人上门兜售商品是多么讨厌。直至今日，我还是会好奇那对好心的夫妇是否曾想过一个年轻人怎么会无缘无故地去拜访他们。我很快就辞掉了那份百科全书的销售工作。

一项针对600家公司的6 000名员工进行的调查发现，作为操纵式沟通里的进阶版本——办公室政治，会摧毁社会关系和团队的效率。隐藏议程——团体成员未曾公开表露过并与团体目标冲突的个人目标——会造成防御性气氛。当你怀疑一个同事夸你只是为了给自己拉拢一个盟友去对付其他同事时，这种隐藏议程就会激发你的自我防御机制。

冷漠与同理心　我们都希望在团体里得到承认。我们不喜欢像一件家具一样孤零零地坐在角落。团体里成员的冷漠，或者如吉布（Gibb）所说的中立，会让我们开启自我保护。不用心听你的同伴说话就是冷漠的表现，好像把对方当成一个物件。无视他人语言性或非语言性沟通的意愿，即视若无睹。这种冷漠的态度带有不确定性。在虚拟团体里作业的学生常常抱怨这一现象。当网上班级的同学不回复你的电话、邮件、短信或你发在社交媒体上的内容，他们的冷漠会让你万分沮丧，甚至会严重影响你们团体项目的成功。

你可以用同理心来对抗冷漠。豪威尔（Howell）将同理心定义为"将自己当成另一个人去思考和感受"。同理心建立在对他人的关心之上。它要求我们努力站在他人的角度去体会其需求、欲望和感受，因为我们也希望被别人同样对待。"如果我也这么对你，你会喜欢吗？"当你听到这句话，对方是在恳求你的同理心。

优越与平等　在沟通里表现出优越感就等于告诉别人"我高你一等"。这会引起大多数人的极度反感。那些对下属流露出优越感的领导会降低自己的可信度和影响力。罗森费尔德（Rosenfeld）发现老师在课堂上不受学生欢迎的行为都可以归类为居高临下。在课堂上受欢迎的行为都有个共同点："老师把我们当成跟他平等的人。"无论我们在能力、天赋和智商上有何差异，将他人置于平等的地位上，充分尊重和礼待他人，都能够增进团体的和谐与生产率。如果你对待别人的方式就好像你中了乐透大奖而对方是税务局办事人员一样，那你只会招致对方的敌意与报复。一项研究显示，因为一个学生表现不好就在课堂上为难和贬低对方会令学生对老师产生负面评价。

平等不意味着我们能力相同。我的游泳永远赶不上奥运会冠军迈克尔·菲尔普斯。我记得我小时候上过三次游泳课，每次教练教我用背部浮起来的时候我都沉入水底。我的浮力跟一块花岗岩差不多。从团体气氛的角度来说，平等就意味着我们要给予每个成员同样多的机会去获得成功和展现其个人潜力。我们要承认每个人都有缺陷和不足。实际上，通过平等对待来最小化他人防

在课堂上发短信的行为传达了这样的信息："我根本不关心课堂内容，所以也不会专心听讲。发短信对我来说更重要。"这种行为传递出冷漠与不敬。

御性的一种方式就是跟大家分享你的缺点。用你的某些失误来自嘲也是进行平等式沟通的有效方法。喜剧大师温迪·林波曼（Wendy Liebman）这样展现自嘲式幽默："我现在处于荒野求生的状态……我是说……我被我爸妈赶出家门了。不过我们还是很亲近……在血缘关系上……我最近懂得了什么是血浓于水……这简直太浪漫了！我爸爸也会在广告的时候关掉电视……哦，不是，他是会把它静音。"偶尔开你自己的玩笑会让你显得更平易近人和讨人喜欢。这会避免让你显得自我中心。但如果你过于频繁地这样做，你有可能会看起来像个废物。

确定与协商　这个世界上没有几件事是确定的，我能想到的只有——死亡、税赋、烘干机"吃"掉袜子、烤面包上有黄油那一面会倒下来，以及你的电子设备总会在重要时刻死机。向你的同伴传达确定性是自找麻烦。我曾经听到课堂上有个学生跟他的同组成员争吵，该成员坚持认为水晶有治疗功能，而别人不相信这条真理简直是冥顽不灵。这名成员坚决不接受不同观点，他在自己认定的东西上不可动摇，也不理会其余同学让他拿出有力证据来证明水晶的治疗力量的要求。他只是确定自己是对的，而不接受这条真理的人都是傻瓜。

永不、总是、不可能、不可以、不会这类的词组都体现了确定性。"我们永远不可能按时完成这个项目"，或"我们肯定得不到 A"，就是两种确定性的说法。这些确定性的表达可能会让团体讨论瞬间冷场，扼杀大家奋斗的动力。

协商与确定相对。协商意味着你表达了观点，但避免了绝对性。有可能、大概是、也许吧、偶尔、可以、有时候，这类说法就体现了协商。"我们要按时完成任务可能会有点困难，除非我们尽最大努力"以及"如果我们继续努力就有可能得到 A"，这两句话就是协商性的表述。这是很精确的语言，而不是两面讨好。这样大家都可以把问题当成有趣的话题来探究和讨论，而不会为了争谁对谁错进行防御性的权力斗争。

一旦团体气氛在以上 6 种防御性或支持性沟通模式里形成了，它就会进入一种交互模式——以牙还牙。一个著名的以牙还牙的例子发生在奥斯塔女士（Lady Astor）——英国国会第一位女性议员，和温斯顿·丘吉尔之间。丘吉尔对她的几条意见都提出了反对，奥斯塔女士怒不可遏，她恶狠狠地说："温斯顿，如果我们俩结婚，我会在你的咖啡里下毒。"丘吉尔回道："如果你是我的妻子，我宁可喝下那杯毒咖啡。"语言攻击会招致对方的语言攻击。

一项研究发现，在两方有冲突时，一方的支持／肯定性沟通模式一般也会得到另一方的类似反应。而一方采用防御／否定性沟通模式时对方反应往往也一样。

还记得我第2章讲过的菲尔普斯跟同事们进行的"坏苹果"研究吗？

坏苹果的侮辱性语言（评价）得到了同事的侮辱性回击，敷衍的行为（冷漠）带动了同事的敷衍，而犬儒主义的行为（冷漠和确定）也引来了其他成员的冷嘲热讽。

对任何团体而言，要保持正面的交互模式（支持性沟通），和打破负面交互模式的循环（防御性沟通）都颇具挑战性。充满支持与合作的正面交互模式应该从团体成员之间的沟通交换过程里产生。在此过程中，团体领袖需要承担为整个团体奠定合作性基调的重要责任。与此同时，所有成员也都须肩负起营造正面团体气氛的责任。

↘ 竞争式与非竞争式倾听：转移和支持

对你来说，懂得聆听是最重要和实用的沟通技巧之一，"出色的聆听技巧能让你在所有社交场合如鱼得水，并且能帮你与他们建立牢固的情感纽带"。尽管在团体里擅长聆听很重要，但证据显示我们大多数情况下都做不到有效聆听。一项针对269名高校学生的研究显示，90%的受访者承认自己在老师讲课时发过短信。这是当今课堂上最常见的走神行为。尽管大家都认为自己可以高效地多线程工作（边发短信边听团体成员讲话），研究结果却完全推翻了这种想法。斯坦福大学的心理学家克利福德·纳斯（Clifford Nass）根据自己的研究结果指出："实际上大多数多线程工作的人把每件事都做得一塌糊涂。他们无法忽略干扰信息，无法很好地把信息记在脑子里并进行加工，也根本不能在几项任务间自如切换。"

积极的聆听就是专注的聆听。我们努力把意识集中在讲话者与讲话信息上面。但更多的情况是，我们虽然在团体里，却没有尽力去积极聆听。我们允许自己神游四海，随便什么事就能分走我们的注意力。然而，合格的聆听者要做的远不只是积极聆听其他成员的谈话内容。我们聆听的方式也至关重要。在这个小节，我会简短地讨论竞争式聆听和非竞争式聆听。

转移式回应和支持式回应：专注于我还是我们　聆听可以是一场竞争。当我们在团体讨论过程中争夺注意力时，我们的聆听就变成了竞争性的活动。我们的对话也变成了竞赛。

听者有意争取注意力的行为被称为转移式回应。这是一种竞争性的聆听策略。听者通过改变讨论主题的方式将大家的注意力从他人转到自己身上。转移式回应是"我取向"的。与之相反，支持式回应则是以合作的态度给予他人注意力。请看一下这个例子：

玛利亚：我们小组在项目上毫无进展，我感到非常沮丧。
麦克：杰瑞昨天在会上的粗俗态度让我更沮丧。（转移式回应）

要注意麦克对玛利亚的沮丧情绪并未做出回应。相反，他将注意力转移到另一件让他不满的事情上。现在我们来比较一下转移式回应和支持式回应：

玛利亚：我们小组在项目上毫无进展，我感到非常沮丧。
麦克：我能理解你。你觉得我们应该做点儿什么呢？（支持式回应）

此时，听者的注意力始终在讲话者身上，而且他鼓励玛利亚继续她的话题。

某个人的转移式回应很容易又激起他人的转移式回应，引发大家对注意力的过度竞争，正如下面这个例子：

贝丝：我不觉得我们的作品完全满足课堂作业的要求。我担心我们可能会得到低分。
格雷格：作业太难了。我根本不懂我们应该做什么。（转移式回应）
卡拉：这个项目不是很难啊。我觉得它很有趣。我很期待做下一个项目，你们呢？（转移式回应）
贝丝：那我们现在这个项目的报告怎么办？我还是觉得我们没有达到作业里的要求。（转移式回应，目的是把注意力拉回她最初的话题上）
格雷格：你担心的太多了。我自己的演讲也需要帮助。我应该首先说哪一点呢？（转移式回应）

尽管有时候为了把听众的注意力拉回谈话的主题，转移式回应可能是恰当的，但有效沟通者始终应该以支持式回应为主，尽量少采用转移式回应。配合式的语气词（"真的吗""嗯哼""对"），表达肯定的话语（"确实是""做得好"），以及支持式的问题（"你觉得我们应该如何处理呢"），都是支持式的回应，都能促进合作式的讨论，而不是对注意力的争夺战。

竞争式打断：夺取主动权 内森·米勒（Nathan Miller）曾语带讥讽地断言："在美国，谈话是一场激烈的赛事，第一个停下来喘口气的人就成了听众。"竞争式打断跟转移式回应很接近，但它们有一个关键的区别。采用转移式回应的听者通常都能意识到谈话里"每次只能有一个人发言"的规矩，而竞争式打断的人意识不到这一点。

当某个听众想从讲话者手里夺取主动权并主导整个谈话过程时，打断就变得有竞争意味了。当然，并非所有的打断都意在竞争。有时听众打断讲话只是为了表示支持（"我同意乔的观点"）或是活跃气氛（"好主意"），寻求更清晰的解释（"我有点儿不明白。你能再解释一遍吗？"）提醒某些危险（"小心，你快摔倒了"），或是为了制止某个"话痨"一直滔滔不绝导致其他成员都没机会参与讨论。

竞争式打断同样是"我取向"式的。打断者关注的是自己的个人需求，而不是集体利益。竞争式打断会制造冲突、争端和敌视，在有些情况下还会让大家心情低落，导致讨论中止。在团体里，大家往往会重复他人的行为模式。如果某个成员为了争夺主动权而打断他人说话，另一个成员很可能会再次打断他把主动权夺回来。在很少有成员打断的情况下，若有人偶尔打断谈话且主要是为了表示支持，其他成员也很可能会顺应这种模式，保持合作跟支持性的讨论气氛。

埋伏性倾听：时刻准备反驳 如果有成员时刻准备着就讲话者的某个点展开反驳，那这个成员就是带着成见在听人讲话。他的关注点是对讲话者进行语言攻击，而不是去理解讲话者的观点。这种行为被称为埋伏性倾听。埋伏性倾听是一种明显的竞争式倾听。此类听者的目的是在口水战里打败讲话者。因此在讲话者解释自己的观点时，埋伏式倾听者往往在时刻准备反驳，根本没兴趣去领悟讲话中的信息。在激烈争论里，信息失真是很常见的现象。因为大家专注于赢得争辩，而不是准确接收信息。

就不同观点进行辩论在民主社会里实用且重要。然而埋伏性倾听是本末倒置。埋伏式倾听者一心只想驳倒对手，而不是弄清楚对方的观点。在集体讨论里，我们应该先准确和清晰地理解信息，然后再评价它们。否则，你可能会自说自话地反驳和评价一些根本没被任何人提出来的观点。

盘根究底和简述语意可以避免埋伏式倾听。盘根究底是指通过向讲话者提问来得到补充信息，包括厘清概念（"你能举例说明什么是重要的团体目标吗？"）、探索性问题（"你能想到其他办法来解决这个问题吗？"）和鼓励式的问题（"谁能因为我们想尝试一条新的解决途径来指责我们呢？"）。

简述语意就是"听者用自己的话简要复述讲话者陈述的主要内容"。简述语意应当简明扼要并力求准确。例如：

> 加比利拉：这份报告做得我又累又烦躁，我们根本没什么可写的。如果我们早点开始做，可能已经做完了。
> 弗兰克：你好像对大家的表现很失望很不满意。
> 加比利拉：我是很失落，但我不是对我们组不满意。我们都已经很努力了。其实当时我们谁也没办法更早开始。

简述语意可能带来误解。埋伏式倾听者总是简单粗暴地理解问题，从不多加思索。非竞争式倾听是一项实用的沟通技巧。

总而言之，对一个团体来讲，可能没有比营造正面、合作式的气氛更为重要和艰难的任务了。负面、竞争式的气氛会让你的团体前景惨淡。防御性的气氛会增加冲突，激化矛盾。支持性的气氛无法让团体彻底免于冲突，但这种气氛更有利于大家找到有益的冲突解决之道。

提升练习

批判性思考

1. 为何很多上级在面对表现恶劣的员工时，往往会采用支配性策略，而非问题取向型策略？

2. 你有过必须在一个团体里扮演乐于合作的模范人物，然而其他成员都在利用你的经历吗？

3. 竞争式的沟通是合乎道德的吗？请解释。

> **视频案例**
>
> 《八月：奥色治郡》(*August: Osage County*，2013) 剧情；R
>
> 　　影片由梅丽尔·斯特里普 (Meryl Streep) 和朱莉娅·罗伯茨 (Julia Roberts) 主演，故事围绕着一个矛盾重重的家庭展开。本片里有大量防御性和支持性沟通模式，以及竞争式与非竞争式倾听的例子。
>
> 《匿名作者》(*Authors Anonymous*，2014) 喜剧；PG-13
>
> 　　一群找不到出版商、郁郁不得志但仍心怀希望的作家组成了作家匿名会，无条件地相互鼓励和支持。本片笑料十足，但也不是每个人都能被笑点击中。分析片中无条件的支持性沟通有何作用，而在赞扬变成妒忌和批评之后，又发生了什么。
>
> 《爱情决胜分》(*Leatherheads*，2008) 喜剧；PG-13
>
> 　　本片讲述了20世纪20年代的职业橄榄球运动的故事，由乔治·克鲁尼 (George Clooney) 主演。本片中所有层面的竞争都被描绘成有益的吗？用有益竞争的三个条件来分析这一点。
>
> 《灵欲春宵》(*Who's Afraid of Virginia Woolf?* 1966) 剧情；R
>
> 　　这部引人入胜但漫长的电影描绘了乔治和玛莎这对陷入困境的夫妇，某天早晨在另一对夫妻面前丑态尽现的故事。本片里充满了防御性沟通的例子。看看你从中能找到多少这样的例子。
>
> 《随心所欲》(*Playing by Heart*，1998) 爱情喜剧；R
>
> 　　本片是一部精彩的爱情喜剧，讲述了一群人缤纷但夹杂着心酸的生活。试着从中寻找防御性和支持性的沟通模式。

《光辉岁月》(*Remember the Titans*，2000) 剧情；PG

　　本片由真人真事改编。弗吉尼亚州的一所高中最近刚刚变成了混合种族学校，黑人橄榄球教练必须跟当地的种族主义斗争。从团体间和团体内竞争这两个角度分析本片。竞争的结果跟本章提到的研究结论吻合吗？这些竞争是有益的吗？请解释之。

漫画下方的多选题答案：
漫画（第114页）：1，4。

第5章

团体里的角色

研究者在对密歇根州安娜堡圣约瑟夫医院外科团队进行研究时发现，医生和护士的角色之间存在着明显区别。在一场冠状动脉旁路手术中，两名外科大夫大声播放摇滚乐，交流底特律老虎队的八卦，而从旁协助的两名护士也小声聊天。这时护士长对两名护士大声训斥道："你们能不能在手术室里安静一点！"在手术过程中，护士没有跟医生一样聊天、大笑和开玩笑的权利。外科医生在这里扮演着领导人的角色，而护士则是从属角色，只能乖乖地听从医生吩咐。

在生命的舞台上，我们扮演的很多角色都会对我们影响深远。团体角色是指我们在团体中的作用以及与之相关的行为模式。人们对医生的角色（掌控大局）和护士的角色（听从医生指挥）有不同期待。这些期待不一定都是有益的。每个人在跟团体成员的互动中都扮演着自己的角色。你漫不经心或不起眼的举动可能会很快变成别人对你的期待模式。比方说，当你在小组的第一次会议上讲了几个笑话之后，你自己可能都没意识到大家已经认定你今后就是一个缓和气氛的角色了。其他成员可能会希望以后团体里气氛紧张时，你能用幽默化解僵局。

角色不是一成不变的。当你所在团体的构成发生了变化，或当团体的发展阶段变了，又或者当团体气氛由合作型转为竞争型或反之，抑或是当你离开某个团体进入另一个团体时，你都必须去适应系统里的这些变化。与之相应，你这个角色的行为也需要做出调整，或是你跟很多成员的角色都会发生变化。

本章的主要目的就是探讨团体里的角色，它牵涉到 5 个主要课题：
1. 解释团体里角色的显著性；
2. 定义不同类型的团体角色以及与之相关的行为模式；
3. 讨论角色在团体系统里的适应性；
4. 探索角色在团体里的形成过程；
5. 解释新人的角色以及团体的社会化过程。

规范和角色奠定了一个团体的基本结构。结构是系统各部分之间作为一个整体的联系。结构决定了团体的形式和形态。规范是一系列规则，指定了哪些行为对所有成员而言是恰当的。角色规定了每个成员在团体里被期待进行何种具体行为。某个团体可能有一条规范是要求所有成员努力工作。但角色会具体地将这些工作进行分配，例如副主席、中层经理、办公室职员。在这个小节，我们会探索角色对行为的影响。

角色的影响：不只是一场游戏

团体成员的感受很大程度是基于对角色的期待而产生的（见案例研究"斯坦福监狱研究"）。下面这个例子就展现了角色的影响力。在一场大学智力问答竞赛里，学生分别扮演了考官和参赛者两种角色。考官当然都在意气风发地提问一些他们已经知道答案的难题，而专心回答问题、有时候还会犯错的参赛者看起来就没那么耀眼了。尽管考官在地位上有优势，而且扮演两种角色的学生在智商上并无差异，但他们所扮演的角色却极大地影响了他们的支配性感受。

↘ 角色地位：受权力体系中的规则制约

并非所有角色都同等重要。公司的主席和首席执行官比中层管理者或普通员工地位更高，这种地位上的差异充分体现在收入上。2014年，首席执行官的平均年收入是普通员工的331倍——前者是1 170万美元，后者是35 293美元——更是拿最低工资的工人的774倍。中层管理者比一般员工地位更高，大学教授通常比小学老师社会地位高，教师又通常比学生地位高。不过也有一项研究显示地位上的差异不一定会带来尊重。一项针对4 735名中小学老师的调查发现，27%的人都受过学生的语言威胁，37%的人曾遭遇过污言秽语或侮辱性手势。社会地位较高的人不一定会如愿从地位较低的人那里得到尊重。

角色地位即某个具体角色的重要性、威望度和权力。下面这个例子就展示了角色地位的力量。当观众在电视广告里看到一个拥有较高社会地位和重要性的男性角色（他的意愿、需求和偏好是这条广告的主要诉求）和一个相对地位较低、附属性的女性角色（她的意愿、需求和偏好完全没有在广告里强调或提及），大家会将这名男性描述为一个"理性、独立、强大和野心勃勃的领导者"，相反这名女性会被描述为一个"情绪化、依赖他人、顺从、不求上进的花瓶"。当这两种角色逆转时，结果会截然不同。当这名女性在广告里被塑造成社会地位较高的角色，而男性则扮演社会地位较低的角色时，观众会将这名女性形容为一个"理性、独立、掌控一切、野心勃勃的领导人"，而将男性形容为一个"情绪化、依赖他人、顺从、不求上进的花瓶"。

角色地位可能在团体里造成强烈的不满情绪。例如，在外科手术团队里，一般出于必要都有明确的角色分配。然而护士总是在抱怨医生过度行使自己的特权（这也是因为医生使用了控制和优越感的防御性沟通模式）。正如我们在本章开头提到的，护士形容自己得到的是像奴隶一样的对待，而且经常得去满足外科大夫们的苛刻要求。地位较高的医生和地位较低的护士之间的权力差异"可能导致护士怨气横生，并阻碍大家的良好合作"。

另外，医生也有可能会滥用自己的权力，对护士任意辱骂。社会心理学家德歇尔·凯尔特纳（Dacher Keltner）观察到："那些最粗鲁的行为——怒吼、咒骂、直截了当的批评——都出自那些在办公室和家里地位较高的人之口。"美国医生执行官学院曾对2 100名医生和护士展开调查，结果显示医生和护士之间的角色冲突以及由此产生的辱骂行为非常频繁。几乎98%的受访者表示

团体里的角色在地位上会有巨大差异。大学教授的地位远高于课堂里的学生。

自己目睹过医生和护士之间的恶劣行为，还有 40% 的受访者表示这些冲突每周甚至每天都会至少发生一次。典型的恶劣行为包括诅咒、嘶吼和颐指气使，这些行为大部分来自医生。在某个案例里，一位医生对护士说："你看起来没有我的狗那么笨啊，你为什么从来听不懂我说什么？"在另一个例子里，一位外科医师用所有人都能听见的声音说："连猴子经过训练都能干护士这些洗洗刷刷的工作。""当然也有人抱怨护士的做法，但参与调查的医生和护士们都承认这些恶劣行径大部分都是医生的错。"很多受访者表示医生对自己的特权表现得理所当然，好像这才配得上他们高人一等的角色和地位。

医生的辱骂会造成各种后果。护士遭到的冷言冷语越多，越有可能辞掉工作。除开对护士的不良影响，医生滥用权力的行为也会给病人带来风险。VitalSmarts 培训公司和美国重症护士协会进行了一项名为"沉默的谋杀"的调查，研究报告指出有超过 20% 的医疗专业人士曾经目睹过医生对护士的不尊重和侮辱性行为对病人造成的伤害。然而，关于医护沟通的各种研究都清楚地显示，"尽管相信自己的专业知识在某些情况下更适用"，大多数护士仍旧会屈服于地位较高的医生的指挥。

>>> 案例研究

斯坦福监狱研究

这件事发生在一个周日的早晨。警官开着警笛轰鸣的警车冲进大学校园，逮捕了10名男性学生。这些学生被指控犯下重罪。警察四处搜捕，给他们戴上手铐，带回警局等待惩罚。学生又被蒙着眼睛送到了位于斯坦福大学心理学系大楼里的"斯坦福郡监狱"。到达之后，他们被脱光了衣服，每人分到一件带有编号的罩衫式囚服，还被迫戴上一顶尼龙帽子，如同剃光了头一般。每个囚犯都收到了毛巾、肥皂、牙刷和床单。监狱里的囚室装修简陋，只有一张床和一个马桶。个人物品在这里是被禁止的。

这10名犯人被另外11名学生看管着。这些狱警随身带着警棍、手铐和哨子。他们穿着黄褐色的制服和反光太阳镜，让人无法与其有直接的眼神交流。他们都保持着匿名状态。

狱警制定了一系列规则，囚犯必须不带任何怀疑和抵抗地遵守它们。这些规则非常苛刻：吃饭时、休息时和关灯后都不许说话，每天凌晨2点半要点名，不听话的人可能会失去"人权"。最初，这些人权包括阅读、写作以及与他人交谈的机会。随后，人权被定义为吃饭、睡觉和洗澡。

囚犯开始反抗。有些人堵住了自己囚室的门。有些人开始拒绝进食。有些人撕下了他们的身份编号。面对反抗，狱警们变得更为专制和粗暴。他们用消防栓镇压了叛乱。不听话的惩罚包括徒手洗厕所、做俯卧撑和在衣柜里关禁闭。点名也变成了一种酷刑。第一天，狱警们只花了10分钟左右点名。到了第5天，点名要持续数小时之久，因为狱警会对一动不动站着的囚犯鸡蛋里挑骨头，哪怕有一点儿不符合规定的地方也不行。

没过多久，有些囚犯就开始变得低落、软弱，被囚禁生活折磨得痛苦不堪。有几个囚犯出现了严重的胃痉挛。一位囚犯无法自控地大哭。他先是勃然大怒，又陷入思维混乱和极度低落的状态。

另外三个囚犯也出现了类似症状。还有一个囚犯在假释的请求被拒绝之后，全身出现了情绪性皮疹。

狱警对待囚犯的方式主要由命令、凌辱、语言和身体上的虐待、人格侮辱和威胁组成。囚犯在最初主要以抵抗和嘲笑的方式对待狱警，但是到了后期他们愈发顺从（例如老老实实回答问题和提供信息）。囚犯甚至开始互相针对，大家不再互相支持抱团取暖，对彼此的敌意越来越浓。

这个实验由斯坦福心理学家菲利普·津巴多（Philip Zimbardo）主持，6天以后实验就提前中止了。这项研究最初的计划是持续进行两周，但他发现这些角色逐渐变得过于真实。"处在狱警的角色上，那些本来是好人跟和平主义者的大学生都开始变得残暴，甚至出现了虐待倾向。沦为囚犯之后，原本心理状态稳定的学生很快表现得悲观绝望，被动地屈服于前景未卜的命运。"津巴多挑选了21名身体健康、一切正常的男性学生，这些人在接受人格测验时都没有表现出情绪不稳定和行为异常的迹象。但实验把这些人变成了病态的狱警和驯服的犯人。狱警和囚犯的角色是通过掷硬币随机分配的，因此狱警的病态行为不能解释为这些人性格上本来就有缺陷因此才倾向性地选择了这一角色。显然，这些参与实验的年轻人都变成了自己角色的傀儡。一位狱警在研究结束之后解释说："一旦你穿上了制服，又被安上了一个头衔，那你肯定跟自己穿着便衣在街上晃悠时，不是同一个人了。一旦你穿上那件黄褐色的制服，带上那副眼镜，拿起警棍，你就真的变成了那个人，你会开始扮演自己的角色。"

斯坦福实验跟美军在伊拉克阿布格莱布监狱的虐囚事件惊人地吻合。在这两个真实和实验性质的监狱里，狱警都扒光了囚犯的衣服，强迫他们在头部套上袋子，将其捆在一起，最后对其施虐和凌辱。狱警们对一组犯人说："现在你们两个是公骆驼。你们站到那些母骆驼身后，跟她们性交。"

这只是诸多虐囚事件里的一起，但施虐者并不是阿布格莱布监狱的卫兵，而是斯坦福监狱研究里扮演狱警的学生。在这两个"监狱"里，狱警原本都不过是普通人，但当他们被放到了特殊环境下"恶人"位置上，就变得暴虐无常。

津巴多提出，尽管学生可能永远也不会在现实生活里扮演狱卒或囚犯的角色，但日常生活里有很多与这项研究类似的情形。不管什么时候，只要角色间的权力分配存在不平等，就会有潜在的欺凌。老师—学生、医生—病人、上司—员工，以及父母—儿童的关系里都存在着角色地位的差异，而这有可能会导致一方对另一方进行语言甚至生理上的虐待。

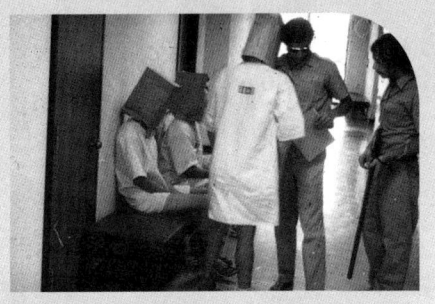

斯坦福监狱研究跟阿布格莱布监狱虐囚事件呈现了相似的结果。

进一步思考

1. 思考这次实验对它的实验对象的影响，你认为此类实验在道德上是否有问题？
2. 你更愿意做狱警还是囚犯？为什么？
3. 如果你处在狱警或囚犯的角色里，你会有何表现？你觉得你有多大可能不会表现得像实验里的狱警和囚犯一样？你基于什么有这种自信？

↘ 角色冲突：两种角色之间的撕扯

我们可以从另一个角度来看待角色的影响。当我们在不同的团体里扮演相互冲突的不同角色时，我们会经历角色冲突。通常，我们会被迫在二者间做出选择。有孩子的学生常常会面临着学生和父母两种角色的冲突。你是应该去考试，还是在家里陪伴生病的孩子？有家庭的职业女性日益感受到家庭与职场两种角色的冲突。若一名女性正背负着所有同事的信赖在参与一场重大商务会议，此时她接到了孩子学校打来的电话，她应该怎么做？当然男性也同样会面临这种冲突，但是女性往往是照顾家庭的主力，除非是单亲家庭。家庭需求对女性工作的介入程度高于男性，这也让很多女性在职场上相对处于劣势。

学生也渐渐意识到工作—家庭和学生—工作这些角色之间的冲突。由于大学学费飞涨，学生必须全职或兼职工作才能付得起高昂的学习和生活开销，但学生可能会面临既得工作又得去跟小组同学开会讨论课堂作业的窘境。这在小型学生团体里是个很常见的压力来源，因为每个人的责任感和参与度都跟集体得分息息相关。

第一反应者在面对突发情况时可能会经历角色冲突——既要扮演父母/配偶的角色关心家庭成员安危，又要扮演急救人员的角色。

有 42 项研究都显示角色冲突会对个体产生显著影响。当个体感受到角色冲突时（家庭角色与职场角色），他们往往会表现出离开当前环境的倾向。他们对所在团体的忠诚度也会降低。若这种冲突牵涉到工作，他们对工作的参与度和满意度都会下降，而这种冲突不只是一时的烦恼那么简单，它们的影响往往非常深远。

有些角色对我们的影响比其他角色更大。当角色产生冲突时，我们通常会选择对我们而言最重要和影响最大的角色。团体对每个角色的期待度，以及每个角色的价值、声望、影响力、地位或不良历史，都会影响我们的决定。在互相冲突的角色里找到平衡，并适应小型团体系统里不可避免的变化，是解决角色冲突的关键。

▶ 角色转换：当学生成为老师

角色对我们感知的影响会因为角色转换（进入与目前角色截然不同或完全相反的角色）而产生戏剧性变化。

例如从儿子变成父母、从学生变成老师，或是从员工变成老板，反之亦然。CBS 电视台的节目《卧底老板》（*Undercover Boss*）就通过角色逆转来制造戏剧化效果，公司的首席执行官要去体验普通员工的日常生活。在员工不知情的情况下，老板会假扮成自己公司里的员工。通过这种角色转换，老板往往会受益匪浅。

当我还是学生时，不止一次抱怨过教授的授课质量。但是等我变成大学教授之后，我好像就不能客观看待学生的类似批评了，我总会给自己授课的不足找各种各样的借口。作为老师，我开始倾向于从个人角度去理解老师为了激发学生的热情而面临的种种挑战。转换角色会让你更能够理解对立角色施加于你的行为（例如，可能你不喜欢打分，因为它可能会引起学生的防御和抵触情绪，但这是学校的要求，你必须照做）。角色转换也可能会促进你行为上的转变，在我教书生涯的早期，我很幸运地感受到了这一点。

角色类型：每个人都有自己的位置

我没法把一个人在团体里有可能担任的角色在这儿一一列举。不过从广义上来说，我们主要扮演两类角色：正式角色和非正式角色。正式角色就是某个组织分配给我们的位置或团体领袖给我们指定的职位。正式角色一般会伴随着主席、总统、秘书之类的头衔。较大型的组织往往对每个角色的行为期待都有公开的明文规定。例如，组织需要招聘一名员工来满足某个具体职位时，会清楚描述工作内容。正式角色存在于团体、团队或组织的结构中。它们是人为规定的，而不是团体内的沟通交换里自然产生的。正式角色往往独立于担任该角色的个体。

在大多数小型组织里，角色都是非正式的。非正式角色诞生于团体成员间的社会交换，它强调功能性而不是职位。若某个成员在团体里承担了领导性的功能，那么该成员自然而然就表现得像个领袖，而不是被人指定担任该职位。非正式角色的期待行为和职责一般反映在成员间的沟通交流中。团体不会公开告知某个成员应该如何去扮演某个角色，但其他成员的确会展示出对该成员在这个角色上的表现的认可程度。非正式角色扮演是即兴的，而不是经过精心编排的。

非正式角色作为我们在此讨论的重点，通常被划分为三种类型：任务型、维护型和自我中心型。

↘ 任务型角色：专注于生产率最大化

任务型角色有助于整个团体实现目标。任务型角色最核心的沟通功能就是实现生产率最大化。参考以下这些典型的任务型角色：

1.启动者—贡献者。这个人会提供很多想法和思路，让任务初具雏形。当我们在课堂上思考小组作业的方案时，我们需要一个启动者。假如没有发起人，小组里可能会充满令人尴尬的沉默。小组会陷入功能失调的状态。当你的老师在课堂上提出一个问题时，如果没有一个启动者—贡献者来回应，那么这个教学过程就无法进行下去。当一个团体有一个甚至更多的启动者时，讨论过程就会火花四溅。如果成员能根据环境的变化轮流或共同扮演启动者的角色，团体的运作往往就会更加高效。但是在某些时候，团体必须得制止某些人不停地贡献想法，果断做出决定。过多的方案和方向可能会分散大家的注意力，让团体迷失在众多的选项里找不到出路。

2. 信息收集者。当一个团体开始一项任务时，信息收集者会先了解成员的知识储备情况，例如大家研究的主题是："有人知道为什么课本这么贵吗？"此时信息收集者就会开始征集相关研究、成员的个人经历和能印证论点的材料。通过信息收集者对成员知识程度的探究，大家就能很清楚团体还欠缺哪些方面的知识。

3. 信息提供者。信息提供者和信息收集者之间是共生关系。二者彼此需要，彼此依赖。在团体讨论当中，若一个正在寻求信息的成员从另一个成员那里接收到信息，而这些信息是可靠且与主题相关的，团体在某个方面的知识水平就会提高。若没人有能力提供这些信息，信息提供者的角色就会变成通过研究来为团体提供可靠信息。在一个没有专家的团体里，若连一个信息提供者都不存在的话，大家就会陷入对某些状况的集体无视或团体性无知。

4. 观点收集者。没有观点收集者，一个团体就无法达成一致意见。主要成员会遏制其他成员表达意见，而观点收集者可以帮团体判断大家能够在哪些方面达成一致，在哪些方面存在分歧。例如，"大家都同意我的意见吗？有人不同意吗？"认定整个团体都能够达成一致的错误预设会带来灾难性的团体迷思，我会在第8章详述这个话题。

5. 澄清者—详细说明者。扮演这个角色的成员需要解释、详述和延伸大家的观点，并提供相关案例或替换方案。当众人意见严重不合时，团体讨论可能会陷入困局。此时澄清者就应该挺身而出，并做出让人耳目一新的解释，例如，"我真的不相信我们的分歧有想象中那么大。比方说我们在以下几个方面还是很一致的……"。

6. 协调者。这个角色要求组织和协调的技能。协调者要制订待办事项的日程，并安排会议召开的时间、地点和方式。协调员能够加强成员的团队精神与合作水平。

7. 秘书—记录者。这个角色承担了团体的记忆功能。秘书需要记录会议内容，为日后的讨论和决策准备资料，并提醒成员过去做过的事以免其随时间淡忘。例如，"我们上次开会才提到了一个信息项目。但是还没人着手去做"。

8. 服务者。这个角色要从头到尾参与任务，并在期间引导集体讨论，提醒大家当下讨论的主要目的，并安排团体活动。例如，"我认为我们偏离了重心。让我们把讨论拉回到我们接下来两周要完成的事情上"。

9. 魔鬼代言人。对任何团体而言，这个角色都至关重要，它往往出现在决策过程里。魔鬼代言人会提出与团体中的主流意见相反的观点、引起争论，从而让大家反思已有的方案、策略和决定是否够恰当。你之所以提出问题和潜在的顾虑，并不是因为你必须要跟大家唱反调，而是因为你不希望团体在没有考虑周全的情况下贸然做出决定。"所以，如果计划没有按照我们的想法进行怎么办？我们有备用方案吗？"这类问题就会出自魔鬼代言人之口。我们在第 8 章会更加详细地探讨这个角色。

↘ 维护型角色：专注于凝聚力

维护型角色专注于团体的社会维度。该角色的核心沟通功能就是维护团体凝聚力。参考以下这些典型的维护型角色：

1. 支持者—鼓励者。担任支持者的成员会激发团体里的善意和正能量，让大家感受到温暖、赞扬和包容。支持者还能鼓励沉默寡言的成员参与讨论。例如，"大家干得好！真棒！"。

2. 和谐维护人—压力释放者。当你在团体里担任这一角色时，你需要维护团体的和平气氛，调节成员间的分歧和差异，并用幽默来缓解中期压力。这不仅仅是让大家维持表面的和平。这个角色也不需要消除所有的冲突和分歧。有时候冲突是有益处的（见第 11 章）。然而，如果大家情绪失控，沟通也进入防御模式，和谐维护人就要出面叫停争端，平复众人的怒气（"让我们尽量不要上升到个人矛盾，可能我们需要休息一会儿。我们都太累了"）。

3. 守门人—稽查员。扮演这个角色的人要控制团体里的沟通路径和信息流通，调控系统的开放程度。当成员的参与度参差不齐时，稽查员要鼓励安静的成员积极做贡献。该角色可能还要推荐大家制定规则来提高会议效率，例如，"可能我们应该给讨论设置一个时间限制"。

↘ 干扰型角色：只关注自己

自我中心型或者说干扰型角色会为了自己的需求和目标妨碍团体目标的实现。扮演这些角色的人往往会被打上"难相处"或"坏苹果"的标签。自我中心型角色的核心沟通功能就是只关注自己，这会削弱团体的生产率和凝聚力。有效沟通者应该避免成为这样的角色（可以参考第2章里有效处理"坏苹果"的方法）。

1. 表现狂。扮演这个角色的人会垄断谈话，阻止他人充分发表看法，从而把关注和认可牢牢聚集在自己身上。表现狂会如飞蛾扑火一般，时刻寻求关注。

2. 孤僻者。孤僻者会抛弃团体，从不参与任何事。他们表现得冷漠、疏离、事不关己，而且会抵触被纳入团体的决策过程。扮演这个角色的成员仅仅在团体里挂名而已。孤僻者会成为团体的负累。

3. 小丑。这个角色不止为大家提供笑料缓解压力。小丑热衷于嬉笑打闹和恶作剧，这会把成员的注意力从严肃话题的讨论上移开，逾越压力释放者的界限。但是这种幽默过于极端了，好像在说："快看看我啊，我特别滑稽！"这是以个人为中心，而不是以团体为中心。

4. 挡路者。这个角色是天生的妨碍者。挡路者的目的就是阻碍团体采取行动，特别是那些能够被挡路者妨碍的行动。在国会里这被称为阻挠议事。挡路者会通过拒绝合作、否定大多数成员的努力来妨碍团体的进展，并不断地引入自己感兴趣的无意义问题。

5. 战斗者—控制狂。有些成员热衷于争端和控制团体讨论。一个控制狂会想方设法主宰团体讨论，跟成员竞争，挑起争端，打断讨论来插入自己的观点，以及对其余成员进行负面评价（"你理解得有点儿慢啊，是不是？你得努力跟上来"）。控制狂是个恶霸。

6. 狂热分子。这个角色总试图转变成员的爱好和观点，针对世界局势布道，常常过分关注政治问题（"再说一次，政治统治至高无上。我一直都在告诉你们这一点，是不是？"）。这些内容确实会让人热烈地发表意见，但是如果一个人对此过于狂热，就会惹人反感。正如温斯顿·丘吉尔所说，狂热分子是个"绝不肯改变主意也不会改变话题的人"。

7. 犬儒主义者。这个角色是气氛杀手。犬儒主义者总表现得阴阳怪气，喜欢挑刺，只看得到负面的东西，总爱预测团体的失败（"我们永远也不会在有价值的问题上达成一致"）。H. L. 门肯（H. L. Mencken）将犬儒主义者形容为"闻到鲜花时四处找棺材"的人。当团体需要鼓舞士气时，犬儒主义者只会传播负能量（"我告诉过你我们根本不可能成功。从一开始这个主意就很蠢"）。

我只是用文字列举和描述了以上任务型、维护型和干扰型角色。然而这些角色会在团体成员的交换里变成实体。

角色会在讨论、争辩和分歧中逐渐显现。下面这段简短的对话就展示了团体成员如何在交流里扮演了角色：

> 杰里米：我认为我们的项目应该做校园安全这个主题（启动者）。
> 玛利亚：你们里面有人了解校园安全的知识吗（信息收集者）？
> 查理瑟：我在上学期的另一门课上做过一个调查，发现了很多有趣的结果（信息提供者）。
> 彼得：那听起来很无聊，跟这个项目一样无聊（犬儒主义者）。
> 丹尼尔：你说的话对我们的讨论一点用都没有。所以你能不能暂时闭嘴（战斗者—控制狂）？
> 彼得：所以我猜你喜欢这个项目（战斗者—控制狂）？
> 玛利亚：好啦好啦，你们这样争吵无济于事。让我们都冷静一下，好吗？这又不是笼斗赛（和谐维护者—压力释放者）。我们能做得比现在更好（支持者—鼓励者）。所以，我们能不能回到原地，讨论一下杰里米提出的那个想法（服务者）？我认为它有可行性，而且可能会挺有意思的。你们觉得呢（观点收集者、服务者）？

在这段简短的讨论里，你可以见到某些成员在回应他人时进入了各种角色。这里出现了任务型、维护型和干扰型的角色，而有些成员成功扮演了多个角色，有些却只担任了一种角色。小型团体里的角色扮演是一个动态的交换过程。

>>> **自我测试 5-1**

角色扮演

根据你在自认为重要的任何团体（家庭、学习小组、项目小组等）中的角色填写下面的自测题。这应该反映你在该团体里最常扮演的角色。备选方案：在回答了问卷之后，如果你愿意的话，可以让团队成员就你的表现填写问卷。如果团队成员有所犹豫，鼓励他们匿名填写即可。理想状态下，每个成员都要保持匿名才能够确保所有人的身份不被发现。比较这些答案。

1. 我在团体活动里的参与程度是：

   低　　　　　　　　高
   1　2　3　4　5

2. 你的任务取向（对达成集体目标的兴趣）程度如何？

   低　　　　　　　　高
   1　2　3　4　5

3. 你的社会取向（对团体里成员关系的关心）程度如何？

   低　　　　　　　　高
   1　2　3　4　5

4. 你对团体的决定有多大影响力？

   低　　　　　　　　高
   1　2　3　4　5

还是用 1~5 分来给自己打分，衡量你自己在多大程度上扮演了以下这些角色，填写你认为适合的数字：

任务型

信息提供者 ____
信息收集者 ____
启动者—贡献者 ____
协调者 ____
服务者 ____
澄清者－详细陈述者 ____
魔鬼代言人 ____
秘书—记录者 ____
观点收集者 ____

维护型

支持者—鼓励者 ____
守门人 ____
和谐维护者—压力释放者 ____

干扰型

表现狂 ____
战斗者—控制狂 ____
孤僻者 ____
挡路者 ____
小丑 ____
狂热分子 ____
犬儒主义者 ____

角色适应：保持宽松

角色扮演是一个变化的、动态的过程。系统里个体成员相互联系紧密，某个成员的行为会显著影响其他成员扮演的角色。例如，若有人就谁应该扮演某个具体的任务型角色产生了冲突，那个"输了"的成员就有可能变成干扰型的角色。

↘ 角色灵活度：适应环境

具备角色灵活度的成员是小型团体里最优秀的成员。角色灵活度即"了解团体目前的需求并能根据当下环境调整自己的角色和行动的能力"。例如，如果团体讨论陷入混乱，一个警醒的成员就会意识到这一点，主动扮演澄清者的角色。如果讨论偏离主题，一个合格的成员就会意识到团体里需要一个服务者把讨论拉回正轨。在方案的形成阶段有人主动扮演魔鬼代言人，激发大家的创造力，催生更多创新性方案。但如果你刚说完自己的想法，魔鬼代言人就提出质疑，你可能会很受打击，下次头脑风暴的时候就不愿意表达意见了。因此每个角色的出现都有其特定的时间和地点。

↘ 角色固化：陷入一个角色无法自拔

有时候，小型团体里的成员会失去角色灵活度，深深陷入某个角色里，这就是角色固化——无视情况需要始终保持同一个角色。职业喜剧演员常常不知道何时应该严肃一点儿。因为他们总是处于"喜剧状态"。有些律师会把配偶跟孩子当成刑事审判席上的证人一样反复盘问，这种角色固化可能有一天会让他们站上离婚法庭。有效沟通要求沟通者有意愿、有能力去根据情况变化调整沟通行为。然而有些思维僵化的人总觉得自己必须扮演某个角色，别无选择。领导、信息提供者、感受表达者和压力释放者是最可能让人陷入固化模式的几个角色。

角色固化可能会发生在一个人从某个团体进入另一个团体时，也可能发生在同一个团体内。如果你在上一个团体里是稽查员，你可能会在新团体里坚持扮演同样的角色。但这个团体里可能有另一个人更擅长这个角色。如果你坚持要争取这个位置，而不是承担起其他功能来适应新团体，就有可能在团体里引发冲突和混乱。如果另一个成员的确比你更适合做稽查员，而你又坚持要扮演这个角色，那么团体里的资源就没法得到最大限度的利用。

集体性的角色固化会给团体带来弊端。例如，男性不希望女性在团体里担任地位较高的角色，这会导致女性的角色被固化，尽管这非她本意。女性本该有更多的选择机会，但只好担任协助型（例如支持者—鼓励者）或是参与度较低的角色（例如秘书—记录者）。

往大了说，正如我在第 3 章讲过的，你甚至都不愿意被固定在某个类别的角色上。那些陷入了维护型角色或任务型角色无法自拔的成员，都无法在生产率和凝聚力上达到平衡。

角色形成：了解我们的分工

在大型团体和组织里，角色大多数情况是被正式结构决定的。但即使是在正式结构里，角色也可能会自发形成。功能性角色会在组织内部的小型团体会议或大型团体的分支结构里出现。

然而角色的自发形成，主要还是发生在那些小型、非正式、没有领袖、没有过去的团体里。这些团体可能是正式组织内部临时建立的项目小组（例如自我管理型工作团队）、为了完成某个课堂作业而建立的讨论小组、某个刑事审判的陪审团。成员的角色都没有经过提前安排，而是随着社会交换过程自发形成的。明尼苏达大学曾经就零历史的团体如何形成角色进行了深入研究。

↘ 团体认可：接受自荐

个体都会自告奋勇地担任某个角色。原因可能是他们有该角色需要的技能，也可能是他们屈服于性别角色的刻板印象。但一个人在扮演某个特定角色之前必须先经过团体的认可。在竞争型的文化里，大家通常认为社会地位较高的角色属于任务取向型的人。完成任务能够带来胜利、有形的成就和认可。服务者、启动者—贡献者、信息提供者和魔鬼代言人等角色都有较高的社会地位，因此这些角色被视为实干家——他们为了团体的成功完成了重要任务。

尽管维护型角色对团体贡献巨大，但是在美国这类竞争型文化中地位却往往较低。扮演维护型角色的人被视为协助者，而不是实干家。在美国社会里，协助者的地位往往低于实干家（例如外科医生被视为实干家，而护士被视为医生的协助者）。女性被社会定义为主要扮演地位较低的维护型角色。正如伍德（Wood）所说："服务和行政类的岗位上往往女性占多数，而男性却大多进入了创造实际经济效益的管理岗位中。女性仍然被要求兼顾工作相关的社会活动，同样职位的男性却很少被期待去做这些。"因此，支持者—鼓励者、和谐维护者—压力释放者和秘书—记录者等角色在传统上多由女性担任。尤其是当女性在一个团体里比例较低时，要想扮演有悖于刻板印象的、地位较高的角色，或提高维护型角色的社会地位都很难被团体接纳。

团体接纳是个试错的过程。例如，某个成员试着担任启动者—贡献者角色。如果他的努力没有得到团体的重视（成员忽视他的付出），这个成员就可能转而担任其他角色以求得认可。若有人无视团体的反对坚持要扮演某个特定角色，可能会被大家归类为不灵活和不合作的人。

▶ 角色专业化：融入自己的角色

一旦成员的角色被团体接纳，角色专业化——某成员融入了他的主要角色——就会产生。如果团体希望你成为一个信息提供者，那么这就是你的主要功能。但这种专业化并不妨碍你担任其他角色。角色专业化并不意味着该角色被某个成员垄断。团体里可能有不止一个和谐维护人，但其中会有一个成员主要负责这个功能。在被认为是另一个成员的主要角色范畴里操作过多，会招致团体的负面评价。

新人：扰乱系统

团体成员会随着团体内部的交流增加渐渐了解自己的角色分工。一旦分工确定，成员可能会尽力稳固自己的角色并抗拒改变。由此，成员便如系统的各个零件一样彼此紧密关联。这也会让任何新成员的进入变成一件大事。

随着团体发展，成员之间的关系将日渐稳定，团体的角色和规范也会日益复杂。"新人的进入会使老成员不得不调整彼此的关系，而这威胁团体的发展。"对任何人来说，作为新成员进入一个早已稳定的团体都是个极大挑战，而这也会迫使团体作为一个整体来自我调整。

▶ 团体的天性：难以接纳

团体的某些特征会直接影响团体对新成员的接纳程度。首先，团体的发展程度会影响团体对新成员的接纳。有学者对大型组织里的小型团体进行数月研究之后发现，那些存在时间相对较短的团体中的成员更乐于跟新成员交流。对一个成立不久的团体来说，新成员的干扰程度较低，因为他是在团体发展的早期阶段进入的。而对一个存在较久、发展到较高阶段的团体而言，新成员的加入可能会对系统造成巨大冲击，对老成员的适应能力也提出了更高的要求。对年资较久的团体而言，新成员更像外来者。

第二，团体的运行情况会影响大家对新成员的接纳程度。如果一个系统运转良好，成员可能不想冒险改变自己的成功模式，而接纳新成员可能带来巨大的风险。如果一个团体表现很差，新成员可能被大家视为救星，新成员可能让团体反败为胜。

第三，团体成员的数量会影响对新成员的接纳程度。人手不足的团体往往更迫切地渴望新成员加入。因为新成员意味着每个人可以减轻一点负担，还能增加成功的可能性。但本身就超员的组织很可能会把新成员视为额外的负担。

第四，团体里成员的流动性也会影响大家对新成员的接纳。那些习惯了成员进进出出的团体会比流动性较低的团体更容易接纳新成员。

最后，若老成员相信新成员会接受和遵守团体的规范、价值观和行为，会更乐于接纳新成员。提前检验一个人是否愿意接受和遵守这些价值观和规范的办法之一，就是欺凌和入会仪式（见案例分析"欺负新人"）。

>>> 案例分析

欺负新人：从水刑到吞肝

陈·迈克尔·邓（Chen Michael Deng）是纽约市立大学巴鲁克分校的一名大一新生。他在2013年12月接受兄弟会的入会考核，去了宾夕法尼亚州的波科诺山，并因此丧命。波科诺山地区警察总监哈里·刘易斯（Harry Lewis）描述了邓是如何被近30名兄弟会成员折磨致死的："他被蒙上了眼睛，在黑暗里背负着重物从一个地点走到另一个地点，而且一直有人推搡他、打他。"邓摔倒了，头撞到了一块石头上，最终死亡。从2005年起，美国已经有59人在"欺负新人"式的入会考核里死亡。2005年，北加州州立大学奇科分校的学生马修·卡灵顿（Matthew Carrington）死于低钠血症，因为他在短时间内喝下了大量不同种类的液体（几个小时内喝了五加仑），导致血液里钠含量急剧下降。

欺负那些想要进入团体的新人不一定会致死，但很可能会导致严重伤残。一个佛罗里达的法院就曾将两名佛罗里达农工大学前兄弟会成员定罪，因为他们对一名叫马库斯·琼斯（Marcus Jones）的学生造成了"严重的身体伤害"。琼斯在兄弟会入会仪式上多次遭人殴打。他鼓膜破裂，血块凝结，需要接受手术。而德雷克大学的一名学生内特·埃里克森（Nate Erickson）则被兄弟会的两名成员强迫饮酒致酒精中毒。警署的新闻发言人罗利·拉瓦拉多（Lori Lavorato）警司解释说："他并不是身体上被强迫饮酒，而是迫于同伴压力，

他觉得为了成为兄弟会的一员必须这样做。"伯明翰大学的学生曾因赤足在雪中行走而生冻疮，曾经溺水，还曾因为被强迫在锋利的岩石上赤足行走而需要急救。

欺负新人，或者说入会考核，被定义为"针对希望加入某组织的人的恶作剧、贬低、虐待，甚至将其置于危险的行为，借此来考察这些人加入的决心和意愿"。全国大学生欺凌现象研究访问了53所高校的11 482名学生，报告显示55%的大学生都曾在俱乐部、球队和校园组织里遭遇过欺负新人的现象。在超过一半的欺凌里，学生们组成"自卫小组"，在YouTube和社交网络上发帖控诉自己遭到的恶作剧和被迫进行的危险活动。最常见的欺负新人的组织，按照欺凌发生的频率由高到低是高校体育队、兄弟会、姐妹会、俱乐部球队、表演团体、校园社团、学生俱乐部和荣誉学会。入会考核是有目的地让成员去参与一系列活动，借以测试其身体、心理承受能力的极限。

这些团体设置了众多愚蠢、危险、非法甚至致命的活动作为进入团体的必经仪式。其中甚至包括强迫学生吞下四分之一磅沾满了油的生牛肝；在严寒里把学生扔到山顶或荒郊野外，不提供御寒衣物；若有人不小心在宣誓中忘词，就可能被反复击打腹部和肾部；把新人禁闭在上锁的衣柜里，不提供液体，只留下咸味食物、煮开的牛奶、鸡蛋、一个用来接尿的小杯子；强迫新人偷东

西；强迫新人过度饮酒或吸毒；要求新人进行不安全性行为或跟多名对象发生关系。

欺负新人的活动里存在严重的道德问题。用折磨、恶作剧和羞辱的方式对待新人是尊重人吗？即便这些行为的目的有意义，将新人的生命安全置于危险中是负责任的做法吗？如果一个炙手可热的团体的准入制度必须贬损人格、进行高危甚至违法活动，这难道不是剥夺了新人的平等权利吗？这合乎道德吗？

已经有44个州将欺负新人的入会考核列为非法活动。无数大学已经采取行动。但是，要禁止欺负新生的行为并不容易。南加州大学的学生理查德·斯旺森（Richard Swanson）被一块浸过油的肝脏噎到，随后窒息死亡。事件发生后，校方针对社团入会仪式出台了严格规定。但这引起了学生的暴乱和抗议。禁止欺负新生似乎没能消除这种行为，只是让它转入地下。

为什么这些团体要坚持采用这么苛刻和危险的考核制度呢？原因大概有这么几个。首先，进入一个团体越难，成员一旦通过考核之后，就会对团体越忠心。我们倾向于认为较难做到的事情价值更高。一个团体的新人考核越残酷，它就显得越抢手。在一个经典实验里，一名女性在新人考核里受到的电击次数越多，她越会努力说服自己该团体和它的活动很有价值、很有趣而且很受欢迎，但研究者的本意是让这个团体显得无聊和没有价值。

第二，严苛的考核制度会提高团体的凝聚力和服从性。如果你不得不吞下一片黏糊糊的、浸过油的生牛肝，冻僵你身体的一侧，或者拿你的生命去冒险才能获得成员资格，你很可能在完全通过考核之后已经彻底臣服于团体的规范。一个成员们都经受过严格考验、紧密相连的团体里不太可能会出现离经叛道的人。

第三，严格的考核制度能让团体了解到关于新人的重要信息。如果新人拒绝被欺负，在考核里失败，或者勉强才能通过考核，团体就会知道这个人可能无法融入大家。他可能不会服从团体规范。

第三，严苛的考核制度可以让新人了解到他必须依赖老成员。因为老成员才能决定谁可以留在团体中，谁不能。新人必须让老成员相信自己够格成为团体的一员。

纽约扬基棒球队的新人考核是扮成奥兹国巫师游街。

> **进一步思考**
>
> 1. 你曾经参与过欺负新人，或者被欺负过吗？原因是什么？
> 2. 你认为欺负新生的活动，特别是高危活动，应该被禁止吗？官方禁止这些活动能够实际上阻止它们吗？
> 3. 你能想到任何合乎道德的欺负新生的活动吗？请解释。没有危险性、合法、不存在虐待的新人考核能否仍旧促进团体的凝聚力和服从性？

团体社会化：双向适应变化

在任何系统里，互相关联的各个部分必须适应条件的变化。新人要求团体适应自己的加入，因为对团体而言，新人本身就意味着变化。新老成员互相适应的过程被称为团体社会化。

团体社会化是个双向适应的过程。新人必须找到自己在团体里的位置。他必须扮演新人的角色，而不能表现得像老成员一样资深。老成员也必须适应新成员。这可能包括角色上的调整，例如在原有角色被新人替代之后，老成员需要学习新技能。

新成员可以采用以下这些策略来提高自己被团体接纳的概率：

1. 对团体进行彻底的调查。大多数新人都没做好调查工作，根本搞不清自己跟团体是否合得来。新人应该利用所有能够找到的信息源来评估自己想加入的团体。

2. 做好新人的角色。"很多人加入一个新团体的时候都忍不住展现锋芒，来让众人印象深刻……团体会敌视来自新人的批评，也很可能抗拒、驳斥或干脆忽略它。"新人应该咨询老成员的建议，避免跟老成员意见不合，多做事少说话。新人应该表现出敬畏，尽量学习有价值的东西。要凸显自己跟团体内其他成员的相似点，经常跟老成员请教。等你被团体接纳之后，你就可以逐渐脱离新人角色的沟通模式了。

3. 拥抱新团体，跟过去的团体保持距离。"在我以前工作的地方，大家是这么解决这个问题的。"这句话从新人口里说出来可不会让人高兴，它暗示着他认为以前的团体比现在的强，有可能会激起团体成员的抵触心理。你应该拥抱你的新团体，并跟之前的团体保持距离（"我们的团体面对这个问题做的准备比我以前的任何团体都要充分"）。这样的做法能够让新团体的成员更乐于听你说话，甚至接受你的建议或批评。

4. 在团体里寻找导师。导师就是跟新人关系较为亲密，并能够帮助新人进入团体的老成员。导师可以帮新人了解整个团体，而且可以提高团体对新人的满意度。

5. 跟其他新人合作。当多个新成员同时进入团体时，他们往往会并肩作战。新人可以给彼此提供情感支持和鼓励，还可以给团体提供有用的信息。新人小团体可以表现得更加友好，让团体气氛更开放一些。

同时，老成员也有责任主动参与团体的社会化过程。老成员可能会对新成员的表现有所期待，但又不为新成员知晓。新老成员之间需要一个互相适应的时期。

老成员可以利用以下策略缓解新成员给团体带来的冲击和挑战：

1. 欢迎新成员的加入。老成员可以召开欢迎会，让新老成员互相自我介绍。老成员还可以组织团体任务范围之外的社交活动。非正式的社交活动可以让新成员感受到团体对其到来的欢迎。

2. 带新成员熟悉环境。带新成员参观设备，简短地介绍团体历史，跟新成员讨论团体对他们的期待。告知新成员有哪些政治斗争和外部影响可能会给团体带来挑战和危机。

3. 指导新成员。如果团体存在时间较久，老成员应该建立有条理的新人培训流程。刚刚成立或临时性的团体通常不需要培训项目。

有效沟通者能够了解自己应该加入哪个团体，以及应该向谁咨询能帮助自己被团体接纳的策略。女性和少数族裔常常扮演新成员的角色。这类人能够增加团体的多样性，这会给团体带来挑战，但往往最终双方都能获益良多。无论是对新成员还是老成员而言，最终的目标都应该是通力合作，共同完成团体的社会化过程。

总而言之，小型团体里有多种角色。有效沟通者应该学会扮演不同角色。我已经解释了我们在团体里会扮演的角色，以及如何高效完成这些角色的职能。在下一章，我会探讨所有角色里最让人梦寐以求的一个——领导者。

提升练习

> ### 视频案例
>
> 《饥饿游戏：星火燎原》(*The Hunger Games: Catching Fire*, 2013)
> 动作/冒险/科幻；PG-13
>
>   这是《饥饿游戏》系列电影的第二部。凯特尼斯和皮塔赢得了第74届饥饿游戏，并在全国引发暴乱，这让他们成了国会的眼中钉。判断和分析由过去所有冠军组成的新一届饥饿游戏里的正式和非正式角色。这些角色存在地位之差吗？其中有角色冲突、角色转换和角色固化吗？
>
> 《奥斯汀书友会》(*The Jane Austen Book Club*, 2008) 浪漫；PG-13
>
>   一群女性和一名男子共同参加了一个阅读和讨论简·奥斯汀6部作品的书友会。审视这些角色在团体里的发展。指出哪些人分别扮演了任务型、维护型、干扰型角色。
>
> 《蓝宝石》(*The Saffires*, 2013) 传记/剧情；PG-13
>
>   影片改编自1968年的真实事件。4个年轻、才华横溢的澳大利亚土著女孩组成了一个名为蓝宝石的歌唱团体。她们在越战期间为美军提供娱乐。分析团体里角色的形成以及每个女孩扮演的角色。她们遇到过角色地位的问题吗？这个团体面对新加入的乐队经理有何反应？
>
> 《十二怒汉》(*12 Angry Men*, 1957；1997) 剧情；PG-13
>
>   这个剧情紧凑的故事有两个版本。影片讲述了一群陪审员的故事，面对一桩谋杀案有位评审员投了"无罪"，由此引发了大家的热烈讨论。这些人物分别扮演了任务型、维护型、干扰型里的哪个角色？这其中有正式角色吗？解释角色产生的过程。

第 6 章

团体领导

学者、哲学家、社会科学家甚至小说家,都对领导这一概念表现得兴趣盎然。在政治领域,领导可称得上是个流行语,还时常成为激烈讨论的对象,尽管这些辩论有时并不充分、也没什么结果。2014年,在俄罗斯总统普京进军乌克兰克里米亚地区后,"普京是否比奥巴马更为强势"这个问题在政治领域引起了广泛讨论。不出意外的是,答案跟各党派的政治立场基本一致。

"作者已经用了超过9 000种不同的体系、语言、定律和例子来解释管理和领导的奥秘。"若你在谷歌上搜索跟领导有关的文章、书籍和观点,你可能会得到上百条结果。企业高管和咨询专家们会定期编写管理学的书籍,其中大多是各种趣闻逸事,用以佐证他们在多年的公司经验和管理培训中得到的"金科玉律"。马修·斯图尔特(Matthew Stewart)是一位前管理咨询师,他不赞成地评论道:"我发现看完这些大师的书之后,我的感受跟吃完一袋美味的玉米片时是一样的,虽然整个过程很棒,但最后留下了什么呢?"他接着回答道,"陈词滥调……一堆万金油一样的真理",以及"不切实际的空谈"。

跟斯图尔特的批评类似,我在这些企业高管和咨询专家的书里最常读到的是这部分人为了自我满足而一遍又一遍地讲述自己作为首席执行官的出色领导才能，其中有的人甚至连首席执行官都不是。这些所谓高超的领导手段缺乏社会科学研究的支撑，而这些成功人士的建议可能仅仅在他们自己身上行得通，并不适用于那些截然不同或首席执行官根本不会遇到的问题和场合。斯图尔特认为他们"写作时完全没有同理心，甚至跟学术研究相悖"。我提出这一点是因为严肃、见解深刻的研究领导的学术性著作往往被人们忽略，而这些畅销书却被出版商和流行文化大加推崇。它们大多毫无营养，甚少有例外（稍后我会在本章提到）。

幸运的是，你可以不必听这些自我吹嘘和自我感动的陈词滥调。有学者统计过，截至10年前，有超过8 000本关于领导的学术论著得以出版，而最近10年来，又有上百本相关书籍面世。其中备受赞誉的一部著作超过1 500页，回顾了有关领导的众多理论和研究。

正因为前人的海量研究，我才能够探讨本章的核心话题——团体中的领导效能。不过你们可以松口气，我保证我的字数远远写不到1 500页，我将重点讨论以下三个课题：

1. 定义领导；
2. 讨论如何获得和维持领导；
3. 探究关于有效领导的几个视角及其演变过程。

定义领导：不断演变的共识

从1949年以来，人们对领导者和领导的定义已有过不下130种。这个数字仍在不断增长。尽管人们对领导的定义一直在演变，但每个阶段都能达成一定的共识。

↘ 领导和影响力：一个双向的过程

人们似乎一致认为领导是一个社会影响的过程。领导专家哈克曼

（Hackman）和约翰逊（Johnson）指出："发挥影响力是领导的精髓。"这种影响力可能来自地位、权威、个性魅力、人际与团体沟通技巧以及其他诸多因素。

"可信度是成功影响力的基础。"古希腊人称它为信服力（ethos），这个词被亚里士多德定义为善意、良好的个性和才智。更近代一些，沟通学的学者将可信度定义为竞争力（知识、技能）和精神动力（自信、主观能动性）的组成部分之一。"我们想要信赖领袖。我们希望他们的为人能让我们信任，让我们充满信心。我们想要相信他们的话是值得信任的，并且他们有充分的知识和技能来领导我们。"

然而这份社会影响力仍然要接受监管和许可。领导人影响着追随者，而追随者同样也在影响着领导者。追随者向领导者提出需求，要求领导者达到成员的期待，并根据这些期待的满足程度来评价领导者的表现。

▶ 领导和追随力：一个巴掌拍不响

领导者和追随者的角色是共生并存的。因为领导者必须有人可领导，而追随者必须有人去追随。就像众议院议长约翰·博纳（Speaker John）在"今夜秀"上强调了他的共和党核心团队的重要性时说的一样，"你会发现一个没有追随者的领袖不过是个大街上散步的人"，"唯一能在空荡荡的房间里展示领导的人是精神病患者"。

过去，追随者这个说法往往暗藏着某些负面含义，例如被动、软弱、顺从，甚至愚笨。亨利·福特是世界上第一位使用流水线大批量生产汽车的人，曾经明确表达过对那些不假思索就听从上司安排的员工的蔑视。"那些平庸的工人，"福特评论道，"想要一份工作……一份他们不需要思考的工作。"福特后来还声称，在组装一台福特T型汽车所必需的7 882项操作里，有2 637项是"即使只有一条腿"也能完成，670项是"没有腿的人"就能做，715项是"一条手臂的人"就能做的，2项是"没有手的人"也能做的，还有10项是"盲人"都能做完。在对工人（追随者）赤裸裸地讥讽之后，他又问道："为什么当我只要一双手时，还有一个大脑随之而来？"这种认为追随者都不经大脑、在领导者指挥下盲目前进的看法早就陈腐、老朽和过时了。

现代的研究者和学者将领导和追随视为一种合伙关系。领导者和追随者像在跳交际舞，一个人主导，另一个人跟随，但两者彼此影响，而且必须互相配合才能有效完成工作。"领导者的中心地位有些模糊，如果我们不完全忽视追随者在这个过程里的表现……我们看到，任何领导行为在实施的时候，追随者必须处于中心位置。"原因很简单，领导是通过追随者的劳动体现出来的。没有追随者付出劳动，也就不存在领导。因此，"领导是一个过程，而不是一个人"。当你从这个角度看待领导时，毫无疑问你会发现，仅仅关注领导者本身而忽略领导者与追随者之间的社会交换是错误的。例如，一项研究调查了愤怒的领导者是否比乐观的领导者更能燃起员工的斗志。答案取决于追随者的随和性。随和性是一个人保持愉悦和与他人友好相处的倾向。由随和性较高的成员组成的团体在领导者表现出支持和肯定时工作效率更高，而由随和性较低的成员组成的团体在领导者表现出愤怒时效率更高，尽管他们可能并不喜欢领导者突然情绪爆发。没有哪种关系适用于所有的领导者与其追随者。有些追随者能对处理领导者的暴怒泰然处之，而且能把它化为工作动力，不过大多数情况下，用无礼行为来表达愤怒（例如大吼"你这个白痴"）都是很有问题的做法，而其他追随者可能会因为领导者的怒气而离开和解散。

有些作者和学者对如何做好追随者提出了不少建议，但其实这略显多余和没必要。没有什么特别的指导方针能够教你在小型团体里做一个有效的追随者，而不是一个有效的团队成员（见第 7 章）和一个有效沟通者。领导者和追随者是系统里互相关联的两部分，他们不是毫不相关的个体。

↘ 领导者与管理者：人际影响力与职位影响力

领导者与管理者之间有两大基本差别。首先，领导者不一定有职位权限，管理者一定有职位权限。在团体里，任何人都可以展现领导，即便没有被授予领导人的头衔。但只有管理者被授权进行管理。领导者运用人际影响力（领导者—追随者关系），管理者运用职位影响力（上司—下属关系）。"用权力来要求他人做事的人不是领导者。"这意味着作为一个学生你不能行使管理职能，但你可以通过跟其他成员的沟通在你的项目小组、课堂讨论或学习小组里变成领导者。

第二，领导者努力改变现状，管理者往往维持现状。管理者实施"领导者提出的设想和策略"。他们会根据领导者的设想控制预算、分配任务，并颁布政策和计划。当规则被破坏时，管理者会强化规则，但他们不会创造规则。他们的主要目标是效率，而不是变革。"有很多公司管理一流，但领导一塌糊涂。它们能游刃有余地每日重复工作流程，但从来不会问这些流程是否应该存在。"

领导意味着变化，因为影响力天生就意味着变化——态度、信仰或者行为上的改变。"人们期待领导者带来改变，去完成某些事，去促使某些事情发生，去启迪、去激励。"有些人称之为变革型领导，并将其与交换型领导区别。交换型领导，按照其描述更接近于我所形容的管理，而不是领导。我赞同罗斯特（Rost）与他的后工业领导模型，他认为："领导，准确来说，是关于变革，所有的变革。"领导过程中产生的变化，或小或大，天生都是变革。通过劝说（而非强制）来影响团体成员，会让他们的状态发生转变。因此，所有的领导都是不同程度的变革。

这并不意味着每个领导者都魅力非凡。但是，那些被认为具有高度变革力的领袖，有时候也是极富魅力的领导者。哈克曼和约翰逊将这些领袖称为"明星领导人"（例如甘地、马丁·路德·金、特蕾莎修女、纳尔逊·曼德拉、教皇方济各）。魅力型领导者富有远见、决策果断、极富感召力，并且有自我牺牲精神。他们具有过人的聆听技巧、同理心、自信和高超的演讲能力。

魅力型领导者会给团体成员的生活带来巨大影响，并且会启发成员强烈的忠诚和奉献精神。魅力型领导者能够带来强烈的身份认同感，而领导者—追随者的关系也会强烈影响追随者的目标、自尊和价值观。魅力型领导包含两个必要元素：团体认同感和超越团体的最高目标。授予领导者以魅力的是团体本身。如果团体成员认可领导者，或领导者成功带领大家超越了团体目标，成员很可能会觉得这位领导者魅力四射。最近的研究还发现：团体越成功，领导者在成员眼里就越有魅力。

这些区别并不妨碍管理者成长为领导者，也不是说成为领导者之后你就不再是管理者。一个人可身兼二职。有些学者甚至认为，同时是强大的领导者和管理者才是理想状态。关键在于不能为了褒奖领导者而贬低管理者，这两种角色常常可以相互兼容。如果领导者仅仅是激励追随者去为看似遥不可及的目标奋斗，但无法制订行动计划，或目标不专一，轻易就被新的挑战扰乱心神，那么显然这样的领导者缺乏管理技巧，其领导也很难富有成效。相反，一个管理者可能不满足于维持现状。当管理者主动追求积极的改变，鼓舞和激励追随者，为团体开辟发展方向，他也就扮演了领导者的角色。

领导与沟通：密不可分

领导是一个团体里最基本的沟通过程。"卓越的领导是卓越沟通的产物。"要发展高质量的领导者—追随者关系，有效沟通是必要前提。那些最擅长沟通的领导者往往是最有效的领导者。一项对 1 400 名领导者、管理者和高管进行的调查发现，"最重要的领导技巧"是有效沟通能力，而"领导者犯下的最严重错误"是"不恰当沟通"。

领导者会奠定一个团体的感情基调。丹尼尔·戈尔曼（Daniel Goleman）曾在书中谈及情商："不擅处理人际关系的领导者会让所有人表现不佳，它浪费时间、引起争吵、降低动力和投入、导致敌意和冷漠。"这些失败的领导者往往不能敏感察觉成员的感受、粗鲁刻薄、要求苛刻。戈尔曼数年后又提出："领导者的冷淡常常表现在不善倾听。"换句话说，无能的领导者不尊重自己的追随者。他们根本不关心追随者的想法和感受。

对领导者而言，尊重追随者是与其沟通的必要前提，也是沟通里核心的道德因素。领导者可以通过认可和感激对方的重要性来表达尊重。你要表扬出色的工作，而当有人工作出错时，你应该与其进行有正面意义的谈话，纠正错误，而不是批评和贬低对方。你应该对大家表现得彬彬有礼。你应该对他人的观点表现得兴趣盎然，而且不会把自己的错误怪罪到别人身上。简单来说，你应该采取支持性的沟通模式而不是防御性的沟通模式（见第 4 章）。

鉴于领导者跟追随者间密不可分的关系，追随者越是觉得"被领导者尊重，越会乐于接受领导者的影响，以回报这份厚爱"。可惜，虽然追随者如此需要领导者的尊重，领导者却偏偏很少这样做。

假设有这样一位大公司的总裁，他的座右铭赤裸裸体现了对员工的轻视和不敬："把他们带进来，榨干。"他似乎对欺凌和侮辱员工乐在其中。比如说，有一位初级员工告诉大家某日是自己的生日，并与同事分享了蛋糕，包括这位总裁。而总裁对此的回应是大声对身边的经理抱怨道："你不能让你的员工去工作吗？"接着，他嘲弄地打量着这位员工说："还有你，你知道你根本不需要那个蛋糕里的卡路里吧。"

情绪爆发，或者是用某瑞典公司首席执行官伯格塔·维斯特兰德（Birgitta

Wistrand)的话说"情绪失控",也会在团体里引起涟漪效应,四处传播恐惧、不信任和愤怒。这种气氛不利于有效领导,也不利于团体的工作表现。俗话说得好:"上梁不正下梁歪。"无能的领导者就是无能的沟通者。优秀的领导者能够通过自己与他人的沟通来营造支持、合作的团体环境。

所以说,领导是一个领导者—追随者的影响过程,它能够反映团体成员的多方面需求,并据此推动团体向积极的方向转变。只有有效沟通者才能完成这一切。但是,仅仅了解领导的概念还远不足以学会如何在团体里实施领导。接下来,我将会谈到领导者在团体中的诞生和领导力的维系。

获得和维系领导力:到达仅仅是开始

在小型团体里获得和维持领导力是不同的沟通过程。在本小节,我会带大家探索这些区别。

▶ 阻碍你成为领导者的因素:我们不应该做什么

为什么人们想要成为领导者?理由有很多,但最显而易见的无非以下几点:你可以得到支配性的地位;若你领导出色的话,会得到全体成员的尊敬;你还会拥有影响他人和主宰变化的权利。

如果你想要成为一名领导者的话,了解什么不应该做往往比了解应该做什么容易一些。例如,我们都知道贪污腐败或性丑闻会让媒体一拥而上,最后断送政治家的职业生涯,但下面这种事就不会引起任何媒体关注("候选人X仍然没被发现存在任何贪污问题")。在有些人眼里,人品毫无瑕疵只会显得你这个人很无聊。没有任何污点不等于有成为领导者的潜质。

但是如果你希望有机会当上团体领导者的话,有些污点是你必须避免的。若想成为团体领袖,一个有效沟通者会注意以下几条建议:

1. 你不应该缺席或在重大会议上迟到。团体会选择那些满腔热血的人做领导者,而不是那种对大家漠不关心的人。正如一位佚名的智者观察到的:

"缺席会把对方的心推向别人。"

2. 你不应该对集体关注的问题一无所知。知识丰富的成员更有机会成为领导者，无知的人就别轻易尝试了。

3. 你不应该在集体讨论时缺乏兴趣或无心参与。大家可不会对死气沉沉的人印象深刻，冷漠会招致反感。参与感是你向团体展现热诚的方式，而对团体及其目标表现得充满热诚是领导的一部分。

4. 你不应该试图在讨论里主导话题。领导力不是比谁的嗓门更大。那些高门大嗓而且总想让大家听他说话的人会招致反感。拼命提高声调来强迫大家把注意力转向你只会让众人离你越来越远。学会适时闭嘴是一项非常实用的技巧。

5. 避免成为糟糕的倾听者。领导不是独白，而是对话。正如有人说过，独白是一个"自我中心的人妙趣横生的自言自语"，对话则意味着领导者和追随者都用心聆听对方讲话。

6. 你不应该在表达观点时固执己见。一味钻牛角尖会禁锢你的头脑，让你思维僵化。大家都不喜欢死脑筋的人。例如，曾有份全国性报告调查了大学里的共和党团体对2012年总统选举中米特·罗姆尼（Mitt Romney）败给巴拉克·奥巴马的看法，受访者大多表示共和党"头脑封闭"和"僵化"。在对共和党的描述里，"思想开明""包容""合作"这些词被提及得最少。这份报告被共和党全国委员会视为"修复品牌形象"的警钟，以防未来继续在选举中落败，失去对国家的领导力。

7. 你不应该霸凌团体成员。威逼成员去满足你的个人需要不会帮你树立威信。在有些情况下，你可能没办法避免对他人下命令（例如军队），但你应该避免引起对方的逆反心理（见第4章）。霸凌者会被众人打入冷宫。

8. 你不应该使用攻击性或侮辱性语言。刺耳的语言会招致愤怒。这会让绝大多数人疏远你，除非这些对话是发生在某些运动团队的更衣间里。尽量保持文明。

以上的反面教材里，有几条比其他做法更有可能阻止一个人变成团体领导者。其中最应该避免的三点，按重要顺序依次是：无知、无心参与和思维僵化。

领导者诞生的常规模式：淘汰的过程

厄尼斯特·博尔曼（Ernest Bormann）带领明尼苏达大学的研究者进行深入研究后发现，在小型的历史较短的团体里，领导者的诞生有一条规律：通常团体会通过一个淘汰的过程来选择领导者。大家会有条理地将潜在的候选人一一排除，直至最后只剩一人，但大家并不确定这是不是自己理想的人选。这种排除法不无道理，因为当我们逐步淘汰候选人时，我们同时也降低了问题的复杂性。大家的选择范围越来越小，对每个候选人的了解会越来越深。

这种淘汰式的领导者诞生过程有两个阶段。在第一阶段，大概有一半的人会被排除出考虑范围。排除的标准主观而粗暴，其中很大一部分人因为负面沟通模式，即违反了上文的"我们不该做什么"而被排除。那些安静的成员往往是第一批被排除的，参与度较低的人会给大家留下冷淡和漠不关心的印象。

这给大家造成的印象是，这些躲在阴影下的人并不认为自己是领导者。研究显示，视自己为领导者可以提高你成为团体领袖的概率。在明尼苏达大学的研究里，安静的成员变成领导者的例子一个都没有。

相反，表达能力同样影响着领导者的产生过程。那些擅长言谈的人往往会被认为具有成为领导者的潜力。然而，如果一个成员翻来覆去地谈论一些没有太多意义的话题，他也会很快被大家淘汰。这些成员会令人联想到威廉·吉布斯·麦卡多（William Gibbs McAddo）对前总统沃伦·盖玛利尔·哈丁（Warren G. Harding）的总结："华而不实，言之无物。"满口空话者不会讨人喜欢。在团体成员决定谁会成为领导者的过程里，候选人对团体所做贡献的质量是重要考量因素。

那些喜欢铁口直断的成员也会被淘汰。大家会认为这种人过于极端和固执己见，无法成为优秀的领导者。这种坚信自己正确的态度会激起其他成员的抵触心理。接下来被淘汰的则是无知、愚笨或者业务不熟练的人。团体需要精通业务又乐于为团体目标奉献的人作为领导者。无能的成员会影响团体实现目标。

在第二阶段，仍有一半的团体成员在积极竞争领导者的角色。这个过程可能会充满竞争。很多人可能会失落沮丧。在这些存活下来的竞争者里，爱发号施令和沟通风格比较激进的人会被淘汰。

如果经过这样的重重淘汰，仍有不止一个成员幸存下来，谁会成为领导者呢？有以下几种可能性。第一，如果团体正好感受到某些外部或内部危机（例如无法为研讨会上的演讲选择主题，或者是有专业知识的成员生病或离开了团体），团体会倾向于选择那些能解决危机的人。第二，被视为优秀倾听者的成员更有机会成为领导者。有效倾听可以建立与追随者间的联系。倾听技巧展现了一个人的同理心，而同理心较强的人更有可能被选为领导者。第三，那些情商较高的人更适合做领导者。情商即通过控制自己和他人的情绪来感知和获取信息的能力。这体现出了有效沟通的重要性。第四，竞选者很可能会有一个副手。副手是某个竞选人的拥护者，他会提高该竞选者成为领袖的概率。如果只有一个成员得到了副手的支持，那么这个成员很可能会当上领导者。如果两个成员各自都有副手，那么这个竞争的流程可能会十分漫长甚至陷入僵局。

虚拟团体里产生领导者的过程同样吻合以上标准，符合面对面团体里领导者的产生规律。跟标准团体一样，参与程度被视为重要考量因素。但更重要的是参与的形式和质量。虚拟团体不喜欢"主导性、观点鲜明、口若悬河、强硬、我行我素"的参与者，更加青睐"包容、合作、关心他人、善于倾听和积极寻求共识"的成员。

标准团体和虚拟团体均普遍倾向于寻找一个能兼顾任务效率和社会关系敏感度的人作为领导者。当然，这种倾向并没有严格的量化标准。有些团体更倾向选择重视完成任务多过社会维度的领导者，有些团体则相反。

总而言之，如果你想要成为一个团体的领导者，你应该做到以下几点：

1. 服从团体的规范、价值观和目标；
2. 展现做领导人的意愿和动力；
3. 避免前文提到的"我不应该做"的几点。

叛逆者、异议者和破坏者会在前期就被剔除出领导者候选人的行列。女性和少数族裔想要成为领导者也可能会面临更多的困难（参考聚焦文化"领导者诞生过程里的性别和种族偏见"）。团体都青睐那些能够协助他们达到目标的领导者，这样的领导者能够带领团体抵御威胁，对团体忠贞不贰。同时，大多数成员都认为领导者应该是做了最多工作的那个人，因此任何人想要成为领导者，都必须心甘情愿比他人付出更多辛苦劳动。

↘ 维持领导者地位：抓住权力

维护领导者地位的成果跟成为领导者的过程并不相同。一个人即使服从团体规范，展现了领导团体的强烈意愿，并且避免了种种不应该做的事，仍然有可能保不住自己的领导者地位。很多政治家都学到过这个教训。若成员对领导者的表现不满意，有可能会罢免该领导人。想留在领导者的位置上，你起码得做到以下三点：

1. 你必须展现作为一个领导者的能力；
2. 你必须对自己行为的后果负责；
3. 你必须满足团体成员的期待。

维持领导者的身份有时不是一件容易的事。团体可能会变化无常。卡莉·菲奥莉娜（Carly Fiorina）曾在 1999 年被任命为惠普的首席执行官，成为 500 强公司里首屈一指的女性掌门人。众人对菲奥莉娜寄托了很高的期望，希望这位富有魅力又擅长言辞的女性领导者能改变惠普江河日下的现状。2002 年，她做出一个充满争议的决定，收购康柏电脑公司。"菲奥莉娜在惠普是个备受争议的人物，部分原因就是她在 2001 年到 2002 年收购康柏过程里的粗暴态度。" 2005 年 2 月，菲奥莉娜被迫辞职。她没能达到众人的期望，也没能在这个竞争激烈的行业充分施展领导才能。她的设想被股东和员工所制约，数千名员工因为惠普的预算削减而被迫离职。正如《圣何塞信使报》（*San Jose Mercury News*）社论总结的："对大公司而言，改变必须带来成果，但在惠普，它没能做到。这就是菲奥莉娜下台的原因。" 2010 年，菲奥莉娜试图利用她在商界的经验踏入政治领域。她在加利福尼亚州参选参议员，但是被在任的芭芭拉·柏克瑟（Barbara Boxer）彻底击败。重要原因就是人们质疑她作为商业领导者的能力，这大大影响了她的竞选。

团体对一个领导者的期待可能会视情况而改变，成员对领导者的信心和忠诚度也并非一成不变。领导者必须展现自己的能力并满足成员的期望，否则成员的忠诚可能会消失无踪。上一年的成功可能无法弥补今年的失败，正如菲奥莉娜和很多体育教练以及政治家学到的一样。

>>> 聚焦文化

领导者诞生过程里的性别和种族偏见

柯内莉亚·迪恩（Cornelia Dean）于1997年至2003年间在《纽约时报》（New York Times）科学版担任编辑。在一次科技界名流的晚宴上，迪恩的同事把她介绍给美国最重要的神经科学家，但没提她的头衔。"哦，好的。"那位自视甚高的科学家随便答应了一声，一边还在房间里四下寻找更值得聊天的对象，而不是眼前这个无名小卒。他又问道："那个穿短裙的小丫头，你告诉我谁是《纽约时报》科学版新来的编辑？"被眼前这人无知的提问吓了一跳，迪恩答道："那个人应该就是我。"

在领导者的产生过程里，针对女性和少数族裔的偏见是很显著的问题。而针对性别偏见的研究又远多于针对种族偏见的研究。工作场合是领导者每日战斗和进行小型团体沟通的地方，针对工作场合里的性别偏见的研究呈现了多种结果。玻璃天花板问题——将女性排除出顶级管理层和技术岗位的隐性壁垒——仍然存在。2014年美国500强公司里只有23名女性首席执行官，其中只有5位女性得以掌舵排名前50的公司。而名列其后的500家大公司里也只有23个女性首席执行官。也就是说，共有46名女性（4.6%）和954名男性（95.4%）掌管着我们国家最大的1 000家公司。在2013年，女性在500强公司的董事会里只占据了16.9%的席位，而这些公司的高层管理者里也只有14.6%为女性。在政治领域，2014年女性在100个参议院席位中只占20席（20%），在435个众议院席位里只占78席（17.9%），在全国的立法机构里占1 784席（24.2%），只有74人在全国各地的选举管理办公室里工作（22.5%）。这些数字证明女性发展过程仍非常缓慢。

以上都是负面新闻。好消息是女性正在大幅稳步地向前进。信息经济有利于女性实现超越式发展。这种新的经济形态主要建立在知识和技能而非资历上，女性已做好准备充分把握这股时代潮流。

已有实例可证明这股新潮流。2012年，女性在全美担任了超过半数（51.5%）的管理和专业职位。这种潮流很有可能持续下去，甚至在不久的未来实现爆发性增长，因为女性在这类未来发展型的工作领域比男性受教育水平更高。女性获得了60%的本科学位、60%的硕士学位和52%的博士学位。自1982年以来，女性比男性多获得了900万个学位。

然而，女性要想成为领导者仍然困难重重。当人们提到"领导者"一词时，通常会联想到"男性"。但充分的研究显示女性在很多方面比男性更适合做领导者。有一项58 000名受访者参与的研究显示，在23项领导技能中，女性有20项的表现优于男性。而另一项针对2 482名高管的研究也显示，女性在20项领导技能里的17项上超越了男性。

最后，一项针对7 289名领导者开展的调查显示，在16项核心领导力技能的竞赛里，女性有15项胜出。尽管这些研究证明了女性的领导能力，但现实情况是，各种团体在选拔和评价领导者时，通常仍然会更青睐男性，即使这两者在进行领导工作时没有任何差异。性别偏见，尽管最近几年已逐渐减弱，仍然严重制约着女性进入较高层次的领导者行列。即便在当上领导者之后，女性仍然面临着困境。若女性在展现领导力时表现强势，往往会得到消极反应，但是当她们的举止符合刻板印象，表现得亲切、温和、充满同情心，人们又时常会认为她们是个弱势和糟糕的领导者。

2014年，脸谱网的首席运营官谢丽尔·桑德伯格（Sherly Sandberg）发起了"抵制霸道"活动，旨在消除人们这种双重标准。这种倾向甚至存在于小学阶段，当女孩子想做领导者时，她就会被打上"霸道"的标签。正如桑德伯格所说："我们都知道，到了中学阶段，想当领袖的男孩子就会比女孩子多。当你问那些女孩子为什么不想领导别人，是因为这个活动完全是为学校办公室办的吗？她们会说自己不想被说成'霸道'的人，也不想被人讨厌。"

人们对女性领导人更为挑剔，特别是当她们担任那些一贯由男性担当的职位时。跟同等成功的男性相比，女性遭受了更多的排斥和诋毁。这些不公会给女性领导者的升职和加薪带来消极影响。

虽然消息有好有坏，但女性，至少白人女性在领导领域的前景是乐观的。而对于少数族裔来说，这种前景则不那么乐观。2012年，500强公司里只有24名（4.8%）有色人种首席执行官，其中只有4名有色人种女性。2013年，有色人种女性仅仅占了所有董事会席位的

《财富》（*Fortune*）杂志的"最有权力的女性高管"专栏采访了脸谱网的首席运营官谢丽尔·桑德伯格，她的畅销书《向前一步》（*Lean In*）描述了女性在进入商界和工业界的顶级领导层的过程里面临的诸多挑战，以及改善性别不平等的途径。

3.2%。超过三分之二的知名公司里没有有色人种女性担任董事。法学院的学生里有25%是有色人种，律师事务所的所有员工里20%是有色人种，但在事务所合伙人里，有色人种却只占了7%。在所有的律师事务所里，有16%的公司没有有色人种员工。在500强公司的董事会里，非裔美国人少于8%。拉丁裔和亚裔美国人面临的情况更为糟糕。

我们如何对抗团体中领导者产生时的性别与种族偏见呢？首先，我要再一次强调20%原则。当女性和少数族群在团体里孤军奋战时，他们离领导者的位置会非常遥远。而当一个团体里的女性和少数族裔人数超过20%之后，针对这部分成员的偏见会减少，他们成为领导者的可能性就大大提高了。当女性和少数族裔不只用来充门面，而是变成了一个团体里具有相当比重的组成部分，并逐渐占据了重要的领导席位之后，人们会更倾向于根据其实际表现而不是性别跟种族来评判他们。

第二，如果团体成员在决定谁是领导者之前，就有机会相互交往、互动和一起工作，那么大家就更有可能根据每个人的表现而非性别（或种族，如果我们按照研究结果推测的话）来选择领导者。就小型团体而言，若成员已经在一个项目上共同工作了6~15周，那么大家选择一名女性作为领导者的可能性跟男性一样高。

第三，在小型、任务取向性的团体中，做出与任务相关的沟通行为是成为领导者的关键。任务相关的沟通包括启动和分析讨论团体问题、确立决策标准、收集各种可能解决问题的策略，以及确立团体的操作流程。任务取向型的女性成员在小型团体里成为领导者的可能性跟男性成员一样高。盖洛普公司2013年的民调结果也支持这一结论。结果显示，41%的受访者表示在选择男性或女性作为领导者上并无偏好，23%的受访者更喜欢男性领导者，这项年度调查里最悬殊的比例出现在1953年。同时，男性实际上比女性更愿意接受一个女上司。

第四，如果女性和少数族裔在团体里第一批发言，并且能够保持频繁发言的话，他们成为领导者的几率就会提升。尽早发言并经常发言而又不主导讨论会被视为积极主动。对女性和少数族裔来说，尽早发言更为重要。

最后，女性和少数族裔能通过改善沟通能力和技巧来增加成为领导者的机会。培养自己的沟通能力，恰当和有效地运用沟通技巧，对破除性别和种族偏见大有帮助。

进一步思考

1. 团体成员应该鼓励女性和少数族裔尽早发言并积极参与吗？
2. 你认为随着女性和少数族裔在中层领导岗位上数量日益庞大，玻璃天花板会被很快打破吗？什么因素会阻止这件事发生？
3. 白人男性在领导者的偏见问题上负有什么责任？

有效领导的不同视角：不断演变的观点

自从第一个针对有效领导的研究开展以来，在过去四分之三个世纪里，有关领导效能的研究视角经历了巨大的转变。在这一小节，我会探讨其中最重要和最受关注的几个视角。我会从最基本的角度展开讨论，然后一一展现从过去到现在，学者是从不同角度解释有效领导的。

特质视角：天生的领导者

这种观点认为"领导者是天生的而不是后天形成的"，有时这种视角也被叫作领导的"英雄模型"。这种观点将领导视为一个人而不是一个过程。因此，我们要追寻"英雄"并且期待出现一个天才型的范本式领导者供我们崇拜。这曾让我们陷入过一些误区。你可以买到介绍耶稣、科林·鲍威尔（Colin Powell）、梅格·惠特曼（Meg Whitman）、唐纳德·特朗普、阿提拉（Attila）和本·拉登的领导力秘诀的书籍。昆尼皮亚克大学的一份民调发现，80%的美国受访者认为俄罗斯总统普京不诚实和不值得信任，33%的受访者表示不确定他的心理稳定度，但有57%的受访者认为他展示了"强大的领导者特质"。《财富》杂志将纽约扬基棒球队的游击手德里克·詹特（Derek Jeter）列为世界上50个最伟大领导者中的第11位，因为他鼓舞人心而且没有使用类固醇。曾有研究调查60个国家的多位首席执行官，让他们选出自己最崇拜的领导者，前10名包括温斯顿·丘吉尔、圣雄甘地和拿破仑·波拿巴。在这些受访者里，96%的男性没有提名任何一位女性领导者，而83%的女性受访者也没有提名任何一位女性领导者。显然，这份内部差异巨大、男性主导的偶像领导人名单反映出一个有着严重局限性的视角。

然而，最早期关于领导力的学术研究致力于发掘出一套适用于所有领导者的特质。特质就是一个人身上持久存在的且在大多数情况下都会表现出来的特征。它将人与人区分开来。人身上有物理特质，例如身高、体重、体型、相貌和吸引力；也有个性特质，例如外向、擅长社交，或内向、害羞；以及跟个人的内在能力有关的特质，例如智商和快速观察能力；还有一些个人特质伴随着持续的行为，例如信心、可信度、正直。研究人员已经研究过很多特质。例如，我们都知道，身高、体重和外表吸引力跟一个人的社会影响力有关，身材较高的人通常比身材较矮的人对他人影响力更强。过胖或过瘦的人则不如身材适中的人影响力强，外表姣好的人可以影响一个团体。那么为什么领导者不全都是高个子、身材匀称、外表诱人的人呢？

有什么特质能让一个人成为优秀的领导者吗？显然没有。约翰·C. 特纳（John C. Tuner）和亚历山大·哈斯勒姆（Alexander Haslam）进行的一项研究显示，当学生发现对手团体有一位聪明但不会替人着想的领导者时，他们会希望自己的领导者蠢一点。相反，当对手的领导者看起来很蠢时，他们又希望自己有一位聪明的领导者。当有其他特质介入时，原本看似受欢迎的特质也可能会变得不受欢迎。像聪明这种特质就可能会被不友好、道德感单薄、懒惰、傲慢或迟钝抵消。

一项针对 200 名企业高管的调查显示了不同特质之间的冲突。这些高管里有大约 4% 的人可以说具有反社会性人格——"缺乏良知并且毫无同理心"。这些人是"糟糕的老板"，而不是冷血杀手。"对这些人而言，唯一重要的事就是要赢"。但是他们尽管粗鲁、热衷于操纵别人，却往往又充满魅力。他们可能是糟糕的领导者，因为他们无法进行团队工作。领导力往往伴随着有魅力、自信、侵略性和果断等品质，但这些特质又会被另一些讨厌的特质（反社会、欺凌、操纵和道德感低下等）抵消。

有没有哪些特质组合能造就优秀的领导者呢？费德勒（Fiedler）和豪斯（House）认为："优秀的领导者往往很渴望影响他人、功成名就，同时他们也很可能是机灵、能干且精于社交的，而不是愚蠢、无能和社交灾难的。"然而，斯德哥迪尔（Stogdill）曾两次比较了数百份关于个人特质跟领导力关系的研究，结论是世界上根本不存在一套普适性的、能确保一个人成为领导者或提高领导效能的特质。

那么其他可能性是什么呢？例如，一项针对 3 700 名企业高管的研究使用了 60 项特质来考察领导力。谁有可能拥有全部这 60 种特质或拥有其中的大多数呢？"根据我们对社会团体和社会发展过程的了解，期待一个人天生就具备成为领导者的一切素质根本不现实。"盖洛普公司曾就 80 000 名领导者进行了长达 25 年的研究，发现世界上最伟大的那些领导者并没有一套共同特质。

某些基本特质（智力、社交和讲话技巧、性格外向）可能对一个人成为

特质角度对解释团体里的有效领导没有太大帮助。例如，脸谱网创始人和首席执行官马克·扎克伯格、教皇圣方济各、希拉里·克林顿、贝拉克·奥巴马、莎拉·佩林（Sarah Palin）和联邦最高法院大法官索尼娅·索托马约尔（Sonia Sotomayor）之间有什么共同特质令他们到达今天的位置？美丽的外表？聪明才智？体型？魅力？个性？年龄？种族？性别？语言技巧？有没有可能他们尽管拥有了以上某些甚至是所有特质，但仍然是糟糕的领导者呢？

领导者来说作用微乎其微,但对维持领导者角色和实现出色的领导而言却必不可少。

从特质角度来解释有效领导力的关键问题在于,它预设了领导力是一个人与生俱来的,而不是在领导者和追随者的交流互动里产生的。没有任何一套领导者特质可以适用于所有的情况跟团体。尽管特质角度并不是毫无价值的,但它远不足以解释领导力的形成。领导者并非天生的,而是后天培养的。

↘ 风格视角:一种风格不适用于所有情况

不满足于特质视角对领导力的解释,柯特·卢恩(Kurt Lewin)和他的助手们根据三种领导风格类型提出了一个新的角度,这三种风格分别是:独裁型、民主型和放任型。独裁型领导者会牢牢控制团体成员,这类领导者对一切指手画脚,并且不鼓励成员的参与。独裁式领导者没兴趣跟成员交朋友或参与他们的派对。独裁风格(更加中性的说法是指令型领导)对任务有绝对的重视,而对团体的社会维度则关心甚少(高任务、低社会)。

民主型领导则会鼓励团体成员的参与感和责任感。民主型的领导者致力于提高成员的工作能力和技巧。追随者对团体的决定有发言权。民主型领导(往往也被更中性地叫作参与型领导)能够兼顾团体的任务和社会维度(高任务、高社会)。

放任型领导则是一种无为式的领导风格。领导者会"避免做决定,对是否采取行动犹豫不决,在被需要时消失不见",使得领导在团体里"消失无踪"。放任型领导会造成一种成员各扫门前雪的状态。这种风格并不试图影响任何人,因此它也被定义为无领导状态。"没有影响力,领导力就不存在。"因此,这种类型在大多数研究里都不会被纳入严肃考虑范畴。

学者对独裁型领导和民主型领导的广泛研究呈现了综合性的结果。这两种领导风格都有可能很高效,只是参与型的风格下成员的满意度更高。但两者效果上的区别也要视情况而定。参与型领导似乎在团体内部自然形成的情况下效果最好。然而,并非所有的小型组织都希望领导者保持参与型作用。有些文化偏好"父权式"(仁慈的指令式)的管理。在这些文化中,参与型领导风格可能就不如独裁式行之有效了。

性别同样影响人们对不同领导风格效果的评价。男性和女性领导者在采取民主型或参与型领导风格时,会得到同等评价。但当其采取独裁式风格时,团体成员常常会认为女性领导者远不如男性领导者能干。显然,团体的期待度影响大家对领导者能力的评价。女性领导者被期待采取参与型的领导风格,重视人际关系,因此强调独立性和权力的独裁式女性领导就没那么容易被众人接受了。而男性领导者的选择显然灵活得多。但随着时间的推移,女性会不断突破传统的期待,这种将女性限制在一个固定领导模式上的刻板印象会逐渐消失。

这种将参与型和独裁型领导风格二元对立的观点有一个缺陷,即认为这二者水火不容。这种观点认为一个人只能采取其中一种领导模式,而无法两者兼顾。但从实际角度出发,所有的小型团体在一定程度上都需要参与型和独裁型两种领导风格的结合。在运动团队里,有些运动员会更喜欢独裁型的领

这张照片里展现了哪种领导风格?

1. 民主型 / 参与型。
2. 自由放任型。
3. 功能型。
4. 独裁型 / 指令型。

答案见本章末尾。

>>> 自我测试 6-1

你更偏好哪种领导风格？

完成下列有关领导风格的自测题。
注意：计分方式有所不同。

1. 我喜欢我的上司公开承认他的错误。
   强烈反对　　　　　强烈赞成
   　1　　2　　3　　4　　5

2. 我希望有人告诉我如何去完成某些工作，而不是自己去寻找解决途径。
   强烈反对　　　　　强烈赞成
   　1　　2　　3　　4　　5

3. 如果我的团队想招聘一名新人，我希望整个团队一起面试应聘者和做决定，而不是由领导者单独决定。
   强烈反对　　　　　强烈赞成
   　1　　2　　3　　4　　5

4. 我不希望我的老板是我的朋友。我希望我的老板跟大家都保持一定距离，这样他/她在做决定时就可以保持客观。
   强烈反对　　　　　强烈赞成
   　1　　2　　3　　4　　5

5. 除非有特殊情况（危险的错误），我不认为我的老板应该改变他的意见。
   强烈反对　　　　　强烈赞成
   　1　　2　　3　　4　　5

6. 我更希望领导者告诉我他/她做了什么决定以及我应该怎么做，而不是浪费时间参与讨论。
   强烈反对　　　　　强烈赞成
   　1　　2　　3　　4　　5

7. 我希望能在领导者做出最终决定之前有更多的参与机会。
   强烈反对　　　　　强烈赞成
   　1　　2　　3　　4　　5

8. 我希望我的上司做重要决定，而不是让我跟团队里其他人一起决定。毕竟那正是有人付给他高薪的原因。
   强烈反对　　　　　强烈赞成
   　1　　2　　3　　4　　5

9. 我希望我的老板在做决定之前鼓励激烈讨论和不同意见。
   强烈反对　　　　　强烈赞成
   　1　　2　　3　　4　　5

10. 我希望我的老板有决断力，能够自信地做出决定，而且是一个掌控一切的领导者典范。
    强烈反对　　　　　强烈赞成
    　1　　2　　3　　4　　5

计算你的总分然后除以10。你的平均分越高，你就越喜欢参与型的领导方式。而平均分越低，你就越喜欢独裁型/指挥型的领导风格。

导者，但另一部分人却并非如此。在高中摔跤比赛中，只有季末赛的阶段大家才会需要独裁型领导，赛季之初则全然不同。同时，假设你的团队里有一个新人，难道领导者应该向这个连工作内容都不清楚的新员工请教如何完成工作任务吗？难道老师应该在学生对科目一无所知时询问他们这堂课要教授什么内容吗？难道军队指挥官应该在进攻前先问大家的意见吗？"认为我们应该进攻全副武装的敌人的举手，反对的说不。好，说不的比较多。那我们就先暂缓进攻，苟活一天吧！"在决策过程里，成员的参与不一定都有意义。

没有一种领导风格适合所有的情况，正如没有一套领导者特质适用于所有人。意识到这一点之后，研究者转而开辟了领导力研究的全新视角——情境视角，又叫应变视角。

▶ 情境（应变）视角：匹配风格与情境

这种观点认为领导风格应"视情况而定"。没有一种领导风格适合所有情况，因此有效领导应该根据实际情况随机应变。能够跟随情境转换风格的领导者都具有高度的自信且能力过人。但是，在从情境的角度讨论领导力之前，我们必须注意一个问题：在开放的系统中，环境对领导力实施效果的影响可能会超越任何领导人的控制。部队官员、运动队教练、合唱团指挥和其他领导者会因为成功而备受吹捧，也会因为失败而备受指责，但团体的成败很大程度上是系统性的。即使是最有天分和能力的领导者也会受制于资源匮乏、外部的敌意、糟糕的系统支持等。然而，能够随系统情形灵活应变的领导者最有可能获得成功。

领导效能有两个基本的情境模型。第一个是弗雷德·费德勒（Fred Fiedler）的应变模型。但是费德勒的模型没有提供行为指导，教我们如何在一个团体里成为更有效的领导者。在这方面，它对我们实现目标有很大局限性，因此我会给你详细解释他的复杂、难以运用在现实中的模型。

赫什（Hersey）和布兰佳（Blanchard）为我们提供了一个更加灵活和实用的领导效能情境模型。尽管他们的模型主要针对的是大型组织，但它适用于各种规模的团体，特别是历史较长的团体。赫什和布兰佳在他们的情境模型里结合了三个变量：

1. 领导者提供的指导和说明（任务指导）的数量；

2. 领导者提供的关系支持（情感指导）的数量；

3. 追随者在执行具体任务、功能时展现出来的准备程度。

赫什和布兰佳模型中前两个变量的变化会组合成4种领导风格。告知型（高任务、低关系）是指令式的。这种风格的领导者会向追随者解释工作内容和方法，并指导追随者去完成任务，但并不注重培养与追随者间的社会关系。推销型（高任务、高关系）也是指令式的。这类领导者会详细解释和说明自己的决定，但同时也会极力劝说追随者接受自己的指令。参与型（低任务、高关系）则是非指令式的。这类领导者会与追随者共同参与决策，并兼顾团体关系的维系。授权型（低任务，低关系）也是非指令式的。这类领导者会让员工自主指导，自行负责团体的决策制定和执行等。领导效能的关键在于匹配领导风格与当下环境。一项针对商业领袖的调查显示，1 400名受访者中有70%认为领导者最大的失败之处在于使用了不恰当的领导风格。

费希尔（Fisher）批评了这种情境领导理论，他认为没有领导者能够考虑到所有可能存在的变量再去选择领导风格。赫什和布兰佳对费希尔批评的主旨表示赞同，但他们同时提出，领导者和追随者之间的关系应该被优先考虑，因为如果成员决定不再追随一位领导者，所有其他的情境变量（任务、时间、期待等）都会毫无意义。

对领导者而言，在为某种情境选择恰当的领导风格时，首要考虑的变量应该是追随者的准备度。准备度即"追随者对某项具体任务展现的工作能力和意愿"。能力是"个人或团体在某项具体任务或活动上所具备的知识、经验和技能"；意愿是"个人或团体对完成某项具体任务的信心、承诺和动力"。这听起来都跟沟通能力息息相关。

如果追随者准备度较低，决定由领导者主导；如果追随者准备度较高，决定就由追随者主导。随着准备度的提升，追随者对领导者的指导、说明和情感支持的需求会降低。这些变量的关系如图6-1所示。

出于各种各样的原因（例如离婚、中年危机、缺乏挑战），追随者的准备度可能退步，动力可能下降，或是技能表现变差。在这种情况下，领导者需要沿领导风格曲线后退（例如从授权型退回参与型甚至告知型），以适应实际情况的改变。

情境领导模型看似很有道理，但它有研究数据支持吗？事实上有关情境领导理论的研究数量非常有限，结果也互相冲突。然而，一种领导风格显然

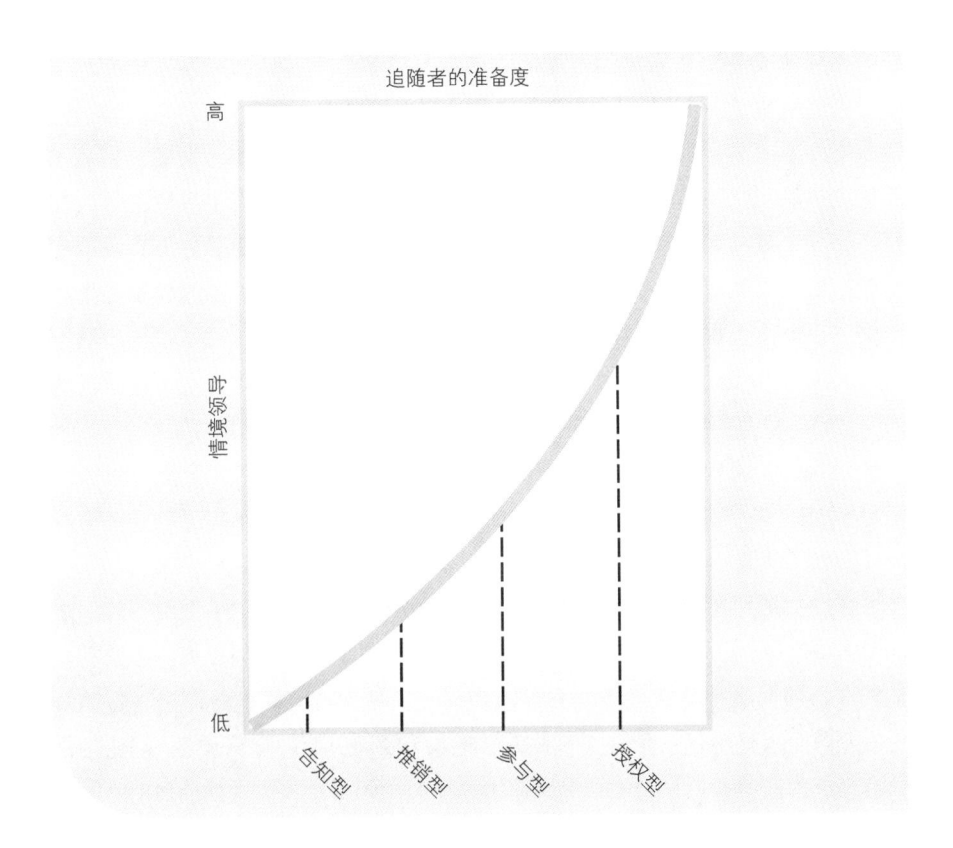

图 6-1
根据赫什和布兰佳的情境模型，告知型（S1）、推销型（S2）、参与型（S3）和授权型（S4）的领导风格与追随者的准备度有关。

不可能适用于所有情况。新成立的团体通常需要更多的指导和说明，面对资深又能力过人的团体，领导者可能最好"退居幕后"。情境领导模型恰好证明了环境对领导效能的重要性。

功能视角：领导责任

功能视角将领导视为团体成功所必需的功能和责任。这些功能通常被分为两类：任务需求和社会需求。领导的基本责任就是保持这两类功能的平衡。

功能视角可分为两个学术流派。威廉·施乌茨（William Schutz）是第一派，这一派认为"领导者即完成者"。这种观点认为领导者是能够实现团体必需的且其他成员无法完成的功能的人。本书第 5 章里讲到的一系列任务和维护型角色反映了一个团体所必需的功能（例如提供信息、协调、服务、监管、释放压力等）。领导者被视为适应性角色。任何成员只要在某个时间段扮演了其他成员均无法扮演的角色，就展现了领导力。当一个成员主导讨论时，其他任何一个成员都可以充当守门人（"我想听听其他人的意见，还有，我们能不能尽量发言简短一点，比方说不超过两分钟？"）。当众人都倾向于做出某个决定，又没人提出其中可能存在的缺陷或风险时，任何人都可以担当魔鬼代言人（"我知道这个主意看起来很棒，但是我们有没有考虑到它可能出现的差错？万一计划行不通，我们有备用方案吗？"）。另一个流派是关键职能派，这种观点认为领导者承担着有别于其余成员的关键责任。由此我们自然可以提出一个问题："相比追随者，领导者更为频繁或是典型地承担了哪些沟通功能？"大量研究结果表明，领导者身上并不存在这种独一无二的功能。

在以上两种功能视角的观点里，"领导者即完成者"派似乎更胜一筹。在 2001 年的"9·11"恐怖袭击里，很多普通人展现了卓越的领导力。办公室职员将受伤的同事抬下让人胆战心惊的楼梯。各种无名英雄挺身而出，帮助陌生人。每个人，不仅仅是有领导者头衔的人（经理、消防队队长），都认为自己有义务为同胞和同事的生命挺身而出，他们做到了世界需要他们做的。

在"领导者即完成者"的角度看来，领导是一份共同责任，不是某个人单独的责任。这个角度明确认可了领导是一个过程，而不是一个人。没有人能够提供团体成功必需的一切。指定领导者有一些程序上的责任，例如设置议事日程、开展有效率的会议、引导团体讨论、监督正式会议备忘录的准备和分发工作。然而所有的成员，特别是在非正式的小型团体里，都有领导的责任。这在团队工作里尤为重要。

➥ 仆人式领导视角：领导中的道德伦理

他被称为"最冷血的商人……粗暴、冷酷和傲慢"。他有很多绰号，例如"穿条纹西装的兰博""铁面阿尔""粉碎机阿尔"等，因为他拯救公司的手段就是毫不留情地裁员。他曾经写了一部自传叫《商海无情》（*Mean Business*）。2010 年，《时代》杂志把他列为"10 大最糟糕的老板"之一，提醒人们何为伟大的领导者的反面榜样。阿尔·邓拉普（Al Dunlap）在这 10 人里名列第 1。

阿尔·邓拉普是臭名昭著的公司重组问题专家，他曾担任多个公司的首席执行官。他"挽救"公司的方式就是大肆裁员，推高股价，再出售余下的业务。在担任斯科特纸业首席执行官期间，邓拉普裁掉了 35% 的员工。当他接手阳光公司时，他又削减了 6 000 个工作职位，阳光公司跟他签订了一份 7 000 万美元的年薪合同。他自夸道："你付给一个伟大的管理者多高的薪水都不过分……你觉得我是个便宜货吗？"

"仁慈的生意人重视的东西，比如对员工的忠诚、对社会的责任、跟供应商的关系以及慈善事业，对邓拉普来说都一文不值。"在他自己写的书里，邓拉普满不在乎地对那些因为他的铁腕政策而失去了工作和生计的人说："公司不是你的高中和大学母校，不要对公司产生感情……不要感情用事。"他如此告诉那些在竞争激烈的职场里突然失去工作、还得设法还房贷和养家糊口的员工，而他本人是个亿万富翁。正如前任劳工部长罗伯特·赖克（Robert Reich）在听到邓拉普打算裁掉阳光公司的数千名员工时所说的："你没有理由像对待废弃的设备零件一样对待员工。"

研究过邓拉普独裁式领导风格的人都认为它主要由恐吓跟恐惧组成。阳光集团家用产品分公司总裁理查德形容说："就像一只狗在你家门口狂吠似的。他只会咆哮和大声骂人，傲慢无礼，咄咄逼人。"讽刺的是，邓拉普本人最终在 1998 年 6 月被解除了阳光公司首席执行官的职务，随后黯然退休。他大刀阔斧的精简计划无疾而终。阳光公司的董事会明显对邓拉普的领导方式失去了信任，那些在缩减计划里留下的员工听说邓拉普离开的消息后都欢欣鼓舞。

阿尔·邓拉普的领导方式里还存在显著的道德问题。邓拉普在沟通时从不尊重员工。他告诉员工如果他们想要一个朋友的话就去"养条狗"。他营造了防御性且压抑个人选择的工作氛围。当邓拉普进入一家公司时，他就做好了裁员的准备，他压根不在乎那些受他"杀鸡取卵"的做法影响的员工。他展现了"最糟糕的责任感"。他还存在诚信问题。2002 年，邓拉普被美国证券交易委员会指控在阳光公司夸大销售额欺骗投资人，他支付了 50 万美元的罚金。他还因为类似的指控遭到股东们的集体诉讼，再次支付 1 500 万美元。作为和解条件之一，邓拉普被禁止担任上市公司高管。

"服侍他人"作为一种领导哲学，近年来影响日益增大。合乎道德的领导者是仆人式的领导者，他们"将追随者的利益置于个人利益之上，重视追随者的个人发展……展现了强烈的道德意识"。该理论最初由罗伯特·格林里夫（Robert Greenleaf）提出，近年来又得到了进一步的研究和发展。仆人式领导高度关心他人而不是个人利益。仆人式领导强调沟通道德里的5个基本元素（见本书第1章）。仆人式领导者对追随者高度尊重、诚实和公平，尽可能给追随者提供选择，并会在道德允许的范围里努力帮助团体实现目标。

这些都是小型团体领导者需要考量的重要元素。"因此，一个仆人式的领导者是一个有道德的领导者。"正如脸谱网的首席运营官谢丽尔·桑德伯格所说："领导不是侵略和霸凌。领导是用你的力量去为正面的事发声，去把世界变得更美好。"

如果那些报道准确的话，从仆人式领导的角度来看阿尔伯特·邓拉普，他就是个失败的领导者。他没有服务他人的意识（大概除了那些股东），他对那些被他的决定毁掉的人没有表现出一丝社会责任感，他也没有给任何人发挥影响力甚至是讨论个人选择的机会，他似乎也并不关心自己的行为是否会造成不公和不平等。他是个霸凌者，"最糟糕老板"称号对他而言，实至名归。

文化与领导：领导有效性理论是全球通用的吗

目前流行的几乎所有领导力理论和98%的经验证据都具有强烈的美国性格特质。近年来这种情况也没有明显改变。我们能把本章讨论的领导效能理论广泛地应用到各个文化里吗？目前还不得而知。

然而，研究表明不同文化下的领导确实存在差异。尽管美国国内普遍认为领导力很重要，但其他文化却不一定如此。大型研究项目"全球计划"由世界范围内的170位学者合作展开，它研究了62个文化下的951个组织里的1.73万名成员。研究结果显示，不同文化下领导者的地位和影响力大相径庭。美国、阿拉伯国家、亚洲、英国、东欧、法国、德国、拉丁美洲和俄罗斯倾向于仰慕强大的领导者，人们会给出色的领导人竖立雕像，用他们的名字命名街道和建筑物。但是瑞士德语区、荷兰和斯堪的纳维亚半岛的人则对强大的领导者心存疑虑，担心他们滥用权力。这些国家很少公开纪念某个领导人。在阿尔巴尼亚、埃及、伊朗和科威特，倡导精英论、利己主义和自我中心的领导方式还算有效。但在其他国家，尤其是在北欧地区，人们对这种领导方式的评价非常负面。

西方文化普遍接受甚至偏爱的参与型领导风格，在东方文化里不一定行之有效。而指令型领导则在中东地区备受青睐。

另外，相比中国等亚洲文化，北美也更偏爱认真倾听。这可能会反映在领导人的产生里，毕竟正如我前面提到的，优秀的倾听技巧是一个领导者的重要素质，至少在美国是这样。

在对领导力的跨文化研究里，确实发现了一些普适性理论。"全球计划"研究发现所有的文化都认可某些领导者品质，例如有远见、未雨绸缪、态度积极、鼓舞、主动、有激情、擅长沟通和知识丰富以及擅长团队建设。相反，"无能的领导者被描述成不善社交、恶毒和自我中心的形象。显然，所有文化下的人都认为这些特征会体现领导水平。"但另一方面，个人主义、身份意识强烈和冒险精神在某些文化里被视为杰出领导者应有的品质，在另一些文化里被视为削弱领导力的因素。同时，在深入研究了60个国家和33个行业的1 500个公司高管和公共部门领导人之后，研究者发现65%的北美首席执行官认为未来领导者最重要的特质是诚实，但在其他文化里，只有29%~48%的受访者持有相同观点。

再进一步讲，即使不同文化里对构成领导力的一系列特质能达成共识，这也会跟领导力的实际运用相去甚远。无论如何，我们在领导力和文化上都还有许多东西要学习。

读过了这么多观点和视角之后，我们到底对团体领导有什么了解呢？最核心、最重要的一点是，有效的领导者能够适应变化的情境。领导者需要在系统里发挥职能（领导是一个过程，而不是一个人），而变化对任何系统而言都是无法避免的。"一种领导风格适用于所有情境"的观点在大多数时间里都行不通。领导和沟通能力是密不可分的。没有任何一种特质、领导风格、情境准备度、功能或服务能够保证领导效能，只有所有成员齐心协力，再加上必要的知识、技能、敏感度、承诺和道德感，才能实现有效领导。

总而言之，领导者是从淘汰的过程里产生的。但是，要获得和维持领导者角色，还要达到其他要求。有效领导的关键在于适应不断变化的情境，并展现良好的沟通能力。

提升练习

> **批判性思考**

1. 阿道夫·希特勒、约瑟夫·斯大林、查尔斯·曼森是合格的领导者吗？请解释。

2. 如果你处在一个很难接受女性领导者的文化里，你应该如何解决这个问题？

3. 仆人式领导者在哪些情况下可能会效率低下，甚至阻碍团体的工作？请解释。

> **视频案例**

《美国总统》（*The American President*，1995）喜剧/剧情；PG

迈克尔·道格拉斯（Michael Douglas）扮演了一个受人尊敬的美国总统。将他的领导作为一个实施影响力的过程进行分析。他展现了哪种领导风格？他的领导方式更偏向管理型/变革型还是魅力型？

《恶老板》（*Horrible Bosses*，2011）黑色喜剧；R

三个朋友决定谋杀他们的恶老板们。这是一部非常好笑的黑色幽默电影。不过要小心，里面有很多脏话。从疯子型领导者的角度审视这些老板们的行为。

《乔布斯》（*Jobs*，2013）传记/剧情；PG-13

这部电影相当平淡，但仍有其迷人之处。电影讲述了史蒂夫·乔布斯从大学辍学到成为20世纪最有影响力和知名度的企业家的经历。分析乔布斯的领导风格。把所有视角都纳入考虑（特质、风格等）。分析他是如何获得领导者地位，尤其是如何努力去维持这一角色的。

《星际迷航：暗黑无界》(*Star Trek: Into the Darkness*, 2013) 动作/冒险/科幻; PG-13

这是重启后的《星际迷航》电影系列一部了不起的续作。分析柯克船长的领导风格。他会随环境改变调整自己的领导风格吗？比较柯克船长跟史波克的领导风格。用功能视角和仆人式领导视角分析这两个角色。

《华尔街之狼》(*The Wolf of Wall Street*, 2013) 传记/喜剧; R

这部电影改编自股票经纪人乔丹·贝尔福特（Jordan Belfort）跌宕起伏的人生经历。心脏不好的人可能不适合看这个片子，因为其中充满了过于刺激的性爱场面和粗口。贝尔福特是个疯子型领导者吗？比较他的正面特质和负面特质，并分析他的领导效能。

照片（第 167 页）：4。

第7章

建立有效团队

它曾经只是一个社会底层的街头表演团体。在盖·拉利伯特（Guy Laliberte）带领下，它成长为一个不羁而伟大的团体。1984年，盖·拉利伯特请求加拿大魁北克政府赞助一场被他称为太阳马戏团的表演。盖·拉利伯特的愿望成真了，他们被批准在雅克·卡蒂埃（Jacques Cartier）发现加拿大450周年的魁北克地区纪念活动里进行表演。他的理想是打造一个与众不同的马戏团，一个结合了街头艺术和传统马戏的表演团体。太阳马戏团的成功是前所未有的，它的表演是全世界最大的剧场表演。同时，它是团队合作的伟大结晶。林克·沃德（Lyn Heward）是太阳马戏团的创意导演，认为团队合作是他们成功的关键。她说："无论你的产品是什么，不管是电脑、汽车或是别的东西，你的结果取决于你是否有一个强大又充满激情的团队。"

下面这个研究的结果就不太让人愉快了，研究数据显示，每年有超过40万病人死于医疗事故。尽管这个骇人听闻的数字原因很复杂，但其主要原因就是糟糕的团队合作。"团队合作是病人安全的重要组成部分。实际上，沟通错误是美国手术部位错误和警讯事件最常见的原因。"团队合作跟病人的安全密不可分，以至美国心脏协会提出了在心脏手术室里团队合作与病人安全的"科学声明"。它的部分内容是："非技术手段，流入沟通、合作、协调和领导力都是团队合作的重要组成部分，但是有限的人际沟通技巧导致了不良事件和手术失误。"还有人说："医疗行业的沟通水平必须跟技术水平同步提升。"

成功的团队和失败的团队有什么区别呢？虽然外科手术团队跟马戏团完全不一样，但是优秀的沟通能力对二者都必不可少。世界上有各种各样的团队：运动团队、法律团队、课堂作业小组、设计团队、登山队、外科手术团队、电脑程序员团队、编剧团队等。要针对如此多种不同的团队总结出提升团队效率的秘诀并非易事。本章的核心目的就是探索如何建立和维护各种各样的高效团队。为了达到这个目的，本章会重点探讨这4个话题：

1. 高效团队成员理应具备哪些素质；
2. 如何培养良好的团队关系；
3. 建设和维持高效团队需要确立何种结构和功能；
4. 有效团队领导力的构成。

随着我们的社会和世界变得日益复杂，我们对有效团队的需求也不断增加。麦克斯维尔（Maxwell）称之为喜马拉雅山定律："挑战越强，对团队合作程度的需求越高。"这在"高压工作场合尤为突出，例如在核电厂、飞机驾驶舱或者是军队里，团队合作都是生存的必需品"。

但是，对美国这类崇尚个人英雄主义的文化来说，人们有时对团队精神并不买账。然而，团队精神正是本章的主旨，在下一章关于决策和问题解决的讨论中，我也仍会进一步探讨团队精神。

团队与团体的区别

所有的团队都是团体，但并非所有的团体都是团队。团队是专业化的团体。在本小节中，我们要讨论区分团体和团队的4个关键特征。

↘ 合作级别：一起工作的必要性

团队通常比一般的团体合作程度更高。一般的团体成员有时候会互相对立，而非为了共同目标努力。国会和白宫委员会总是定期就总统任命、税收问题、政府规模等事务激烈交锋，委员会成员当时会视彼此为敌人而不是队友。

团队的本质就是协作跟互相依存。团队成员通常必须一起工作，否则他们都没法实现自己的目标。若是团队成员各自为政，试图超过对方（例如比队友分数更高），团队就失去了自己的本质，即协作和相互依存。2004年，美国篮球国家队在奥运会上让所有人大失所望（有人甚至会说，他们的表现

协作和互相依存是团队合作的本质。蓝天使特技飞行队的每个成员都必须跟其他成员严格保持一致，否则就可能发生灾难。

跟过去的奥运会"梦之队"相比简直是自取其辱)。这支队伍由蒂姆·邓肯（Tim Duncan）和艾伦·艾弗森（Allen Iverson）等美职篮球星组成，他们大多数情况下都只想表现个人能力，却不关心团队合作。他们首轮就以 73∶92 的比分输给了波多黎各，而波多黎各只有一名美职篮球员，紧接着美国篮球国家队又输了三场（这等于美国男篮在过去所有奥运会上输掉的场次之和）。在输给波多黎各后，教练拉里·布朗（Larry Brown）强调道："我们必须在短期内变成一个团队。丢掉你们的自大。"终于，大家在奖牌争夺阶段开始表现得像一个团队，最终美国队获得了铜牌，这样的结果至少比 2002 年世界杯要好，当时同样云集了美职篮球星的美国队只得到了第 6 名。当你们不能团结合作，不管你们的个人能力如何，你们都不是一个真正的团队。

相反，2008 年美国奥运男子篮球队非常注重团队合作，每个人都放下了球星的包袱。他们赢得了全部 8 场比赛，美国队每场比赛都比对手有更多助攻，大家都会把球传给需要的队友，一心为团队着想。在对西班牙的决赛里，首发的 5 名球员的得分都上双，大家都乐意让队友得分，而不是一心冲刺个人最好成绩。这支"赎罪"的队伍通过团队合作夺得了金牌。2012 年，美国男子篮球队再一次靠团队合作赢得奥运金牌，他们 8 战 8 胜，平均每场胜出对手 32 分。

↘ 技能多样性：寻找互补性

相比一般的团体，团队成员往往在技能上更为多样化。通常，一般小型团体中的成员技能组合是随机产生的。大家可能各有所长，但掌握核心技能的人却寥寥无几。我课堂上的项目小组常常在选择项目时陷入无从下手的困境，因为没人具备其中任何一个项目所必需的核心技能。学生会的新成员往往不是因为比其他人优秀才被选中，而是因为其他人不想做那些工作。

团队成员们需要技能互补而不是完全一样。在 IDO 设计事务所，多元化的团队对成功必不可少。ABC 的夜间新闻和特德·科佩尔（Ted Koppel）曾经给 IDO 出过一个难题，要求他们在 5 天内将人们习以为常的超市购物车彻底改头换面，IDO 派出一支多元化团队在镜头前完成挑战。团队成员包括工程师、工业设计师，还有来自哲学、建筑、商业管理、语言学和生物各个不同领域的人，大家分工合作，进行头脑风暴。这支团队由彼得·斯基尔曼（Peter Skillman）带领，因为他"擅长协调、处乱不惊，是领导头脑风暴和增进团队合作的不二人选"。

司考茨（Scouts）在为太阳马戏团招募成员时并不限于舞蹈家、体操运动员和田径运动员。太阳马戏团的成员包括柔术演员、扒手、滑板运动员、小丑、"巨人"、口哨表演家、火焰杂耍者、功夫表演者，甚至还有一对 70 多岁的夫妻杂技表演组合和一名 1.1 米高的巴西杂技演员。

团体身份认知：像一个整体一样行动

团队通常比一般的团体有更为强烈的身份认同感。一般小型团体的身体现往往很不明显。我在学校时，在教科书甄选委员会工作，我们的目标是想办法减少学生的课本开支。当我们开会时，没人能看出来是什么团体在聚会。成员当然不会穿统一服装、文统一的文身，也不会唱战歌、参与团队的啦啦队（"加油吧，电子书？"），我们没有展现任何可能会让路人了解这是一个什么组织的东西。成员不需要告诉外人这是一个什么团体，我们的目标是什么。一个小型组织甚至可能都没有正式的名字，但是团队通常有明显的身份特征。名字对一个团队来讲很重要，甚至会引来种种纷争。你们还记得 2014 年全国上下为了 NFL（National Football League，美国职业橄榄球大联盟）里的华盛顿红袜队的名字是不是种族歧视而进行的全民辩论吗？团队成员通常比一般的小型团体成员有更强烈的凝聚力和团队认同感。

时间和资源：对团队的承诺

我们加入的大多数小型团体所需的时间承诺和资源都非常有限。招聘委员会通常需要开一系列会议。可一旦做出决定，委员会就自行解散，也几乎不需要用金钱来维持生命力。但是团队经常需要大量的资源和长期的时间承诺。运动队打完一个赛季后，次年重回赛场时部分成员可能会变动，但团队还是完整无缺的。为了帮助团队取得成功，成员可能会投入大量时间来完善个人技能。组织里的团队可能需要大量的经济支持，即便这个团队是为了某个特定项目而建立的，例如美国宇航局的火星车团队。

以团队和团体这 4 个区别为前提，我将团队定义为一小部分技能互补的人作为一个互相依存的整体而行动，这些人对一个共同的使命做出同等承诺，通过协作完成这个使命，并对团队的表现负责。

根据这个定义，显然并非所有的小型团体都能称得上是团队。董事会、学生会、课堂讨论小组、专案组和常务委员会通常都不是团队，因为其成员可能只是简单地代表不同派别。这些团体往往缺乏凝聚力和协作，成员被选中的原因通常也不是因为能够为团体提供互补的技能。这些团体的成员需要定期参加会议、例行讨论，有时可能还需要投票，但并不需要为了团体的主要目标通力合作。

同样，也不是每个被称为团队的团体都实至名归。有些小型团体能勉强达到我定义里的几个标准，但它们不过是伪团队。伪团队只是表面看起来像个团队，但没有人真心参与团队合作。我的意思并不是说每个没能实现目标的团队都是伪团队。如果一个小型团队严格做到了我定义里的几个标准，即便失败了，它仍然是个团队，只不过是相对效率较低下，或是有其他原因。有时候可能只是目标过于艰巨。

团队体现了本文的主旨——合作有无可比拟的优越性，且值得每个团体去追求。尽管本书其他章节的理论都适用于团队，但那些分析和建议大多是概括性的，而团队要想在实际操作里取得成功可能需要更具体的建议。本章就是专门针对团队和小型团体之间的区别提出专属于团队的分析和意见。

最后，并非所有的团体都是团队，但是所有的小型团体都能从团队式的工作方式中受益。本章探讨的重点就是建立团队和增进团队合作的途径。

团队成员

成员是任何团队成功的基本条件。团队的起点是配置最佳的成员组合。团队有效性的首要条件是成员的素质：他们的技巧和能力、展现的态度以及具体行动。要注意，这里并没有强调人的个性特质，因为并没有可靠证据表明有任何个性特质，例如认真、外向、亲切等，可能会对团队成功格外有帮助。

↘ 团队杀手：成员的恶劣态度和行为

团队要想有效率，态度跟能力一样重要，甚至更重要。一个成员的能力和潜力无法弥补其恶劣的态度。"良好的态度……不能确保团队成功，但是恶劣的态度必然会使团队失败。"恶劣的态度还很可能伴随着恶劣的行为，这对团队的打击简直是雪上加霜。

自我中心主义：自以为无所不能　自我中心的人会在沟通里流露出"事事以我为先"的态度，引发团队内部矛盾，破坏凝聚力。自我中心甚至可以说是对团队合作精神的亵渎。正如某件T恤衫上的标语讽刺的一样："对我来说团队就是一群人按我的指示做事。"

自我中心可能会成为严重问题。医生都"沉浸在一种沉默的个人英雄主义文化里，并且被教育成要相信自己无所不能"。这不利于团队合作，并造成了如今数量惊人的手术致死事件。卫生机构认证联合委员会主席丹尼斯·奥拉里（Dennis O'Leary）博士评论道："如今，我们正在对外科医生进行再教育，因为这些人过去都囿于教育背景认为自己是宇宙中心，但他们并不是。"奥拉里还说，大约有40%的骨科大夫拒绝标记手术位置，因为他们坚信自己从没出过大差错。医生不应该自以为是上帝，他们应该摒弃自负，学会做团队成员。约翰·霍普金斯医院的医生马丁·玛卡利（Martin Makary）研究了糟糕的团队合作和手术事故之间的关系，他说："手术领域充满了骄傲的人。我们需要适度放下自己的自负。"过分自大会摧毁团队。因为自大的控制狂相较于改正错误更在乎自己的形象，他们会过度自我保护，最终导致无可挽回的错误。

跟自大狂相比，信奉"我们取向"的团队成员会给团队带来截然不同的影响。"我们取向"的团队成员通常比自我中心的成员更倾向于主动改善自己跟其他成员的表现。

犬儒主义：对一切保持负面态度　团队是系统，因此任何一个成员都可能会毁掉整个团队。最有可能毁掉团队合作和团队效率的态度就是犬儒主义。犬儒主义者会预测团队的失败，不断对各种人和事提出批评，并且把负面能量扩散到整个团队。"犬儒主义就像一种瘟疫，会持续扩散，寻找新的宿主。这种态度和行为是会传染的。"

经历和天赋不会传染，但态度会。你希望团队成员带来的是乐观、正面的态度，而不是犬儒主义者的负面态度。乐观的态度会滋养团队的灵魂，让团队面对挑战时更坚强，并且能够激发团队的灵感和动力。例如，2007年4月29日，一辆翻倒的气罐卡车爆炸，烧成火球，并且将80号州际公路和580

号州际公路交会处50米的高架路段烧至熔化倒塌。一开始，有关部门预计这段路的修复工程要长达数月，在这段时期内，旧金山可能面临噩梦般的交通堵塞，但修复工作竟然奇迹般地在18天内完成了。施工人员克林顿·梅耶斯（Clinton Meyers）解释了他和同事如何在短期内完成庞大的工程量："我背后有一大群乐观又能干的专业人士……这证明了团队合作的力量是多么惊人。"

语言／非语言侮辱：恶劣的行为会毁掉团队 我们在第5章曾提及美国医师执行官学院针对2 100名医护人员展开的调查，结果显示85%的受访者都遭受过贬低和辱骂，73%的受访者曾被人大吼，50%的受访者曾遭到诅咒。有些护士曾被医生性骚扰过，还有一位医生据说对护士的表现非常不满，愤怒之下把护士的头按进了垃圾桶。恶劣行为还有很多，例如散播恶意谣言、拒绝一起工作、开不恰当的玩笑、随便朝人扔东西等，这些行为都会营造出不利于团队合作的气氛。这些调查结果促使美国各地的医院开始制定政策，对恶劣行为"零忍耐"，一经发现即清除。没有任何团队应该容忍这样的恶劣行径。它会招致防御性沟通，妨碍团队营造出成功所必需的合作、支持的沟通气氛。

团队成员清理：清除坏鸡蛋 一个坏成员可能毁掉整个团队，因此有些情况下团队必须清除自己最弱的环节，以保证整体效率，但团队必须谨慎采用这种举措。只有在所有的改良措施都不起作用之后，"清理门户"才可以被用作最后的撒手锏。

团队清理的主要目标成员是那些低效沟通者，尤其是没有意愿改善自己的人，以及那些破坏团队关系的自我中心或犬儒主义者。即使一个成员知识渊博技能出色，若他是犬儒主义者，团队也可能需要将其开除，知识技能平庸但乐观进取的成员反而对团队更有价值。恶劣的态度是团队的毒药。那些技能和知识有所欠缺的成员经过训练可以变得更有效率。但除非那些态度恶劣的家伙纠正自己的心态，不然团队应尽早清除这种人，否则整个团队都可能被毁掉。在第2章里，我们已经详细讨论过如何对待这些团队破坏者。

▶ 团队建立者：选择和发展团队成员

不同于一般的团体，团队更注重人员的选择和配置，而不是随机产生成员技能组合。这通常是一系列选择的过程。谁能够成为团队的一员取决于每个人能为团队提供的技能和知识。

经验和问题解决能力：核心素质　"一个团队要朝目标前进，经验和问题解决能力是核心素质。"我们会寻找经验丰富的成员来组成团队。没有人想要一个手术刀都没握过的新手站上骨科手术台。谁敢让一个毫无经验的飞行员、副驾驶或领航员操作飞机？你也不想跟一群毫无经验的队员一起登山吧？不管是哪种情况，你都是在拿自己的生命开玩笑。经验很重要，因为知识来自经验，解决问题的能力来自知识。有经验的成员知道应该怎么做，而那些资历尚浅的人可能会通过出色的解决问题的能力来弥补经验的欠缺。

尽管在某项领域的专业经验对团队效能来说必不可少，但其他因素也很重要。在一项针对表现良好和表现不佳的手术团队的调查里，研究者发现表现良好的团队的成员都经过精挑细选。这些成员被选中不只因为具备手术经验——所有的候选人都有相关经验，更因为他们展现了良好的团队合作能力。而表现不佳的团队选择成员的依据主要是"谁有空"。一位护士这样评价她所在医院对手术团队成员的选择："我们这里根本没有真正的团队，当天谁有空谁就上。"没有相应的团队合作知识和技能，行动团队的成员（手术团队、军队、考察队、急救队等）"在需要跟同伴们高度配合、作为一个整体来工作时，可能会措手不及"。

文化多样性：拥有不同视角的成员　今天的团队日益由来自不同文化背景的成员组成。对虚拟团队来说情况尤其如此。曾有一项研究广泛访问了600名跨国公司里虚拟团队的员工，发现这些团队里超过一半的成员在公司所在国以外工作。成员在文化背景上的这种巨大差异性也会带来知识和技能的高度互补，这有利于创造性地决策和解决问题（见第2章对深层多样性的讨论）。然而，文化多样性也会给这些团队带来巨大的挑战。例如，美国人以自己的快速决断力为傲，但在日本和中国，速度并不是优先考虑项。这些文化会在做出选择之前花上很长时间充分考虑所有可能性。

要处理团队中的文化多样性，你可以参考以下几个途径。这些办法跟第3章里讲过的处理一般团体中成员多样性的手段非常接近：

1. 将多样性视为团队的优势，而不是缺陷，挑战越大，奖励越巨；

2. 在选择团队成员时，既要考虑其知识和技能上的互补性，也要关注其态度上的一致性。即便文化背景不同，团队里也不允许存在个人主义和犬儒主义者；

3. 选择一个超越彼此差异的宏伟目标（这一点将在团队目标的章节详细讨论）；

4. 尊重所有成员，避免文化偏见。美式处理方式不一定总是最好的，要有实验精神，勇于尝试；

5. 保持开放的沟通心态。在决策过程里，积极寻求反馈，在问题出现时就能迅速解决它。

沟通训练：培养成员的竞争力 团队成员经常会缺乏必要的沟通能力。一项研究调查了运动、律师、执法部门、科学、教育、医疗、计算机、交通、电信等各种不同的团队，向他们提出了同一个问题："如果让你坦率地提出一个团队存在的问题，这个问题会是什么？"回答"沟通问题"的人占压倒性的数量。团队沟通对团队效率非常关键，表现良好的团队里成员通常会展现出优秀的沟通技巧。

然而，一个团队若要成功，必须将培训纳为其必不可少的组成部分。一项针对手术室团队的研究发现，那些经过高效团队合作培训的团体相比未经此类培训的团体，能够显著减少致死的手术事故。一堂大学课程就可以给学生团队成员提供实用的沟通培训。

然而，职场培训的质量和有效性时常很成问题。这类培训大多数情况下都含有极大的作秀成分，跟周末商场的促销表演没有太大区别。它一般会由一个外面请来的培训师给员工提供一些"快乐教育"，让大家听得兴致盎然。然而兴趣不等于学习，这些华而不实、包装精美的培训项目会投你所好，让大多数人得到趣味和娱乐，但它对我们的价值却正如甜甜圈之于糖尿病患者，弊大于利。你需要的是能够教授具体的沟通知识以及跟团队任务相关技能的培训项目。这些具有针对性的团队培训会有效促进团队合作，提高团队效率。

宾夕法尼亚州的费城医院 2007 年就举办了一个这样的培训项目，名为"以单位为基础的临床领导"（UBCL）项目，这个项目旨在培养医生和护士的合作关系。UBCL 项目会训练参与者的沟通、协作能力，让大家学会共享治疗中的责任和权力，从而成为一个合格的团队成员。"UBCL 项目不仅极大地提高医护人员的工作质量和病人安全，还优化了医护人员间的合作，并提高了他们的工作满意度。"缅因州总医院也进行了类似的培训项目，让员工明白防御性和支持性沟通技巧的区别。结果相当惊人：团队合作能力不佳时，成员主动开口提出问题的可能性提高了 167%，而当医生或护士做出不尊重他人的举动时，成员勇敢开口的可能性也提高了同样大的比例。沟通上的改变也带来了系统的变化。沟通培训对团队建设卓有成效。

团队精神建设

团队精神能改善团队表现吗？证据清楚表明答案是肯定的。但是建设团队精神是一个复杂的过程，需要漫长的时间。在本小节，我会探讨建设团队精神的关键要素。

▶ 培养团队目标：4个目标

设立特定目标是团队建设里很重要的一步。"正如拓展训练和其他团队建设项目体现出来的，具体目标对团队行为能产生润滑剂效应。当一个小型团体要集体翻过一堵墙时，他们会渐渐忘掉彼此的头衔、薪水和其他条条框框。"每个人都变成了一个团队成员，而不再是权力结构中的一员。团队目标应该清晰，具有协作性和挑战性，团队成员要对团队目标有所承诺。

清晰目标：每个人都在同一页　拉法斯托（Lafasto）和拉尔森（Larson）研究了600个团队和6 000个团队成员，发现"团队成员都承认对实现一个模糊的目标感到不安，这一点惊人的一致"。这两位学者的另一项研究则发现，有效率的团队无一不具有清晰的目标，且成员都对目标理解透彻。模糊性目标，例如"尽你最大努力"或"做得更好"无法提供准确方向。"在学期结束前完成对校园停车问题的研究""在两年内为校内托儿所筹集35万元善款"或"到春季学期前在学校里建立一个课本租借项目"则都是清晰、具体的目标。团体要变成有效率的团队，首先必须建立一个清晰且被所有人理解的目标。这就是说，"停车问题""校内托儿所"和"图书租借计划"等必须在团队建立之初就被清晰地提出和确定。团队成员应进行讨论，以界定团队的任务范围。任务就是团队的工作，例如收集信息、分析问题、进行推荐、做决定并且实施，或将一个具体项目从无到有地完成。当所有成员都能确定任务已经完成时，团队就可以判定目标已经实现。例如，需要进行口头报告还是书面报告？这份报告需要更高级别的人来对结果进行确认吗？有没有具体的量化标准来判断项目是否完成（例如已经为托儿所筹集到35万美元）？

在某些情况下，目标可能是由团队所在的组织规定的。还有一些情况下，团队需要通过讨论来决定自己想要实现什么目标。无论哪种情况，团队目标都要被限定在可以在规定时间内完成的范围里。洛米格（Romig）发现，一个组织的部门团队在一年里设立了60个目标。这些目标没有一项达成的，而团队因为漫无目的的工作损失了大量金钱，甚至给整个组织的未来发展造成了危机。对一个团队而言，定下数量有限且每个成员都能牢牢记住的目标，比数量多到让成员想不起来的目标要好得多。

合作型目标：互相依存的挑战　合作型目标需要所有成员共同努力。每个成员都有意愿推动团队目标的实现和成功。成员会分享信息、提供建议、分享奖励，并且运用自己的能力让彼此都能高效工作。研究明确显示合作型目标能够提高团队表现，而在团队里追求个人目标会损害团队表现。

超常目标，即一个能够超越成员间差异的合作型目标，会取代相对次要的竞争型目标。这样的目标对于培养团队精神格外有效。例如，当团体成员面临危及共同困境时，生存就变成了超常目标，它会激发所有人为实现目标共同奋斗。

弗雷德·比斯利（Fred Beasley）的故事就生动阐释了超常目标的作用。弗雷德的父亲在他12岁时去世，留下妻子和9个孩子靠社会救济过活。失去父亲之后，这个家庭的超常目标就是维护家庭的完整。没有任何目标比这更重要。大家通过共同劳动和分享资源来达成这个目标。弗雷德的妈妈阿尔玛·比斯利（Alma Beasley）在洗衣店找到份工作，9个孩子也都在打零工。但这些工作收入微薄，不足以支持整个家庭。4个男孩睡在同一个房间里，孩子们要共用衣柜和抽屉，家务琐事人人有份。阿尔玛·比斯利解释了全家人是如何渡过难关的："那对我们所有人来说都非常艰难……我尽了最大努力。我觉得我们都尽了最大努力。"

有时团体会选择一个对所有人来说都简单易行的合作型目标。第一支被邀请去攀登公格尔峰的女子登山队并没有把目标定位于至少一名队员能够登顶。相反，她们的目标是让尽可能多的人达到尽可能的高度。有了合作型的目标，成功就建立在所有人的共同努力上，大家会合力去实现最好的结果，

第 7 章 建立有效团队 191

这张照片说明了团队目标所必须的哪种特质?

1. 清晰目标。
2. 合作型目标。
3. 挑战型目标。
4. 对目标的承诺。

答案见本章末尾。

而不是分出赢家和输家。

挑战型目标：改变世界　完成微不足道的事不足以激发斗志。团队需要设定挑战型目标以激发每个人的最大潜能。成员需要意识到自己在完成一个共同使命，并拥有如何把理想变成现实的共同愿景。生产出第一台麦金塔电脑的团队就有这样高度一致的目标。团队成员之一兰迪·威金顿（Randy Wigginton）回忆道："我们坚信我们在完成上帝的使命。"而团队领袖史蒂夫·乔布斯对成员保证他们将要做出一台"改变世界"的电脑。

当然，团队的目标不一定必须是改变世界或留名青史。有很多更接地气的目标同样能让人斗志昂扬。"将课本的开支降低25%""将学校里的有效辅导课程数量翻一倍"或"将陈旧的照明系统换成明亮、节能的新式系统，从而让校园更安全"都可以成为校园团队的挑战型目标。你的团队可能无法改变世界，但是它也许能解决当地人的燃眉之急。

对目标的承诺：成功的激情　盖洛普公司曾对66个国家的140万名员工开展了一项大型调查，其中一个重要发现就是"相信自己的同事对工作质量有所承诺是团队表现良好的关键所在"。承诺是沟通能力的关键元素之一。"没有承诺，团体表现跟个人无异。有了承诺，团体才能成为凝聚集体力量的强大整体。"

创造承诺的关键途径之一就是让全体成员一起为团队设立目标。虽然团队不一定都有机会集体设定目标，但只要有可能在团队议程里加入这一项，它就值得一试。相比那些强加在头上的目标，团队成员通常会对自己亲手设定的目标更有热情。

▶ 培养团队意识：团队成员

当内部成员和外部人士都明确意识到团队的身份时，团队就产生了。团队意识是团队建设的一个重要部分。建立团队意识，没有一蹴而就的途径，但有诸多可以为之的办法。当然，确立使命是一个关键元素。培养团队意识的策略包括制造想象主题、创造象征团结的标志和使用团队内部语言。

符号聚合理论：传达幻想主题　厄尼斯特·博尔曼（Ernest Bormann）提出了符号聚合理论。博尔曼没有局限于分析个人行为，他关注的是人们如何在沟通时创造和分享了那些产生"聚合"的故事。"聚合"是一种比单个团体成员的体验更大、更为一致的团体意识。这些故事或想象能够为团体成员创造一个共同的意义。博尔曼所定义的想象不包括妄想或白日梦。他所说的想象是指团体成员会对一些跟整个团体有关的事进行戏剧化的诠释，而这种诠释的过程又能够给他们带来身份认同感。跟所有的精彩传说一样，这些故事里也会有英雄和恶棍，有传统的戏剧冲突。

我自己所在的传播研究系常年来都只有 9~12 人，我们系共同的想象主题——全体系成员口口相传的各种故事的同一个主线——就是如何在众多规模和影响力都远超我们的院系里生存下来并茁壮成长。我经常会讲的一个故事就是，我早年在卡布利洛学院工作时，我们系遭到了一些行政人员的攻击。我给"两名退休老师的全职替补之战"这件事添加了很多戏剧色彩。我讲了这场战争是如何让我被赶出系主任办公室的，我又是如何在整个学院董事会、教授委员会、教职工会面前领导了"传播研究系"运动的。我们系的每个新成员都会听我讲一遍这个故事，当然多年下来这个故事历经不少润色。这个故事帮我们形成了一种团队意识——我们是个虽然小，但果敢，甚至强大到可怕的院系。

近年来，随着我们系学生人数不断增加，我又提出了一个打造传播研究帝国的想象主题。最开始这个话题被视为妄想，但最近这个主题的拥护者越来越多。它能让我们系的成员想象有一天我们会成为学校的支柱院系。想象主题能激励团队成员去实现那些普通以及卓越的目标。院系成员有共同经历，而这些想象则为这些经历提供了共同的诠释。我们系的每个成员都能讲出一两个跟这个想象主题有关的故事，由此形成了想象链，即一串呼应主题的互相联系的故事。通过这种方式，一个团队就能创造出它专属的身份认同。

团队精神符号：无言的纽带 另一种培养团队意识的方式是创造"团队精神符号"。团队精神符号可以是团队的名称或标志。詹姆斯·卡尔维尔（James Carville）率领的竞选团队帮比尔·克林顿赢得了 1992 年的总统选举，这个团队被称为"作战室"。一模一样或风格统一的服装也能作为团队精神符号。例如，美国特种部队的绿色贝雷帽制服或 IDEO 员工经常穿的牛仔裤和 T 恤。实际上，T 恤上经常印着个性化的标语，或幽默或深刻或怪诞，都有助于体现设计团队轻松工作气氛的特点。其他例子还包括整个团队都穿着印有同样标语的 T 恤，例如程序员团队可能会穿着印有"跟我谈谈技术"的 T 恤。

城市预备高中是蒂姆·金（Tim King）于 2006 年在芝加哥办的一所特许

学校，这是一所很重视学业成绩的高中。美国有大量黑人青少年从高中辍学，而城市预备高中作为一所男校却成功对抗了这股潮流。在芝加哥，年轻男性非裔美国人的辍学率是60%。但城市预备高中专注于团队化学习小组，并对学生期许很高。2010年，110名12年级学生不但全部从学校毕业，而且全部进入大学。4年之后的2014年，167名12年级学生再次全部被4年制大学录取。所有男孩都穿着西装外套和领带，并佩戴腕表（确保他们按时出席课堂）。当一名12年级学生收到大学录取通知书时，学校会将这封信贴在公告栏上，作为一个引以为豪的精神符号。而学校标准的红色领带，学生形容它是"我们在这里认真做事的象征"，红色领带也会被换成一条有金色条纹的领带，作为学业完成的象征。

团队内部语言：我们的语言　　团队内部语言是创造团队意识和凝聚力的另一个途径。"共同的语言能把一个团队联结在一起，并且是成员身份的隐形标志。"太阳马戏团把演员试镜称为"挖宝"，集训课程叫作"新兵训练营"，把团队称为"家庭"。有一个软件团队把缺乏效率的会议叫作"老鼠洞"，而成员花费太多时间达成一致的过程被叫作"打洞"。在城市预备高中，学生每

这幅照片明显体现了哪一种培养团队意识的方式？

天都要背诵学校的信条，里面有一句话是："我已经站在大学的门口。"老师会称学生为"史密斯先生"或"约翰逊先生"。正如校长金解释的："这会让学生感到被尊重，让他们相信自己是特别的，一定会有所成就。"

当团队成员习惯说"我们"和"我们的"，而不是"他""她"或"他们"，就意味着团队已经建立起身份认同和成员归属感。对团队领导者来说，使用团队专属语言尤为重要。团队语言强调互相依存，会避免太多个人色彩的词汇，也会尽量减少针对某个人的指责和批评。当团队失败时，整个集体会受到批评；而当团队成功时，大家作为一个集体接受表扬。这就是团队责任制的语言。

团队的失败是"我们的失败"，团队的成功也是集体努力的成果。团队语言应该体现这一点。阿格优（Aguayo）在执教一支青少年联盟足球队时，就教育队员要将成功归功于团队，而不是视其为个人荣耀。每场比赛之后，他都会问队员："谁踢进了第一个球？"一开始，通常是第一个射门成功的球员会举手。"错！"阿格优大声说："我们都成功射中了那个球。我们每个人都为那个球做出了贡献。"然后他会重复自己的问题："现在，谁射中了那个球？"所有的队员都举起了手。在他执教青少年联盟的4年里，他的球队只输过一场。

团队还应该避免折射权力差异的语言。"思考一下'老板对我负责'和'我们为自己负责'之间的区别。"在第10章，我会详细讨论"有权力"和"无权力"的语言。

▼ 指定清晰、恰当的角色：四分卫的位置

大多数小型团体的角色都是在成员们的交流中自然形成的，但团队与此不同，团队通常需要正式分配和指定角色。当团队成员不确定自己应该扮演什么角色，就会出现角色混乱和重叠的现象，这不利于团队工作。比方说如果一个橄榄球队的球员都不清楚自己应该站在哪个位置，这支球队将没法比赛。它可能会有15个四分卫，但一个角卫都没有。正式角色会定义一个职位（守门员、防线球员、项目领导人、主刀医生），公开描述（由上司、教练或团队领袖口头或文字说明）这个角色应该做出的行为。

团队必须让每个成员都扮演自己最擅长和专属的角色，才不会出现角色重叠，浪费资源。一个外科手术团队会明确指定每个人的角色。护士不应该

站在手术台上进行心脏手术。每个功能对团队的成功都至关重要。如果只有一部分角色在发挥作用，而另一部分被忽略了，有些重要的团队功能可能就无法实现，这就可能会造成灾难性后果。

在盖洛普公司的一项针对 8 万名管理者和 100 万位员工的大型调查里，一位名为迈克尔的管理人员引起了研究者的注意。他在太平洋西北地区经营着一家非常成功的餐厅。研究者让他介绍自己曾经领导的最棒的餐厅团队。他讲了 4 名服务人员的故事：布拉德、盖瑞、艾玛和苏珊。在迈克尔的描述里，布拉德是他所在地区最优秀的服务员，他无须询问便可预知顾客想要什么，不管是加水加咖啡，还是甜品菜单。盖瑞脸上总是挂着微笑，让人如沐春风，每个人都喜欢他，特别是顾客，他的态度永远乐观向上。艾玛是个沉默的团队建设者，她会定期召集员工，提醒大家有哪些潜在问题。最后是苏珊，她是餐厅迎宾员，开朗活泼、精力旺盛，会帮那些需要快速吃完饭回去工作的客人催促午餐，她事事周到。"这 4 个人是我最棒的团队骨干。我不需要干涉过多。他们自己就能把一切打理得井井有条……在三年时间里，是他们成就了餐厅。"

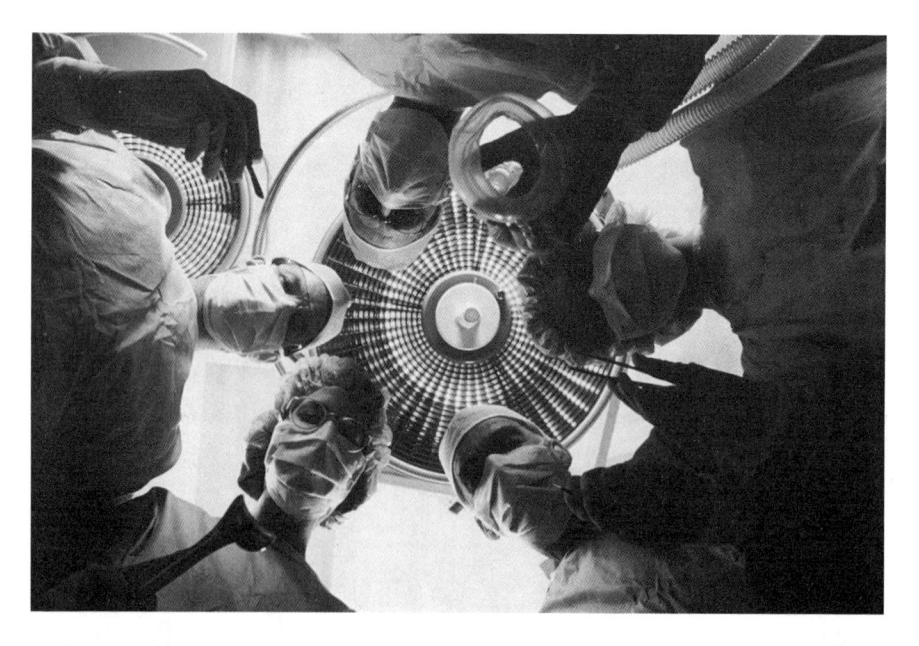

团队通常需要明确的角色定位。想象如果一个外科手术团队的成员都来争夺主刀医生的角色，他们还能有效运作吗？

迈克尔提到，他的每个团队成员都有自己的明确角色。"布拉德是一个出色的服务员，但是他可能是糟糕的管理者……他很尊重顾客，但他对有些新员工就不那么尊重了。"苏珊在迎宾员岗位上的出色表现如果放在服务员身上可能就不那么恰当了。艾玛跟她的同事合作良好，但是她个性安静，不适合做迎宾员。盖瑞可能是个糟糕的团队建设者，其实迈克尔开除过他两次，但又把他请回来了。盖瑞的玩笑有时太过火，必须有人在他引起冲突前出来控制局面。为每个成员找到合适的位置绝非易事，但让每个人各司其职非常重要。为团队里的每个核心角色找到恰如其分的人选，才能充分利用团队的资源。

一个人在最初加入某个团队时，可能已经被指派了某个角色，但这个角色很可能并不合适。很多情况下团队需要进行角色调整才能够更加有效率。团队领导者的责任之一就是进行角色指派和分配。

构建团队赋能授权：增强成员能力

"高赋能的团队比低赋能的团队效率更高。"面对面的团队和虚拟团队都是如此。团队建设的关键元素就是构建团队赋能授权。

团队赋能授权的定义：4个维度 赋能授权的概念就是赋予员工更多的权力和影响力。赋能授权有4个维度：潜能、意义、自主性和外部影响力。团体潜能是"团队成员欲取得正向成绩的共同信念"。它是一种正面态度。团体潜能与团体表现密不可分。若成员都对团队的表现信心十足，且不限于某一项工作，认为团队在各个项目上都能有上佳表现，团队往往的确能够表现出色，相反团体潜能较低的团队往往真的会表现不佳。团体潜能对团队成功完成任务有显著影响。

意义感即一个团队认为自己所做的工作是重要的、有价值的和值得做的。团队成员会在沟通中集体影响彼此对意义感的认知。某些犬儒主义者可能会在整个团队里传达一种"何必呢"的态度，乐观主义者则会带来截然相反的影响，令其他成员觉得团队的工作非常重要，值得做好。当团队成员认为一项工作有意义时，社会惰化就会消失，而且整体上会比各自单独工作时更努力。

自主性是"每个成员在工作上感受到的自由度、独立性和酌情决定权"。

选择权会给团队成员赋能。团队自主性意味着每个重要决定的通过都是所有团队成员集体参与的结果。因为彼此紧密相联，没有哪个成员能单独做决定。但是，自主性并不等于团队里没有上级或顾问。兼具高度自主权和有限监督的团队远比空有无限自主性的团队要高效。IDEO 的成员都有很高的自主性，但大卫·凯利和其他团队领导者仍然会适当地进行监督。

外部影响力是团队以外的人员的重要程度，通常是指团队所在的组织对团队任务的影响程度。团队外部环境的变化时常会带来外部影响力。如果一个团队向所在组织提交申请，要求变化，而这些提案大多被忽略，没有变化产生，那就证明组织对这个团队的建议抱持冷漠态度。

↘ 传统组织的分层架构

在传统的组织架构里，决策的权力是从金字塔顶端向底端逐层递减的，而底层人员要将影响力传至顶层非常困难（见图 7-1）。

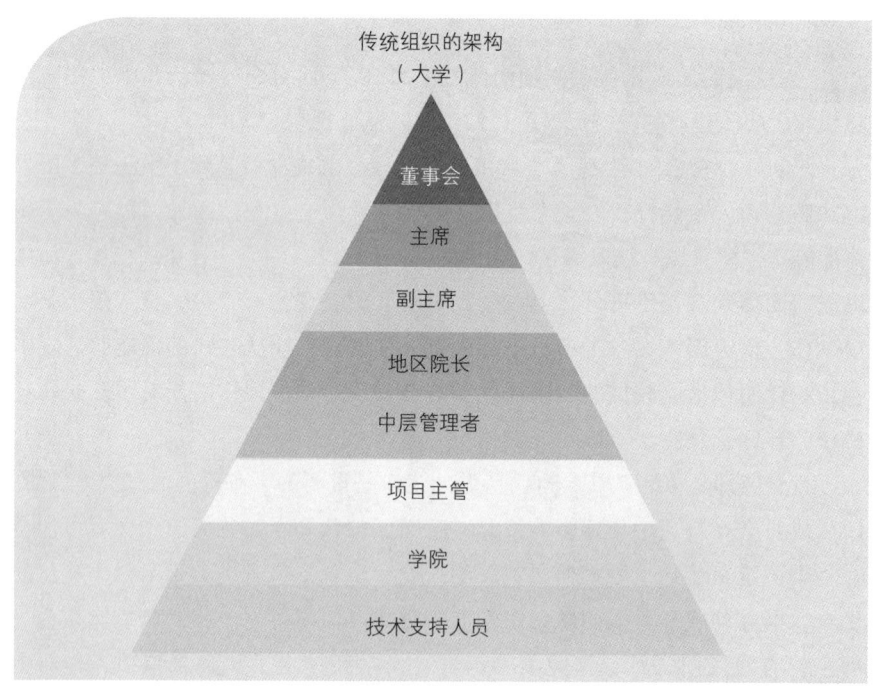

图 7-1
传统组织里的分层架构具有严格且死板的规则和角色，这令团队赋能非常困难。

分层组织：赋能的敌人　　传统的组合大多是层级结构，也就是组织成员权力分配呈金字塔型：首席执行官、主席、副主席位于金字塔顶端，接下来是高级经理、中层经理和下层管理者，最底部是一般员工（见图7-1）。这类组织的决策过程是严格从上至下进行的，位于权力金字塔顶端的人颁发法令，金字塔中部的管理者把这些指示传达给下层员工去具体执行。位于金字塔底层的员工大多数情况下不需要动脑筋，因为他们不会被邀请去参与决策和解决问题，他们的角色仅仅是"苦力"。

传统组织里的层级结构是赋能的敌人。尽管这种权力分层的确在一定程度上为组织提供了必要的架构，但如今我们需要更扁平、更灵活的组织结构。赋能授权就是把权力分散到团队中，让整个组织结构更加扁平化。这样，组织的系统会更加开放，信息和沟通会扩散到系统的各个角落，守门人对信息的把控会被极大削弱，每个人都被鼓励参与组织的决策过程。

质量圈：失败的初次尝试　　20世纪80年代，日本经历了辉煌的经济腾飞。相比之下，美国的经济却相当疲软。受到日本团队合作成功经验的启发，美国的公司也开始努力将组织机构扁平化。它们首先尝试的是建立质量圈，即一些员工自愿组成团队来完成某项具体任务或解决某个问题。这些团队往往并没有做出最终决定和落实团队设想的自主权。它们对公司的建议和意见大多数情况也会被公司高层彻底忽略，变化（外部影响力）几乎没有产生。因此，团队成员会找不到参与这些质量圈的意义感。由于缺乏自主权和意义感，到20世纪80年代末期，60%的质量圈都失败了。很多组织在建立起质量圈后不到一年的时间里，就放弃了这个失败的实验计划。

自我管理型团队：IDEO模式　　通过自我管理完成整个任务的团队被称为自我管理型团队。这类团队是质量圈的升级版，但效率更高。自我管理型团队鼓励团队赋能授权（见于案例分析"IDEO和团队赋能授权"）。在经过专门的培训和教育后，团队成员集体负责计划、安排、设定目标、决策和解决问题。他们有高度的自主性，因为他们自我管理，而正是因为成员对决策和问题解决的这种自主权，他们能够从中获得更多意义感，以及对组织产生影响力。随着自我管理型团队的成功，其团体潜能也会提高，这会进一步增强成员对团队的归属感。

>>> 案例分析

IDEO 和团队赋能授权

IDEO 是我们在第 4 章短暂讨论过的设计公司，它是赋能授权型团队的一个成功范例。实际上，由于 IDEO 的团队赋能太过高效，过去几年它甚至专门开展了一项咨询业务，为世界各地的公司出谋划策。"IDEO 的使命不仅是服务公司，还要改变公司。"

IDEO 的架构相当扁平化，公司里具体头衔很少，没有考勤钟，没有规定假期时间表。员工可以随意换到位于伦敦、东京或美国另一端的纽约和芝加哥的办公室工作，只要这些办公室里有人愿意交换。公司的设计师可以自己为团队招募新人，而不是由"老板"决定人选。IDEO 里所有的员工都可以设定自己的时间表（通常一周 50~60 小时），只要能在截止日期前满足客户所有的严苛要求就行。设计师可以选择加入自己喜欢的项目团队，有时甚至可以选择自己喜欢的项目。"这个公司扁平化、多学科的团队结构非常民主，团队能直接与客户沟通，这体现了公司的信条，'伟大的主意来自小型团队'。"

IDEO 用团队赋能取代了金字塔机构和星级系统。IDEO 里的地位由才华决定，而不是资历。正如一位设计师所说，他就会主动提出跟他们交换，然而没人愿意跟他交换。在 IDEO，大卫·凯利的办公室跟设计师的相差无几。

说："在这个公司里提升你自己口碑的唯一途径就是赢得同事的尊敬。" IDEO 的每个工作室都对工作环境拥有最大程度的自主权。每个工作室的风格都体现了在此工作的设计团队的个性。有一个工作室团队在天花板上挂了一个 4 000 美元的 DC3 机翼，只是为了显得"酷一点"。

"想要显得'酷一点'，就得摒弃层级结构，"正如事务所创始人大卫·凯利所说，"在 IDEO 工作的一条共识是，先尝试，再请求原谅，而不是先请求批准。"传统的组织会分配办公空间，然后直接由高层做出诸如"带窗户的角落办公室"之类的指示。所有个人物品都被禁止，例如家庭照、海报等。在层级结构的组织里，办公室的面积通常是身份地位的象征。IDEO 的商务发展部主管大卫·赫古德（David Haygood）说，在他之前工作的地方，19 级或以下员工只能在一个狭小寒酸的格子间里工作，而 20 级及以上的员工就有实实在在的办公室了。当公司进行人事调整时，20 级的员工会陷入激烈的面积争夺战，每个人都想抢到最大的办公室。赫古德跳槽去另一家公司后，他撕下了办公室里的假天花板，把内部喷成了黑色。他故意选了整栋楼里最差的办公室。如果有些员工向他抱怨自己的办公室是多么糟

进一步思考

1. 你觉得IDEO的赋能型团队适合所有的组织吗？什么因素会导致它在有些组织里水土不服？
2. IDEO型的公司对你有吸引力吗？请解释。你对在IDEO这类的公司里工作有何顾虑？

团队赋能授权的障碍：不要买入　团队的赋能授权会遇到4大障碍。首先组织可能会蓄意破坏自己的团队。大卫·凯利为了促进团队授权而精心构建的IDEO架构说明了一个很重要的问题，即大型组织不能跟自己的内部团队产生目标冲突。团队是组织系统下的子系统，二者紧密联系，只有组织的每个部分都支持团队赋能授权，团队才能成功。IDEO的合作型文化有利于进行团队赋能和团队合作。如果组织在内部建立了团队，却不能够为团队赋能提供充分的结构性支持，建立赋能授权型团队将不过是一句空话。当然，并不是所有的组织都像IDEO一样依赖团队，也不需要如此。对某些组织来说，成立项目小组就足够了。项目小组就是为解决眼前问题而特别设立、在问题解决后立即解散的团队。如果任务非常简单，建立自我管理型团队可能会浪费很多不必要的时间。这种情况下反而是派一两个具备专业知识的员工去解决这个问题更为高效。第二，不是每个人都能接受赋能型团队。习惯按上司指令行事的人可能无法完全适应新的责任和自主权。

有些人可能对赋能型团队抱有敌意。如果这样的话，他们就不可能成为优秀的自我管理型团队成员。对那些被委派到团队担任领导者的人来说也是如此。如果领导者需要为团队的失败负责，而团队的决定又可能跟领导者的意见冲突，就不难理解他们为何不愿意接纳自我管理型团队了。

第三，如果成员认为参与决策是个耻辱，赋能就无法进行。如果成员觉得自己只不过在例行公事地重复上级早就做好的决定，那他们会无心合作。如果团队没有得到信任去做出周密、认真的决定，或团队的选择没有得到尊重，那么成员很快会觉得整个参与过程不过是场游戏，只是为了让他们体验一下选择的快感罢了。

曾有学者回顾了47项相关研究，发现有意义的参与感能够提升员工的生产率和工作满意度。集体决策失败的原因通常是参与度过低，例如只有区区几个人被允许参与，或是团队只被允许做一些无关紧要的决定，又或者是团队的选择被上级管理者忽略了。

最后，如果奖励机制建立在个人的努力或能力上，而不是基于团队表现，团队赋能就会受阻。"这些奖励经常会降低团队成员集体协作和互相帮助的积极性，大家甚至会置团队的成功于不顾。"团体里可能会有三种奖励机制：完全基于个人绩效，赢家拿走所有奖励；按比例分配；平均分配。给所有成员平均分配奖励对团队成功最有利；而鼓励竞争的绩效制度则会带来最坏结果。平均分配奖励能够激发每个成员的动力。它也能促进团体内的双向自尊和尊重、团队忠诚度、友谊和沟通。绩效制度（赢家拿走所有奖励）本质上是竞争的，它暗示只有一部分成员是有绩效价值的，另一部分人的价值则不够格分到团队成功的奖赏。有关绩效制度的 3 000 个研究几乎全部表明这种制度要么无法产生正面结果，要么就存在严重不足，例如会招致团体分裂、士气消沉或敌意沟通。

根据个人努力和影响按比例分配奖励的制度也存在严重缺陷。"在分配奖品或福利时，大家会对每个人应得的奖励产生质疑，从而导致大量的冲突。人们若认为自己没有得到应得的部分，就会产生不满。"

↘ 建立个人责任制：提供反馈

团队责任制就是在失败时对整个团队进行批评，在成功时对整个团队进行表扬。但是团队建设也需要个人责任制，即为了实现团队的成功，每个成员的工作和表现都必须达到最低标准。如果有些成员偷懒，把工作全部推给别人，团队就没有真的在齐心协作。团队必须建立个人责任机制，防止社会惰化。团队要能发现自己的错误、疏忽和判断失误。建立有效个人责任制的前提条件之一是营造合作性的沟通气氛。团队成员既要互相监督对方行为是否有纰漏，对彼此进行描述性的反馈，也要关注彼此的进步，而不是一味批评和打击某个人（参见第 4 章关于防御性沟通和支持性沟通的讨论）。

个人责任制的标准不应该高于成员的能力范围。社会惰化者也应该得到改过自新的机会。个人责任制强调的是让所有成员的表现都尽可能地高于某个最低标准，而不是把失败推到某一两个人头上。这个最低标准需要事先经过成员的集体同意，它可能会包括：不能缺席会议两次以上，不能在会议上迟到或早退超过两次，按时完成工作，成员可以决定同事的工作是否达标。

个人责任制不等于给成员的表现打分排位，或是基于绩效进行奖励。个人责任制只会规定不允许有人打破的下限，而不是很少有人能达到的上限。关于如何跟社会惰化者相处，你可以参照第 3 章的方法。

合格团队领导

团队领导是团队合作的核心要素之一。即便是自我管理型团队也需要领导。还记得前文说过的吗，领导不是一个人，而是一个过程。一个团队可能会有指定的领导人（教练、经理、项目主管），但团队领导是所有人的责任。团队不一定需要上司的管理，但也不需要被放任自流。团队的确需要一定的指导和协助来保证目标实现。在本小节，我会带你们探索那些能够产生合格团队领导的沟通策略。

▶ 促进参与型领导：为团队赋能

团队领导者如果想要有效率，不一定非得表现得像老板或上司。团队领导者是老师和帮助者，是技能打造者。他们欢迎来自成员的输入。一个足球队的主教练可能会做很多决定，但是参与型领导要求他在制订比赛计划、调动全员积极性、处理赛季中各种不可避免的问题时，都要咨询助理教练的意见。防御型、进攻型和特殊团队的教练都鼓励来自队员们的输入，因为这样团队能及时发现比赛过程里遇到的问题，及时进行分析和解决。没人是无所不知无所不晓的，因此参与型领导鼓励大家分享知识和智慧。鼓励技能培养、授予有意义的责任、集体进行决策和解决问题都会给成员们赋能。要实现团队资源得到最大化利用，所有成员，不仅仅是教练，都要开动脑筋。如此便能提高团体潜能。记住，当球员们在球场上比赛时，他们不能指望教练帮自己思考。

正如第 6 章里解释过的，某些情境（例如军队作战）可能会需要指令型领导，但大多数团队通常都应该采用参与型的领导模式。骨科手术团队在手术中通常需要指令型领导,因为此时整个团队都必须反应迅速并高度配合。但当这个团队在思考新的手术流程、提高协调性的方法和改善团队沟通的策略时,参与型沟通就更加合适,你会希望能够跟团队成员一起进行决策和解决问题。指令型领导通常建立在恐惧上——惧怕犯错误、惧怕表现愚蠢、惧怕被责骂。恐吓式领导会"让人们停止思考"。针对员工行为组织进行的一项研究发现,70%的员工在工作中发现问题时都不会向上汇报,因为他们不敢告诉经理。那些害怕失败的人会为了保证稳妥而停滞不前。"失败是冒险的另一面,但如果你不去冒险,你也就失去了成功的可能性。"团队领导者应该尽力消除恐惧,因为恐惧会封闭系统,扼杀思考、输入、创新和成功。

↘ 坚持合作型的沟通气氛:不要理会傻瓜

优秀的团队领导者必然是一名有效沟通者,他擅长跟成员进行支持性沟通并避免防御性沟通模式。优秀的团队领导者会营造一种"失败是学习的一部分"的气氛。犯错的人被鼓励从错误中学到知识。优秀的团队领导者不会批评、嘲笑或是让一个人觉得自己很蠢,特别是不会在其他成员面前这样做。苛责犯错误的成员会助长其对失败的恐惧。

优秀的领导者还会摒弃他们的自负,鼓励合作性的沟通气氛。自我中心式的领导有时候也被称为自恋型领导。这样的领导者会把自己的需求置于团队需求之前。毫无疑问,自恋型领导者是糟糕的团队领导人。自大会招致防御性心理和竞争。

1984年,人类家园组织的创始人米拉德·富勒(Millard Fuller)找到前总统吉米·卡特(Jimmy Carter),希望能够得到他的帮助。卡特表示自己有兴趣跟人类家园合作,于是富勒列出了这位前总统有可能担任的15个职位供他选择。富勒期待着卡特能同意担任其中一到两个角色,这份列表上几乎所有的职位都是有头有脸的光鲜角色(媒体发言人、筹集善款、拍摄视频)。卡特将15个角色全部答应下来,包括成为一名建筑工。在富勒的预想中,卡特可能只会尝试做一天工人。但卡特组建了自己的建房团队,带他们搭巴士去了纽约的布鲁克林造房子。整整一个星期,卡特白天在工地上干劲十足地工作,造了一所房子,晚上跟同事睡在当地的一所教堂里。从那以后,卡特就组建了一支建筑队,每年都要做类似的事情。

试想，如果卡特要求特殊待遇的话会怎样？他可能会像个电影主角一样，摆一把锤子在地上，只有在镜头前他才会抢起锤子。当他的同事晚上睡在条件简陋的教堂时，他却睡在昂贵的宾馆里。想象一下，他这种自我中心的行径会招致多少抱怨跟失望情绪。谁还会愿意跟他一起工作、追随他的领导、以他为榜样呢？相反，卡特没有要求任何特殊待遇，虽然他曾经是这个世界上最有权势的领导人。他完全摒弃了自我需要，彻底融入建筑工人团体。当特沃克·雷恩（Tiruwork Leyew）得知这位前总统要来帮她的新家装一扇门时，她的反应是："我太震惊了。我根本不敢相信。我说不出话了。"当一名助手建议卡特邀请媒体到工地上拍摄时，卡特说："这不行。我们还没建完呢。"卡特关注的不是自己，而是这份能给穷人带来帮助的工作。

最后，优秀的团队领导者会跟成员一起制定支持性规则。要注意：这不等于领导者炮制一系列规则并强加给团队，它也不意味着成员应该无条件接受组织的政策和规则（"必须穿制服上班"或"若因病缺席工作必须在回来之后马上打报告"）。支持性规则旨在鼓励有助于团队赋能的沟通行为，而不是强制性颁布法令法规。

团队应该在成立之初就讨论制定支持性规则。"团队成员自己定下规则后，他们就会主动遵守。"所有的规则都应该有助于营造支持性环境，避免防御性气氛。这些规则可能包括"禁止人身攻击""耐心听完团队成员的发言后再做反应""平等对待每个成员""永远不要在一个成员背后说他的坏话"以及"永远要准时出席会议"。这些规则应该经过团队成员的一致同意，然后公示，数量在5~15条左右为佳。规则太少说明大家可能忽略了某些方面，规则太多则可能会造成记忆困难。

▶ 决策和问题解决：制订计划

如果团队在进行决策和解决问题时没有系统化、结构化的流程，往往会浪费大量时间在无目的、无重点的讨论上，最后却收效甚微。高效团队通常会有系统化、结构化的决策和问题解决流程，而效率低下的团队通常缺乏这一点。这里要强调的是，团队领导者在确保为团队建立系统化流程方面能够发挥重要作用。这包括团队在标准议程建立、决策共识和头脑风暴方面的流程。在第9章，我会详细讨论如何建立系统化流程，这里我先不作详细解说。

因为它可以适用于所有的小型团体，而不仅仅是团队。

总而言之，团队相比团体来说合作程度更高、成员技能更多样化、身份意识也更强，团队通常也需要更多的时间和资源。高效的团队始于集合高效的成员。优秀的团队成员能够避免自我中心主义、犬儒主义和侮辱性沟通行为，他们经验丰富、能力出色、积极乐观，还受过专业沟通训练。要建立团队合作，你需要培养团队目标和团队意识，为每个成员分配恰当和清晰的角色，充分调动团队赋能授权，还要有合格的团队领导。合格团队领导是所有成员共同参与的过程。团队领导者应该采取合作型领导风格，保持合作型的团队氛围，确保团队里有系统化的决策和问题解决流程。在接下去的两章，我会探讨高效率和低效率的决策与问题解决，这些讨论同时适用于小型团体跟团队。

提升练习

批判性思考

1. 你能想到一个不需要清晰、有挑战性的目标，也不需要团队意识和角色分配的团队吗？
2. 团队意识能绕过领导者的偏好建立起来吗？
3. 你认为团队成员在角色分配上有何种比重的话语权？角色分配应该是团队领导者的专属权力吗？

视频案例

《超级魔鬼干部》(*Gung Ho*, 1985) 喜剧 / 剧情

一家小镇上的汽车零件装配厂濒临倒闭，日本公司接管了这家工厂并用自己的管理方式让它起死回生。结合文化差异分析本片中的团队合作和团队建设。个人主义文化与集体主义文化在团队建设的过程里发生了哪些碰撞？

《光荣之路》（*Glory Road*，2006）剧情；PG

　　这是一部非常精彩的真人改编电影。故事发生在20世纪60年代，教练唐·哈金斯（Don Hasking）带领德州西部大学的篮球队挺进了美国大学篮球锦标赛决赛。在当时全国种族主义情绪高涨的背景下，他带着一支全员黑人的球队跟全员白人的肯塔基大学队展开对决。哈金斯教练做了什么来给球员们赋能？他如何培养大家的团队意识？

《成事在人》（*Invictus*，2009）剧情；PG-13

　　本片讲述了纳尔逊·曼德拉（Nelson Mandela）利用1995年橄榄球世界杯的契机废除种族隔离，将南非人民团结在一起的故事。分析本片里出现的团队建设和团队合作元素。

《冰上奇迹》（*Miracle*，2004）剧情；PG

　　本片讲述了美国冰球奥运代表队在20世纪80年代击败苏联，并挺进金牌争夺战的故事。分析这部电影里展现出来的所有团队建设和团队合作元素。

《作战室》（*The War Room*，1993）纪录片；PG

　　这部纪录片记录了比尔·克林顿参加1992年总统竞选的幕后故事，并获得了奥斯卡最佳纪录片提名。从团队建设和团队合作的角度分析本片。片中出现了哪些领导风格？

《后继有人》（*We Are Marshall*，2008）剧情/励志；PG

　　一场飞机失事击垮了马歇尔大学的橄榄球队。马修·麦康纳（Matthew McConaughey）饰演的新上任的橄榄球教练杰克挺身而出，将幸存的球员和悲痛的人们团结起来，重振雄风。以这个真实事件改编的故事虽然中规中矩，但鼓舞人心。杰克是如何从灾难的灰烬里建立起团队的？

选择题答案

　　照片（第191页）：1，2，3，4。

第 8 章

团体讨论：有缺陷的团体决策和问题解决

艾灵·简尼斯（Irving Janis）曾讲过发生在俄克拉荷马州的矿工镇皮契的一起悲剧故事。当地一名开矿工程师提醒居民，由于开矿中的失误，整个镇已经随时可能塌方，十分危险，他建议居民马上紧急避难。没人把他的警告当一回事。在当地的狮子会聚会上，镇上的头面人物纷纷拿这个过分悲观的预测开玩笑。为了嘲弄所谓紧急避难的提议，一个成员还故意背着降落伞前来开会，他引得众人哈哈大笑。但是几天之内，小镇就发生了塌方，很多拿预测开玩笑的人和他们家人都未能幸免于难。

为什么人们会忽视工程师的警告呢？我们每年都会听说类似的判断错误或灾难。例如在我自己的校区里，为什么男厕所的窗户装的是透明玻璃而不是磨砂玻璃呢？这样一来不是每个经过的人都能看到一群男人站在小便池边上吗？团体为什么会做出糟糕的决定呢？做出决定和解决问题有时是两个同义词。二者关系密切但并非全然一致。决定需要在两个或更多选项里做出选择。团体需要经过给问题寻找解决方案的过程来做出决定（例如在何处见面、用什么流程来做出选择、某个问题最好的解决方案是什么、如何执行该方案）。

问题解决里必须做出决定，但是所有决定都有一个问题等待解决。

本章的核心目的是探索有缺陷的团体决策和问题解决的根源。本章共有5个主题：

1. 分析过多无效信息对团体决策和问题解决造成的负面影响；
2. 解释思维方式在有缺陷的团体决策和问题解决里扮演的角色；
3. 探索集体推论错误对有缺陷的团体决策和问题解决造成的影响；
4. 讨论团体决策中的团体极化问题；
5. 将团体迷思作为一种低效率团体决策过程进行描述和分析。

简而言之，本章探讨的是小型团体无法进行批判性思考的原因和表现，这也是糟糕的决策和问题解决的主要原因。批判性思考要求团体成员逻辑严密地分析和评估信息，从而得出理性的判断和结论。因此，批判性思考是我们探讨小型组织的决策和问题解决过程的核心。

然而，我们要注意一个问题。俄国作家陀思妥耶夫斯基曾经强调过"每件事在失败之后都显得很愚蠢"。简单地按结果来判断决策和问题解决的优劣是误导性和不准确的。结果糟糕不代表决策和问题解决过程一定糟糕，尽管我们很容易如此联想。运气不好、有人捣乱、团体外部执行力太弱，或错误信息都可能导致不尽如人意的结果。

信息超载：输入太多

信息是团体决策和解决问题的基本原料。对有效率的团体决策和问题解决而言，足够、可靠的信息必不可少。但是，随着网络科技的发展，信息得以高速扩散，信息超载已经成了新世纪的一大难题。信息超载，即进入系统的信息数量和复杂性超过了系统的处理能力。本章会分析信息超载的范围和后果，以及决策和问题处理团体要如何应对信息超载。

↘ 问题范围：信息雪崩

据国际数据公司（IDC）统计，2010 年全球所需的电子数据总量是 120 万个拍字节（petabyte），相比 2009 年增加了 62%。一个拍字节是 100 万个吉字节（gigabyte）。因此，120 万个拍字节包含的信息相当于"地球上所有居民在一个世纪里持续不断地发出的推特"。但是由此估算，到 2020 年地球上需要的电子数据总量会比 2010 年多 50 倍。我们未来几年将要面对的信息超载程度，远远超过"难以置信"这个词所能形容的。

下面是数字媒体指数化增长的几个突出例子。2004 年，脸谱网仅有几千个订阅者，不到 10 年的时间里，它的订阅人数已经超过了 11 亿。推特成立于 2006 年 3 月，截至 2014 年初，它已经拥有了大约 2.5 亿名活跃用户。正如畅销书《世界是平的》（*The World is Flat*）的作者托马斯·弗里德曼（Thomas Friedman）评论的："当我 2004 年开始写这本书时，脸谱网、推特、云计算、领英网、无线 4G 技术、超高速带宽、大数据、Skype、系统集成芯片、iPhone、iPad 和手机应用要么根本不存在，要么还籍籍无名。"

这些电子通信技术如今在五分之一的白领看来，是他们工作能够成功和高效的核心因素。然而它们产生的海量信息大部分也是无用的。曾有一篇文

电子信息技术严重导致了信息超载和与之相关的影响。

章分析了 2 000 条随机选取的推文，发现其中 41% 的内容是类似"我今天吃了三明治"这种"无意义的废话"。但是，这些有用和无用的信息都在飞速扩散。我们在进行团体决策和解决问题时很难区分这两类信息。有研究调查了 5 个国家的职场人士后发现，白领们每天会把一半的工作时间花在"接收和处理信息"上。这些信息里有几乎一半内容"对工作根本不重要"。超过一半的员工表示由于无法高效处理信息，自己的工作质量在下降。还有一半受访者表示自己已经达到了"临界点"，再也无法应付更多的信息了。

显然，信息超载的严重性不会降低，而且还可能在未来几年内变本加厉。

↘ 后果：信息的负面作用

信息超载绝非小事。除了团体成员在巨大的信息量下不堪重负，信息超载还会给团体决策和问题解决带来三个主要的后果：

批判性思考受损：去芜存菁　信息超载有损于批判性思考。在信息过多的情况下，要区分无用信息和有用信息非常困难。事实上，汇集大量信息能够提高团体决策的信心，但是却会降低这些决定的准确度。最重要的不是信息的数量，而是信息的质量和相关性。比如说下面这道智力题：

> 假设你是个巴士司机。在第 1 个站，有 6 名男性和 2 名女性上车。在第 2 个站，2 名男性下车，又有 1 名女性上车。在第 3 个站，1 名男性下车，2 名女性上车。在第 4 个站，3 名男性上车，3 名女性下车。在第 5 个站，2 名男性下车，3 名男性上车，1 名女性下车，2 名女性上车。巴士司机的名字是什么？

不准回头读题！你有答案了吗？当然，答案就是你的名字。因为一开始这道题就说了："假设你是个巴士司机。"所有关于乘客的信息都是不相关的，只是为了干扰你的注意力，让你忘记这个非常明显的正确答案。

当我们沉溺在信息的浩瀚海洋里并四处游荡时，我们很难对这些信息进行深刻解读，也不能安静地思考和辩证地分析这些信息。我们没有时间思考，因为我们已经被数据淹没。我们过分地在意信息的数量，以致顾不上注意信息的质量是否合格。

学生们会在小组项目中意识到信息超载的问题。当你被堆得像喜马拉雅山一样高的书本和打印的互联网资料包围时，你根本无暇顾全大局。怎么才能把这些组织成一套有逻辑的东西？若要把这些信息全部看上一遍，成员就根本没有时间来进行辩证的思考和分析了。

优柔寡断：犹豫不定　　矛盾的是，把我们带入信息时代的科技几乎让每件事都速度大增，唯独让团体的决策过程变慢了（见案例分析"科技和速度偏见"）。"人们对这些过量的信息的反应……是避免达成结论。"我们会变得过于担心团体的决定被某些新的、唾手可得的而我们却忽视的事实和统计资料推翻，让团体出丑。

心不在焉：注意力不集中　　海洋一般浩瀚的信息夺走了我们的大部分精力，让我们要专注于任何一个观点、概念或是问题都变得极端困难。正如卡尔（Carr）观察到的："为了回报那些精彩的、摄人魂魄的信息，我们心甘情愿地让自己的专注度流失，注意力分散，思考碎片化。"律商联讯（LexisNexis）的调查中大约60%的受访者都认为电子通信工具会妨碍自己专心工作。例如，如果课堂或会议室里有人的手机一直在响，每个人都会受到干扰，无法专心进行决策和解决问题。

>>> 案例分析

科技和速度偏见

"那些不紧不慢的乘客浪费了太多时间，"奥的斯电梯公司总裁在1953年的电梯销售会上说，"他们知道电梯操作员会等着他们……但是无人操作电梯会在你上下电梯后的一小段时间内自动关门，"他强调道，"人们很快就能学会快速行动了。"

我们的科技让"更快"成为可能，甚至必要。一旦更快成为可能，它就会变成我们的预期。我们总认为自己"需要速度"，无论是否必要。就像心理学家津巴多（Phillip Zimbardo）解释的："科技让我们对一切在几秒钟之内完成不了的事物都失去了耐心。你希望一切都能在你按下按钮的瞬间就完成。"

20年前，刚刚问世的电脑打印机被视为奇迹，但按照今天的标准来说，当年的打印机简直慢得让人心痛。仅仅是花上数秒登入我们的电脑系统，就让很多用户坐立不安了。按键式电话发明之后，拨盘电话立刻显得笨拙又迟钝，但后来人们为了节省几秒钟时间，又发明了直拨键。联邦快递开创了隔夜到达的邮递业务。突然，平邮服务就慢得叫人难以接受。电子邮件让信息的传输速度可媲美光速。如今普通信件就变成了"蜗牛邮件"。每样东西跟电子邮件比起来,都缓慢得宛如吃了镇静剂的鼻涕虫。但紧接着,即时通信技术出现了,接下来还有手机短信、推特,推特的内容充满了缩写,又进一步提高了信息传播速度。特别是对青少年来说,电子邮件跟短信和社交网络比起来简直太慢了。斯科特·坎贝尔(Scott Campbell)是皮尤研究中心(Pew Research)青少年媒体使用报告执笔者之一,他观察到:"电子邮件无法让你随时随地地与他人联系。你必须要登录进去,而且必须处于接入网络状态。""越快越好"已经成了我们这个时代的座右铭。

但是,更快看起来更好可能是因为我们节省了时间,但是所有这些加速了我们生活的科技都不能给我们提供空闲时间来进行周密的决定。我们现在必须要"多线程工作"才能跟得上时代的速度。哈佛大学经济学家朱丽叶·肖尔(Juliet Schor)解释道:"科技缩短了我们做任何工作的时间,但是扩大了我们预期的工作量。"过去,一个团体可能有一个月的时间来完成某个报告,但现在它却必须在数天之内就拿出一份看起来很专业的报告。我们没有时间去认真反省、思考、分析、评估或决策。我们可能会陷入难以抉择的境地,或被迫在很短的时间内迅速做出决定。

在如今这个讲求效率的社会,团体讨论可能会显得无比漫长。允许每个成员都发表自己的看法似乎是"浪费时间"。一切都在催促我们赶紧行动,而不是反复推敲。我们没有耐心为了复杂的问题研究创造性解决方案。我们会想要赶快进行到下一个问题,而不是在原地打转。危机和紧急事件变多了,因为每件事好像都只剩下"最后一分钟"。在律商联讯的调查中,一半美国受访者在来不及处理工作中涉及的所有信息时,都会觉得"意志消沉"。这种一直在追赶的状态让人精疲力竭。"这是一个信息时代,但这不等于信息一直在我们的脑子里。我们有时候会觉得信息好像从我们的耳边呼啸而过,但我们却来不及吸收。"科技正在迅速消除我们生命的各种小空隙,但这未必对集体决策是件好事。

进一步思考

1. 你遇到过所在团体必须尽快做出决定的经历吗?你是如何应对的?
2. 我们应该放慢脚步吗?这一点要如何实现?
3. 这种不断提速的状态是科技的产物吗?有哪些科技让我们放慢了脚步吗?

应对信息超载：与野兽搏斗

我们不可能依靠科技发展来对抗信息超载。相反，你可以通过以下几种方式来应对信息超载。

筛选信息：取其精华 筛选信息就好像屏蔽垃圾来电一样，是一条应对信息超载的有效途径。如果你在度假回来之后，发现邮箱里躺着 200 封未读电子邮件，你应该怎么做？一种方式是使用某些软件来自动辨别来自某些特定发送者的邮件。另外，邮箱里也有专门的垃圾过滤功能来自动屏蔽来自陌生人和商家的垃圾信息。你可能会优先阅读来自虚拟团队成员的邮件。另一种科技含量较低的方法是根据标题和作者删掉那些你不会读的邮件。扫描信息内容也是筛选信息的方法之一。在律商联讯的调查里，91% 的受访者表示自己在工作中会定期筛选信息，以应对信息超载。通常，你只需瞄一眼信息内容就能判断这条信息是否与你的需要相关。

关掉科技产品：按下中止键 还有一个跟筛选信息很类似的方法就是关掉科技产品。信息超载在很大程度上是由系统过度开放引起的。在团体会议结束前，不要检查电子邮件和短信，不要发短信，不要更新你的脸谱网主页，也不要在会议中发推特。有些公司会设定"安静时间"，即让员工花半天时间聚在一起，远离电脑，禁用一切电子通信设备，从而让员工有时间专门进行思考和解决问题，互相交流和反省，而不是接受大量信息的荼毒。

专业化：了解更多、更细 当你变得专业化，你就能了解更多更有针对性的内容。有些专业化在面对信息过载时是必不可少的。如果每个人或团体都能充分处理信息，我们就不需要专家了。比方说，如果团体成员对法律所知甚少，他们就必须在团体遇到法律问题时去相信一个律师的建议。

但是要注意，当一个团体的知识范围很有限，它会更加依赖专家，更容易接受他们对现实的描述和看法，更倾向于让专家替团体进行思考。

学会精挑细选：基于团体需要 另一种应对信息过载的途径是精挑细选。由于团体成员无法关注扑面而来的所有信息，他们会基于团体的优先次序和目标来仔细选择信息。设定团体优先次序可以让成员知道自己应该立即处理哪些信息，暂缓处理哪些信息，以及完全忽略哪些信息。设置优先次序可以区分我们需要知道的和我们可以知道的信息。

限制搜索：不要贪多 我们必须在某个时间点停止搜索信息，留出时间对信息进行反思和评估。我们要有专门的时间分别去搜索、思考和决定。为团体决策设置截止日期至关重要。截止日期能强制团体在某个时间点停止搜索信息。但是这也意味着团体必须尽早开始搜索信息，而不是一直拖拉到最后一分钟。否则，在时间有限的情况下，成员收集到的信息可能会不够用。

收窄搜索范围：数据库和规律　　仅仅靠在搜索引擎输入关键词的方式搜索可能会效率低下。例如，我上次把"信息超载"这几个字输入谷歌的搜索框时，我得到了1740万条结果。显然，我必须收窄自己的搜索范围。方式之一是访问高质量的数据库。很多数字期刊提供专属的数据库，这些数据库提供的信息非常可靠，它们不是一般的来路不明的信息。

发现规律是另一条收窄搜索范围的途径。辨别规律是一个团体对抗信息超载最有效的手段。"一旦发现规律，90%的信息都会变得无关紧要。"橄榄球队如果没有准备一个具体方案（规律）就上场迎战对手，恐怕没有胜算。只有少数比赛的结果是上帝决定的。教练会向球员说明几条关键策略：跑动起来，牵制住对手的四分卫，外接手双人组队。球员都只能专注于几条策略。比赛计划能让球队的比赛简单化，它可以为球员建立起可识别的规律。

信息不足：缺乏分享

尽管信息超载是个更普遍、更严重的问题，但是信息不足同样也会给团体带来问题。信息不足指的是团体可以获取的信息量低于团体决策的需求。信息不足发生的原因经常是某个成员把控了关键信息，并且不愿意或受时间压力阻碍而没有分享给团体。

很多研究结果都显示，不分享信息容易导致团体决策质量低下。不分享信息甚至会导致灾难。曾有一项针对大型客机机组人员的调查发现，那些几乎不分享信息的机组表现要差于大量分享信息的机组。根据美国宇航局安全报告系统最近5年的报告，70%的民航空难和未遂事故都是由信息传达方式不当以致关键信息没有成功传达造成的。另一项针对空中交通管制员沟通情况的调查也发现，飞机驾驶员经常无法向空中交通管制员提供必要信息。而在信息充分传达给所有机组人员的情况下，错误操作引擎、液压系统、燃料系统、读错说明书和飞机除冰失败等问题发生的概率都会降低。

信息不足通常是由系统过于封闭引起的。这个问题的普遍解决手段是将系统的沟通适度放开。必须让团体里的所有成员都有机会接触到相关信息，从而进行高质量的决策。但是，要在信息超载和信息不足之间找到平衡点，需要批判性思考的技能。有效沟通者必须具备充分的知识，能够在特定环境里发现哪些信息跟任务直接相关，哪些是无关或关联性较低的。无关或次要信息的增加会干扰团体进行决策和解决问题。

思维定势：僵化的逻辑思维

感性思维是以特定方式看待世界的心理和认知倾向。它们会妨碍有效率的团体决策和问题解决。在感性状态下，我们只准备好接收某一部分信息，而忽略其他信息。我们习惯于狭隘地看待这个世界。

你可以试试在毫无防备的朋友身上验证一下思维模式。让他们大声拼出"商店"（shop）这个词。然后让他们迅速回答这个问题："当你见到绿灯的时候你会做什么？"绝大多数人会不假思索地答道："停下（stop）。"为什么呢？因为拼写商店这个词会让注意力集中在跟它押韵的单词上，但正确答案是不押韵的。我们的思维被设定成以特定的方式看待世界，哪怕这种方式是不恰当的。

你可能会震惊于思维定式的威力。上面那个 shop-stop 的实验还有另外一个版本。现在大声拼一下笑话（joke）这个单词。"你叫鸡的蛋白部分是什么？"大多数人可能会再一次上当，回答出"蛋黄"（yolk）。

▶ 确认偏差：片面信息搜索

确认偏差指我们会倾向于主动搜集和获取能够支持我们信念、态度的信息，忽略与我们信念、态度相左的信息。心理学家德·威斯坦（Drew Westen）在个性与社会心理协会 2006 年会议上展示了自己指导的一项研究，结果显示民主党人会持续忽略约翰·克里（John Kerry）自相矛盾的地方，而保守党人在观看小布什2004年总统选举的电视辩论时，也会有同样的反应，但两个党派的成员都热衷于发现和批评对方阵营候选人讲话里的矛盾之处。

问题：糟糕的决定和解决方案 "如果有人试图在人类的理性里找到一个值得引起高度重视的、有问题的方面，那确认偏差肯定会位列前茅。"幸存者偏差在小型团体里非常明显。确认偏差会给团体的决策和问题解决造成严重后果。高效的团体决策和问题解决的核心要素之一就是寻找决定和方案里潜在的缺陷和模糊性证据。评估正面特性和后果则远没有这么重要。因此，能够抵制确认偏差并积极在决定和解决方案里寻找漏洞的团体通常会比没有这样做的团体做出更好的选择。

有研究表明，确认偏差是造成诊断医生团队误诊的一个重要原因。而在另一项研究里，三个团体成员评价了三名应聘市场经理的候选人的简历。大家都表现出了确认偏差。几个团体成员积极分享和讨论符合自己偏好的那个候选人的正面信息，并对其简历中的负面信息避而不谈。面对自己不喜欢的应聘者，这几个成员都只会分享简历上的负面信息，忽略正面信息。不但面对面的团体会表现出确认偏差，网络团体在点评简历时存在确认偏差的可能性会比一般团体高出两倍。这些团体里几乎没有人选择最适合这个职位的应聘者。

在确认偏差无法避免甚至不容置疑的情况下我们应该怎么做呢？团体成员可能会选择将不合理现象合理化，用经不起推敲甚至诡辩的说辞来解释那些跟自己信念相抵触的信息。加利福尼亚州邪教天堂之门的集体自杀行为就是把不合理现象合理化的表现。这些成员购买了一台高能天文望远镜，用来瞻仰海尔－波普彗星和"跟在它身后的飞船"。这些成员坚信海尔－波普彗星身后有一艘宇宙飞船能带他们进入新的生命宇宙。但是这台望远镜后来又被退回店里，这些成员要求店主退款。店主询问他们望远镜出了什么问题，他们答道："我们发现彗星还算清楚，但是我们看不到它身后的飞船。"天堂之门的成员坚信是望远镜不够高清，而不是自己坚信有宇宙飞船的想法出了问题。

这种对无根据信仰的执着就是确认偏差和它的伙伴——不合理现象合理化——的结果。如果我们不肯接受有悖于信念的信息，我们就无法纠正确认偏差，就会破坏决策和问题解决过程。

克服确认偏差：一个计划 有效沟通者会通过以下步骤来克服确认偏差：

1. 寻找不利信息和证据。由于大多数团体成员都倾向于寻找有利证据，团体中必须有人负责纠错功能。你应该把寻找和分享不利信息当成个人的责任。如果你们经过齐心协力，找到了关键的不利证据，那你们的决定或解决方案就有很大的可能性被彻底推翻。

2. 积极向团体展示不利证据。坚持不懈。成员通常会忽略有悖于自己信念的信息，所以你要足够强势地坚持自我。

3. 做一个魔鬼代言人。养成质疑的习惯，质疑那些捍卫团队决策和解决方案的人的假设和说法。秉持问题取向的精神，在决策实施之前先对其进行测试。要让大家清楚知道你在扮演魔鬼代言人，以避免招致任何误解。每个人都可以在团体里扮演魔鬼代言人。如果团体建立了魔鬼代言人机制，那么进行质疑就不仅仅是某一个成员的责任。

4. 找到盟友跟你一起挑战确认偏差。特别是对女性和少数团体来说，德高望重并且思想开明的团体成员的支持尤为有用。

▶ 伪二分法：非此即彼的思维方式

伪二分法就是认为一切事物都只有相互对立的两种可能性，并且用极端的语言描述这种对立，然而这两种选择并未涵盖所有的可能性。伪二分法会用非黑即白的方式描述物体、事件和人，例如道德和不道德、好和坏、穷和富、虚伪和诚实、聪明和愚蠢等，这会让我们陷入一种狭隘的思维方式。因为我们大多数人都不是纯粹的高或矮、胖或瘦、贫穷或富有，我们大多时候处于二者的中间状态。更确切地讲，大多数物体、事件和人可能会处在一种灰色地带，而不是非黑即白（怀孕可能是个例外，因为不存在"某种程度上的"怀孕）。例如，成功何时会变成失败？一个小型团体在何时成了大型团体，或者相反？用二分法来形容事物通常都是错误的，因为现实往往处于流动状态，而不是非此即彼。

错误二分法不利于团体决策和问题解决。如果团体成员只能从两个极端去看待问题和解决方案，就很容易忽略其中广大的中间地带。例如，经济萧条期间城市议会的预算减少了，如果议会用二分法思考的话，他们只能裁员和减少公共服务（税收增加，增加公共服务和工作岗位；税收减少，减少公共服务和裁员），可能就会忽略税收以外的收入途径。

陷入伪二分法思维定式的团体可能会在某些问题上采用非此即彼的投票方式，永远想不到还有第三种选择。此时更加可行的选择可能是先推迟做决定，待团体对问题进行充分的研究，潜在的解决方案可能会自然浮出水面。

有效沟通者可以采取以下几种途径来克服小型团体中的伪二分法思维模式：

1. 对绝对的事物保持怀疑。当团体成员的争论仅限于两种极端的可能性时（例如一个方案要么都是好的，要么都是坏的），要寻求第三种甚至更多可能性。

2. 使用暂时性的表达方式。参与团体讨论时，学会用程度来描述你的意见（例如，在多大程度上某条论据是对的）。你应该用有时、很少、偶尔、大多数、通常、不太可能和适度等词汇来表达观点。避免总是、从不、不可能等字眼。

集体推理错误：非批判性思维

二战期间，有两名美国女性——一位威严的祖母和她的漂亮孙女——坐在一节火车车厢里，同车厢内还有一位罗马尼亚军官和一位纳粹军官。当火车穿过一个黑暗的隧道时，一个响亮的吻和一声巴掌打破了静寂。火车驶出隧道之后，没有人说话，但所有人都注意到纳粹军官脸上有一道明显的伤痕。那位祖母暗自想道："我孙女真棒！我什么都不用担心。她能照顾好自己。"孙女想："祖母真是老当益壮。"纳粹军官有些不悦地想："这个罗马尼亚人很聪明。他偷吻了少女，还顺便打了我一巴掌。"而罗马尼亚军官心下窃喜："这主意不错。我亲了我自己的手又掌掴了一个纳粹。"

这个故事展示了一个推理错误。推理是基于已知对未知得出结论。它们是随有事实根据的程度（推理所需信息的质量和数量）变化的一系列猜测。我们会基于自己的经历、事实数据和倾向性进行推理。上面这个故事里的事实是，所有人都听到了一个吻和随即而来的一声巴掌。基于已知事实，三名并不清楚事件具体过程的乘客各自进行了大相径庭的错误推理。

进行推理本身没有问题。人类的思维过程就是推理的过程。我们的思想能"超越已知信息"。不经过推理，我们连自己的日常生活都无法运转。你无法确保某门课一定会按课表时间进行，但你推测它会，因为过去几周它一直如此。这是一个相对安全的推理，但是推理中总会有"但是"，因为意外情况（教授生病）可能会发生。有充分事实依据的推理是有根据的猜测——虽然不总是正确，但正确的可能性较高。而基于有限和错误信息的推理是无根据的猜测——这可能会产生推理错误。

推理错误可能会给团体决策和问题解决造成严重后果。如果我们不仔细检查团体决策核心部分的重要推理，锻炼自己的批判性思维能力，我们很可能做出糟糕的决定。

问题普遍率：团体问题

格罗恩（Gouran）如此解释推理在团体决策和问题解决里的核心地位：

> 推理出现在讨论的每个阶段。无论你是在评定事实、检验观点、判断互相冲突的观点的优劣，或判断哪种备选方案更能满足特定标准，你都需要在某些时候根据已知信息进行推理。因此，你的推理结果可能会极大地影响决策讨论的效率。

个人很容易发生推理错误，这个问题可能会在团体中被放大。格罗恩称之为集体推理错误。过去的研究已经确定了集体推理错误的普遍率。团体讨论中的陈述大约有一半是推理。格罗恩曾研究了一场就政策问题展开的学生讨论，其中有80条推理，只有一条推理遭到了质疑，其余的推理都得到肯定或拓展，或是被发散出新的推理。这一点为什么很重要呢？因为做出了错误决定和无效率的决策团体在讨论中展现出的推理错误要多于有效率的团体。

集体推理错误的具体原因

集体推理错误的产生有几个具体原因，其中最重要的两点是将非典型性和相关性推断为因果关系。

非典型性：歪曲事实 某个具体的案例能够代表整个类别吗？如果答案是肯定的，那么基于这个代表性案例产生的推理就很可靠。但如果这个案例没有代表性，由此而来的推理可能就是错的。有一项研究展示了大学生由于非典型案例而产生的错误推理。大学生都相信，如果团体中有一名成员做出了某项决定，其他人都会做出同样的决定。尤其是当这个团体是其他学校的学生时，团体的这种信念愈发强烈。换句话说，我们会就某个人的表现而对其所在的整个团体产生刻板印象，即便这个人并不一定能够代表整个团体。

如果非典型性案例是生动的，那么推理错误的可能性就会变大。大众媒体不断用各种残忍、可怕、吸引眼球的戏剧化事件来吸引观众。制片人加里·大卫·戈德贝里（Gary David Goldberg）对此的看法是："如果任其为所欲为，电视台可能会直播死刑。除了福克斯，他们可能会直播裸体死刑。"然而，戏剧化的事件会干扰我们的认知。一场空难就能令上百万人不敢登上飞机，宁可开自己的车。但是一个人死于飞机失事的可能性是 1/11 000 000，而死于车祸的概率是 1/5 000。

某个戏剧化的案例可能会长期留存在我们的记忆里，使我们高估这个案例的影响，低估这件事发生的概率，这被叫作鲜活性效应。斯坦诺维奇（Stanovich）认为鲜活性效应有可能"让所有行为科学总结出来的知识都失去作用"。

2013 年 7 月 6 日发生在旧金山国际机场的韩亚航空 214 号班机空难证明了鲜活性效应。

>>> 自我测试 8-1

非批判性思维测试

阅读下面的故事。下列是关于这个故事的表述，如果根据故事里提供的信息，你可以毫不怀疑地断定该表述是真的，就勾选"T"；如果表述跟故事里提供的信息直接冲突，就勾选"F"；如果你不能确定表述的真假，就勾选"?"。你只能读一遍故事。在做完整测试前不要偷看答案。

故事

Dr. 罗斯在圣卢克医院工作。他急匆匆地冲进了314病房，山本吉正躺在床上。护士帕特·辛克莱尔（Pat Sinclair）在罗斯进门时正在忙着整理枕头。罗斯对当班的护士说："这张床很久之前就应该被收拾好。"辛克莱尔护士的脸上出现了愤怒的表情。罗斯立刻转身出门了。

1. 罗斯是一名医生，在圣卢克医院工作。
   T F ?
2. Dr. 罗斯是个急匆匆的男人。
   T F ?
3. 山本吉是日本人，躺在床上。
   T F ?
4. Dr. 罗斯进入314病房的时候，帕特·辛克莱尔正在病房里，她在整理枕头。
   T F ?
5. Dr. 罗斯对辛克莱尔护士有些生气，因为床没有收拾好。T F ?
6. 山本吉是圣卢克医院的一个病人。
   T F ?
7. 辛克莱尔护士脸红了，因为罗斯对她态度很凶。T F ?
8. 当 Dr. 罗斯进门后，他成了314房间里的第三个人。T F ?
9. 这个故事发生在圣卢克医院。
   T F ?
10. 这个故事里只涉及了三个人：Dr. 罗斯、辛克莱尔护士和山本吉。
    T F ?

人们很容易犯推理错误。看看你自己有没有这种倾向。我根据哈内（Haney）设计的"非批判性思维测试"设计了这个版本的测试。所有问题的正确答案都是"?"。无一例外，这些陈述都是基于可能存在的事实进行的猜测，并不能被已知信息所验证。这些陈述的不确定性的原因如下：

1. 罗斯是有 Dr. 的头衔但不一定是医生，Dr. 可能指的是博士、脊椎按摩师或者牙医等。
2. Dr. 罗斯不一定是男的。
3. 山本吉是有个日本名字，但不一定是日本人。这个名字也可能是婚后改名、假名或者是被收养后起的名字。
4. 帕特辛克莱尔可能是男的，不一定是"她"。
5. 根据文中提供的信息，我们并不能确定 Dr. 罗斯生气了，也不能确定辛克莱尔护士跟"当班的护士"是同一个人。
6. 山本吉可能是正在休息的值班人员或是来访者，不一定是病人。
7. 这条陈述成立的条件是，"愤怒

的表情"一定会自然产生"脸红",但实际并非如此。还有,辛克莱尔不一定是"她"。

8.房间里可能有4个人。因为辛克莱尔护士和当班护士可能不是同一个人。

9. Dr.罗斯在圣卢克医院工作,但这个故事里没有提到事件发生在圣卢克医院。

10.故事里可能出现了,4个人:Dr.罗斯、护士辛克莱尔、当班护士和山本吉。

如果我们意识不到自己正在进行推理,那我们就不可能注意到这条推理可能是错的。如果你本人不擅长识别和批判性地看待推理结果,那你想想看如果大多数甚至是整个团体里的人都在进行错误推理,决策的质量会多么可怕。

将相关性推论为因果关系:共变 人类习惯于为一切没有解释的事情寻找原因。2012年12月,亚当·兰扎(Adam Lanza)在桑迪·胡克小学杀了20名一年级学生、6名成年人后自杀,人们想知道是什么让一个人犯下如此卑劣的罪行?2014年3月8日当马来西亚航空MH370班机从雷达中消失,随着针对飞机和239名乘客和机组人员的大规模搜索,每个人都想知道飞机消失的原因是什么。我们想要解释。我们寻找一切人类行为的动机。

这也会导致错误的推理,也就是说我们倾向于从相关性(X和Y一起发生了)中推论出因果关系(X引起了Y)。相关性是两个或更多变量间持续存在的关系。相关性分为正相关和负相关。如果X增长的时候Y也增长,二者便为正相关关系(例如,随着你年龄的增长,你的耳朵也会越来越大——大自然跟我们年龄开的一个玩笑)。若X增长时Y在下降,二者即为负相关(例如随着成年人年龄增长,他们的长跑能力在下降)。

相关性的主要问题在于人们从相关性中推断因果关系(X导致Y)的强烈倾向。曾有一个大型研究团队从中国台湾收集数据,试图确定究竟哪些变量能用来预测人们使用避孕手段进行避孕。在所有的变量里,避孕手段的使用跟家用电器(例如面包机、烤箱、搅拌机等)数量之间的相关性最强。当家用电器数量增加,避孕手段的使用也会增加(通用电气对生命没有益处吗?)。以此推论给每个高中青少年发一台免费的微波炉或电子搅拌机就能降低青少年的怀孕率正确吗?我相信你肯定会觉得这条建议非常可笑。

避孕手段跟家用电器之间的相关性生动地说明了,在有些情况下,即便具备非常强烈的相关性,也并不等于因果关系。家用电器的数量更有可能反映的是屋主的社会地位和受教育程度,而避孕手段的使用无疑跟这些因素关系更为密切。斯蒂芬·杰伊·古尔德（Stephen Jay Gould）说过："毫无疑问，我们这个世界里绝大多数的相关性都是非因果的。"他又进一步提出："错误将相关性假定为因果关系可能是人类理性中最常见和最严重的谬误之一。"

我曾经在课堂上目睹过将相关性视为因果关系的推理错误。请看这段发生在我课堂上某个小组里的对话。

  J：我认为我们应该将主题定为死刑。我刚刚写了一篇有关它的论文。我们可以证明死刑是有用的。在很多存在死刑的国家里，谋杀案的犯罪率都下降了。

  A：是啊，你看过执行死刑的视频吗？非常恶心。如果死刑过程非常痛苦的话，大多数罪犯在杀人之前可能都会再考虑一下自己的决定。

  B：但我听说的是，在有人被执行死刑之后，谋杀案的犯罪率会立即上升。我不认为死刑是减少谋杀案的有效方法。

在这个简短的对话里，小组成员仅仅基于一个相关性就做出断言，仅凭一点常识性推理就敢肯定自己错误推理的正确性，然后又引入了另一个被假定为因果关系的相关性来反驳死刑的有效性。相关性不等于因果关系。

▶ 错误纠正：进行批判性思考

为了能够在团体讨论里实现纠错功能，有效沟通者必须分辨出推理错误的原因。积极关注团体推理错误的原因能够防止错误决策的产生。换句话说，团体成员必须利用自己的批判性思维能力来促成有效决策的实现。

在下列条件下，团体讨论能够促进高质量决策的形成：

1. 周密分析推理的正确性；
2. 推理要建立在正确和充足的信息上；
3. 团体里至少有一名成员能够发挥影响力，引导团体进行高质量的决策。

注意最后一点。哪怕一个人也能阻止或最小化团体决策中的推理错误，因为一个人就能影响整个系统。

团体极化：极端非批判性思维

研究者过去都相信团体成员会无可避免地相互影响，使集体采取比个人的本意更高风险的行动。这被称为风险偏移现象，常见于青少年团体，例如互相煽动对方一起做傻事或危险的行为。美国国家儿童健康与人类发展中心曾于2005年发布过一份针对青少年司机的调查报告。研究的总负责人邓恩·亚历山大（Duane Alexander）说："我们发现如果车里有其他同龄人，特别是男性同龄人乘客，青少年司机的危险驾驶行为就会增加。"另一份更加近期的研究结果也吻合这些发现：我们通过冒险在同龄人面前出风头。

然而，也有几百个研究发现了充分的证据，表明团体有时候会发生保守偏移，而不是风险偏移。因此，团体的决定倾向于极化。

↘ 极化：从极度冒险到极端保守

团体极化是团体在进行决策时容易做出比成员独自决策时更为极端的决定，这种决定有可能更冒险也可能更保守（团体极化不意味着团体成员间的分歧会变得更明显）。如果团体里有明显的大多数成员倾向于某个方向（冒险或保守），团体就容易做出极端的决策。

例如，在一项研究里，60个参与者被分为10组，每个组由5~7人组成。有一半的小组来自"自由"的科罗拉多波得地区，另一半小组来自"保守"的科罗拉多温泉地区。研究者要求所有的小组就三个有争议的问题展开讨论：平权法案、同性婚姻和全球变暖。最初倾向于自由派的团体在经过讨论之后对这些问题的看法变得极端自由，而保守的团体变得更为保守。在讨论之后，平权法案、同性婚姻和应对全球变化这些话题对自由派团体变得更加有吸引力，而对保守派的吸引力则降低了。在很多不同文化下的各种研究里，我们都能够发现组织团体极化的影响。

如果一个团体中的大多数成员本身略微倾向于冒险，那么团体会变得比任何个体成员都更加热爱冒险；若团体中大多数成员略微倾向于谨慎行事，那么团体会变得比任何一个成员都更加小心翼翼。但如果团体中喜欢冒险和小心谨慎的成员恰好一样多，团体极化就不太可能出现。这时就会达到折中，

西班牙潘普洛纳的奔牛节告诉我们，团体经常会鼓励冒险举动，有时候甚至会做极度危险的事。

或者说去极化。

团体极化不一定总会导致错误决策，但走向极端可能会带来问题。梅耶斯（Myers）和毕晓普（Bishop）认为"走极端"的后果在互联网上尤为突出。导致团体极化的因素"在互联网上随处可见，所以如果我们偶然闯进一场讨论，发现团体里的成员都坚定地抱有一些奇怪或极端的观点，这一点也不出奇"。

这些极端观点有很多鼓励高风险甚至蛮横的政治手段（例如对中东使用核武器、刺杀政治家）。

当然，团体极化和糟糕的决定不止存在于互联网上。"9·11"恐怖袭击事件就是一例——思想接近的人在交流和互动中产生了团体极化的结果。在他们的极端团体里还有其他忠实信徒借用自杀式炸弹进行大规模屠杀。

↘ 团体极化成因：社会比较和说服性论据

团体极化有两种主要的解释。第一种是社会比较（规范性影响）。这种观点预设个体会根据团体规范来判断自己应该冒险还是谨慎行事。个体会在团体讨论之后发生转变，让自己更加符合团体的期待。如果大多数团体成员本身都倾向于冒险，谨慎的成员就容易向主流靠拢。如果大多数成员本身都更喜欢谨慎行事，则所有的成员都会觉得自己应该更加小心。

第二种主流解释是说服性论据（信息性影响）。当团体中的成员接触到了自己独自做决定时没有接触到的信息和论据，他们的态度行为就会发生偏移。一般来说，在团体讨论里支持主流观点的论据出现得越多，这些论据看起来就越可信、越合理和有说服力。同时，论据越是原始和非冗余，团体极化就越严重。随着这些论据在讨论中被不断重复，它们会把团体的冒险或谨慎决定不断合理化。自然而然，如果团体里的主流人群倾向于冒险（或谨慎行事），支持这个倾向的论据通常也会更多。

除了社会比较和说服性论据，研究者还发现了其他少数会催生团体极化的情况。当团体较大，团体成员对彼此不够了解，以及当团体成员都知识渊博并对问题非常了解时，团体的决定就会倾向于冒险。当决定具有高度不确定性时，后果可能很严重；而当冒险成功的概率较低时，团体的决定就会倾向于保守谨慎。团体中非正式领导者的个人偏好也可能会极大地将团体引导向极化。文化可能也是原因之一。例如，美国的团体更可能朝着冒险的方向发生极化，而中国的团体更可能朝着保守的方向极化。冒险可能会破坏和谐，特别是当结果很糟糕的时候。

◈ 对抗团体极化：必要步骤

我们可以采取一系列途径来应对团体极化的问题。首先，鼓励团体在讨论时以多角度看待问题。团体极化产生于统一观点和压制异议。第二，如果没有任何团体成员提出不同观点，以口头或书面的形式向团体成员提供有理有据的材料，让大家严肃讨论和思考。这可能是委员会主席或指定领导人的责任，但成员也可以提供这样的材料。第三，如果团体讨论里有协调者，无论是事先安排的或是自然产生的，这个角色都应该积极鼓励大家考虑相反的观点。扮演魔鬼发言人能够减低破坏性极化产生的可能性。最后，如果可能的话，在采取坚定的立场之前，先进行公开的讨论。例如，法官经常会建议陪审员在充分讨论证据之前，不要对被告人无罪或有罪进行初轮投票。团体一旦公开宣布了自己的立场，就很难收回了。如果团体中的绝对主流先明确表达了自己的观点立场，团体就可能会产生极化。

团体迷思：批判性思维的假死状态

社会学家埃尔文·詹尼斯（Irving Janis）在分析了大量争论之后认为，珍珠港事件、猪湾失败、水门事件、越南战争和美国其他的历史性错误都源自一种有缺陷的决策过程，他称之为团体迷思。詹尼斯将团体迷思定义为"一种团体成员为维护团体的凝聚力、追求团体和谐共识，而不能现实地评估其他可行办法的思考模式"。

▶ 普遍条件：过度寻求凝聚力和共识

凝聚力和它的好伙伴谋求共识，是发生团体迷思最常见的两个条件。詹尼斯并不认为所有追求凝聚力和共识的团体都会产生团体迷思，它们是团体迷思产生的必要但非充分条件。显然，一个人心涣散的团体可能会把大部分时间和精力都耗费在内部的人事动荡上，无暇顾及任务。同时，凝聚力对团体可能是非常正面的因素。团体迷思根植于过度的凝聚力，是团体极力对外部展现自己团结的结果。一个团体越团结，产生团体迷思的危险性就越高。在团体规模增长时情况尤为如此。当团体成员过分关心如何达成一致、避免冲突和保持友好关系时，批判性思考和有效率的决策就会被牺牲掉。

没有成员必须公开表达反对意见。因为团体中往往会有坚不可摧的寻求共识的规范，因此团体的批判功能经常一声不吭地停摆。成员经常看不到那些应该被质疑的观点和立场，以及其他值得研究的方案。即便他们的确意识到了这些问题，他们可能为了随大流而随大流。

团体迷思不是所有决策失误的原因。信息超载或信息不足、思维定式、集体推理错误、团体极化或者偶尔的犯傻都会铸成大错。但是，正如詹尼斯所说，团体迷思的确是原因之一，有时还是主要原因。在下文中，我会对支持詹尼斯这种说法的证据进行一一总结。

↘ 识别团体迷思：主要症状

詹尼斯列举了团体迷思的 8 大症状，他将其归为三大类。我会按照他的三个归类来讨论这 8 个症状。

高估团体的力量和道德水准：自负 一直有人说珍珠港事件源自美国军方的自以为是。珍珠港被认为坚不可摧。珍珠港的美军统帅轻视了日本人的攻击力。由于美国的鱼雷飞机要求至少 18 米的水深才能够发挥作用，而珍珠港水深只有 9 米，因此他们忽视了鱼雷飞机的力量。他们没有考虑到日本人已将鱼雷飞机改装得可适应浅水作业的可能性。珍珠港舰队自以为无敌的幻觉瞬间化为噩梦。

这种自以为无敌的幻觉是很多严重事故的前兆。2010 年的墨西哥湾漏油事件就是例子之一。据报道，当时有一名英国石油公司的操作人员向上司报告称，一些橡胶材料似乎表明井中的橡胶密封件已经损坏，而上司的答复是："那不可能。"

2010 年墨西哥湾的深水地平线石油钻井平台起火爆炸事件就是一个盲目自负导致灾难的典型例子。11 个人在事故中丧生，超过 2 亿加仑的石油泄露进海洋，足够一台丰田普锐斯汽车沿着赤道绕世界 18.5 万圈。超过 1 000 千米长的海岸线被污染。4 年以后，泄露的石油仍然在洗刷着海岸。

福岛核反应堆被设计为最大能承受 8.6 级地震，部分原因是有些地震学家认为这个地点不可能发生超过该级别的地震。同时专家预测核电站附近的海浪最高不会超过 5.7 米，并据此设计了海啸墙。然而在 2011 年 3 月 11 日，日本遭遇了 9 级地震，伴随而来的海啸掀起了 15 米高的巨浪，将福岛核电站吞没，导致了反应堆堆芯熔化和严重的辐射泄露。地震海啸造成近 2 万人死亡。

除了盲目自大，团体有时还会高估自己的道德水准。美国自以为较高的道德意识促成了猪湾事件。毕竟，这个行动的目的是要推翻卡斯特罗的政权并解放古巴。这种对团体道德水准的深信不疑就是团体迷思的症状。

思想封闭：过于想当然 思想封闭的团体拒绝相信可能会动摇其基本假设的警告或负面信息，并会将这种行为合理化。"哥伦比亚号"航天飞机在起飞时，机翼被一块泡沫材料击穿，导致飞机在返程中解体。美国宇航局明知道过去曾有航天飞机被泡沫碎片击中，却没有给予航天飞机工程师足够的警告，提醒其注意碎片可能造成的灾难性后果。因为他们预设了泡沫碎片不会给航天飞机的飞行安全带来严重问题。

思维封闭造成的另一种团体迷思是认定敌人都是虚弱、愚蠢、微不足道或邪恶的。这种刻板印象会导致团体做出轻率的决定。珍珠港舰队曾对日本人抱有"侏儒民族"的刻板印象。林登·约翰逊（Lyndon Johnson）在越南战争期间对北越南人的看法充满了种族成见："没有飞机的话，我们会任凭这些手持小刀的黄色小矮人摆布。"肯尼迪总统的智囊团认为卡斯特罗和他的军队不过是个笑话。但真正的笑话是他们自己的进攻计划，美国派出了 1 400 个古巴流亡分子去攻打卡斯特罗 20 万人的军队。稍微会点算术的人都会把这个计划枪毙掉。布什政府虽然在 2003 年赢得了伊拉克战争，但他们也大大低估了使其恢复和平的难度。

保持统一的压力：展现一致性 团体迷思的最后一类症状是所有的成员都不得不保持意见和行为统一。有时，这种压力不是直接的，但有些情况下它也可能非常直接。当团体成员都会自我审查时，这种压力就会以非直接的形式呈现。自我审查就是预设团体里有一个非常明显的共识。由于大家默认彼此意见统一，怀疑和反驳的重要性就被最小化了。沉默被视为赞成，这会造成所谓的"集体无意识"。团体成员内心可能有所怀疑，但是每个人都预设其他人都同意，因此不想做"出头鸟"，在这种情况下，没有人会进行质疑会提出反对意见。所以，就产生了一致的错觉。即便有人表现出不同意的迹象，团体也会出现对异议者的直接压力，将这种质疑声压制下去。此时，不服从对团体来说正如暴风雨之于一场户外婚礼。最后，团体会通过信息控制来消除不统一。团体里会有"卫道士"主动保护团体免受那些可能会打破集体错觉的不同信息干扰。

这个系统拒绝所有可能破坏统一性的负面影响。约翰·肯尼迪决定进行猪湾行动之后，他的弟弟罗伯特劝阻了所有想劝总统放弃这个计划的人。美国财政部长保罗·奥尼尔（Paul O'Neil）说，乔治·布什在任时，副总统迪克·切尼（Dick Cheney）和他的团队设法将"总统包围在赞美里"，隔绝了任何对2003年伊拉克战争的反对意见。

一个团体不需要展现出团体迷思的所有症状。正如詹尼斯解释的，团体可能并不会表现出某些症状，但只要你能明显看到某些症状出现，就足以预料团体迷思带来的不幸结局了。他认为，"一般来讲，一个团队越频繁展现出这些征兆，它的决定就会越糟糕。"

▷ 预防团体迷思：提高警惕性

要预防团体迷思，我们必须成为警惕的决策者。充满警惕的决策要经过以下几个步骤。首先，也是最明显的，成员必须在团体迷思刚出现时就辨认出它。哪怕只有一个成员认识到了团体迷思正在形成并且积极向团体指出这个问题，团体迷思就有可能被避免。

第二，团体必须将地位差异最小化。地位较高的成员的影响力远超地位低的成员。如果一个地位较高的领导者采用了指令式的领导风格，情况就格外危险了。因为这可能会造成强权崇拜。这种个人崇拜可能会产生荒谬甚至灾难性的后果。

天普大学药剂学教授、《医疗事故：原因和预防》（*Medication Errors: Causes and Prevention*）一书的作者迈克尔·柯昂（Michael Cohen）和尼尔·戴维斯（Neil Davis）认为，医生处方的准确性很少遭到质疑，即便这个处方毫无意义也是一样。医生经常告诉护士要做什么（指令型领导），而护士则生动展现了对强权的盲目崇拜。一位外科医生要求向病人的右耳朵（right ear）里滴一些滴耳液治疗感染。他将处方缩写成："放在R耳（R ear）里。"护士旋即将滴耳液滴入了病人的肛门里（英文rear指屁股），病人和护士都没有质疑这个明显不合常理的处方。

更严重的是，在一个研究里，机组人员被要求在极端天气和超低能见度下进行模拟飞行。在机组成员不知情的情况下，机长假装丧失能力，犯了足以导致灾难的严重错误。让航空公司高层们震惊的是，25% 的航班都坠毁了，原因是没有机组人员敢于纠正机长的错误判断。维克（Weick）认为，这种权力崇拜正是造成史上最严重民航事故——1977 年空难的原因之一。所以说，团体里的地位差异会催生团体迷思，如果这些地位差异伴随着不提倡成员参与的指令式领导，问题就会更突出。

作为地位较高的成员，团体领导者对于最小化团体内的身份差异负有最主要的责任。在每个人都有机会表达意见之前，领导者可以先保留自己的观点。作为一名管理培训咨询师，迈克尔·伍德拉夫（Michael Woodruff）曾经这样解释员工对上司的不同意见："如果我提出了一个自己感觉很棒的观点，而我的员工并不赞成，那他们只能违抗我。但是如果我只是中性地表达了意见，那么员工更有可能坦率表达出自己的不赞同。员工们极少批评老板全力支持的观点。"地位较高的团体成员也有可能会在某个问题上摇摆不定，这样也会鼓励大家公开表达各种不同意见。

第三种途径是寻找能够挑战正在形成的统一意见的信息。估计当下的选择可能有哪些负面后果，这是有效率的决策团体的标志。与此类似的是，在团体里建立一条规范，将讨论过程里的不同意见合法化，是预防团体迷思的终极途径。少数不同意见能促进团体发散思维，会有效预防团体迷思，优化决策。这种鼓励不同意见的规范可能需要被纳入团体工作流程。如果没有合法程序来保证备选方案会在团体会议里得到讨论，团体就可能会产生迷思。

预防团体迷思的最后两种途径，主要有以下几个办法。第一，安排一到两名成员扮演魔鬼代言人。当团体里的主流意见和方案产生之后，魔鬼代言人就要提出质询。这可能经过多个提案、质询的轮回，直到包括魔鬼代言人在内的整个团体都对决策完全满意。要克服团体寻求统一的倾向，这种做法非常有效。但是，斯坦福大学的杰弗里·费弗教授（Jeffrey Pfeffer）观察到："不幸的是，在很多公司和决策团体里，魔鬼批评法并不经常被采用，这可能就是诸多糟糕决定产生的原因。"

第二，采取辩证探寻法。这个程序跟魔鬼批评法非常类似，但它由团体内部的一小组人提出一个跟主流提案相反的提案并为其辩护。所以说，团体内部会就两个截然相反的提案展开辩论。最终团体可能会从二者中选择其一，但也可能将两种都拒绝，转而寻求其他解决方案，或者在两者中选择一个折中方案。魔鬼批评法和辩证探寻法都对预防团体迷思非常有效。

第三，安排一个成员扮演提醒者的角色。这是一个正式指定的角色。提醒者会用不冒犯任何人的方式对集体推理错误、确认偏差、伪二分法和其他团体迷思的症状进行提醒。这也是对抗团体迷思的一条有效途径。团体迷思是团体做出糟糕决定的主要原因之一。识别出团体迷思的症状并采取手段防止其发生，无论何时都对优化团体决策质量至关重要。

总而言之，团体成员必须运用自己的批判性思维能力。团体中决策和问题解决的质量会被信息量、思维定式、推理错误、团体极化和团体迷思严重影响。

如果团体成员能够学会应对信息过载和信息不足、识别和打破思维定式、避免或纠正集体推理错误，及时发现和应对团体极化并避免团体迷思，那么决策和问题解决的质量就会更高。

提升练习

批判性思考

1. 我们已经有了个人电脑等节省人力的科技手段来处理大规模信息，为什么信息过载仍然是一个问题？

2. 为什么当问题带有感情色彩时，集体推理错误更可能发生？

3. 如果凝聚力对小型团体来说是一种正面元素，为什么它还会导致团体迷思？

> **视频案例**
>
> 《一望无际》(*No End in Sight*, 2007) 纪录片
>
> 本片讲述了美国如何开始了伊拉克战争和随之而来的种种灾难。根据这部影片对战争的刻画来阐释确认偏差、推理错误和团体迷思。
>
> 《十三天》(*Thirteen Days*, 2000) 剧情；PG-13
>
> 本片讲述了古巴导弹危机的13天，但并不完全准确。肯尼迪政府避免了它在猪湾事件中犯下的团体迷思错误。分析是什么防止了团体迷思在古巴导弹危机中的形成。
>
> 《虎！虎！虎！》(*Tora! Tora! Tora!*, 1970) 剧情；G
>
> 这部电影至今仍然是描写珍珠港事件最好的影片，它从两个角度看待了这场给美国造成空前灾难的战争。从团体迷思的角度分析导致这场进攻的一系列事件。

第 9 章

团体讨论：有效率的决策和问题解决

每个学期，大约有 15 000 名学生在加利福尼亚州圣克鲁兹的卡布利洛学院就读。要简化这么多人的注册流程绝非易事。几年前，卡布利洛的新校长和校园的其他部门一起来到了教授委员会，展示了一份方案，提议将所有注册流程都集中在一座建筑里。这个主意并非毫无意义，但它却选择了一个不恰当的时机。整个简化流程预计要花费 550 000 美元，学校里的很多服务设施都需要重新装修，会带来诸多混乱。当时学校正在进行一个需要 2 亿美元的翻新工程，增加另一个翻新项目只会影响工程质量、等级，还可能引起学校师生的抵触心理。

在教授委员会的提案会上，大家一再地要求校长展示该项目的迫切性。学校已经通过一个建筑规划，会在 5 年内将所有的注册流程合并到同一个地点，同时几乎所有的学生早已习惯了在网上注册，所以他们对校园内的联络需求微乎其微。校长无法提供支持这样一个紧急简化计划的数据。然而，学校董事会通过了这项提案，因为校长保证简化流程是迫在眉睫的需要。很快学校翻新完成了，但是这项计划明显在很多方面都犯了错误，学校需要再进行一次预算合理的翻新来纠正校长的错误计划。

无疑校长需要成立一个校园委员会来深入调查学校是否需要这样一项改变方案，而结论也待定。推迟这个项目有利于将来制订出一个更为周详的计划，节省大量金钱，也会避免在学校造成不必要的大规模混乱。

卡布利洛学院的注册项目显示了为团体决策和问题解决制订高效流程的重要性。本章的主要目的就是研究团体决策和问题解决的流程。为了达到这个目的，我们有5个主题有待讨论：

1. 解释能够产生高效决策和问题解决方案的讨论流程；
2. 研究有利于促进团体成员有效参与的途径；
3. 描述举行高效决策团体会议的方法；
4. 讨论汇集和评估团体决策和问题解决所必需的信息的途径；
5. 解释创造性解决问题的几种技巧。

讨论程序

本小节会讨论进行有效团体讨论的指导原则和程序。在讨论里采用系统化方法非常重要。我会特别强调标准议程。

阶段和功能：概述

所有决策团体和问题解决团体都会呈现清晰可辨的阶段。它们会经过特定的路线来做出决定和得出解决方案。

多重次序模型：决策阶段　最广为人接受的决策阶段模型是普尔（Poole）提出的多重次序模型。在多重次序模型的描述里，团体活动有三个活动轨迹：任务轨迹、关系轨迹和主题轨迹。团体不一定要以同样的速度或规律经历三种轨迹。有些团体可能会在进行任务讨论之前将大量时间投入到关系（社会）活动中，其他团体可能会立刻开始任务。团体也可能在进行任务讨论的同时，伴随着需要被解决的关系冲突。

团体主要经过三条路线来做出决定。第一条路线被称为单一次序轨迹。采用单一次序轨迹的团体会刻板地、一步一步地做出决定。第二条路线被称为复杂循环。这类团体会循环往复，先关注问题，再关注解决方案，再回到问题，以此类推。最后，第三条路线是方案取向。团体会对各种可行方案进行讨论，但对问题本身几乎不加分析。团体最经常采用的是复杂循环，较少采用方案取向，最少使用的是单一次序轨迹。

普尔的多重次序轨迹强调，团体讨论不一定都会沿着单一的、可预测的路线发展。团体讨论会有几种不同的方式。多重次序模型描述了团体最经常采用的几条路线。但是，功能角度则规定了普遍情况下高效团体决策和问题解决应采取的程序步骤。

功能角度：系统化　遵循系统化程序的讨论比没有章法的讨论效率更高，决策质量更好。结构化理论假定规则能够让团体成员理解决策系统的运作。没有清晰的程序规则、非结构化、自由发展的团体讨论往往会有这样的缺点：浪费时间、效率低下的无目的思考、过早关注解决方案（方案取向）、很容易接受第一个看似合理但未必是最佳选项的方案、讨论离题或主题跳跃、被最能叫嚣的成员控场、无法解决团体冲突。

没有一套系统化的讨论程序能确保决策和问题解决高效完成。"真正能决定成功的是每个阶段的表现和必要功能的执行情况。"刻板地按照一套既定步骤行事，例如单一次序轨迹，可能会扼杀自然讨论，也会显得过于呆板。但有些情况下，例如学生和教授委员会会议便会按照既定的议事程序和具体议程的指导进行，这尽管略显刻板却保证了办事效率。

任何系统化讨论程序的步骤都应该是指导性的，而非指令性的。这些程序应该允许团体返回之前的步骤。需要讨论的任务越复杂，复杂循环就越有可能出现。照着预先安排的顺序按部就班地讨论可能会错过灵感的火花，团体需要不时地回顾过去，解决已经讨论过的问题。

无论团体在决策和解决问题时沿用了哪种顺序，团体决策的质量都部分地取决于成员们系统化发挥5个批判性决策功能的能力。这5项功能包括：问题分析、建立评价标准、汇集备选方案、评估方案的正面结果以及评估方案的负面后果。这个功能视角也体现在标准议程讨论顺序中。

标准议程：结构化团体讨论

约翰·杜威（John Dewey）描述了一种理性解决问题和决策的流程，他称其为反省思维——一套结合科学手段进行定义、分析和解决问题的逻辑步骤。杜威提出的反省思维的直接产物之一就是标准议程。它对团体决策和问题解决来说是一套非常高效和结构化的方法。标准议程更强调问题本身，从而避免过早地考虑方案（方案取向路线）。卡布利洛学院的合并注册提案恰恰是忽略了这一点。标准议程有6个步骤。本小节将以卡布利洛校内吸烟问题为例来解释这套流程。要注意，跟学院校长的提案不同，这个问题已通过系统化的团体讨论得到了妥善解决。

问题界定：问题是什么？ 确切地说，这个问题应该是一个开放式问题，即这个团体必须考虑哪一类问题。这些问题可能会分为事实类、价值类或政策类。团体要根据问题的本质做出选择。事实性问题是指某件事在多大程度上是真的（或假的）。团体需要采用客观证据来回答这个问题。"二手烟会危害不吸烟的人吗？如果是的话，这些危害是什么？"这就是一个事实性问题。价值性问题要评估某个物体、观点、时间或人的必要性。"允许在校园内吸烟会提高任何人的生活质量吗？"这就是一个价值性问题。客观证据无法给价值性问题带来任何明确答案。例如，生活质量便是无法被科学判定或量化的。它的答案建立在人们对世界的主观感受上。吸烟者可能会觉得烟味令人心旷神怡，但不吸烟的人可能会觉得这股气味非常恶心。政策问题即是否应该采取某些行动来解决某个问题。"我们应该对校园吸烟政策做出哪些改变？"这就是政策性问题。

一旦某个问题被界定为事实性、价值性或政策性问题，我们就要对其涉及的模糊概念进行明确定义。"生活质量"需要得到更为准确的描述（没有强烈异味、避免接触可能会引发呼吸疾病的污染物等）。"校园吸烟政策"也需要被进一步解释，这样团体才能清楚了解现阶段校园吸烟政策的具体规定。

问题分析：原因和效果 明确问题之后，团体会搜索和汇集信息，从而确定问题的严重性，了解问题会带来何种危害或影响，以及造成这个问题的原因。校园吸烟问题在卡布利洛学院由来已久。不吸烟的学生不停地向学生会抱怨这个问题。学生会专门组织了一场公开听证会来收集信息和了解问题严重程度，现场的学生情绪失控。一个捍卫"吸烟者人权"的学生跟不吸烟的人说:"如果你不喜欢我们抽烟,你就退学。"而一个不吸烟的人戏谑地建议"抽烟的人应该被公开鞭打"。经过重重争论和研究,学生会得出结论:学校的吸烟政策过于宽松,由此带来了很多风险并招致强烈不满。要注意:在研究可行方案前先对问题进行分析固然重要,但过度分析或因为分析太多而优柔寡断,同样也有损高效决策,它会让一个团体无法着手工作,更别说做出决定了。

方案准则:设定标准 团体可以通过一些标准来评估决定和问题的解决方案,这些标准统称为准则(见案例分析"不同准则产生不同结果")。2007夏天,美国电影协会发布了"100部最佳美国电影"。《公民凯恩》(*Citizen Kane*)名列第1,它在1997年AFI的类似榜单上同样是第1名。如今的大学生可能大都不理解这一选择。《公民凯恩》上映于1941年,是一部黑白电影,里面的尸体都是假的,按照今天的标准,这部电影的情节沉闷又枯燥,特效跟今天的声光效果相比更是让人不忍直视。如果你不清楚美国电影协会在评选电影时采用的准则,你很难理解这份百佳影单的选择和排名。

若你知道他们主要以"对美国电影的制作产生过重要影响"为标准,那你大概就能更好地理解为何《公民凯恩》位列百佳片单榜首。如果"娱乐价值"是最主要标准的话,这个排名就显失公平了。但是即便知道了选片的准则,你仍然有可能不同意其决定,但至少你们的讨论有了基准。准则能帮团体判定决定是否有意义并行之有效。

团体应该在有人提出解决方案之前先建立用以评估方案的准则。这可能必须经过大量的讨论。还有些情况下,他人早已定下准则(例如法官指导陪审员如何在谋杀案里使用法律准则"合理质疑"),但并非所有准则都是平等的。团体必须考虑每条准则的相关性和恰当性,除非你口味相当小众(也有人会说是可疑),不然用"流了几桶血"或是"性爱场面的数量"作为准则来给电影排名都很不靠谱。

校园问题专案组在解决吸烟问题时参照的几条相关和恰当的准则包括:保护不吸烟者的健康、易于理解和实施、避免令任何一个团体(吸烟者或不吸烟者)边缘化、开销低于5 000美元,以及维持舒适的校园环境。这些准则按优先级排序,委员会的排序正是我上文陈述的顺序。

>>> 案例分析

不同准则产生不同结果

建立恰当的准则是团体进行有效决策和解决问题的关键。如果你是一名面试官，任务是为某项重要工作招聘一名员工，那么制定招聘准则将有助于你从成百上千个应聘者里排除明显不合格的人（也就是连最低标准也无法达到的应聘者），选出值得考虑的人选和脱颖而出的人才。

在《美国新闻》（U.S. News）的最佳大学名单上，威斯康星大学名列第9。但是在《福布斯》（Forbes）的榜单里，这个学校却排在415名。这两个排名间的巨大差异是由杂志的不同标准造就的。《美国新闻》排行榜主要以同行机构管理人员的评估、学生留存率、师资力量、生源、主要财政来源、校友捐款数和毕业率为准则。而《福布斯》排行榜的主要准则是学生满意度、研究生成功状况、学生债务、4年内毕业率和学生竞赛获奖情况。尽管两家媒体的准则有所重叠，但更多的是差异。实际上，有6家不同媒体对美国大学进行排名，它们分别是《美国新闻》《福布斯》《华盛顿月刊》（Washinton Monthly）、《吉普林个人金融杂志》（Kiplinger）、《时代高等教育》（Times Higher Education）和《世界高校学术排名》（Academic Ranking of World Universities），你可以找到30条不同的准则。在这30条排名准则里，没有任何一条是被6家媒体共同使用的，更有22条是只被一家媒体采用的。毫无疑问，这6家媒体对高校的排名也大相径庭。因此，选择恰当的准则会显著影响团体的评估结果。

任何一份榜单，不论是最佳高校、最佳工作还是最佳影片，都可能每年一变，特别是有时候评选机构会改变自己的评选准则。在《福布斯》改变了自己的高校排名准则之后，威斯康星大学的排名在2013年从415位跃至68位。

要确保你的团体明智地选择准则，详细讨论团体一致觉得哪些准则对达成目的最为重要。如果你要雇一个大学讲师，你会选择最优秀的教师，还是教学水平尚可但能兼顾教学与科研并帮学校赢得声望的老师？没有适用于所有团体的完美准则。准则永远都是个有争议的话题。

明确团体的主要目标（例如雇用尽可能好的教师），然后再建立最有可能帮你们实现这一目标的准则。

选定准则之后，团体还要明确每条准则的度量。例如，用学生在"教授打分网"（ratemyprofessors.com）上对教授的评价来衡量"讲课质量"很不可靠，因为里面只有非常小型的自选样本，而不是随机样本，所以没有代表性。团体可以通过大量的讨论来找到合适的准则和与之匹配良好的度量。

进一步思考

1. 由学费构成的基金应该基于什么样的准则来使用？哪条准则可能是最有争议的？
2. 你认为给美国的高校排名应该采用哪条准则？为什么？

方案建议：收集备选方案 团体要进行头脑风暴寻找可能性方案（具体的头脑风暴见本章后半部分）。专案组在吸烟问题解决方案上提出的可能性包括：在校园内全面禁烟、规定禁烟区、在校内指定地点建立遮雨棚方便吸烟者在恶劣天气下吸烟、只允许在车里吸烟、只允许在停车场的车里和车外吸烟。

在收集了一系列提议之后，团体应该弄清楚方案中每个模糊或让人费解的地方。有所重叠的方案应该合并为一个方案。

方案评估和挑选：由准则决定 下面这个故事生动说明了这一步的重要性。一名军队新闻发言人企图找出办法把敌人的潜艇逼出海面。他的解决方案是什么呢？把海洋烧至沸腾。迷惑不解的五角大楼官员问他怎么才能实现这一点，他回答道："我不知道，我只负责做决定，你负责具体实施。"但他的方案根本令人无从下手，所以我们必须找到每个提案的优点和缺点（避免确认偏差）。此时魔鬼代言人和辨证探寻法都是很有效的手段。

根据事先决定的准则来审视每条方案。例如，抽烟政策要优先考虑保护学生、老师和工作人员的健康。在所有的建议方案里，在校园里全面禁烟最符合这条准则。但它无法避免将吸烟者边缘化。感到孤立的吸烟者可能会退学，导致学生人数大幅下降，学校损失大量金钱。在指定地点抽烟似乎也是一条可行方案，而学校也初步实验了这个方案，但如果没有贴出地图，吸烟者很难判断学校的指定吸烟地点在哪里。事实证明，这个方案太复杂，执行起来困难重重。也有学生投诉说，学校的抽烟地点没有完全配备遮盖设施，以致有时候他们必须暴露在极端恶劣的天气环境下抽烟。这又跟"保持舒适的校园环境"的准则冲突了。而为了解决这个冲突去为吸烟者修建遮阳或遮雨棚又过于昂贵，远远超过5 000美元的预算。只允许吸烟者在车里抽烟也不现实，因为变相禁止了那些骑自行车和使用公共交通工具上学的人抽烟。最后，允许在停车场的车内和车外抽烟看起来既能够保护非吸烟者的健康，并且简单易懂，开销也低于 5 000 美元（学校在停车场四处安放了一些成本极低的混凝土烟灰缸），而且最大限度地避免了将吸烟者边缘化，因为他们仍然被允许在校园内抽烟，只是受到一定限制。这个方案唯独无法完全满足"保持舒适的校园环境"这个准则，因为吸烟者仍然不能完全避开恶劣天气。但是他们可以在车里抽烟，或是在两个有遮雨棚的大型停车场里吸烟。

在选择方案时有三个主要的决定方法：多数决原则、少数决原则和共识决策。本章的下个小节会深入讨论每个方法的优缺点。校园专案组使用了共识决策法（一致原则），教授和学生委员会以及学校的董事会使用了多数决原则。只允许在停车场抽烟的规定得到了董事会、教授和学生委员会三方的认可。这条法令让卡布利洛学院成为美国最早在禁烟问题上做到这个地步的大学之一。最近这条法令又被重新提起，学校准备讨论是否将其进一步修改为全面禁烟，因为很多其他高校已经在这样做了。

方案实施：贯彻始终　决策型团体常见的一条失败原因是在做出决定之后没有贯彻执行。有研究发现，企业只能成功实施 30% 的战略举措。库尔特·卢因（Kurt Lewin）的力场分析法（force field analysis）能够用来有效规划执行方案。力场分析法的具体做法是，借助头脑风暴总结出能推动变革的驱动力和阻碍变革的制约力。能推动卡布利洛学院实施新吸烟政策的驱动力是学生的抱怨、不吸烟者对自身健康的担忧，和学校对不吸烟者可能会退学的担忧。阻碍这项政策实施的约束力主要是大家对变化天然的抗拒心理。

变革对我们大多数人来说都不容易。外包咨询公司 EquaTerra 的一项研究显示，82% 的受访者认为企业变革的第一大阻碍来自"对变化的抗拒"。另一项针对全球 80 个国家的商界领袖开展的调查显示，大多数人认为"变革或多或少等于企业在走下坡路"，而这造成了变革的阻力。变革疲乏、糟糕领导和"一点点失败的沟通"都会促成这种抗拒。

以下 5 种方式有助于减少成员们对变革的抗拒和方案实施过程里持续存在的制约力：

1. 正如前文所说，若成员参与了变革的规划和决策过程，就更有可能接受变革。强行变革会招致心理抵触，进而产生变革阻力。

2. 如果变革对成员没有威胁性，就更容易被接受。在吸烟问题上，校方最担心的是学生是否会因为学校对吸烟过于宽容而退学，另一方面学校又考虑到若政策过于严苛，吸烟者也有可能退学。

3. 如果变革与成员个人的需求直接相关，成员就更有可能接受变革。卡布利洛学院里的绝大多数学生都不吸烟，过于宽松的吸烟政策会直接影响他们的生活质量。

4. 如果变革随时准备好接受修正和调整的话，变革的遭遇阻力就会少一些。这次吸烟政策改革，在必要的情况下学校还会对其做进一步的修订。

5. 影响团体系统对变化的适应能力的三个因素（程度、速度、需求度）应该被纳入考虑。卡布利洛学院没有全面禁烟，以防过度变革；阶段性地实施政策（先在指定地点试验），防止变化太快；并且召开了听证会了解变革的需求度。

采用PERT网络分析法（计划评审技术），小型团体能够有效应对决策执行过程中遭到的抵抗力。PERT网络分析法的步骤如下：

1. 明确计划的最后一步是什么（例如只允许在停车场抽烟）。

2. 具体说明最终目标实现之前的必经步骤（例如获得学校董事会的批准）。

3. 将事件按时间先后顺序排列（例如，项目组必须先得到学生和教授委员会的认可，然后是学院校长的认可，最后才能申请董事会的批准）。

4. 如果必要，将整个流程制成图表，以方便追踪实施情况（只有在执行步骤繁多时才需要这样做）。

5. 列出事件之间所需的活动、资源和资料等（例如在向学生和教授委员会做方案展示之前，先召开一次战略会议，在请求学院校长同意之前也要这样做）。

6. 建立执行时间线。估测每个步骤所需的时间。

7. 保证所有的时间安排能跟现有的截止日期（例如学年马上要结束）相匹配。视需求调整你的行动计划（例如，根据学院校长的时间表随时调整你们的预约时间，让项目尽快完成）。

8. 确定每个成员应承担的责任。

团体决策原则：多数决、少数决、共识（一致）原则

正如前文提到的，原则能帮助团体实现自己的目标。它们能够增强系统的稳定性，减少变动。多数决、少数决和共识原则是团体决策的三个基本原则。三者均适用于团体的标准议程。

案例分析

墨菲定律

2011年3月11日,一场9.0级的地震袭击了日本东北部沿海地区并引发巨型海啸,冲垮了福岛县第一核电站防护设施,导致了放射物泄露,大量居民被迫紧急避难。4月1日,美国广播公司新闻报称核电站的防护设施"受损过于严重无法修复"。2011年5月底,国际原子能机构的检测团队发布了一份报告,明确指出日本政府低估了海啸的危险性,面对灾难准备不足。

墨菲定律认为,凡是可能出错的事必会出错。团体常常犯的一个错误就是,忘记墨菲定律的存在,没有将纰漏和事故的可能性最小化。当然我们避免不了人为失误或运气不好。系统越发展,重大事故的发生率就越高。2010年的墨西哥湾原油泄露事件就证明了这一点。深海石油开采本身就非常复杂,充满危险。那些应该对这场灾难负责的人没有充分意识到墨菲定律的存在。2011年1月11日,负责原油泄漏事件的全国调查委员会发布了一份报告,其中总结道:"一系列特殊而又可以避免的人为及工程失误是灾难发生的直接原因。"不能对错误和意外未雨绸缪可能会造成灾难性的后果。这场事故导致11名钻井工人丧生,并把大约2亿加仑的原油泄露进墨西哥湾。

我在第4章提过的,获得了巨大成功的旅居者号火星车,在投入使用之前经过了大量的测试。工程师大卫·古儒尔(David Gruel)专门负责解决这台火星车可能遇到的一切问题。他在一个模拟火星表面的"沙盒"里对旅行者号进行了测试。旅行者号团队需要预先知道火星车可能面对的任何困难。古儒尔和他的同事认真对待了墨菲定律。旅居者号通过了沙盒里的每一项测试,最终在火星上取得了巨大成功。

在团体讨论的方案评估和挑选阶段,团体应该设法预料并解决任何可能的错误和纰漏。同时,团体应该准备备选方案和应急程序。这样一来,成功的可能性虽然不是百分之百,但会得到极大的提高。至少错误的结果和影响被最小化了。

进一步思考

1. 你能举例说明团体决策中本可以利用墨菲定律避免或最小化错误的情况吗?
2. 团体在执行方案和决定之前先规划好可能出错的地方永远都是明智的做法吗?这会不会像犬儒主义一样扼杀团队精神呢?

多数决原则：专制或是实践　多数决原则在美国是一个很流行的决策方法，没人会对此感到意外。它决定了《美国偶像》《与星共舞》(*Dancing with the Star*)、《幸存者》和其他竞赛类电视真人秀的冠军。美国的民主政治体制就是建立在多数决原则上的，但是团体里的多数决原则跟政治体系中的多数决原则不完全一样。少数团体的权利受到《人权法案》的保护。国会立法不能侵犯个人的自由权利，但大多数小型团体并没有针对少数派的保护措施。多数决原则下，团体的决策质量可能会出现严重问题。多数派的立场有时是可笑甚至危险的。黑帮纪律就是多数人专制的产物。种族主义、性别歧视和美国的其他偏见都是多数决原则的产物。

研究曾比较了采取多数决原则和一致原则的陪审团（俄勒冈州要求 10 比 2 的多数决，路易斯安那州在重罪上要求 9 比 3 的表决结果），结果发现小型团体在运用多数决原则时存在几个缺陷。首先，审议时间会大大缩短，严谨程度也会降低。在达到多数决需要的人数时，审议就会结束。这会降低错误被纠正的可能性，有时甚至会导致严重后果。其次，少数派的参与度和影响力会降低，这意味着团体没有充分利用资源。第三，陪审员对团体的整体满意度会降低。少数派会觉得自己的观点被忽略了，而审议的气氛通常也更加剑拔弩张，出现更多的霸凌和强迫。

尽管多数决原则有缺点，它也有一些优点。当问题不是非常重要，或团体必须较快地做出决定，以及当所有成员对最终决定的承诺都不重要时，多数决原则可能会很实用。对于相对不重要的问题，多数决原则能省时省力，迅速将问题解决，避免在决策的精确度上浪费时间。随着团体规模变大，多数决原则可能会成为民主决策的必要手段，因为在较大型的团体里取得共识更为困难。

少数决原则：数个类型　决定权不一定总在多数派手里。作为一种决策方式，少数决原则会在多种情况下发生。首先，团体指定其中一名成员作为决策专家。这种方式帮团体成员节省时间和精力。但是，由指定专家做决定绝大多数时候效果都不好。要决定谁才是团体里的专家并不容易，甚至是不可能的。缺乏团体输入同样也无法产生协同作用。

第二，由指定的权力机关（通常是当前团体外部的机关）为团体做决定，该机关可能会先听取团体成员的讨论，也可能不会咨询他们的意见。由专家进行决策的方式在企业里很受欢迎，因为它能增强层级权力结构，并且非常高效。卡布利洛学院合并注册的提案主要是由学院校长制定的，尽管学生和教授委员会都表示反对。有时候团体能够对权力机关提供建议，有时不能。由于团体没有无限的上级权力机关，这种决策方式也存在缺点。指定权力机关的决策质量很大程度上取决于他是不是一个好的聆听者。如果团体讨论仅仅是形式，那么整个决策过程就无法从集体智慧的火花中受益。由于权力分配不平等，团体成员可能会为了争取权威人士的注意力及给对方留下深刻印象而互相竞争。成员可能会开始像权威人士报告他想听到的内容，而不是他们应该听到的内容。如果权威人士鼓励不同意见，并且不会惩罚直言不讳的成员，他就能从各种不同角度立场的观点里获益匪浅。

第三，在有些情况下，执行委员会必须被授予决定权，因为团体整体的工作压力已经超过负荷，或者时间非常紧张，此时的挑战就是劝说团体在决策中退居二线。

最后，强势的少数派可能会主导相对弱势的人群，替整个团体做出决定。在极少数情况下，如果少数派是由知识最渊博、最忠诚的成员组成，这不失为一种有效手段。但是，更多的情况是，占主导地位的团体成员会过多关注个人利益，而罔顾团体利益。

一致性原则：共识　有些团体会采取一致性原则。陪审团就是最好的例子。要劝说团体里的所有成员一致同意任何事情都并非易事。团体共识建立在一致性原则上。共识是"团体成员所有合理个人需求都被满足的情况下达成一致的状态"，并非所有的一致决定都是真正的共识。

真正的共识需要意见一致、承诺和满意。所有的成员必须统一团体的最终决定，但是共识并不要求每个成员在个人偏好上达成统一。共识通常需要有得有失。如果所有的成员都能对某个可接受的选项表示赞同，即便这个选项并非每个人的第一选择，那么你也已经达到了真正的共识。团体达成了一致意见后，成员必须愿意在外部人士面前维护这个意见，而不是表里不一。这就体现了承诺。最后，我们很少对自己几乎没有参与的意见有所承诺。真正的共识需要成员有机会在团体讨论和选择中发挥影响力。因此，团体成员必须对决策的过程满意。霸凌某些成员强迫其服从不会让对方满意。满意来自合作性的团体氛围，并需要让所有成员都有一定的机会有意义地参与到团体的决策中。

采用共识原则的团体往往会比采用其他原则的团体做出更好的决定。共识原则要求充分讨论所有问题，每个成员都必须相信决定是好的，并且少数派的意见也能被听取。如果团体里的多数派是男性且采用了多数决原则，女性成员往往就会保持沉默。但如果团体采用一致性原则，女性就更加乐于表达意见。在共识原则下，成员会对自己决定的正确性更加自信，也会对整个团体更为满意。如果团体成员在共识原则的使用上已经有了一定经验，那么团体做出的一致决定就会格外有效。

然而，采用共识原则有两大限制条件。第一，要让团体成员达成一致意见非常困难。尤其是当问题涉及个人情感或时间有限时，没完没了的讨论会花费大量时间。与多数派意见相左的成员会延长辩论过程，想要速战速决的人会更加沮丧。第二，当团体规模扩大时，共识就变得尤为不可能。15~20人的团体很少在任何事情上达成共识。但努力寻求共识，即便是一个难以实现的共识，仍会让大家获得共识的种种好处。

以下几点建议有利于团体达成共识：

1. 遵循标准议程。将团体讨论结构化，而不要漫无目的地东拉西扯，这样能够提高团体达成共识的概率。

2. 建立合作性的团体氛围。支持性的沟通模式能促进共识的实现，防御性的沟通模式则会阻碍共识达成。

3. 明确正在进行中的决定的优缺点。在黑板、白板、大平板电脑或电脑屏幕上列出决定的积极和消极方面，让所有人都能看到（要避免确认偏差）。

4. 讨论所有成员的担忧之处并尽量一一解决。努力找到能让每个人都满意的解决之道（避免团体迷思）。

5. 避免对抗性的、要分出输赢的争论。不要钻牛角尖。要想办法打破僵局（避免"非敌即友"的伪二分法）。

6. 要求"袖手旁观"。袖手旁观意味着某位团队成员对集体决策持续持保留态度，但面对面时并不阻止集体选择（避免阻挠者的角色）。

7. 避免用扔硬币或利益交换的方式来回避冲突（"我这次会支持你，但下次你也得支持我。"）因为我们的目的是做出高质量的决定，而不是避免冲突。要积极寻求不同意见。回避冲突的技巧往往也无法形成对团体决定的承诺（抵制团体迷思）。

8. 如果做到了以上几点，你的团体依然无法达成共识，你可以寻求绝对多数共识（至少2/3的成员达成一致同意）。绝对多数共识虽然得不到所有成员的支持，但至少能保证大多数成员意见一致。当然，如果团体里有一小撮顽固分子强硬地抵制住了大多数人的意见，绝对共识仍然会导致僵局。共识或者是接近共识的状态，并非总能实现。

参　与

只有当团体成员积极、有效率地参与到决策过程中时，标准议程和团体采取的决定原则才能够行之有效。尽管成员的参与对团体协同效应非常重要，但也没有团体欢迎讨厌鬼或只会提供错误信息的人的参与。但是，团体成员的低参与度，尤其是那些一向活跃并不吝于贡献各种想法的成员参与度低，可能会对团体的有效性产生严重影响。在本小节，我们会讨论文化多样性和参与度之间的关系。我会给你们提供一些如何让低参与度的成员更积极地对团体做贡献的方法。

➷ 文化多样性和参与：沉默是金吗

自第二次世界大战以来，日本于 2009 年首次开启了陪审制度。参与陪审团审议并决定案件走向这件事一开始对日本市民没有什么吸引力。因为日本人的文化里很排斥在公开场合表达意见、争论不同观点，也不喜欢质疑权威。为了保持对权威的尊重，案件结果通常由三名法官决定。这个新的制度由三名经过训练的法官和 6 名随机挑选的市民共同判案。

日本在正式开启陪审制之前进行了上百场模拟演示，但在多场训练之后，民调显示有 80% 的日本人对参与陪审心存恐惧。在模拟陪审中，如果没有主持案件的法官督促，陪审员大多数时候都保持沉默，无法参与案件审议。在亚洲国家，陪审制度的缺失并不少见。例如，韩国也直到 2008 年才建立了陪审制度。

在日益复杂的跨文化教育环境里，教师面临的一大挑战就是如何提高班级中某些少数族裔学生的参与度。少数族裔在团体决策中的贡献始终低于主流族群。在参与某项调查的小型团体中，76% 的团体里参与度最低的成员都是亚裔。

为什么这些成员在小型团体决策中不愿意口头表达意见呢？首先，不同文化对口头参与决策的重视程度大为不同。我们都知道，美国文化在选择领导人时往往不会过多考虑沉默的人，表达能力在美国备受重视。在个人主义文化中，说话是展现自我个性的方式。相反，集体主义文化和共生文化并不推崇说话能力。来自集体主义文化传统的学生通常会觉得在课堂上发言太多是自负和肤浅的表现。在柬埔寨、中国、日本、泰国和越南，寡言少语的人反而会受到重视。中国有句格言："言者不知，知者不言。"而在日本人看来，"沉默是种美德，代表着敬畏和信用"。在商务沟通中，日本人、中国人和韩国人比美国人更容易出现长时间的停顿和沉默。正如安德森（Andersen）解释的："在佛家文化的传统里，安静少言的人才能领会佛祖精神，获得知识、真理和智慧。"

第二，少数族裔相对缺乏有效沟通的能力，这也限制了其口头参与团体讨论。在大学里，少数团体作报告和与他人沟通的能力相对较差。这不止是因为英语是少数族裔的第二语言，也是因为主导团体讨论的成员可能比较有攻击性，很少考虑他人的感受，使得少数团体处于相对弱势的地位。

第三，少数团体在讨论中的低参与度可能会导致其对团体的承诺较弱，而微弱的承诺可能会导致团体成员意识不到少数成员参与的价值，或者主导团体的成员跟少数团体间的文化差异会导致少数团体对团体的归属感较低。

如果充分利用文化多样性的资源是团体的重要目标，挖掘多样性的内在协同潜力似乎也非常重要，那么想办法让美国的少数族裔积极在团体讨论中发言自然非常重要。在下一个小节，我会提供一些鼓励低参与度成员建设性参与团体决策的通用手段，这些手段也适用于少数族裔成员。

鼓励建设性参与：调动低参与度成员的积极性

要促进团体成员的建设性参与，我们可以采取以下几种途径。首先，鼓励低参与度成员做贡献，尤其是要鼓励那些自身文化背景并不推崇主动性的少数族裔成员积极做贡献。通过向寡言的成员提出开放性问题，来获取对方的输入（例如"大家都有什么想法？"）。当低参与度的成员发表意见时，要让对方知道他的意见得到了足够重视，你可能还需要感谢他们的贡献。

第二，要制造跟低参与度成员的兴趣相关的话题和问题来展开讨论。当成员参与自己感兴趣且切身相关的工作或者有挑战性的工作时，他们的贡献度就会增加。

第三，给低参与度的成员分配具体的任务和责任。当一个人被具体安排了某项重要任务时，他们就不太可能袖手旁观，等着别人去负起责任。如果低参与度成员相信自己的努力会影响团体的最终决定或产品，他们就更有可能主动参与进来。

第四，建立合作性的团体氛围。这对来自集体主义文化的少数族裔尤其重要，因为他们在这种氛围下会感觉更舒服，更有归属感。

第五，鼓励魔鬼代言人和辩证探寻法。这两种方法不但能抵制团体迷思，而且能促进所有成员的建设性参与。这两种手段强调积极表达不同的意见和观点，充分分享信息，公开讨论不同意见，以及周详评估所有备选方案，魔鬼代言人和辩证探寻法能够极大地提高少数族裔成员的参与度。

召开有效率的会议

狂热的棒球迷和保守的专栏作家乔治·威尔（George Will）在说到他不喜欢橄榄球的原因时，评论道："橄榄球集合了美国生活的两个最糟糕的特点。它是时不时被委员会会议打断的暴力行为。"

喜剧大师戴夫·巴里（Dave Barry）曾比较了会议和葬礼，发现自己似乎更喜欢葬礼。他解释道："二者的主要区别是大多数葬礼都目标明确，而会议从不会真正地埋葬一样东西。"如出一辙的还有保险杠贴纸上的一句话："会议是工作的反义词。"某个调查的结果也刚好符合这些对会议的负面评价，85%的公司执行官都对公司会议的效率和效果表示不满。尽管有种种负面评价，但会议是团体决策和问题解决里不可或缺的一部分。本小节会告诉你如何控制会议这个怪物。

❧ 团体会议：好的、坏的和丑陋的

"会议是团体和团队的核心活动之一。团体决策、问题解决、意义制造和沟通都要在会议中得以实现。"会议能有效为团体节省时间，提高生产率。塞西莉亚·夏普（Cecilia Sharpe）曾管理过一个 6 名成员组成的审计团队，她认为团队成员应该直接跟彼此沟通协调，于是试着取消了每周的团队例会。但当她做出一份修改审计时间表的计划之后，发现取消团队例会将损失 18 个工时。团队成员为了在电话上讨论这份提案，一共要中断工作 102 次，但保存团队会议的话，只需要中断 7 次。决定推迟了两天，而且没有人对最终决定满意。会议能够让大家面对面地探讨彼此的意见，每个人都有机会对众人表达自己的观点，并接受团体成员的一致评估。

团体会议不一定要变成团队恐惧症的来源，但是它们确实常常被视为浪费时间的麻烦事。人们经常觉得团队会议的质量很差。商业咨询师米歇尔·纳什（Mitchell Nash）列举了人们对团体会议的几大抱怨，比如会议常常没有清晰的目标、参与者常常没有准备、核心人物缺席或迟到、讨论经常转移到无关紧要的聊天和话题上、有些与会者支配会议并压制讨论、会议上做出的决定没有生效。会议中还可能会沟通失败，例如批评其他成员或一味抱怨却提不出解决方案、浪费太多时间分析和描述问题、在某个细节上过分纠结等，都会让会议显得无聊又可怕。如果能够很好地解决这些问题，会议就会更加高效。

▶ 主席和成员的责任：控制会议怪兽

无论由谁来主持召开小型团体的会议，他都有特定的责任。但这些责任里并不包括使用议事程序。议事程序是一套用来指导会议进行的规则（比如《罗伯特议事规则》）。议事程序适用于大型、正式的团体（美国议会），也适用于一些有正式责任的小型团体（董事会），但是对大多数小型团体来说，这些规则过于死板和僵硬。它们会破坏有创造力的讨论和决策过程。假设你的项目小组正在会议中为某项任务寻找有创意的方案，你却要求大家注意"程序问题"或"提请表决"，或者是当一个由亲密的同事或朋友组成小型团体开会时，你说出了"我提权宜问题"或"我动议将这个问题予以搁置"之类的话，大家可能会吓一跳，甚至哈哈大笑。小型团体在召开某些会议时可以使用议事程序的缩写版本，例如跳过技术术语，但做出明确的和有意识的动议，采用正式投票，在发言前征求主席同意等。尤其是当小型团体在讨论争议性话题时，缩略版议事程序是行之有效的。

效率高、效果好的会议能够中和成员们对会议的负面态度。作为主席，你可以采用以下几种方式来组织会议，以实现高效和高质量的决策。

1. 只在必要的时候召开会议。不要仅仅因为你规定了每个星期二下午是开会时间就去召开会议，你应该把会议当成为推动某个话题研究的机会，或者是跟同事们讨论新想法的场合。如果这些活动无须经由会议便可完成，那么就不要开会。我们人生里一个小小的惊喜就是忽然收到通知说："会议取消了。"只有当某个问题需要马上得到回应，团体的参与非常必要，成员准备好了对某些话题进行讨论，以及关键人物都能够出席时，你才应该召开会议。

2. 要联系上每个参与者。要通知每个与会人员会议的目的是什么（"在抽烟政策上做最后的决定"）；时间、地点和会议时长；以及每个参与者需要携带什么材料来参加会议。在律商联讯对职场人士的调查中，25%的受访者表示他们每周至少会因为"日程沟通问题"错过一次会议。要将会议的日程安排清楚地通知到每一个人。

3. 准备一份清楚的会议议程，并提前几天发给所有的与会者。缺少议程是会议失败的主要原因。议程应该列出亟待讨论的话题（见表9-1）。如果议程必须要配置阅读材料，要确保这些材料足够简洁，并且跟讨论密切相关。

4. 采用程序性的沟通来完成团体目标。要为所有的话题提供准确的信息，将复杂的问题解释清楚，纠正概念错误，特别是要保证讨论切题且一直朝正确的方向发展。这些程序性的沟通能改善团体的决策。无目的的讨论效率极低，还会让会议了无生气，强迫收听者忍受乏味、伤神、让人昏昏欲睡的唠叨。罗纳德·里根曾经讥讽道："我已经下命令，只要事关国家紧急事务，随时将我唤醒，即便我正在参加内阁会议。"要保证每个话题都有恰当的讨论时间。会议一开始，就要指定一位计时人员。如果某个话题的讨论超时，团体要决定是延长该话题的讨论时间，还是直接跳到下一个话题。时间限制能加快会议的步伐。要尽可能地让会议简短一些，全体成员会对你不胜感激。

不要让任何与会者霸占讨论时间和主导讨论。你可以用"让我们听听其他人的意见"和"谁有不同观点吗"的方式来打断话痨。如果某个话题适合采取投票的方式，那你就要求大家进行举手表决。不过要注意只有在所有人都有机会表达各自的观点之后，才能发起投票。

5. 在会议接近尾声时留出一点时间来搞清楚会议的目的是否达到。如果还有未完成的内容需要进一步的投入工作和讨论，要安排好下一次会议的时间。如果团体已经做出决定，就必须监督这些决定的执行。这通常是会议主席的责任，但是所有的与会者也都有义务进行监督。

6. 尽快分发会议备忘录。应该指定一位与会人员记录会议内容并制作会议备忘录。备忘录应该写明会议讨论了哪些内容，每个人具体说了什么，采取了什么举措，以及尚有哪些内容留待讨论和决定。备忘录要记录下会议的精髓。不要试图用翻版会议议程表敷衍了事。同时，不要记录机密信息，语言要保持中性，不带偏见（"弗雷德吓坏了""吉米垮台了"或"斯蒂芬妮苦苦哀求"等表述都缺乏中立性）。

会议主席有义务主持高效且有质量的会议，但团体成员们同样要负责任。在《我们这样开会》(We've Got to Start Meeting Like This) 一书中，莫斯维克（Mosvick）和尼尔逊（Nelson）提供了一些重要的小诀窍，教我们如何在会议中自我指导。它们包括：讲话时要有条理，不要东拉西扯；只有当你的观点有实际贡献时才说话；直截了当且清楚地提出你的意见，并尽可能使用论据来支持这些观点；仔细聆听讨论，公正地表达相反的意见。如果某个成员进行不恰当的抱怨、讲话偏题、批评其他成员或垄断讨论，其余成员应该纠正他的干扰行为。（"我们不要批评别人，让我们讨论一下能解决的问题吧。"）要记住，有效率的领导是一个包含整个团体的过程，而不只是一个人。

批判性思维和有效决策

团体成员必须在标准议程的每个阶段都运用自己的批判性思维能力，从而最大限度地实现有效决策。因此，你的主要关注点应该落在如何收集信息和如何批判性地看待你收集的信息上。

搜集信息：积累输入

团体的输出可能不会超过团体能够从成员身上获得的输入。错误或过少的信息很容易导致集体推理错误（见第 8 章）。在标准议程的 6 个阶段里，团体都需要收集信息，这也应该得到所有团体成员的重视。团体应该进行分工。

>>> 表 9-1

团体会议的议程范例

事务型会议议程（学生议会会议）
日期
地点
下午 2：00～3：30

目的：每两周一次的例会
I. 召集全体成员，介绍所有新成员
II. 总结上次会议内容（5 分钟）
III. 议程的附加内容（2 分钟）
IV. 委员会报告
　A. 学生费用委员会（5 分钟）
　B. 学生活动委员会（5 分钟）
　C. 学生联合委员会（5 分钟）
V. 官员报告
　A. 财务主管报告（5 分钟）
　B. 主席报告（10 分钟）
VI. 已有事务
　A. 课本价格（10 分钟）
　B. 校园停车问题（10 分钟）
　C. 校园酒吧问题（5 分钟）
VII. 新的事务
　A. 校园电脑配置（5 分钟）
　B. 校园安全（20 分钟）
VIII. 为下一次会议制定议程（5 分钟）
IX. 休会

讨论型会议议程（课程工作组）
日期
地点
下午 3：00～5：00

目的：讨论课程改革和认证的进程
I. 目前课程的进程是怎样的？
II. 目前课程的进程里主要存在哪些问题？
III. 这些问题的原因是什么？
IV. 哪些准则能够判定理想的课程进程？
V. 我们有可能对课程的进程做哪些改进？
VI. 在大家提出的改进建议里，哪一条看起来最可行？为什么？
VII. 这些改进建议有什么缺点吗？

部分成员可能需要侧重于特定的内容（例如问题的原因和影响），而其他成员也要各自对不同的内容进行研究（潜在的解决方式）。

要获得最具有时效性的信息，可以使用互联网。你需要时间来学会使用合适的搜索引擎和专注于你的研究。如果需要的话，你可以咨询图书管理员。由于互联网上大部分的信息都无关紧要、漏洞百出或毫无意义，有人专门建立了虚拟图书馆来提供经过挑选的、高质量的信息。虚拟图书馆是一种结合了互联网科技和传统图书馆技术的信息检索和评估工具。

虚拟图书馆通常由大学或公认可靠的组织建立。最受欢迎的几个虚拟图书馆包括：在线公共图书馆（http://www.ipl.org）、社会科学信息高速公路（http://www.sosig.ac.uk）和虚拟图书馆（http://vlib.org）。

为了防止信息过载，你必须缩窄搜索范围，这样就不会迷失在跟搜索主题相关的成千上万个网站里。要学会这个技巧，最快的方法是点击搜索引擎主页的"帮助""最常问到的问题"或"搜索窍门"按钮。当你点击这些按钮时，屏幕上会出现明确的说明，告诉你如何有效地使用搜索引擎和虚拟图书。

尽管互联网既流行又实用，图书馆仍然是查找信息的好地方。图书馆有权限访问很多数据库，例如一般用途的 InfoTrac 和 EBSCOhost，跟教育相关的 ERIC。图书馆里还有无数正规的参考资料，例如《期刊文献读者指南》（Readers' Guide to Periodical Literature）、《美国统计文摘》（Statistical Abstract of the United States）、《实况汇编》（Facts on Files）、《社会学文摘》（Sociological Abstracts）。当然，我们还有维基百科。这个网络百科全书是互联网上最广泛使用的一般性参考来源。到 2013 年年中，维基百科已经收录了包含 286 种语言的 2 700 万篇文章。心理学协会主席马萨林·巴纳吉（Mahzarin Banaji）评论道："它是有史以来最大的知识储备库。"

但在查阅维基百科时，你得注意一个问题。任何人只要愿意都能为维基百科做出贡献，因此它的信息不一定可靠，有时甚至是错误的。心理学计划曾测评了维基百科上的 935 篇文章，发现其中只有 2% 的质量在 B 级以上，其中大部分都不合格，甚至完全是错误的。然而，杜克大学英语系教授凯西·戴维森（Cathy Davidson）则认为"维基百科是自牛津百科全书诞生以来最让人印象深刻的协同智力工具"。来自世界各地的匿名读者都可以为维基百科编辑词条，纠正语法、风格，解释事实。她建议人们将维基百科作为一个"在进行深入学术研究之前的快捷参考来源"。维基百科可以被当作研究的起点，但是目前来说它还不是一个让人满意的主要参考源。

信息查找可能是个烦琐乏味的过程。你们可以参考我下面的几条建议，尽量降低乏味度，提高团体工作效率。

↘ 信息评估：应用准则

了解去哪里寻找合适的信息很有用，但是团体成员也必须知道如何评估信息，以避免让团体决策建立在错误的信息上。评估信息大致可遵循5条准则。

可靠度：它值得相信吗　如果你的信息来源过于片面（只从某些立场来获取信息），信息可靠度便较低。引用英国石油公司的代表对2010年墨西哥湾灾难性溢油事件之后的清理工作有效性的看法可能会是片面的。你想要的是与事件利益不相关或专家的意见。即便是专家意见，如果你引用的不是他擅长领域的内容，也是不可靠的。伊布恩·布朗宁（Iben Browning）曾预测1990年12月3日和4日中西部的新马德里地区会发生一场大地震。两天内，附近几个州的学校都被疏散了。布朗宁是生理学博士，还有一个物理和数学的本科学位。他在业余时间研究气候学，但全国各地的地震学专家都否定了他的预测。他不是一个可靠的信息来源，因为地震预测并非他的专长领域。（你肯定已经猜到了，他的预测是错误的。到2008年4月17日之前，这个地区从没发生过较大规模的地震，2008年那一场也只被地震专家认定为"中级"地震。）

有时统计数据也不可靠。例如，"200万亿条短信"这个标题曾出现在无数个网站上。这些网站大力鼓吹"美国每天会收到200万亿条短信"。但基本的算术告诉我们，如果这个标题是对的，那么每个美国人（包括婴儿）需要平均每天接收到63.492万条短信，或每分钟收到超过440条短信。这个统计数据大错特错。要注意，互联网本身就不是一个可靠的信息来源（见案例分析"互联网：信息和错误信息的源泉"）。互联网仅仅是一个信息检索工具，将互联网作为信息引用来源相当于从电视上引用信息。

>>> 案例分析

互联网：信息和错误信息的源泉

互联网已经成为学生搜索信息的最主要来源。加州大学洛杉矶分校曾对全国的大一新生进行了一项大型调查，发现41%的学生会评估互联网信息的质量和可靠性。

互联网上有丰富的信息，但同样也有大量错误的信息。互联网上还有很多恶搞信息，例如宣称肯尼亚已经竖起一块牌子欢迎游客，上面写着"巴拉克·奥巴马的出生地"，沃尔玛授权非法移民袭击自己的商店，以及橄榄花园连锁餐厅会给在线粉丝发500美元的礼品卡。

这些谣言都在 snopes.com 上被网友揭穿了。Hoaxbusters.org 同样也是一个很好的辟谣网站。

你要对互联网上的内容格外谨慎。你可以利用可靠度、时效性、相关性、代表性和充分性的准则（见本章内容）来评估信息。你只需遵循几个简单步骤就能实现这一点。

首先，斟酌一下信息来源。如果网站没有给出信息的作者是谁，那你就要高度警惕它的真实性了。如果网站仅仅写了一个名字，但没有凭据，你同样要小心其真实性，除非有其他可靠的网站来印证这条信息的真实性（例如国家新闻机构）。

第二，确定信息来源是否片面。极力兜售自己的观点、疗法和产品的网站很可能会提供错误信息。要寻找那些没有既得利益，没有产品要推销，也没有试图兜售任何想法或阴谋的网站。网站的地址能透露蛛丝马迹，如果它含有 .gov 或是 .edu，便意味着它隶属于政府机构或有信誉的教育机构。而地址里含有 .com 或是 .org 的网站为商业性质，它们有时候由信誉良好的公司主办，有时却隶属于信誉不佳的公司，这类网站的可信度各不相同。

第三，判断信息的时效性。很多网站不会定期更新。你访问的网站上的信息可能已经是 5 年甚至 10 年前的了。你需要查看网站最后的更新日期（经常会在内容末尾处）。从文件里最近的信息你也能够大体估计出文件的原始创作时间。

第四，判断信息的准确度。你应该把获取的信息和数据跟信誉良好的信息源进行对比，从而确定其准确性。这个网站上提供的事实跟数据与可靠信息源里信息有冲突吗？例如，我们能在美国人口普查网站上了解到全国的人口和户籍数据（http://www.census.gov），可以在 http://www.healthcentral.com、疾控中心的网站 http://www.cdc.gov 或医疗诈骗网站 http://www.quackwatch.com 上查到医疗信息和数据。你还可以在新闻机构的网站上了解到新闻事件（http://www.nytimes.com 或 http://www.abcnews.go.com 或 http://www.cnn.com）。

进一步思考

1. 一个反布什网站宣称，乔治·布什曾在 2007 年这样评论他的"不让一个孩子掉队"法令颁布之后学生成绩的进步："正如昨天的正面报告卡片显示，在提高标准和量化结果之后，孩子们确实学到了东西。"你如何判断这条引言是真实的还是谣言？
2. 一份纽约公立学校老师对学生的"真实评语"正在互联网上流传（一位同事在邮件中发给我的）。其中的内容包括"我不会让这个学生繁殖后代""有个村子里缺一个白痴，你应该把你儿子送过去""如果这个学生敢再蠢一点，他得每个星期被泼两次水"。这份文件是谣言吗？你如何进行判断？

时效性：它是与时俱进的吗 信息应该尽量与时俱进，特别是当某个事件和情况尚不稳定，很可能迅速变化时。过去的事实随着信息更新也要受到质疑。根据上个月或上个星期的股市价格判断局势可能会让你变成穷光蛋。房屋贷款的利率每天都可能出现变化。在决定用固定利率贷款买房之前，你必须了解最新的利率情况。

相关性：寻找逻辑联系 每个观点都要有信息支撑。例如，美国有全世界最好的公立教育体系，因为美国在教育上投入的资金比任何国家都要多，这二者就不相关。资金投入多不等于教育质量高，特别是如果大量金钱被浪费在了错误的地方。

代表性：反映事实 在不同情况下，孤立的案例或数据也许能够准确反映事实，也许不能。如果某个例子（例如尘肺病患者体现了采煤给健康带来的风险）生动说明了一个已经有可靠科学证据支持的观点，那么它就是有代表性的，并且能让这个观点更有说服力。但如果某个观点完全是建立在几个或多个例证上的，那这些例证的代表性就值得怀疑了。因为这些用来支持该观点的例子可能是经过挑选的（确认偏差），所以它们可能无法全面反映事实真相。

要判断数据或案例有没有代表性，你需要遵循以下两个关键原则。首先，样本数量（在民调、调查和研究里）必须充足。你可以通过误差范围轻易地做出判断。误差范围即由于挑选样本不够完善而产生的采样误差程度。随着误差范围的上升，数据的代表性将下降。如果误差范围达到了正负3%，那么统计结果的代表性就非常可疑。曾有一项针对加利福尼亚州公司应聘者药物使用情况的研究显示，17.8%的应聘者的测试结果为阳性。但是，这项调查的误差范围是7.8%。因此，这些结果值得怀疑，因为实际上应聘者中使用药物的真实比例可能为25.6%（17.8%加上7.8%的误差范围）或10%（17.8%减去7.8%的误差范围）。17.8%的统计结果要么是严重高估了应聘者的药物使用情况，要么是严重低估。

第二条原则是，样本必须是随机选择的，而不是自我选择的。随机样本可以是人口的任何一部分，这样一来，整个人口的每个成员都有平等的机会被选中。而自我选择的样本是被研究人口中最投入、最积极，或者是其他更有可能参与的非典型部分。

例如，民主党的博客网站"The Daily Kos"报道自己对2012年总统选举进行的在线调查的结果时，就采用了自选样本。结果显示，4 268（94%）名受访者支持巴拉克·奥巴马，只有99名受访者（2%）支持米特·罗姆尼（Mitt Romney）。但奥巴马的选票并没有比罗姆尼多出92%，而只是多了3.9%。

充分性：够了就是够了　你什么时候才有足够的信息证明你的观点呢？充分性没有公式。你只能充分发挥自己的判断力。然而，在进行判断时你仍然可以参照几条原则。

首先，你要表达的是哪类观点？因果关系比单一的研究需要更多证据。2000年1月，一项研究的结果显示头顶脱发严重的男性得心脏病的风险比前额脱发的男性高很多。但是一项研究不足以建立因果关系，因此这项研究得不出结论。然而，要声称电视中的暴力"可能会导致"反社会行为，对信息充分性的要求就相对较低，因为该表述里只包含一个较弱的关系。

其次，特别的观点需要特别的印证。当一个观点跟大量研究和知识有冲突时，这个观点就必须有特别的证据去印证它。几个目击者完全不足以印证地球曾经有外星生物来访过的观点。关于癌症治疗的观点必须经过大量测试。这个观点是特别的，所以它也需要非同一般的证据。诸如"感冒病毒会严重威胁老人的健康"这种普通观点，用疾控中心的权威统计数据就能够充分说明（你可以从附录B获得更多的相关资料）。

创造性解决问题

多年以前，一名囚犯从美国西部的监狱里逃走。数周后，他再次被捕。返回之后，狱卒拷问他说："你是怎么穿过铁栏的？"最终他认罪了。他说自己从机器商店里拿了一堆麻绳，先把它们浸在胶水中，然后又泡在金刚砂里。他把这些临时"钢锯"运回了自己的牢房。三个月里，他坚持费力地锯着数英尺厚的钢筋铁栏。狱卒相信了他的故事，把他锁了起来，让他远离机器商店。这就是故事的结局吗？并不是。三年半后，他又穿过了铁栏越狱成功了。他再也没有被抓到过，而他究竟如何越狱已经成为地下世界的神话。似乎，他告诉狱卒的故事从一开始就是假的。他没有从机器商店偷走任何材料制作

"钢锯"。相反，他用口水浸湿自己袜子里的羊毛线，然后用它们去擦自己牢房地板上那些磨砂一样的污渍，然后艰难地用这些"线"磨穿了牢房的铁栏。这个囚犯用一种非常有创造力的手段解决了一个高难度的问题。接下来我要讲的就是创造性解决问题。

概　述

　　这个囚犯越狱的故事突出了创造性解决问题的几个关键点。首先，借用托马斯·爱迪生对天才的观点，汗水比灵感更能铸就创造力。我们必须付出努力，才能找到创造性的方案。这意味着我们要投入大量的时间和精力到工作任务中，而不是等着灵感从天上掉下来砸中我们的脑袋。

　　第二，挑战会激发创造力。谚语说得好："必要性是发明之母。"当我们对某样东西有需求，或者我们的某些问题需要解决方法时，我们就可能做出创造性的反应。挑战越大，问题越复杂，所需要的创造力就越伟大。

　　第三，创造力往往出自合作性环境，而不是竞争性环境。在竞争性环境中，思考"是用来规划、谋划和强制的，而不是用于解决问题和协作的"。

　　第四，创造力要求合理的方法，而不只是充满想象力的方法。正如文森特·鲁杰罗（Vincent Ruggiero）提出的，创造性的方法不仅要特别，它们还"必须特别好"。创造性的方案是原创性的，并且它们必须实用。我曾经听到一个广播员读了一个感恩节火鸡的菜谱。一个孩子写道：放10磅（1磅约合0.45千克）黄油和5磅盐在火鸡上。烹饪20分钟。"哇哇哇，听起来真不错！"创造性解决问题和决策既要求想象力，也要求知识。孩子会创造愚蠢的东西，因为他们的知识仅限于此。有效的沟通者能够创造出既实用又有效的解决方案。

　　第五，创造力要求很多想法。光有数量不能保证有伟大的方案，但是想法越少，发现好点子的可能性就越低，就像在荆棘中寻找鲜花一样。

　　在制药行业里，人们在找到一个好主意之前得先想出多达5 000个主意。第一资本（Capital One）曾经测试了45 000个信用卡的想法，多数都失败了，但也有几个成功的。IDEO设计事务所为开发新玩具搜集了4 000多个方案，其中230个进入到研发阶段，最终只有12个被客户制成了产品。

　　最后，创造力需要打破思维定式，到"盒子外面"思考。你得尝试不同的问题解决方法，不然就会在某个思维死角止步不前。

永远不要在盒子外面思考

> "在盒子外面思考"通常被拿来鼓励人们进行创造性决策,但是它也有其限制。有些"盒子以外"的点子既凌乱又没用。所以说,团体要在头脑风暴之后对头脑风暴里诞生的种种方案进行评估,判断哪个最适合实施。

➘ 具体的创造性技巧

正如前文提到的,如果能遵循系统化的程序,团体在决策和解决问题时就会更有效率。系统化程序也适用于激发团体创造力。要获得创造力,有的放矢的手段比漫无目的的工作更有成效。

头脑风暴和名义团体法：收集大量提议 IDEO 的产品设计团队曾遇过一个难题，电子汽车过于安静了，很容易造成交通事故，该团队进行了头脑风暴，寻找解决之道。"播放音乐的轮胎胎面怎么样？"一名成员提议道，"比方说猫王的音乐？"其他人附和道，然后大家便开始异想天开。

1939 年，艾利克斯·奥斯本（Alex Osbon）发明了头脑风暴法。头脑风暴是一个创造性解决问题的技巧，它会让大家在免受批评的环境下畅所欲言，涌现出丰富多彩，甚至滑稽的创意。如果决策和解决问题过于理智，我们可能会变得保守、按部就班、缺乏想象力。而头脑风暴则有助于打破团体中枯燥沉默和压抑的气氛，激发团体的创造力。

在使用头脑风暴技巧时，你应该把握几点原则：

1. 鼓励异想天开的点子。这句话被挂在 IDEO 设计事务所每个头脑风暴屋的墙上。它提醒着众人，如果在进行头脑风暴之前就想着"一定要讲究实际"或"不能花太多钱"，那大家就会无话可说。把现实的考虑留到头脑风暴之后再说。有些主意虽然乍看之下很傻，但它们可能会激发出另一个解决问题的好办法来。保尔顿（Bolton）曾举过一个头脑风暴的例子，某个大型机场的管理者需要收集一些建议来移除跑道上的积雪。在头脑风暴中，有人提议把一个巨大的青蛙放到控制塔上，然后青蛙就会用它巨大的舌头移走积雪。这个荒谬的想法启发了一个很棒的点子——喷射气流的旋转炮。虽然荒谬的点子本身可能无法解决问题，但是它们至少会营造出畅所欲言的轻松氛围，有利于大家迸发出创造力。

2. 不要在头脑风暴中评价别人的创意。批评会抑制团体成员们积极参与。团体成员需要自我监督。"那永远不可能实现"和"它根本就不切实际"这类评语应该被制止。即便是"好主意"这样的积极评价也不应该出现，因为接下来如果有人的主意没有得到肯定，那该成员就会觉得自己得到了负面评价。

3. 不要解释想法或寻求详细说明。因为这会让头脑风暴变慢。你可以在收集了一系列想法之后再逐一寻找说明。

4. 不要讨论跟任务无关的东西。如果头脑风暴里允许聊天，那么大家贡献的主意会显著减少。因为聊天经常会偏离到与主题无关的内容上去。只要有人打断了头脑风暴开始聊天，协调者就要立刻制止。

5. 专注于主题。你需要的所有建议都必须跟主题相关。无关主题的疯狂想法毫无用处。

6. 发散其他成员的想法。豪尔潘恩（Halpern）举过一个为袋装薯片寻找更好包装方案的食品制造商的例子。公司高层需要判断哪一种是他们见过的最好的包装方案。在头脑风暴中，有人认为将湿薯片进行包装是最好的办法。因为又干又脆的薯片需要更多空间。而湿薯片更容易包装，需要的袋子也更少。制造商对这种观点进行了发散，试着包装湿薯片，因为当薯片干了之后会变得很脆。但是，最初提供这个主意的人建议把薯片放进罐子里，这种做法失败了。因为罐子会滋生细菌。一个坏主意可能会带来一个好点子。最近有项研究表明，这个步骤要被推迟到自由发言阶段结束后进行，因为如果我们同时进行自由发言和思想发散，二者可能会发生冲突。

7. 将所有提议记录下来，但不需要记录谁提出了哪个点子。不要删掉任何提议，不管它们看起来多傻，只要跟主题相关就值得被记录。

8. 鼓励所有成员参与头脑风暴。只有每个成员都尽最大的努力，团体才能最大限度地收集点子。

9. 头脑风暴结束后马上对大家的提议进行评估。团体需要决定哪个点子最适合实施。

头脑风暴通常是标准议程中方案建议这个步骤的一部分。在方案的评估和挑选这一步中，团体应该判断头脑风暴中收集的点子的质量。团体应该用之前在标准议程中建立起的准则来评估这些提议。

图中人物应该做什么才能把最可行的建议变为现实？异想天开但与主题无关的创意对我们毫无帮助。团体里的协调员有义务让头脑风暴贴合主题。你需要的是有目的的异想天开，而不是跟问题无关的荒谬想法。

第二个创造性的问题解决方法是名义团体法。团体成员先独立写下自己的想法，然后召开会议记录下大家各自的想法（通常是在所有人都能看到的黑板、白板或电脑屏幕上）。接下来大家逐一阐述自己的观点，但并不会讨论各自想法的优劣。然后成员会各自选出最喜欢的5个提议，按喜好顺序把它们写在卡片上。团体会算出这些排序的平均分，最终决策是平均排序最高的想法。

有些研究显示，名义团体法能比头脑风暴法收集到更多更好的点子。但是，蒙高（Mongeau）则批评了有关的头脑风暴研究，他提出"尽管有不少人对头脑风暴进行了深思熟虑的研究，但几乎没有研究能对奥斯本的想法进行有效测试"。这些研究的对象大多是学生团体，这样的团体既无历史也无未来，没有接受过头脑风暴技巧的训练（除了简单的规则解释），没有操作经验，没有机会在头脑风暴之前先研究一下任务，没有时间认真思考任务，分配的任务也跟自己的兴趣无关，缺少真正的机会在这些点子里做出选择。而且，通常这些研究里供大家头脑风暴的任务都非常简单，一个人就足以完成。高度复杂的任务，例如IDEO遇到的设计难题，从未被运用在头脑风暴法和名义团体法的比较研究里。很难相信，在足够复杂的任务上，训练有素、有经验并知识丰富的IDEO头脑风暴者会输给未经训练、没有经验和相关知识的名义团体法使用者。

还有一项针对IDEO的头脑风暴的研究发现，收集点子并不是头脑风暴的唯一价值。定期进行头脑风暴有利于增强组织文化，给客户留下良好印象，以及提高员工留存率。"头脑风暴是IDEO的创意发动机。"IDEO的设计师都把头脑风暴称为"度假"，并且认为头脑风暴是其他工作的"良好调剂品"。一名设计师说："头脑风暴是在这里工作的福利之一。"

头脑风暴如果操作得当，可以非常有效。奥斯本实际上建议，恰当的头脑风暴形式应该首先包括一个人，由一个人先开始头脑风暴，然后再纳入整个团体。应该有专人在头脑风暴的几天之前将亟待讨论的问题清晰告知成员们，以便于大家提前进行研究和思考解决方法。然后成员才能作为一个团体来共享自己的观点，并收集新的观点。在集会之后，成员还需要几天时间进一步思考这些观点。另外，成员不应该彼此陌生，应该属于一个存在已久（而不是零历史）的团体。成员的多样性同样会增强团体的创造力，正如谚语所说："只有团队的大脑里含有不同的东西，才能诞生天才。"你需要深层多样性，这样成员在同一话题上就会拥有互不重叠的知识。团队成员还需要经过头脑风暴技巧培训，学习相关经验。研究显示，头脑风暴的训练和经验能极大地提高收集到的点子的质量。一个训练有素的协调者能够在头脑风暴里帮助大家保持专注，而不只是沉浸在自己的想法里。这种情况下，头脑风暴收集到的点子的质量会远高于名义团体法。研究还显示，在最终对所有观点进行评估，去芜存菁时，名义团体法相比头脑风暴法并无优势。

成员通过电脑和文件分享程序（例如团体决策支持系统）进行头脑风暴的方式被称为电子头脑风暴法。这是收集创意的另一种方式。团体成员输入自己的想法，然后上传到某个共享区。成员像这样自行添加和分享观点。如果成员担心被批评的话，也可以匿名操作。电子头脑风暴法有时会优于名义团体法。但是大多数研究显示，对于小型团体来说，电子头脑风暴法不是进行头脑风暴的最有效途径。

框架化/再框架化：都是文字惹的祸　　当 MBA 学生和管理者被告知某条企业战略有 70% 的成功可能性，大多数人都会支持该战略。但如果大家被告知它有 30% 失败的可能，则大多数人都会反对这一战略。当人们面对两种癌症治疗手段时，如果手术被框架化为活命的手段，那么 84% 的人会选择进行手术，但是假如它被框架化为死亡的方式之一，只有 56% 的人会选择进行手术。产生这种差别的原因就在于问题以何种方式被框架化——也就是说，语言如何塑造我们对选择的看法。

参照框架会将我们约束在思维定式里，使得并非不可能解决的问题变得更加困难。这种心理僵局会阻碍创意的迸发。普斯特曼（Postman）曾举过一个例子。你有数字 VI。如何通过添加一条线，使其成为 7？答案很简单：VII。那么再思考这个问题：你有数字 IX。通过添加一条线，使其成为 6。现在答案就不太明显了，因为在你的参照框架里，这个数字是个罗马数字，而所有的线都是直线。你得打破这个参照框架，对这个问题进行再框架化，也就是说数字不一定是罗马数字，而线也不一定是直线，这样你才能解决这个问题。现在你想到答案了吗？是 SIX（6）。对吗？

框架决定了人们能否注意到问题，如何理解和记忆问题，以及如何评价和解决问题。再框架化是一个创造性的过程，它会打破思维定式，根据其他参照框架来描述问题。例如，一个贩卖机老板在汽水贩售机前放了一个"故障"的标志。消费者没有注意到这个标志，浪费了钱，然后又向贩卖机老板投诉。老板不胜其烦，干脆把"故障"标志改成了"汽水 5 元一瓶"。没人再误把钱币投入机器中了。这个问题被再框架化了。老板没有纠结于怎么让消费者了解机器发生了故障,而是更改了参照框架,让消费者不愿意把钱放进贩售机。通过改变我们描述和定义选择的语言,我们的认知会发生巨大变化。对有效沟通者来说,再框架化是一项非常实用的技能,它也是团体中有效领导的必要组成部分。

当团体被狭隘或刻板的参照框架蒙蔽了双眼,插入某些开放性的问题可以帮团体对问题进行再框架化,并寻求问题的解决方案。我个人最喜欢的开放式问题是"假如……?"团体可以问:"假如我们不相信这种资源削减是不可避免的呢?""假如员工的确想要高质量地完成工作,但是却发现工作环境非常乏味呢?""假如我们试着进行合作而不是针锋相对会怎么样?"其他再框架化问题还包括:"为什么只有这些选项?""如果我们拒绝这个提案会发生什么?""我们怎么才能把它变成共赢局面呢?"

统筹式解决问题:让每个人都满意 决策经常会涉及利益冲突。统筹式解决问题是一种创造性解决利益冲突的方法;它会寻求让每个人都满意的解决方案。统筹式解决问题的方式主要有两种:做大馅饼和搭桥。

做大馅饼指通过增加资源来解决问题。面对稀缺资源时,团体里往往会出现严重的冲突和竞争,人人都想夺得最好的那块馅饼。但是团体有时候不得不接受资源稀缺的现实,贝塞曼(Bazerman)和尼尔(Neale)称之为"固定馅饼偏见",即认定资源没有可能增加了。加利福尼亚州的学校面临着前所未有的预算削减,这可能会造成集体悲观情绪,学校削减项目和教学人员。相反,很多地区已经找到了州政府拨款之外的其他资源。有些学校建立了私人基金,每年能募集到 435 000 美元社区捐款。这些基金会组织人均 125 美元的晚宴、正式拍卖会、明星网球赛和高尔夫球赛,还做洗车生意。某个地区基金会购买了一块 10 公顷的土地,进行开发,然后转手出售,获得了 400 万美元的利润。这些做大馅饼的手段保住了教师的工作和很多重要的教学项目。

搭桥是第二条创造性解决冲突的途径。搭桥就是提供一个让所有人满意的新选项、新思路。曾经有一对夫妇和他们的朋友及朋友的两个孩子在一起吃饭。三个大人都想在一个价格适中、擅长做鱼、提供酒水的餐厅吃饭,但孩子们却想吃汉堡、薯条跟可乐。几轮争吵之后,孩子们开始哭闹。孩子的妈妈怒气冲冲地说:"我们现在就走,回家吃饭吧!这件事解决不了了。"而另一位成年人说:"我们为什么不把孩子送到街拐角那家汉堡店,去打包点东西回来呢?我们可以问一下餐厅能不能接受孩子吃自己的食物,如果不能的

漫画人物呆伯特（Dilbert）的创造者，跟 IDEO 设计事务所共同创造了《呆伯特的终极办公室》（*Dilbert's Ultimate Cubicle*）的漫画家斯科特·亚当斯（Scott Adams）曾在这里画画。这里的技术特征包括警告员工老板接近的设备，以及能摆脱不速之客的办公室。

话，我们大人就专门点那些过程烦琐的菜。"餐厅同意了，于是大人和孩子们都愉快地吃完了饭。

有效沟通者会尽可能地去寻找统筹式解决冲突的方法。要成功做到这一点，你可以参照以下几个步骤：

1. 冲突各方应该明确表达自己的目标和诉求。如果所有人都想从统筹式方案中获益，那么大家必须将自己的诉求表达清楚。劳施（Rausch）和他的同事发现，如果诉求清楚，66% 的冲突都能够解决，但如果任由问题含糊不清，那只有 18% 的冲突能得到解决。

2. 冲突各方必须明确是否确实存在利益冲突。家庭成员就是否要养狗争论不休。两个孩子说很想养一只狗，父母则不想养。表面上，这看起来像一个标准的利益冲突。但是当大家讨论这个问题时，很明显妈妈不想照顾狗，而父亲不喜欢狗叫。但被问及一只猫能不能满足他们的需求时，孩子们欣然接受，因为他们只想要一个宠物。这件事情并不存在真正的利益冲突，因为父母实际上也喜欢猫，猫比较容易打理，而且很安静，而孩子们也得到了自己的宠物。

3. 冲突各方应该坚持自己的目标，但是在实现目标的手段上保持灵活。做大馅饼和搭桥都能够让冲突各方找到灵活且创造性的实现目标的方式，而且不需要做出妥协。

4. 如果陷入僵局，先在低优先级问题上让步，或放弃低优先级利益。你要尽力坚持自己的主要目标。因此你的目的是找到一个让各方满意的策略。你可以在对自己无关紧要，但对对方非常重要的事情上适度妥协。

总而言之，理性解决问题和创造性解决问题并不存在直接对立关系。二者都可以成为团体的有效决策途径。但是，讨论过程应该是系统化的，而不能毫无章法。你必须在思考方案之前先考虑到这些问题。标准议程是一套最常见和实用的理性决策手段。

取得具有可行性的共识是团体成员进行理性决策的有效途径。头脑风暴和名义团体法，框架化/再框架化和统筹式解决问题都能在我们寻找创造性方案时提供系统化的技巧。

在下两章中，我会讨论权力和冲突这两个密不可分的概念。在前几章里，我已经对这些概念进行了一定的说明。但是那些简短的阐述不过是些初步讨论。作为任何人类系统都无法避开的元素，权力和冲突是小型团体进程中不可或缺的组成部分。

提升练习

批判性思考

1. 跟多数决原则相比，共识原则的优点往往更多，但为什么前者更受欢迎呢？

2. 真正的共识需要一致意见、承诺和团体成员的满意，那么你认为团体究竟有没有可能达成真正的共识呢，或者它大多数时候只是个理想？

3. 在决策时使用标准议程有何弊端？解释你的答案。

视频案例

《阿波罗 13 号》(*Apollo 13*, 1995) 剧情; PG

这部影片讲了阿波罗 13 号近乎灾难的登月之旅。电影生动阐述了创造性解决问题的过程。这个故事中呈现了哪些创造性解决问题的技巧?

《凤凰号》(*Flight of the Phoenix*, 2004; 1966) 剧情; PG-13

影片原版拍摄于 1966 年,讲述了在一架飞机失事之后,幸存者用飞机的残骸重新制造了一架小型飞机,并逃出了沙漠的故事。原版要比 2004 年新版精彩得多。把两部电影都看一下。分析大家如何创造性地解决问题。大家采用了什么方法创造最终的成品? 片中用到了哪条决策原则(一致性、多数决还是少数决原则)?

《逃狱三王》(*O Brother Where Art Thou?*, 2000) 剧情/喜剧; PG-13

三名罪犯逃出了一座监狱。他们的问题解决知识和技能严重不足。用这个小团体在解决问题时所犯的错误跟本章提供的有效解决问题的建议进行对比。

《霍比特人》(*The Hobbit*, 2012) 冒险/奇幻; PG-13

霍比特人比尔伯·巴金斯帮助一小群矮人从巨龙史矛革手中夺回了自己的家园。分析巴金斯和矮人们用到的决策和问题解决方法。

第 10 章

团体中的权力：核心动力

"权力导致腐败,绝对的权力导致绝对的腐败。"阿克顿勋爵睿智地说。这是一个相当流行的观点。我们习惯于将权力看成非法和令人不悦的东西。除非,我们自己就是那个掌握权力的人。所以就像前海军部长约翰·雷曼(John Lehman)说的:"权力滋生腐败,但绝对的权力却相当美妙。"

权力是人类交流中的核心元素,然而权力政治、夺权、权力斗争、权力饥渴、权力疯狂、玩弄权术等说法都反映了我们对权力的负面看法。团体领导在获得权力之后无论如何表现似乎都无法完全消除人们对权力的负面态度。研究显示,很多人在拥有了权力之后会变得像前额叶受损患者一样冲动又难以相处,还很容易滥用权力,失去同龄人的尊重。人们想要从领导者身上看到的社交智慧反而被权力损害了。

但是相对地,无权力并不是一项美德。无力感会导致成员对团体项目态度冷漠,降低工作表现,促使成员被动和孤僻,损害团体凝聚力,让成员间关系紧张,伤害成员的自尊心,以及招致破坏性的团体冲突。

团体无论是要进行决策、解决问题,处理冲突,或者促进变革,权力都是核心因素。没有团队能在不使用权力的情况下实现目标。正如威尔孟特（Wilmot）和霍克（Hocker）解释的："我们无法选择不使用权力。我们只能选择是破坏性还是建设性地使用权力。"

本章的主要目的就是解释你应该如何在小型团体中有成效地和建设性地使用权力。本章主要会讨论三个话题：

1. 定义权力，区别它的三种类型；
2. 明确权力和权力资源的不同指标；
3. 了解权力失衡对给团体造成负面后果的方式以及如何解决权力失衡的问题。

权力的定义

权力是影响你自己或他人追求目标的能力。这是一个通用的解释。本节会具体探讨究竟何为权力。

↘ 权力的本质：没有人是毫无权力的

首先也是最重要的，权力是以团体为中心的。你掌握的权力取决于你跟团体成员之间的关系。例如，领导者需要追随者的支持才能保留住自己的权力。美国前总统理查德·尼克松曾经掌握着巨大的权力，但是水门事件让他和美国人民的关系变得势同水火。他颜面扫地，被迫辞职。相反，比尔·克林顿就挺过了弹劾，因为70%的美国成年人对他作为一个总统的工作表示认可，即便他的个人行为令人不适。

我们经常会用有权和无权来形容别人，似乎权力分配只有这两种状态。面对想要的糖果，超市里的孩子在父母面前是完全没有权力的吗？你没见过孩子苦苦哀求，大吵大闹，最后父母只好屈服，把糖果放进孩子手中来结束这场闹剧吗？"有权和无权"是伪二分法，不存在毫无权力的团体成员。系统内各部分密不可分的关系决定了所有团体成员都有某种程度上的影响力，虽然这种影响力不一定能对抗整个团体。

结构性理论的提出者（见第1章）解释说"社会体系中的下属职位经常能够把自己所拥有的任何资源转化为某种程度的控制"。如果所有的团体成员都拥有一定程度的权力，那么现在问题就变成了"团体中的某人A能够对其他成员施加多少权力？"而不是"某人A是有权力的还是无权力的？"团体会建立规则，而这些规则能够保证部分成员拥有其余成员没有的权力。

↘ 权力的形式：重提竞争和冲突

权力有三种形式。第一种是统治，就是在层级结构或不同社会地位的人群中拥有至高无上的权力。统治是竞争的，有人得到权力，便有人失去权力。

第二种被称为抵制，即他人努力施加影响力（例如我们挑战或抵抗领导者的统治）。当有人试图统治我们时，我们便会产生抗拒心理。我们会试图抵抗统治。抵制同样是一种竞争式的权力。因为你在奋力挣扎，不向统治者投降。

第三种权力形式被称为赋能，即增强团体和个人的能力和影响力。赋能是实现你自己的目标，或通过团体效能、意义、自主性和影响力来帮他人实现目标（见第7章）。赋能是合作的，而非竞争的。成员共同获取了成功完成目标的能力，而团体也能作为一个整体从中受益。例如，若团体成员改进了自己在课堂报告中的演讲技巧，整个团体都能取得高分。我们第6章讨论过的情景式领导模型的积极影响之一就是强调赋能而非统治。领导者不是靠发号施令和让追随者们俯首帖耳来维护自己的地位，而是积极提高追随者的能动性，再授权他们去自主完成任务，不需要领导者亦步亦趋地监督。

以上三种权力形式间有极大区别。那些想要统治的人认为权力是有限的。他们会觉得权力的馅饼尺寸有限，无法变大。因此在这部分人眼中，权力永远处于有权者和无权者间的争夺里。对于试图对抗统治的人来说，权力是互动的。权力是试图统治的人和试图对抗统治的人之间的胜负之争。对于视权力为赋能的人而言，权力的馅饼是可以做大的。人人都可以获得和分享资源。我们在第9章讨论过的统筹式问题解决方案就是一个生动例子。赋能是个积极主动的进程，也就是说每个成员都会积极采取行动并进行合作，帮自己和他人实现目标。

对权力持有负面看法的人通常指的是统治及其共生形式——抵制。这也

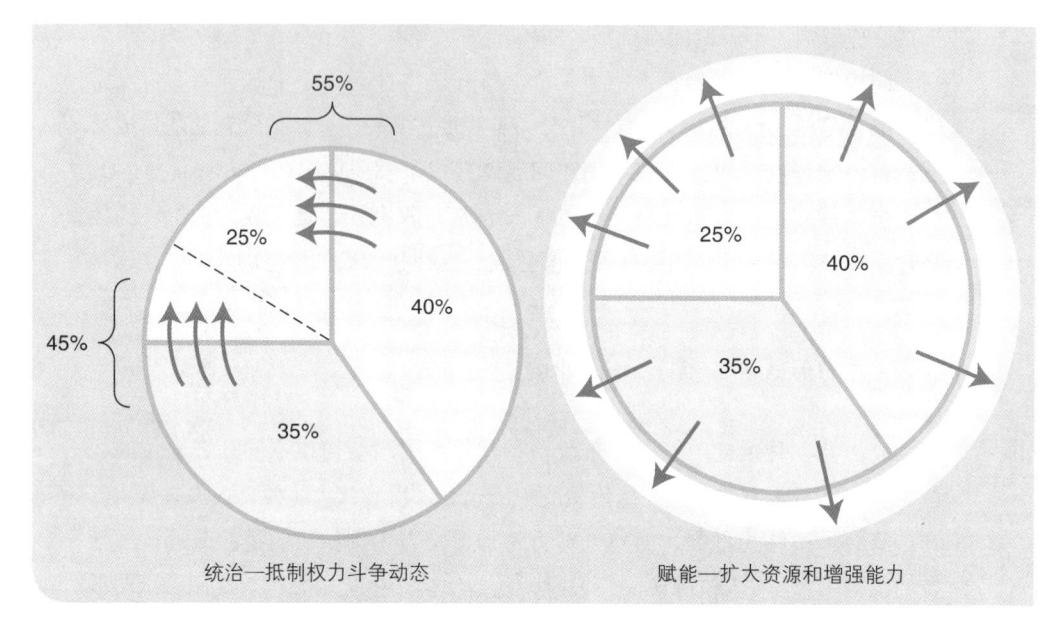

图 10-1

统治—抵制权力斗争的前提是，认为权力馅饼尺寸固定，是一场零和博弈。更有权力的一方试图从权力较少的一方手中掠夺权力，而权力较少的一方则试图抵制这一切的发生。赋能建立在认为权力馅饼可扩大的基础上。

在一定程度上解释了为什么在历史上曾被男性统治的女性如今比男性更崇尚赋能授权。当然了，统治仍然是竞争型社会里权力的主要形式。但对于小型团体来说，不管是从道德还是实践角度来讲，统治—抵制权力斗争都是糟糕的模型。

"权力不属于玩弄权术和不择手段的阴谋家。相反，社会科学告诉我们，一个人获取和维护权力的能力，即便是在小型团体里，也取决于其理解目标和超越其余团体成员完成目标的能力。"由此我们可以看出，权力的赋能形式会日益得到人们的支持和更广泛的应用。

权力的指标

权力指标就是团体内部交流权力的方式。如果你能够识别权力指标，你就能够认识到权力的存在以及权力在小型团体中的重要性。权力指标主要有三大类：通用型、语言型和非语言型。

↘ 通用指标：标签、追随和反对

团体里的权力有几个通用指标。首先，定义别人就是施加控制。通常来说，我们会通过给别人贴标签来定义他们。老师定义学生（例如聪明、愚笨），医生定义病人（病人、亚健康），精神病专家定义客户（精神分裂症），父母定义子女（贴心、无可救药），老板定义员工（好员工、懒鬼）。

第二种通用指标是大家在跟随谁的决定。在团体里处于权威地位的人（例如主席、总统）可能并不是团体里最有权力的成员，而更受全体成员尊敬的人，也就是那个被众人追随的人，实际上才是权力最高的人。

第三个通用指标是谁会反对大规模的变化。那些已经在团体中掌握了较高权力的人往往不乐意看到团体里出现太大的变化。因为大规模变化可能会动摇团体里的权力体系。而受影响较少的，即相对无权的人，则会对大型变革喜闻乐见。

↘ 语言指标：相对无权和有权力的语言模式

权力能通过我们说话的方式体现出来。下位者的讲话里常常有很多自我怀疑、犹豫不决、寻求支持、自信不足和自我贬低的成分。以下就是一部分相对无权者的讲话模式：

闪烁其词："可能最好的办法是……""我有点担心这会不会引起什么麻烦。"

犹疑不决："好吧，嗯，最重要的是我们得记住……""嗯，我们是不是应该，推迟这个决定？"

试探性问题："会议会在中午召开，好吗？""这个观点有点多余，是吧？"

弃权："这可能不是很重要，因为我还没有想到太多，而且你可能已经考虑过了，不管怎么说你最了解情况，但是……"

过分礼貌："我非常非常抱歉就这么打断你，先生，但是……"

"无权的讲话"表现出讲话者的不确定、不果断、缺乏自信、摇摆不定和对权威的敬畏。而相对有权力的人在讲话时通常是直接、流畅、陈述性、指令性的，而且很喜欢打断或者盖过其他成员的讲话。

总体而言，较为有权力的语言模式相对于无权力的语言模式更可靠、有吸引力和有说服力。这在虚拟团体身上表现得更为明显，因为虚拟团体里的非语言沟通会受到条件限制，所以语言模式在虚拟团体中更有影响力。曾有一项研究分析了学生对老师的印象，我们也能从中看到使用有权力和无权力语言所产生的不同结果。使用有权力语言的教师会给学生留下更正面的印象，因为这样的语言模式会让他们显得更有活力、更可靠、更有条理、更专业、知识更渊博和地位更高。老师们在学生心目中建立正面形象非常关键，因为这有利于改善学习情况。

除开有权力的语言，语言统治还能够通过讲话里的竞争性打断、冲突性、背叛性，甚至仅仅是讲话数量体现出来。通过这些方式来垄断谈话明显是在昭示权力。在团体会议中主宰谈话的人能够向成员展示自己的观点，而根本没机会在会议里插话的人不会被当成领导者。

有权力的讲话并不总是恰当的（见聚焦文化"有权力语言的差别"）。在我们的文化中，讲话中侮辱和猥亵语言经常被拿来让讲话更有力度，但它常常会冒犯其他成员，破坏团体的凝聚力。有时候恭敬的语言是尊重的标志，但这不一定说明你的讲话没有力度。

试探性的问题也可以非常有力。如果一个小型团体的领导者说："你能把这个完成，是吧？"这可能比请求更为直接。在这种情况下，试探性问题代表着权威，而不是软弱。

▶ 非语言指标：无声的权力

权力有很多非语言指标。实际上，一个人对他人发出的非语言指标能准确地反映出他的社会经济地位（例如涂鸦、操纵对象、注视、点头、抬眉毛）。

>>> 文化聚焦

有权力语言的差别

权力的指标里存在性别之分。男性通常在语言上更有主导性。因此，他们的讲话时间更长，更喜欢冗长的表述，在混合性别团体里比女性更健谈。同时，男性的说话内容也比女性更有攻击性、更直接、观点更鲜明、更倾向于加以评判以及争辩。男性在团体讨论里可能会坚持有争议的立场或挑战其他成员的立场跟观点，而女性倾向于认为语言攻击和争辩是统治和控制的手段，是恶意的和好斗的行为。女性说话时试探性问题和闪烁其词的场景也比男性频繁。由于男性更可能追求地位，而女性更可能追求关系，权力语言指标上的这些性别差异也并不奇怪。

有权力和无权力讲话里的差别还存在有趣的文化复杂性。按照大多亚洲文化的标准，美国的有权力语言是不成熟的表现，因为它对他人不够敏感，而且可能会让矛盾愈演愈烈。在马达加斯加，"女性地位低于男性，但是她们使用的语言在我们的文化里是典型的'有权力语言'，她们会对峙、会谴责……她们不断违反社会规范的举动被视为地位卑微的体现。"在西方社会中，猥亵性语言和脏话被看作有权力的语言——一种对社会规范的蔑视。但在日本，无论男性或女性，都很少使用这样的语言。

如果在某些问题上有明显的文化冲突，这些对有权力和无权力语言的不同理解会激化矛盾。日本和美国的团队在谈判沟通时就很容易产生误解。日本谈判代表含蓄的表达方式会被不熟悉日本文化的美方代表当作无权力的语言。日方代表会频繁使用"我认为""可能""大概"以及"有可能吧"等字眼。他们也希望自己讲话时不要被打断，然而美方的谈判方式直截了当，经常打断对方，而且他们会觉得含蓄和过于彬彬有礼的语言是虚弱和缺乏决断力的表现。这样的误解会给谈判和决策造成很多麻烦。

进一步思考

1. 女性会通过使用更有权力的语言来提高自己的权力，还是会强烈反对这样的说法方式？
2. 你认为有权力—无权力的说话模式跟集体主义—个人主义文化有关系吗？请解释。

空间是有权力者的特权。有权力的人会得到最大最好的办公室；父母会得到主卧室，而孩子们只能在较小的卧室里睡上下床；比较好的停车位总会留给地位较高的人，而地位较低的人们，例如学生就得把车停在高级停车场隔壁。空间分配通常要遵守长幼强弱顺序。私人空间是有权者的特权。有权者可能会冒犯相对无权者的空间，但后者却不敢冒犯前者。你必须经过允许才能进入特权者的会客厅。

上级和下级在交流时的姿势和姿态也有明显不同。通常，有权者的姿势会随意。而下级会被要求"坐直了"或"不许驼背"。例如，父母会告诉孩子如何站、如何坐和活动身体，但孩子没有同样的特权。统治往往伴随着伸展性的姿势（例如双臂伸展、双腿伸开、双脚撑在咖啡桌上、站得很高）。采取更有权力的姿势也会让你觉得自己更有权力。即便某些人在团体里没有很高的权力，只是展现一种更有权力的姿态也会令其觉得自己更有权力。

触碰能清晰展示团体里的权力关系。权力较低者常常觉得自己需要屈服于上级的触碰，即便这种触碰令他们作呕。美国已经建立了反性骚扰法律来保护弱势者免受有权者的随意触碰（以及其他不当行为）。这些法规也反映出，权力分配不均是造成大多数性骚扰的重要原因。

眼神接触是权力的另一项非语言指标。注视常常来自有权者，而相对无

这幅漫画说明了：

1. 权力的非语言指标。
2. 空间是一项权力指标。
3. 信息是权力。
4. 闪烁其词是权力的一项语言指标。

答案见本章结尾。

权者需要对自己的眼神接触更加小心。上级正在一个会议上对下级说话，眼神接触能显示下级是否在认真聆听和服从权威。但是上级往往会觉得自己没义务用眼神接触来显示自己对下级的兴趣和关注。垂下眼睛和往下看同样会表现为顺从。

最后，权力的非语言象征包括各种物体和有形材料：大桌子、毛绒地毯、办公室窗户、真皮椅、主管钥匙、公司配车、新电脑，以及很多其他东西。

曾有研究比较了一项人身伤害诉讼里相对有权者和无权者的非语言沟通。如果讲话者在争取减少刑罚的辩论中表现出强大的非语言交流能力，案件的罚金平均会减少 4 273 美元。但是如果讲话者表现出的是无权的非语言沟通行为，那么案件的罚金平均会增加 2 843 美元。

权力资源

当团体内部进行权力交换时，成员会利用权力资源。权力资源是"任何有利于个体朝自己的目标前进或干扰他人行动的事物"。团体里有 5 种主要的权力资源：信息、专业度、惩罚和奖励、个人特质以及法定权限。这几种资源也十分吻合弗兰奇（French）和瑞文（Raven）提出的团体中的经典权力类型。

↘ 信息：受限制的或罕见的

毫无疑问，信息是权力。但并非所有信息都是权力的来源。信息具有不可获得性时，它就具有了价值和实用度。如果一种信息能被每个人轻易取得，那它就不可能成为权力。如果你能够从互联网上获取重要信息，那么团体中另一个提供同样信息的人就无法借此为自己谋利。

受限制和稀缺度会让信息变得不可获取。在这个信息过载的时代，受限制和罕见的信息是特例，而不是俯拾皆是。因此，当某种信息受限或稀缺时，能为人得到的任何一小部分都显得极度重要。

例如，在我的小型团体沟通课堂上，一位年轻女士告诉她的小组成员她可能为小组作业找来一份非常专业、信息量极大的报告。这份报告里的信息，据她说是任何其他人都得不到的，但是她能从自己的父亲那里拿到这份报告，因为她的父亲在某家公司身居要职。她所在的小组成员激动不已，而她也马上在这个小团体里有了威望和影响力。但不幸的是她并没有拿来这份报告，在她夸下海口的两个星期之后，她就无奈退课了。不可获取的信息具有权力的潜质，但它又不能过于稀缺，这样你才能得到它。

有效沟通者在把信息作为一种权力资源时，应该做到以下两点：

1. 提供罕见或受限制的信息。认真、勤奋的研究往往能够产生对团体任务有价值的信息。如果这条信息不为其他成员所知，那它就有潜力变成权力，因为它会提升你在团体决策里的威望和影响力。

2. 要确保信息的准确性。分享错误信息可能会招致其他成员的埋怨。错误信息很可能会导致集体的错误决策。

▶ 专业度：了解和展示

信息和专业度密不可分，但并不完全是一回事。某个团体成员可能掌握了关键信息，但是却无法破译它。专家不仅拥有对团体有价值和实用的信息，而且还能够准确理解信息，并指导如何运用信息来帮助团体。专家能够给团体提供知识丰富的建议。

专业度要成为一种权力资源，必须至少满足以下两个条件。第一，团体必须相信某个人具备团体不可或缺的技巧、能力、知识和背景，能够胜任专家的角色。专家必须证明自己掌握大量相关信息并有能力运用它。第二，这个人必须要展现出可信度。毫不为己的专家相比那些通过谎言和垃圾建议来谋取实质利益的专家，能发挥更大的影响力。

假定某个成员具备了对团体来说实用且特别的知识和技能，他可以通过以下几点将知识转化为权力：

1. 维持自己的技能和知识。如果你的知识过时或技能失效，团体很快就会把你当成昨日的专家——一个老古董。

2. 展现可信度。你必须用自己的专业能力来造福整个团体，而不是给你自己谋取个人利益。

3. 确保在事实正确无误的情况下才给团体提建议。建议应该基于能获取的最佳信息。偶然的疏漏不会毁掉你的专家地位，但是经常犯错或严重犯错可能就会悔之晚矣。

4. 不要表现得充满优越感。这会激起其他成员的抵触情绪。

奖励和惩罚：胡萝卜和棍棒

奖励和惩罚都可能成为权力的重要来源。工资、奖金、工作日程、额外津贴、录用和解雇是典型的职场奖励和惩罚手段。金钱、车钥匙和禁足则是家庭里常见的奖惩措施。社会认可或不认可、表现褒奖、怀疑和驱逐是教育者可以对学生采取的奖惩措施。

惩罚如果可以被实施，它就会成为权力的来源。如果员工受到公务员制度的保护，不用担心自己被解雇，那么威胁将其开除就很可笑。惩罚手段只有在实施的可能性较高时才更为有效。

但是用惩罚来影响团体成员有严重弊端。首先，惩罚会告诉你不应该做什么，但它不会告诉你应该做什么。解雇一名员工不会让他知道以后如何改进自己的工作表现。第二，被惩罚者可能会对折磨他们的人产生愤怒和敌意。如果惩罚显得不公平或太过分，那就很容易会激起成员的反弹。第三，惩罚可能在团体里造成负面涟漪效应。如果惩罚没有达到预期目的，就等于变相鼓励其他成员以后去犯类似的错误，而惩罚中的公平问题还可能导致矛盾和冲突，让压力在团体里扩散，形成竞争的团体气氛。

奖励被视为惩罚的对立面，它看似只会给团体带来积极影响，但奖励可以成为一项有效权力资源，你必须小心使用它。曾有位老人每天都被放学回家的10岁男孩们围住羞辱。有一天，在男孩用丑陋、愚蠢、秃头等字眼辱骂了老人之后，老人决定跟这些捣蛋鬼们做个小小的交易。第二天，老人对男孩们说，下一天谁大声骂了他谁就能得到1美元。傻眼的男孩们离开了，第二天下午，他们回来每个人都对着老人大叫。老人给了每个男孩1美元。然后他告诉他们，如果再下一天他们仍然能回来重复自己的粗鲁行为，每人会得到50美分。男孩们又回来了，大吵大闹之后，得到了报酬。然后老人说，如果男孩们第二天再来，他会给他们10分钱。这时，男孩们说："算了吧，不划算。"于是他们再也没有来过。

这个故事告诉我们，在某些情况下，外部奖励会削弱内在动机。外部奖励通过提供金钱、分数、表扬、认可或特权等外部诱惑来激励我们有良好表现，而内在奖励是我们享受自己所做的一切。内在奖励能让我们持续不断地从事我们喜欢的事情。男孩们最初是出于内心的愉悦感而去折磨老人。但是当他们被付钱来做这件事之后，就变得像工作一样乏味。一旦报酬变少，工作看起来就毫无意义，于是他们会辞职。"工作很讨厌，但我需要钱。"这是一条很常见的标语，它解释了金钱等外部奖励对我们的工作兴趣和愉悦感的影响。

工作团队里的成员如果有内在动力，例如对共同目标的承诺、"改变世界"的欲望，或是对任务的浓厚兴趣，就更有可能表现出色。但如果纯粹依靠金钱、认可或特权等外部奖励聚在一起，团队表现可能就不会那么高效。一项针对500名职场人士的调查显示，"95%的受访者认为报酬和福利不是决定他们是否留在一项工作中的主要原因。关键因素是要跟上级管理者之间建立相互信任的关系。"在良好的团队关系和互相信任的团体气氛中诞生的内在奖励，比金钱和福利等外部奖励有用得多。

采用外部奖励真的像某些人说的那样只能带来负面结果吗？答案是否定的。口头表扬（外部奖励）尽管不会让人明显察觉到它是一种控制成员行为的操纵策略，实际上能够激发内在动力。同时，外部奖励的效果也取决于接收者如何看待奖励。如果接收人视奖励为优待，奖励就会提高他们工作的内部动力，但如果他们反而因奖励感受到压力，那么奖励就会削弱他们积极工作的内部动机。

有效沟通者会小心使用惩罚和奖励手段。这里有几条指导原则：

1. 惩罚必须是最后的手段。因为惩罚会造成严重后果，所以你应该尽量少采用它，只有当其他措施在成员身上都行不通时，你才可进行惩罚。

2. 你应该采取恰当的惩罚措施。对严重过错或不负责任的行为轻描淡写，或是对相对无关紧要的错误高压严惩，都是不合理的举动。在前一种情况下，成员可能会视惩罚措施为儿戏，而在后一种情况下，成员可能会对严酷的制裁展开反抗。

3. 惩罚应该迅速和明确。如果延迟惩罚或惩罚发生的时间不确定，惩罚跟事件之间的联系就会减弱，而它的效果也会变差。无根据的威胁是毫无意义的。

4. 不要吝惜你的赞美。赞美是对任务完成的认可，有利于营造积极的团体氛围，而且，只要它不具有明显的操纵性，它能够提升成员的内在动力。

5. 在提供奖励之前先弄清楚什么最能嘉奖成员的价值。1 000美元的奖金可能会让一个穷人干劲十足，但对比尔·盖茨却不值一提。如果团体成员内心没有足够的动力去完成某项工作任务，却很看重奖赏的话，外部奖励就会非常有效。

6. 无论惩罚或奖赏，都要秉持公平公正的原则。若成员感觉到被偏爱的人会得到奖励，团体里就会出现竞争性的氛围。

▶ 个人特质和技能：有权力的表现

我们都知道，那些能对我们施加影响力的人，并不是因为我们之前讨论过的任何权力资源，而是因为他们具有充满吸引力的个人特质。我们有可能被那些具备了我们想要但又不拥有的能力的人吸引。

沟通学者们已经了解到，外在吸引力、专业度、大量具有说服力的沟通技巧、动力、可信度、可靠性、相似的价值观和世界观以及身份认同，都能提高一个团体成员影响他人的能力。还有充分研究显示，权力和外向性格之间有很强的联系。那些展现出充沛的能量、积极性、社交能力和主动性的人（外向者）更有可能在团体里获得一定的地位。

如果一个人拥有以上部分或全部特质，那他可能会魅力四射。每个人的魅力程度不同。魅力不是客观决定的。团体可以决定谁有吸引力，谁没有吸引力。巴拉克·奥巴马首次进行总统竞选演说时，观众为之倾倒（真的有人晕倒），还有人轻声啜泣。他是粉丝公认的演说界摇滚明星。但是保守的共和党人可能不会对奥巴马有类似的反应。让自己富有魅力对有些人难于登天，但魅力四射的领导者通常会展现出卓越的沟通技巧。改进沟通能力能有效提升一个人的魅力度。"当一个人成为更优秀的沟通者，他在别人眼里可能变得更'有魅力'。"团体在一个优秀的沟通者的领导下越成功，这个领导者在成员的眼里就越有魅力。

谁更有魅力，比尔·盖茨还是专业动作演员德维恩·"岩石"·约翰逊？你的答案建立在什么基础上？

↘ 法定权威：你会遵守

我们都扮演着角色，但我们中有些人因为自己的地位或头衔能在团体里发挥更大影响力。基于他们的角色，部分成员拥有法定权利来影响我们，并指导我们的行为，而他们也由此获得了权力。社会赋予父母法定权威。除开他们本身拥有的其他权力资源，父母这一身份被社会认可为理应得到尊重和服从。我们相信父母有权利管教子女并要求子女顺从自己的意愿。同样，教师和职场中的上司也具有法定权威。

对法定权威的服从早已深入我们社会结构的每个角落。我们学会了在学校里、在工作上、在教堂、在法庭和军队中服从法定权威。曾经在伊拉克阿布格莱布监狱虐囚的美国士兵在辩护里声称自己只是"服从上司指令"（见案例分析"米尔格伦实验"）。

要拥有权力，权威必须被视为合法的。我们不会服从那些明明没有合法授权，却爱发号施令的人。团体成员必须保证权威的合法性，才能发挥其作用。有研究显示，篡权的领导者不会被团体授予合法性。所以，他们的影响力也低于指派的或众人推选出来的领导者。很多代课老师的悲惨经历都足以说明这个问题。老师是学校里的权威人物，但是代课老师却很难在学生心目中确立自己的合法权威。他们必须对抗众人对代课老师的刻板印象，即他们不是"真正的老师"。即便是正式教师也不会自动获得合法权威和权力，"老师的影响力基于学生对师生间上下级关系的接纳，以及学生认为老师有权力在课程相关的事务上对自己进行指导"，团体才能授予合法性。

有效沟通者若要把合法权威作为权力资源，需要遵循以下原则：

1. 成为权威人物。权威有两个重要来源：指定的领导者和产生的领导者。无论哪一种都能授予你权威。我们已经在第 6 章里讨论过产生的领导者。要成为指定的领导者，你就需要得到某个有权力人士的支持，赢得被指派为领导者的权力（例如根据你的资历），或成为团体中唯一愿意接受这项指派的成员。

2. 获得合法性。合法性来自你对团体纪律、规则和标准的服从。被强加于团体的权威（例如由团体外部力量指派的领导者）往往会遭遇合法性的问题，因为团体可能没有参与授权的过程。从团体里产生的权威（例如成员投票选出某人代表团体去进行谈判或靠能力获得成员的认可）则具有强大的合法基础。当团体成员尊重自己的团队领导时，领导者就能发挥更大的影响力，尤其是在团体里出现冲突时。

3. 鼓励成员参与决策。鼓励成员参与决策能让你获得成员的喜爱，有助于你维持自己在团体里的合法权威。在前几章我们已经讲过如何做一个合格的决策讨论者。

4. 表现得合乎道德。对合法权威的滥用是不道德行为的产物。无论何时，你在团体中使用权力都必须符合诚实、尊重、公平、选择和责任感。

总而言之，权力资源不是个人财产。一个人无法占有权力，但是能够在与其他团体成员的交换中被授予权力。因此，权力资源必须获得团体的认可才会有影响力。团体的认可通常取决于该资源是否能满足团体的需要。

> > > 案例分析

米尔格伦实验

斯坦利·米尔格伦（Stanley Milgram）曾在20世纪60年代进行过一系列惊人实验，生动展示了人类社会对权威的高度服从。米尔格伦最初的实验指定了一位参与者扮演"老师"的角色，另一位参与者扮演"学生"。"老师"被告知本实验的目的是测试惩罚对记忆力和学习的作用。惩罚措施是"学生"每次在单词配对测验里答错一个问题，就会遭受电击。电击从15伏特开始，"学生"每答错一次提高15伏特，最大可达到450伏特。实验者会根据每一次错误给予受害人越来越严重的电击，即便被测试者提出反对。实验者在米尔格伦实验里充当了法定权威。

几乎2/3的被测试者最终将电击提高到450伏特并持续使用电击器直到实验者喊停。被测试者即便已经听到了受害人痛苦的尖叫，仍然会继续施加电击。（实际上受害人的痛苦是假装的，受害人根本没有遭受到电击，但大多数被测试者都以为惩罚是真的）。在其中一次实验里，受害人抱怨说自己的心脏状况因为电击而恶化。然而，在40个被测试者中，有26人都在实验者的指示下对受害人实施了最大电压的电击。最终，米尔格伦一共在超过1 000个不同年龄背景的被测试人身上进行了19项不同的权威服从实验。

很多不同国家的人复制了米尔格伦的实验，都得到了类似的结果。这些复制品里有一项实验非常戏剧化，受害者是一只可爱的毛茸茸的小狗，而不是人类志愿者，被测试人竟然真的电击了这只可怜的小狗。这只小狗被囚禁在一个底部是电网的盒子里。虽然我的学生们都认为不可能有人忍心对一只可爱的小狗下手，但实验结果令人大跌眼镜。3/4的被测试者（全部都是大学生）最终都服从了实验者的指令（54%的男性和100%的女性）。在实验者的授意下，他们对小狗实施了最大电压的电击，还目睹了它的痛苦。他们抱怨过，部分女性被测试者甚至哭泣了，但他们仍然服从了指令。

最近，还有很多电视真人秀进行了米尔格伦实验。圣塔克拉拉大学的心理学家杰瑞·伯格还曾帮美国广播公司的《黄金时间》（*ABC Primetime*）节目做了一些特别的预防措施来保护参与

你会用450伏特的高压对这个可爱的小狗进行电击吗？在一项实验中，100%的女性和54%的男性被测试者（都是大学生）都这样做了。

者心理健康，其中包括将最高电压限定在150伏特（米尔格伦实验被测试者里4/5的人都会在达到150伏特的临界点后，一路将电压提高到450伏特）。然而，在150伏特，受害者会要求离开实验，并抱怨自己的心脏状况。而在过去一些类似的服从实验里，70%的被测试者不顾受害者的请求，顺从了权威人物的指令。英国幻术师达伦·布朗（Derren Brown）在他的英国电视节目《抢劫》（The Heist）里复制过这个实验。超过一半的参与者最后都屈服了。而另一个复制版出现在2009年英国广播公司的纪录片《你有多暴力》（How Violent Are You?）里，在12名参与者中有9个人完全顺从了指令。一部法国纪录片在2010年重复了这个实验，但是用电视游戏节目的形式呈现出来，这个节目叫《死亡之战》（The Game of Death）。该节目为这个实验增添了娱乐元素，主持人向参赛者提问题，如果答错了，并愿意接受主持人和摄影棚内观众高喊的"惩罚"命令的话，就得接受高达460伏特的电击惩罚。在80名参赛者中，64人（80%）都接受了最高电压的电击。这些米尔格伦实验的复制版，除了伯格实验里可能存在例外情况，全部都是不可靠的，因为没人知道电视台有没有刻意进行剪辑让节目更有娱乐性。但是，它们的确表明我们目前的社会跟50年前米尔格伦实验里呈现的状态没有太大差别。

然而，团体成员不一定必须臣服于法定权威。有项研究发现，当成员讨论是否对权威要求自己做的事情存在疑虑时，大多数人会否定权威。团体讨论是违抗权威的关键因素。团体成员必须吐露自己对权威提出的要求的顾虑，才能明白有所顾虑的不是自己一个人。

尽管顺从研究的结果让人不快，但是蔑视一切权威跟一味服从同样不理智。如果社会里没有人服从警察、老师、父母、法官、老板或医生，我们的社会将变成什么样子？面对法定权威的过度影响，你的做法取决于你对权力的恰当和不恰当使用的辨别能力，而不是不分青红皂白地反对所有法定权威。

进一步思考

1. 米尔格伦实验和它的复制版本们是合乎道德的研究吗？用本书第1章中沟通的5个道德标准来分析这个问题。
2. 如果实验里的权威人物是一位女性，米尔格伦实验的结果会有所不同吗？如果女性是受害者呢？如果儿童是受害者呢？
3. 在案例中提到的实验（狗是受害者）里，100%的女性服从了指令，但只有54%的男性服从指令。为什么会有这种差别？

权力失衡的影响

如果一个团体里权力分配不均，出现了少数人统治整个团体的情况，将很可能发生大规模权力斗争，伴随这些权力斗争而来的是攻击和蔑视。

◢ 身体暴力和攻击：动荡的权力斗争

严重的权力失衡经常会在团体内部造成暴力冲突和互相攻击。吉列斯（Gelles）和斯特罗斯（Straus）在深入研究了家庭暴力后总结道："家庭成员之间越不平等，某个人占有的权力和决定权越多，家庭暴力发生的风险就越大。权力、权力对抗以及感到被统治的威胁，几乎是所有家庭暴力背后的问题。"在那些丈夫坚持要处于统治地位的家庭和婚姻里，解除家庭和婚姻关系或反抗不愉快经历的发生概率是那些丈夫分享权力的家庭的 4 倍。

暴力很容易从夫妻之间扩散到整个家庭关系中。"家庭暴力往往有这样一种模式：如果一个家庭里丈夫殴打妻子，妻子就会殴打孩子，而大孩子就会对较小的孩子施加暴力，较小的孩子则会虐待家里的宠物……在每个级别上，最有权力的人都想控制其他相对无权力的人。"

我们经常把职场里的权力斗争升级为攻击。根据美国司法部的一份报告，每年大约有 200 万人遭受职场暴力。职场霸凌同样是个日益严重的问题。职场霸凌是对比自己弱小的"目标施加持续的侮辱、虐待和伤害"。在美国，超过 1/3 的工人曾经遭受过职场霸凌。"成年人的职场霸凌异常多见，而且极具破坏性。"尽管在美国很严重，但职场霸凌在其他国家甚至更糟糕。国际劳工组织曾在 2006 年针对 32 个国家进行过调查，发现职场霸凌是这些国家最突出的职场冲突之一。统治孕育暴力和冲突。

◢ 语言和非语言蔑视：骚扰他人

团体里的权力斗争不一定都以暴力而告终。故事更有可能的走向是大家用语言和非语言的形式来表达蔑视。例如，球队的教练能轻而易举地击碎球员的自尊心，职场里的团队领袖也能击垮相对没有权力的成员。

蔑视是对他人进行有情感色彩的侮辱。蔑视不只是批评。它比批评更有破坏性，因为它试图羞辱甚至毁掉目标。侮辱性代号（"愚蠢""傻瓜""白痴""能力低下"）、诅咒、恶意玩笑（会伤害和嘲弄他人的玩笑）、讽刺挖苦和侮辱性的身体语言（翻白眼、撇嘴、一边嘲笑一边摇头）都是蔑视。在我们前几章里讲过的医护人员语言侮辱里，2 100名受访的医护人员中超过98%的人都表示自己目睹过语言蔑视，通常是由较有权力的医生施加给相对无权的护士的。

权力失衡很可能制造鼓励身体、语言和非语言冲突的团体气氛（参见文化聚焦"权力距离和文化差异"）。在统治—抵制的权力斗争中，攻击者和受害者都会做出负面举动。更加公平地分配权力是预防这种恶性竞争的主要措施。

>>> 聚焦文化

权力距离和文化差异

在美国，权力不平衡经常是攻击行为的催化剂。但是，不同文化对权力失衡的反应大相径庭，对权力失衡的合理性看法和接纳程度非常不一样。这些差别被称为文化距离维度（简称为PD）。

在文化上被定义为低PD的国家（对权力差别的接受度相对较弱），例如美国、瑞典、丹麦、以色列和奥地利，会建立规范和制度规定来最小化团体成员间和团体间的权力差异。挑战权威（正如米尔格伦实验里展现的，这在任何文化里都不容易）、打破组织层级结构、使用法定权力，都为低PD文化所认可。低PD文化不主张彻底消除权力差距，而且在美国这样的国家里，权力差距明显存在，但这些国家并不推崇相对有权者和相对无权者间等级森严的秩序结构。

低PD文化里的工人可能会对上司提出不同意见。实际上，上司可能会鼓励不同意见。即便是在工作场合之外进行社交，以及下属对上司直呼其名也并不罕见。

被定义为高PD文化的国家（对权力差异的接受度相对较高），例如菲律宾、墨西哥、印度、新加坡，其社会规范和规章制度则会接受甚至鼓励权力差别。权威的举动很少遭到质疑，大家都认为当权者可以理所当然地使用其权力，而组织和社会里的层级结构也受到推崇。员工通常不愿意反对自己的老板，上下级团体间的友谊也很罕见。

小型团体中成员们对权力失衡的反应也能够体现出该文化的权力距离。曾有研究比较了高PD文化（中国香港）和低PD文化（美国）下人们对骚扰的反应。如果骚扰者是一个地位较高的人，中国香港的被测试者面对骚扰的心情低落程度比美国的被测试者低。

正如布利斯林（Brislin）解释的："当人们认为地位差异是正常的，他们就能够接受有权者跟无权者是不同的这个事实。有权者能参与无权者不能参与的事，例如在这个骚扰案例中，人们认为骚扰是骚扰者的权利。"

权力距离的差别并不意味着高PD文化中的小型团体永远不会经历权力失衡冲突和攻击。但是低PD文化里的成员更可能在权力失衡面前表现得沮丧、愤怒和充满敌意。因为低PD文化重视权力平衡，尽管这些文化中的人在日常生活里可能也会感受到权力的不平衡。在低PD文化中，小型团体为实现理想的权力平衡状态而进行的努力更为显著，更有可能认为否认权力平衡是不公正甚至不能容忍的，而高PD文化则不会如此看重权力平衡的正面性。

进一步思考

1. 高PD文化下更有可能出现哪种领导风格，指令型还是参与型？低PD文化呢？请解释。
2. 如果你作为交换生去高PD文化里学习，你会对"不要挑战老师"的规范作何反应？

解决权力失衡

团体里的权力交换可能包括5种常见反应：服从、结盟、抵制、反抗和显著性（C-A-R-D-S）。后4种方式都是相对无权的成员为了平衡权力而进行的努力。在本小节，我会探讨每种平衡权力的方式的优缺点。

↘ 顺从：团体权力

顺从是同意他人命令和愿望的过程。顺从既包含对权威的服从，也包含对规范的遵从。当顺从是团体对个体实施影响力的结果时，它通常被理解为遵从，因为我们被期待遵守团体规范。当顺从是权力较高的成员（例如领导者）对权力较低的成员实施影响力的结果时，它通常被理解为服从。

曾有研究比较了遵从和服从哪个影响力更强大。两个答题者参加测试，一名被测试者对回答错误的人实施惩罚（提高电击力度）。在150伏特等级，一名答题者拒绝继续参与测试。在210伏特，第二名答题者要求退出测试。

有了两名异议者的支持，90%的被测试者拒绝听从实验者的指令去将电压提高到450伏特。在40名被测试者里，60%的人止步于210伏特或以下。但是在一项对照实验中，被测试者要独自面对实验者，只有35%的人拒绝听从指令，并且无人在300伏特之前停止惩罚。在某些情况下，对团体规范的遵从比对权威的服从更强大。被测试者创造了一条团体规范，即反对在受害者拒绝的情况下对其进行电击。大多数被测试者都选择服从这种规范，而不是屈服于权威人物的强硬命令。这证明了团体有力量抵挡强大的团体成员或领导者的错误或不道德的命令，找到同盟者共同反抗领导者的命令会更有效。

结盟：结成同盟

结盟是为了互惠互利或共同目标结成小团体。当团体成员结成临时同盟时，他们就被称为联盟。权力是联盟形成的核心因素。当团体成员在某些问题上无法达成一致时，他们会结成联盟来增加自己的权力，控制团体决策。联盟必须在团体成员的协商谈判中实现。

由于联盟会改变一个团体里的权力分布，联盟的形成通常会催生对抗和竞争，引起争议。结盟不仅仅是为了帮同盟成员达到目标（例如在小组作业上选择自己偏好的话题），也是为了组织非同盟成员实现目标（例如选择自己不喜欢的项目主题）。有权力的成员通常会防止较弱的成员结成联盟。为了达到这个目的，有权力的成员可能会拉拢弱势成员与自己结盟，混淆问题，引起弱势团体内部分裂，从而破坏他们潜在的盟友关系。

在政治领域，联盟可能很实用，有时联盟会帮助相对无权力的团体成员影响团体决策，防止团体领导者做出不道德或糟糕的决定，但是它也会为团体带来很多问题。在家庭中，父母与子女发生争执时，父母可能需要结成统一战线来解决问题。但是父母—子女联盟（例如父亲—儿子联盟跟母亲—女儿联盟）可能会破坏家庭系统。要求孩子在父母吵架时站队支持某一方可能会破坏家庭的稳定性，甚至危及家庭系统的生命力。

联盟还会引起不同阵营团体间的竞争，导致团体做出高风险、考虑不周的决定。联盟可能会降低团体的整体效能，因为不同派系的成员很可能沟通不畅，导致团体没有及时发现外部的威胁和潜在问题。结盟通常会带来竞争的种种弊端，在成员间形成统治—抵抗的交换模式。

↘ 抵制：尽量拖延

抵制通常是权力较少的成员的选择。抵制是低调表达不服从的方式，它常常是两面三刀和操纵性的。抵制者是狡猾的破坏者。当成员面对独裁者时（上司、父母或团体领导者），比起公开反抗、直接拒绝服从，抵制往往是一种相对安全的手段。然而，即使是权力较高的人偶尔也会采用抵制策略。若团体里明显存在不满情绪，公然否定成员的意见可能会引发大规模的对抗。

抵制是权力的对抗形式。若手法高明，抵制可以做到不易察觉。因为其进行的破坏往往是模糊的，抵制者表面看起来可能规矩又驯服。被抵制的目标经常会意识到抵制正在发生，却无法彻查清楚，因为抵制会传达出迷惑性的混合信息。

在本小节，我会讨论巴赫（Bach）和戈登伯格（Goldberg）提出的"消极攻击"，即抵制的具体沟通策略。我在两名学者总结的策略里又补充了自己的理解。你可以回想一下自己是否用过这些抵制手段（见自我测试）。

装傻：聪明成员表现得愚蠢　你的小组正在准备一个重要的课堂报告。每个成员都被分配到一部分内容去研究。在一次会议上，大家统计了各自在相关领域收集的信息。当大家问某个成员要一份数据报告时，该成员说："我找不到任何跟全球饥饿有关的材料。"你面对的是个傻瓜吗？还是这个人正在默默地拒绝参与小组作业？我猜是后一种。当成员不愿意在某项任务上付出精力时，尤其是这个项目不是他们选择的，他们可能会对直接向团体抱怨自己的不满有所顾虑。如果团体在决定通过这个项目的提议时，他们被排斥在决策之外，这说明他们可能对团体决策没什么影响力。于是他们就会用装傻这种消极方式来惩罚团体成员和发挥影响力。当团体成员必须齐心协力才能取得成功时，即便只有一个成员采取抵制态度，也会导致系统性的问题。

策略性装傻对权力较低的人格外有用。如果权力较低的人被迫参与某项任务，那他可能没有能力拒绝，只好表现得无能。把一项非常简单的任务搞砸，这可能会激怒最有耐心的人。如必须从零开始教故意装傻的成员如何使用互联网搜索或去图书馆查有关全球饥饿的资料信息，那大家可能会觉得浪费时间，索性自己承担这项工作。如果权力较低的成员被批评工作质量不高，他总是会说："那我怎么知道？"或"我早就告诉你我不知道怎么做了。"然后他们会用自己的糟糕表现来证明他们的愚蠢是"真实的"。期望这些人在没有仔细和持续监督的情况下有更好的表现是不公平的。

>>> 自我测试

你会采取抵制策略吗？

坦率回答以下问题。

1. 为了脱离某些我不赞同的工作，我曾故意表现得愚蠢。

   经常　　　　　　　从不
   5　　4　　3　　2　　1

2. 为了逃避做我不喜欢的工作，我曾经故意表现得迟钝笨拙。

   经常　　　　　　　从不
   5　　4　　3　　2　　1

3. 为了不做自己不喜欢的事，我曾经故意假装不理解某人说的话。

   经常　　　　　　　从不
   5　　4　　3　　2　　1

4. 我发现当我被要求做自己不想做的工作时，我会很健忘。

   经常　　　　　　　从不
   5　　4　　3　　2　　1

5. 我会在那些自己不想参加的会议上迟到。

   经常　　　　　　　从不
   5　　4　　3　　2　　1

6. 我故意把自己不想做的事拖延到最后一分钟完成。

   经常　　　　　　　从不
   5　　4　　3　　2　　1

这6个问题体现了6种抵制策略（按顺序）：1.装傻；2.行动力缺失；3.假装听不懂；4.选择性遗忘；5.战术性迟到；6.故意拖延。每道题只要超过2分，都说明你经常使用这种抵制策略。

运动机能缺失：笨拙策略　这种抵制策略是装傻的好伙伴。现在这个权力较低的成员不再装傻了，他会变得不可思议的笨拙，经常引起大麻烦。这是一条混合性信息。抵制者的非语言行为展示了抵制，但是口头上却经常表示自己非常想要服从。

多年以前，我曾经在一家罐头工厂打暑期工挣学费。我是一名质检工人。为了避免被选进可怕的包装部门，我一直不敢过分努力。早班开始时，我总会躲在上司的视线以外，因为上司习惯挑选一些可怜的大学生来替代从包装部门辞职的员工。包装部门的工作是给罐头盖上盖子，放进机器刷上涂层，然后用盒子和纸袋包装起来，放进木制托盘里。

一天，上司看到了我，要我去包装部门取代某个辞职的员工。我非常不情愿。在新岗位上我得始终对着一台不停送出罐头盖子的机器。我得把盖子堆起来再装好，防止它们掉到地上。为了摆脱这项工作我暂时丧失了自己的运动机能。在我当班的时间内，我不小心把几千个盖子都弄到了地上，不小心把机器关掉 4 次，机械师每次都得花 20 分钟来重启机器，上司还得再找来两个人打扫我造成的混乱。我的小小破坏影响了整个系统运行。在整个过程里，我坚持用诚恳的语气告诉我的上司，我真的很想做好这一切，但我就是做不到。第二天，我就被发配回自己原本的工作岗位，假装不知道没有人会在做了别的岗位之后重回质检部（装傻）。我躲到一边，而我的上司选了另一名大学生去接替我的包装工作，并且接下来的整个夏天我都再也不用去包装部门了。一个月以后，我甚至获得了升职。但讽刺的是，在第二个夏天我又被安排到了包装部门。不过这一次我稍微转换了一下自己的态度，轻易地完成了工作。

这条策略会如此有效，正是因为你要表现得非常努力。在我自己的故事里，我让自己汗如雨下。我看起来尽了最大努力去操作那台机器。我只是确实不擅长。如果权力较高的人对你的小把戏起了疑心，你可以非常愤怒地表示怎么可能有人相信这种事情发生。这会让权力较高的人陷入尴尬境地。毕竟，要怎么证明一个人是故意的呢？谁都不想让别人觉得自己在欺负弱小。如果他指责弱小的成员缺乏工作热情，却没法让团体相信，那他可能会失去自己在团体中的可信度（个人特质也是权力的基础之一）。

假装误解：伪装困惑 这条策略就是"我以为你的意思是"或"我保证你确实说过"。抵制隐藏在"真诚的外衣下"。我在我自己的团体沟通课堂上目睹这条策略被运用过无数次。通常，一个学生会不小心错过了他的小组会议，然后解释道："哎呀我以为我们是星期四才开会。对不起，我弄错了。"我也数不清有多少次学生用这条策略来给自己晚交作业找借口。"你说过是星期五要交，不是今天，是吧？"他们会充满希望地说道。如果我回答："不，你的论文截止日期就是今天。"我的学生会回道："好吧，我以为你说的是星期五，那我星期五交可以吧？我不用受罚吧？"这句话里隐藏的信息是："既然这只是个小小的误解，那再惩罚我就太不公平了。"

再说一次，权力较高的人会被置于尴尬境地。如果全班都认为老师的行为变化无常、不公正，或是缺乏同理心（"每个人都会犯错"），那老师就会失去一些权力。权力较高的人有时候也会采用这条策略来逃避责任。老师可能会故意忘记自己跟学生的约定时间或学校委员会会议，因为他想在下班高峰期之前就开车出城。他们也会用记错会议时间来给自己不负责任的行为找借口。

选择性失忆：忘记不愉快的事　有时候我们会不小心忘记事情，但是你是否注意到有些人非常健忘，特别是对那些他们不想做的事情？这种失忆具有高度选择性，它也是一种抵制手段。我们很少忘记对自己重要的事或自己喜欢做的事。

选择性失忆传达的信息也是混合的。你没有表现出明显的反抗迹象。你对自己不喜欢的事情欣然接受。你只是不小心忘掉了先前的约定、承诺和协议。如果你的团体坚持要你接受大量不愉快的工作，你总是可以先同意然后忘掉它们。

这条策略还有一个更成熟的版本，就是真正的选择性遗忘。在采购办公室用品的时候，适当地忘掉一两样。记住，要把所有的东西都买回来，除了一两样特别重要的。瞧，你已经做得够好了，你只是不小心忘了买办公室打印机的墨盒，给整个办公室造成麻烦而已。没人是完美无缺的。如果你的选择性健忘症反复出现，那你的工作可能就会被转交给别人。

战术性迟到：免受缺席惩罚　如果你不想去某个会议、课堂、演讲或其他什么活动，你可以用迟到来表达你的抗拒。如果你没有迟到太多，你仍然可以表示自己想参加这个活动，所以你可以免受缺席的惩罚。迟到会惹恼甚至羞辱那些严肃对待会议的人。战术性迟到正是为了让这些人产生以上感受。

战术性迟到是以伪装的形式使用权力。团体面临着难题。团体可能会等待你的到来，这也会浪费所有人的时间。成员当天的计划可能会被迫延迟，选择之一是不等你直接开会，但这样好像也有点问题。如果你能给自己的迟到找到合适的理由，团体会觉得应该告诉你已经发生了什么，但这样大家就要暂停进程来为你讲解。并非所有的迟到都是战术。有时候你只是由于条件限制没法按时与会。战术性迟到是一种反复出现的抵制模式，并不罕见。

不是只有权力较低的人才会采取战术性迟到。权力较高的人也可能会有采用这种措施来加强他们的统治。自我中心的明星常常会故意迟到来彰显自己的重要性。他们希望通过让粉丝等待来享受被崇拜的优越感。

故意拖延：有目的的拖延战术　大多数人都会把自己不喜欢的事拖到最后。这不一定是故意的。这其中不涉及任何策略。但当拖延被有目的实施时，它也可以变成一种抵制策略。

故意拖延的人会假装自己能"尽快"完成任务。虽然答应马上完成，但他们却拒绝给出具体的时间或日期。要对付一个故意拖延的人，就像用刀把果冻固定在墙上一样——根本就不可能。他们会做出含糊不清的承诺。如果你开始对对方含糊不清和不做承诺的态度不耐烦,故意拖延的人会把一切变成你的问题。"放轻松好吗?太急躁可能会中风。我不是说过我会做完吗?我没说吗?"对方的意思很清楚,你没有耐心还不讲道理。工作会完成的,但不知道在哪一天。如果任务最终没完成,原因是"有些预料不到的事情发生了"。如果你对拖延表示愤怒,那你就是在找茬儿。

抵制策略通常被视为消极和生产率低下。在理想情况中是这样的。抵制策略是偷偷摸摸、欺诈性的,还会传达迷惑性信息。抵制策略不是一个合格沟通者需要学习的技能。但是,它们也不能被一竿子打倒。权力较低的成员没有比这更好的工具来抵抗统治阶级的欺侮。寄希望于统治阶级主动改善自己的行为态度太被动了,也不是一条靠谱策略。但问题的本质并不在抵制策略上。正是统治性的权力造成了竞争式的团体氛围,才催生了抵制策略。

但是,站在一个合格沟通者的角度,你需要学会如何有效应对抵制策略,因为抵制不一定总是高尚的。有效沟通者可以采取三种主要措施来应对团体中的抵制策略:

1. 直接面对策略。确定对方的沟通模式,找到其隐藏的敌意。做到这一点之后,你必须找到一种方法来取代统治—从属的权力模式。若你要使用我们第 4 章提到的沟通模式,一定要小心。

2. 不要做纵容者。如果我们对抵制态度不坚定,那我们就成了纵容者。如果我们继续等待故意迟到的人,我们就鼓励了战术性迟到的行为。如果我们代替那些假装缺乏行动能力的人完成任务,我们就肯定并鼓励了这种行为。如果一个员工不小心把某样东西忘在供应商的店里了,猜猜谁会回去拿?如果你又听到那句常用借口:"我不可能记得每件事。"那你告诉对方,她应该写一个单子。如果有人一再地在会议上迟到,就不要中断会议来告诉他都发生了什么,并要求他下次准时。团体里不允许存在持续的拖拉。

3. 根据具体任务给予具体指示。你可不希望有人用误解或听错了来为自己的恶劣表现找借口。如果你怀疑有人在偷偷抵制,就让成员重复你的指令。

还有,你不应该只关心如何应对抵制,而应该找到抵制发生的原因。如果抵制主要源自统治性的权力形式,那么你的关注点应该是如何减少团体里的权力失衡,或至少降低它的比例。

↘ 反抗：决不妥协

反抗跟抵制会形成鲜明对比。反抗是以公开形式表达不服从。它在要求自己服从的团体里进行顽强、大胆的对抗。正如抵制，反抗也是对权力的对抗形式，但是反抗没有含糊不清和偷偷摸摸的成分。一个反抗者是否支持团体的某个具体规范和目标，这一点谁都很清楚。

当有人展现出不服从团体规范的行为时，他们被称为"拒不服从者"或"反抗者"。如果这种拒不服从的行为是故意、有意识且公开地反对某个团体领导者或团体本身，那么它就是反抗。团体成员通常会在感到自己只有微弱机会或根本没有机会通过形成联盟来强化自己的权力，抵制措施似乎也行不通，或是觉得自己应该在团体一致性面前保持独立时，才会进行反抗。

传染的危险：扩散不满情绪 反抗可能具有传染性。我们曾在第 3 章讨论过艾斯克的研究，这里我要补充一个有趣的细节。判断一条线的长度，当一名被测试者反对团体，被测试者的统一性将降低到 8%。一个反抗者就足以激发出独立的决策，甚至公开的对抗。

团体担心某个人的反抗会像传染性感冒一样扩散到所有成员中，因此团体会在第一时间迅速摧毁反抗行动。在第 3 章，我们讨论过解决不服从者的 4 种策略——理性、诱惑、胁迫、排挤。这些策略也经常被用来对付反抗者。一个反抗者可能会动摇成员对团体的服从，威胁团体的权力结构。

不同的团体反应：消除反抗 反抗的具体情形各不相同。在有些情况下，不服从行为会在团体里形成涟漪效应。在其他情况下，它可能遭到成员的唾弃。团体应该采取措施击溃不服从行为，对反抗保持中立态度，还是探索抵制反抗的方法，主要取决于三个方面。

首先，有些规定对某个团体来说不像在其他团体里那么重要，所以不同团体面对反抗的反应也各不相同。对于篮球队来说，比赛前的宵禁和集体进食非常重要，但是对篮球界以外的团体来说，成员间的社交可能就没那么重要。

第二，对规范的反抗程度也会影响一个团体是否采取或在何种程度上采取措施阻止不服从。如果一个成员开会迟到了几分钟，这种反抗往往会被忽视。但如果一个成员在会议进行了三分之二时才出席，其他人可能会觉得该成员在公开反抗，令人反感。

第三，反抗必须是明确地挑战规范，而不是无意的违规。穿着不合适的衣服去新公司上班算不上反抗。通常，这种不合规范的行为会被解读成无知的错误，而不是叛逆。并非所有的不服从规范的行为都是反抗。反抗必须是公开地、有意识地、目的明确地挑战团体规范，以防更有权力的成员统治团体。比起明确的反抗行为，团体对无意识违规的反应简直和蔼可亲。当一个小朋友闯进浴室天真地问道："你在干什么？"我们可能只会哈哈大笑。

反抗者的影响：一个人面对整个团体　鉴于团体对违抗者施加的巨大压力，我们如何解释那种靠个人力量扭转团体思想的人呢？例如电影《十二怒汉》(*12 Angry Men*)，虽然说这种情况很少发生，但成员的反抗确实能影响团体，特别是不止一个成员持有少数派观点时。例如，在陪审团里，少数派很少能够让多数派的意见从有罪转成无罪，但是经常能说服多数派陪审员在犯罪的严重程度上改变主意（从一级谋杀到二级谋杀或误杀）。提出高质量的论据来驳斥多数派的观点是成功修正判决的主要手段。

如果团体无法拒绝你（例如一个陪审员或一个选举产生的官员），那么反抗者改变团体意见的最好机会就是在团体讨论中继续自信地坚持自己的意见不动摇。换句话说，决不能妥协。但是，如果团体有权力将反抗者排除在讨论或审议之外，那么反对者最好先不屈不挠地反抗，直到团体受不了时，他可以表示自己愿意做出一定程度的妥协。如果团体觉得反抗者似乎做出了一些让步而且更为理性，团体就更有可能修正自己的立场。如果你在团体可以拒绝你时仍然冥顽不化，只会一败涂地。你一贯的反抗会成为团体排挤你的合法理由。

一味顽固抵抗可能会让你没有朋友。大家往往会觉得顽固的反抗者比较不理性、不公正、不亲切、不合作、不讨人喜欢、不受人尊敬以及不够精明。这并不让人意外，因为反抗者会给团体带来中期压力。尽管团体不青睐顽强反抗的人，但是反抗者可能也会给人自信、独立、积极、甚至有创造性的印象。

坚持反抗可能会提升反抗者在团体里的影响力，特别是当多数派成员意见不明和优柔寡断时，但是它并不一定能提高团体的决策水平。灵活性是团体沟通能力的关键。一定要赢得团体赞成的顽固态度也会让团体多数派成员变得更强硬。如果反抗者和大多数团体成员都态度强硬，多数派就会占上风。

显著性：自我赋能

当团体成员无法继续忍受被更有权力的成员统治时，他们会通过提升自己对团体的价值来平衡团体里的权力。你主要可以通过两种途径来提升自己在团体里的显著性：让自己更果敢和提升个人权力资源。

果敢：不是擦脚垫也不用别人擦脚 果敢和攻击性这两个词常常联系在一起，即便在学术圈也是如此。例如，有些沟通学者把果敢定义为"一种大多情况下有益的攻击性特质"。在概念上区分果敢和攻击性似乎确实很重要。尤其是大卫·梅耶斯（David Myers）将攻击性定义为"任何目的在于伤害或毁灭的身体或语言行为"，这会让"有益的攻击"变得自相矛盾（我为了救你才想要毁灭你）。如果果敢跟攻击性有关联，那我不主张任何人学习和使用这种不合格的沟通方式。

敖德尔（Adler）将主动性定义为"使用自信和技巧充分表达你的思想和情感的能力"。果敢介于极度的被动和攻击性中间，而它与两者都截然不同。攻击性将个人需求置于首，比如你在别人身上擦鞋；而被动型完全不重视个人需求，比如你是泥泞世界里的擦脚垫。果敢既重视你的需求也关注他人需求。

很多人认为果敢只是传达各种思想和感情的过程，却忽略了其概念里提到的能力和技巧。因此有些成员在告知团体自己的想法和感受时，可能会显得有点傲慢。果敢不是一种"让自己看起来最棒"的竞争式沟通策略。要做到果敢，你需要在表达自己时保持对他人的敏感度。你在尽情表达自己时不要贬低他人。更明确地说，果敢可以成为一种赋能的途径。

果敢不是一种抵制策略。正如前文解释过的，抵制战术是被动攻击。表面上你似乎非常顺从（被动），暗地里你却在搞破坏（攻击）。我也没有在讨论反抗时提到果敢，因为它主要是沟通里的一种赋能形式。我们在大多数情况下不会用果敢的沟通方式来违抗团体，而是用来确保自己和其他成员的需求、权利、责任不会被团体淹没或忽略。

掌握果敢的沟通技能有显著优势。如果一个被动的成员变得果敢，团体可能认为他身上发生了非常有益的变化，完全符合团体规范，值得鼓励，而不会排斥他。主动又果敢会让个体在团体里更加耀眼。你在团体决策里的潜在影响力会得到加强。被动的成员会成为孤家寡人，而且很容易被团体遗忘。

果敢的成员则能彰显自己的存在感，并让团体把自己的观点和感受纳入考虑。

鉴于前文提到的服从率研究结论，我也不会对研究显示出的团体里果敢度的普遍缺乏感到意外（见下文自我测试）。我的小型团体沟通课堂上的一群学生便生动地展现了这一点。他们当时正在进行一项田野调查。三个团体成员排队站在两台并排的自动取款机前。这两台取款机都没人使用，也没有挂出"机器故障"的标识。几分钟之内，他们身后就排起了等待取款的长队。有些人发现根本没有人使用取款机自己却不得不等待，似乎有点不耐烦，但大多数人不置一词。有几个人等了10到15分钟才放弃离开。一个女士确实询问了排在最前面的学生："这台取款机坏了吗？"我的学生答道："我不知道。"女士又问："那你为什么要排队？"学生还是同样答道："我不知道。"这位女士有否因此冲到队伍前面使用取款机呢？没有。她重新回到了队伍里，又等了几分钟。在学生们排队的整个过程里，都没有人使用过取款机。

果敢对女性来说似乎尤为困难。在一项研究里，4名成员组成的小组要开会在一份30人的名单里选出12个最有可能在荒岛上生存下来的人。在讨论中，一名男性成员（实际上是实验人员之一）发表了三个性别歧视的言论（"我们绝对需要留下漂亮女人""其中一个女的会做饭""我认为我们需要留更多女性在荒岛上，满足男人的需要"）。假设你自己处在这种情况里，你会提出抗议吗？当一群比较组的大学生被问及这个问题，只有5%的学生表示自己会保持沉默，48%的人说自己会主动站起来抗议。当受访者为女性时，55%的人什么都没说，只有16%的人抗议了性别歧视言论。余下的人大多只是问了几个问题或者紧张地开起了玩笑。

其他研究结论也跟上述结果吻合，显示出女性远不如男性果敢。例如，在要求加薪时，女性远比男性沉默。在一项针对卡内基梅隆大学硕士毕业生的调查里，只有7%的女性受访者要求更高的起薪，而57%的男性受访者都要求了更高的报酬。平均来说，那些要求更高起薪的人能够多挣4 053元。而其他研究也支持了这一发现。为什么女性通常不敢主动要求更多报酬呢？女性倾向于把谈判视为一种令人不快的冲突或竞赛，认为这会破坏自己日后的人际关系和团体对自己的接纳度。在一项研究里，男性将谈判视为为自己争取利益（地位）的手段的可能性比女性高2.5倍。而女性把一份工作谈判视为提高他人对自己接纳度（关系）的手段的可能性比男性也高2.5倍。

女性和男性在社会化的过程里，对世界形成了不同视角，而这也反映在他们各自的团体沟通模式里。

但是，一个有效沟通者不应该认为果敢永远是恰当的。例如，你必须考虑到文化差异。在很多亚洲文化里，果敢并不受推崇。主动站出来表达你自己的意见可能被视为讨厌和挑衅以及破坏和谐的行为。一项研究还发现，你可能会在主动表达自我时过分固执。过分果敢可能会让你不讨上司喜欢，给你带来较低的薪水、较高的工作张力和个人压力。

这些结果表示，果敢并不是在所有情况下都比被动性和攻击性更受欢迎。你必须考虑它在每个语境里的优势和劣势。但是，总体而言，果敢是自我赋能的，尤其是在美国文化中，而且它综合来看还是比攻击性和被动性优点更多，弊端更少。

所以，怎么样才能变得更果敢呢？鲍尔（Bower）提供了一份实用的框架供你学习。它们被称为 DESC 框架。

描述（Describe）：第一步我们在第 4 章详细讨论过。可以复习一下描述的语言。

表达（Express）：你要表达自己对冒犯举动的想法跟感受。再强调一次，这不等于你要对冒犯你的人进行语言侮辱。你也不应该在表达的步骤里指责别人（例如"你让我觉得……"）。相反，你应该从你自己的立场进行说明（例如，"我相信""我觉得""我不同意"）。

明确化（Specify）：这个步骤会明确指出你希望对方用何种行为来取代让你不快的行为。你的请求要具体明确，不能模糊不清或只是建议性的。"只有把这个项目归功于我才公平，还有，我希望自己的劳动成果以后都能得到尊重"这种说法就比"我希望你马上停止抄袭我的方案"要好得多。

结果（Consequences）：你应该清楚告知冒犯方，若他改变行为或继续原有的行为模式会有何种后果。如果可能的话，你应该把重点放在奖励上，而不是惩罚上。"我喜欢在这里工作，而且只要能得到公平对待，我就愿意继续工作下去"这样就比"如果你继续窃取我的方案，我就不得不辞职了"要好一些。

你在表达时要注意规避"无权力"语言和软弱无能的非语言行为，否则

自我测试 10-2

果敢度自我测试问卷

尽量诚实地填写下面这份果敢自测问卷。这不是对你"理想的自己"的测试。它应该反映出真实的你。在每个问题里，用以下 5 个标准来衡量你自己有多大可能做出文中的反应。

5= 非常有可能
4= 有可能
3= 也许吧
2= 不太可能
1= 可能性很低

1. 你被邀请参加一个聚会，但是除了邀请你的那个朋友，你不认识聚会中的任何人。你看到了无数陌生人。你走向一群人，主动自我介绍，并开启了对话。
2. 你的小组里正在发生严重冲突，气氛紧张。当你们小组开始讨论课堂作业时，你明确感觉到了张力。你中止了讨论，指出团体里存在尚未解决的冲突，并要求团体解决这个问题。
3. 你非常不赞同团体在某个座谈会项目上选择的主题。但是你什么都没有做，服从了多数人的决定。
4. 在课堂上，老师的某个观点狠狠激怒了你。你举起手，老师叫你起来发言，你义正辞严地反对了老师的观点，而且非常大声。
5. 你坐在教室后方。有两位同学正在用不大不小的声音聊天，让你无法集中注意力听老师讲课。你探过身去，平静地要求他们不要聊天，因为你要听讲。
6. 在一个家庭假日聚餐上，你叔叔发表了一番种族歧视的言论，然后又讲了一个性别歧视的笑话。你坐在那里一言不发。
7. 你在旅行时注册了一些团体的运动项目课程（滑雪、攀岩）。在老师解释完基本要点之后，教室里每个人看起来都完全听懂了。但是你却对几个步骤不太明白。你举起手，要求老师更详细地解释一遍操作说明。
8. 有三个人代表某宗教团体敲响了你的门。你刚打开门，他们就开始传教。你站在那里耐心等他们讲完，暗地里却希望他们赶快走开。
9. 你看电影时有一小群青少年在大声聊天。你越来越生气，却始终什么都没说。
10. 你跟两个室友住在同一个宿舍里。隔壁宿舍在大声播放音乐，让你无法学习。你的室友好像根本不在乎，但你却越发不能忍受。你走到隔壁宿舍，大声敲门，然后在有人开门时你要求对方马上将音量调低。
11. 你团体里的一名成员无法负担课本费用。他问你能否借你的书"用几天"。你同意了。他把书拿走超过一个星期还是毫无归还迹象。你一直等着他来还书或解释未归还的原因。
12. 在工作中，你是某个项目团队的成员。团队里的每个成员的薪水都远高于你。你相信你理应得到加薪。

你给老板写了一份申请，要求了可观的加薪幅度。

13. 你从某个团队成员那里收到一封居高临下的邮件。你觉得很生气，因为本身你认为这个成员能力不佳，但他却命令你"马上"完成你那一部分的工作任务。你回复了一封尖酸刻薄的邮件。

14. 你们运动队的教练在团队会议上批评球员们"表现一般"而且"萎靡不振"。教练大声吼叫，语言粗鲁。你认为教练的批评很不公平，而且不适用于大多数队员。你保持沉默，希望他能平静下来。

15. 一个团体成员把你拉到一边，然后开始指责你的"不道德行为"。她对你大吼大叫，为此涨红了脸，动作粗鲁。人们都在看你们。你也对她大吼回去。

16. 隔壁的家庭有一只整晚吠叫不止的狗。这让你和你的家人饱受困扰。你在散步时见到了狗主人。你停下与对方开始聊天，然后你平静地提出了狗叫的问题。

17. 你正在考试。你注意到有几个同学在作弊，因此很不高兴，因为这些同学会获得不应有的优势，而且影响你自己的分数。因为老师是按照曲线给分的。老师没有注意到这几个同学在作弊。你在下课后向老师报告了他们的作弊行为。

18. 在一次团体讨论里，你的观点跟另一成员相冲突。你很想说服团体接受你的观点。你在那位有不同意见的成员说话时打断了她。你一直在她试图表示不同意见时说话，并且坚持她是错的你才是对的。

19. 在工作中，你所在的项目团队的一个成员"偷"了你的方案，并且抢占了你的功劳。你非常生气地在整个团队面前谴责他，并且揭穿他的行径。

20. 你团队里的一名成员有严重的口臭。每次见面，他的口气都让你非常困扰。但是你什么都没有说，你只是尽可能地在开会时跟他保持距离。

21. 你正在某个商店里排队。此时有三个人插队到了你前面。你要求他们站出去，坚持说你本来就排在他们前面。

分数计算：计算你在 4、10、13、15、18、19 和 21 题上（攻击性）的总分。然后再计算你在 1、2、5、7、12、16、17 题（果敢）的总分。最后计算你在 3、6、8、9、11、14 和 20 题（被动性）的总分。把分数填写在下面的空白处。

_____ 攻击性（　　）
_____ 果敢度（　　）
_____ 被动性（　　）

现在把每项得分除以 7，将平均分填写在上面的括号里。

注意：总的来说，你理想的果敢度得分应该在 4~5 分，攻击性和被动性在 2 分以下。这能大体反映出你的果敢度、攻击性和被动性程度。如果你在某一道果敢度测试题上得分过低或在被动性和攻击性的某道题上得分过高，说明你可能需要改善自己在这些具体场景里的表现。但是请注意，恰当的果敢度、攻击性和被动性都是视情况而定。尽管果敢度通常被视为正面技巧，但它也不是永远恰当的。尤其是如果果敢会给你带来伤害的话，更要三思而后行。相反，尽管攻击性通常被视为负面的沟通模式，但它自有用武之地。同理，在某些情况下你最恰当的做法可能就是保持被动。

果敢的 DESC 原则就只能是学术界不切实际的理想。你必须运用自信和技巧来表达自己的想法和感受。直视对方，不要眼神游移。你的姿态要保持笔直，不要像无精打采的小狗一样。你要调整自己的语调，不要透露出攻击性或被动性。尽可能避免试探性问题、吞吞吐吐、犹豫不决、立场不坚定或过于礼貌。如果你被打断了，明确地指出来。"我还没说完。"有关果敢的一切建议都必须经过实践。你会发现，做到果敢在有些场合里远比其他场合容易。

增加个人权力资源：做导师和拓展人脉　既然团体将权力授予个人，那么个人便能通过提升被团体看重的个人资源来加强自己的权力。你可以通过以下几条途径来实现这一点。

丈夫能通过承担大量家务劳动来提升自己在家庭里的价值。失业或没有充分就业的父母如果能找到一份兼职来贴补家计，就能在家庭里获得更大的权力空间。学会团体需要的某种技能能够巩固你的权力地位。如果你精通电脑，而你的团体中没有其他人是电脑专家，那么当团体需要专业电脑知识时你的权力就会增加。

最后，做导师和拓展人脉能够增加个人的权力资源。导师是在自己的工作或专业领域知识丰富且获得一定成功，并帮助和培养后辈新手的人。导师可以为新人提供信息，帮他们避免新手错误。一项研究表明，有导师的女性在企业里的成长比没有导师的女性快得多。有了导师的帮助，女性加薪升职都更快。若女性想要跻身企业的顶级领导层，导师必不可少。

拓展人脉是团体赋能的方式之一。具有类似背景、技能和目标的成员们定期聚会，分享有助于他们实现目标的信息。人际关系网还能给成员们提供情感支持，女性关系网尤其如此。

总而言之，权力是所有团体的核心动力。权力是影响你和他人实现目标的能力。权力不是某人的个人财产。它是团体成员间交换的产物。信息、专业度、奖励、惩罚、个人特质和法定权威是基本的权力资源。但这些资源要成为权力，必须经过团体认可。你无法精确计算自己拥有的影响力。但是，你可以通过观察团体里常见的沟通模式以及语言和非语言指标估算出团体中的权力分配。

团体权力失衡会导致冲突和权力斗争，有些情况下甚至会引发暴力。我们在团体中交换权力（尤其是当权力分配不公时）的 5 种方式是顺从、结盟、抵制、反抗和显著性。顺从的主要目标是让相对无权力的成员安于有权者的统治，减少反抗的可能性，因为反抗可能会传染。结盟、抵制、反抗和显著性都是小团队的成员争取权力平衡的方式。

提升练习

批判性思考

1. 信息即权力。错误信息也能成为权力资源吗？
2. 如果惩罚有显著弊端，那为什么上位者实施惩罚比奖励更为频繁呢？
3. 你曾经使用过抵制策略吗？它们生效了吗？你是用它们来反对处于统治地位的成员吗？
4. 你能从个人经历里举出一个不适合表现果敢的场合吗？

视频案例

《红潮风暴》（*Crimson Tide*，1995）剧情

苏联发生政变时，叛变者控制了一个核导弹基地，威胁要攻击美国。美国政府急命阿拉巴马号核潜艇准备反攻，但就在是否要下达攻击令的关键时刻，潜艇的通信系统发生故障，无法判断攻击令的真伪。古恩·哈克曼（Gene Hackman）饰演的潜艇指挥官决定发射，但新来的副官却认为事关重大，应确定真伪再说，不惜为此发动兵变囚禁上司。将本片里士兵的决定跟米尔格伦实验进行对比。思考这个决定的道德性以及它是如何得以实施的。

《早间主播》（*Morning Glory*，2010）喜剧/剧情

瑞秋·麦克亚当斯（Rachel Mcdams）扮演的工作狂贝琪·弗勒（Becky Fuller）成了一档收视率急剧下滑的晨间节目《晨间秀》（*Daybreak*）的执行制作人。为了挽救收视率，她邀请哈里

森·福特（Harrison Ford）扮演的传奇记者迈克·波默罗伊（Mike Pomeroy）跟自己搭档主持。波默罗伊认为这份工作配不上自己的地位。判断和分析波默罗伊采用的抵制策略。分析两个角色之间权力交换的本质。每个角色拥有哪些权力资源？

《指环王：护戒使者》（Lord of the Rings: Fellowship of the Ring，2001）奇幻/剧情；PG-13

本片是托尔金的奇幻史诗系列被改编成的第一部电影。分析角色们的权力资源。你能从中看到任何抵制或反抗策略吗？思考权力的腐败效应。

《激辩风云》（The Great Debaters，2007）剧情

20世纪30年代，丹泽尔·华盛顿（Danzel Washington）扮演的非裔美国诗人梅尔·托尔森（Mel Tolson）在历史悠久的维利学院成立了第一支辩论队。本片由真实事件改编。维利学院的辩论队一路过关斩将，最后在1935年进入了哈佛大学的辩论殿堂。分析托尔森带领下的辩论队里的权力动态。每个成员都使用了哪些权力资源？他们中有人采取了抵抗或是反抗策略吗？

《饥饿游戏》（The Hunger Games，2012）冒险/科幻；PG-13

凯妮斯（Katniss Everdeen）主动代替自己的小妹去参加电视生存秀《饥饿游戏》。分析电影中的权力资源、反抗或被动攻击案例以及统治—抵抗的互动。你能在电影里找到赋能的例子吗？

多选题答案

漫画（第 280 页）：1，2。

# 第11章

管理团体冲突

森林里蜿蜒的小河旁边曾经有一栋安静的小公寓楼，由18个单位组成。居民晚上可以看到小鹿出来散步。周围有很多野生动物。这个独特的住宅区笼罩在宁静的气氛里。

　　有一天，推土机不请自来。砍伐声打破了森林里的平静，重型机械在翡翠色的土地上来来去去。住在避风港村庄里的人惊讶地得知，他们的公寓要被拓展加建32个单位。自从新公寓动工之后，居民的生活质量每况愈下。每天早上6点半，大家会准时被铁锤、电锯和高声说话的工人吵醒，有时候甚至周末也如此。大家过去都把车停在唯一一条进出公寓的路边，如今他们只能把车停到工地中央临时铺成的一小块空地上，旁边是呼啸而过的推土机和吊车，四处尘土飞扬。居民的车胎时常被工人不小心掉在路上的钉子扎破。大卡车和施工设备时常会堵住进出公寓的唯一一条道路，把居民困在车里10到15分钟，回家的路也是险象环生。后来，地产商和施工者在公寓门前贴出了告示。通知居民们把车从工地上移走，方便"拆迁重建"。居民被要求将车停在离公寓两个街区远、非常陡峭、没有路灯的山坡上。在施工期间，两位把车停在山坡上的居民车里的音响被偷了。居民都非常不高兴。

避风港村庄的居民成立了业主联合会，考虑用法律手段维权，但是发现自己面对着无数个技术和政治阻碍。他们要求开发商和承包商每天早上8点开工，而不是6点半。但是居民被告知施工时间是由"建筑的特殊规律"决定的，无法更改。当业主代表反对开发商将自己的车辆移到山坡上时，他们被告知这种不便是不可避免的。几个居民甚至跟开发商和承包商大声争吵了起来。有人开始到处搞破坏。公寓入口处本身印着"避风港村庄森林公寓"的招牌被重新喷漆，写着"魔鬼村庄"。另一个写着"欢迎来到避风港村庄"的牌子则被改成了"欢迎来到地狱"。新单位刚装上的窗户动不动就被砸碎了玻璃。为了挫败破坏者的阴谋，公寓附近增派了很多保安巡逻，但收效甚微。

几天之后，每个居民的门前都收到了一封半开玩笑的信，和一个他们把车从工地中间移走的通知。虽然不清楚作者具体是谁，但肯定跟开发商与承包商脱不了关系，这封信是写给避风港村庄的居民的，据说是对大家投诉的回复。这封信是以开发商和承包商的名义签署的，抬头是"村里的傻瓜们"。居民们既愤怒又失望，开始把自己的公寓挂牌出售，但看房的人见到这个本来宁静美丽的社区如今变成罐头似的50个单位，立即没有了购买的兴趣。这个房地产项目最终完工了，有些原住户离开了，但大家仍然愤愤不平。

本章的主要目的就是向你展示解决像避风港村庄这样的团体冲突的建设性手段。在之前的数章里，我们已经详细讨论过冲突的几种来源和对应的解决措施。

来源	解决方法
竞争性的团体氛围	构建合作性的团体氛围
防御性的沟通模式	构建支持性的沟通模式
自我中心的讨厌角色	采取手段处理难相处的团体成员
权力失衡	平衡成员的权力
利益冲突	使用统筹式问题解决方案

以我们之前对冲突的相关探讨为基础，这一章会主要关注以下三个话题：

1. 定义冲突，明确建设性冲突和破坏性冲突之间的区别；
2. 解释5种冲突管理风格的优缺点；

3.讨论如何在小型团体中有效地处理冲突。

冲突的定义

避风港村庄的案例（取材自真实事件）给我们提供了一种从广义上解释团体冲突的方式。本节我也会谈到建设性冲突和破坏性冲突的区别。

通用定义：互联性、不兼容、干扰

总的来说，冲突是互相关联的当事人之间因为目标不兼容或发现对方会妨碍自己实现目标而表现出来的斗争。以上定义里所有的元素，你在避风港村庄争端里都能看到。

首先，冲突是当事人之间明确表现出来的斗争。如果避风港村庄的业主只是坐在家里愤怒地冷笑，那么冲突就不会存在，因为开发商和承包商根本不知道存在问题。这种争端的表达方式经常是大吼大叫，例如发生在避风港村庄业主和开发商与承包商之间的场面。有时候它的表达方式更含蓄一些，例如居民门前台阶上的信。有时人们也会用语言以外的形式表达争端。避风港村庄里的人为破坏和对方的反应（加强巡逻）就是例证。

第二，冲突发生在同一团体系统内互相关联的当事人之间。这意味着冲突要产生，就需要一个或多个当事人的行为导致另一个或多个当事人的结果。推土机的入侵严重影响了居民的生活环境。同样，开发商和承包商也没法对居民的愤怒反应视而不见。

第三，冲突里包含了不能互相兼容的目标。避风港村庄的居民想要18个单位的公寓楼，而不是50个单位的公寓楼。但是这样一来，开发商和承包商就无法赚钱了。开发商加建32个单位的目的跟居民想要一个宁静、亲近自然、不拥挤的居住环境无法兼容。

最后，冲突涉及当事人对彼此实现目标的妨碍。除非一个当事人妨碍另一个当事人实现目标，否则冲突就不会发生。你和我可能会意见不同，互相关联，甚至认为我们的目标不兼容，但是这不代表我们会产生冲突。你可能会牺牲自己的目标，非常无私地帮助我实现目标。当事人实现目标时必须彼此干扰，才能形成冲突。在避风港村庄，妨碍和干扰随处可见。建筑商干扰了居民的生活质量和便利交通，把这个优美的低密度住宅区变成了不受欢迎的高密度住宅区。居民则用语言侮辱和破坏来干扰建筑商。

↘ 冲突的益处：异议很有用

大多数人都不喜欢冲突，避风港村庄的居民大概也不愿意跟开发商闹得水火不容。大多数冲突都是破坏性的，因为团体往往不能妥善处理冲突。过于严重的冲突可能对团体造成伤害，因为它会妨碍团体任务的完成；而程度较低的冲突或没有冲突，却可能会导致盲目自满和团体迷思。如果对冲突处理得当，适度的冲突也能成为有益力量。冲突能够促成团体里的正面变革，推动个人和团体成长，还能激发团体创造性地解决问题。它有利于权力平衡，甚至还能增强团体凝聚力。同时，冲突也有利于预防团体迷思。

先前，我讨论了魔鬼代言人对预防团体迷思的作用。魔鬼代言人能够在团体决策和解决问题时提出异议。如果讨论时没有人表示异议，魔鬼代言人就要挺身而出。但是，扮演异议者可以引发争论，粉碎团体迷思，它却不一定会制造真正的冲突。魔鬼代言人不一定会跟大家有无法兼容的目标，也不一定会跟其他成员彼此妨碍。魔鬼代言人只是出于自己的功能而提出不同意见，本人不一定赞成这种意见（"为了引发争论"），而仅仅有不同意见也不足以构成冲突（参见定义）。另一方面，真正的异议，也就是说真正的意见分歧，通常会试图将团体带往不同方向（表现出来的斗争）。

因此，真正的异议可能会引发真正的冲突，并让团体在决策和解决问题上更加出色。那些真正的异议者往往比魔鬼代言人对团体的最终决定更有影响力。比起仅仅扮演异议者角色的人（魔鬼代言人），真正的异议者往往也更忠于坚持自己的意见。尽管这可能会让决策过程困难重重，真正的异议可能会对团体讨论意义重大。鼓励不同的声音非常有效。当然，如何表达这种真正的异议，也决定了冲突是建设性的还是破坏性的。

↘ 破坏性的和建设性的冲突：事关沟通

所以，破坏性冲突跟建设性冲突有何区别？二者最大的不同在于成员在冲突中沟通的正当性。破坏性冲突的特点是统治性的、不断恶化的、竞争式的、防御性的和不灵活的沟通模式。当冲突失控，他们就把冲突推到了无法处理的地步。参与者忘记了自己的初衷，只想彼此伤害。

避风港村庄的冲突显然是破坏性冲突。双方不断扩大冲突、搞破坏、威胁、大吼大叫、态度强硬，而且表达了对彼此的蔑视和嘲讽。两方看起来都不可能协商努力找到一个让彼此都满意的解决方案。

在破坏性冲突正在发生时辨别出它并不总是很容易。当它变得很明显时，你已经陷入了破坏性的冲突里。当你为了在争端中获胜而采取卑鄙甚至幼稚的手段，将悔之晚矣。身体和语言攻击会将冲突推到更具破坏性的境地。这不等于你永远不能提高音量，表达自己的愤怒，或是跟其他成员意见不合。即使讨论已经升级为争执，冲突仍然有可能是建设性的。但是当冲突开始变得情绪化，你就会因为过于愤怒而无法理性思考，冲突也将变得具有破坏性。

建设性冲突的特征具有温和取向，不会无限升级，是合作式、支持式和灵活的沟通模式。它是正当的沟通行为。它关注的是如何让冲突双方找到一个彼此都满意的解决方案。即便当下无法找到让彼此都满意的解决方式，建设性沟通采用的沟通模式也能够让双方求同存异，在意见不合的情况下保持友好关系，这也会让双方更有希望最终找到一条让彼此都满意的解决方案。

冲突管理形态

沟通是团体中冲突的核心因素。我们的沟通能够显示冲突的存在，会制造冲突，也会成为处理建设性或破坏性冲突的手段。因此，沟通模式一向是大多数研究和讨论的中心。冲突管理的沟通形态就是对待冲突的取向。你管理冲突时的沟通风格展现了你处理冲突时的倾向性。某个成员可能会展现出特定形态，而整个团体可能会偏爱规范性的处理方式。冲突管理的沟通形态主要有5种。我会逐一解释这几种形态，并在描述原有理论的基础上进行一些修正。

首先澄清一点，在大多数情况下我都习惯说冲突"管理"而不是"解决"。因为从系统角度而言，这种说法更合适。解决意味着终结冲突，大多数情况下人们都希望解决。但冲突也可能成为发展的必要催化剂，系统甚至可能需要增加冲突来推进变革。民权运动的示威者故意制造冲突，来挑战南方地区的种族法案。起诉性骚扰者的女性为了终结恶行而制造冲突。"管理冲突"意味着斗争永远不会终结。尽管团体中某些冲突的篇章会告一段落，得以解决，但对整个系统来说，冲突是如同潮涨潮落的持续性现象。冲突管理也意味着不会对斗争是好是坏进行评判。

▶ 合作：解决问题

最复杂但也最有可能生效的冲突管理沟通形态是合作，也有人称其为解决问题。合作是用共赢、协作的方式来处理冲突，找到令每一方都满意的解决办法。有人认为这种沟通形态能够很好地兼顾任务和社会关系两个维度。合作形态认可任务和社会维度之间密不可分的关系，并会直面两个维度上的诉求。合作形态有三个关键组成部分：对峙、统筹和安抚。

对峙：直面问题　　公开承认团体里存在冲突并直接采取解决措施的做法被称为对峙。新闻媒体喜欢取用"对峙"的负面含义，例如"抗议者和警察间发生了暴力对峙"，但我们在此讨论的并不是这层含义。作为一种冲突管理手段，对峙涵盖了我们在阐释果敢（描述、表达、明确、定义和结果）和支持型沟通模式（描述、问题取向等）时涉及的所有元素。对峙的目的是为冲突各方有效解决问题。

并非所有的问题都值得对峙。对任何微不足道的意见分歧或小摩擦都不放过的成员可能会像晚餐时间的电话推销一样让人厌烦。团体需要决定哪些问题要优先解决，哪些相对次要。过度使用对峙，你可能会成为一个讨厌的人。

统筹：寻求共同利益　　整合就是利用创造性的策略实现让冲突各方都满意的结果。我们已经在第9章详细探讨过统筹式问题解决方案，在此不再赘述。但我会在此给你们多提供一些如何寻求统筹式解决之道的案例。

作为一种合作式的解决方案，整合没有得到应有的关注。组织里的谈判者往往更擅长将个人利益最大化（竞争），而不是寻求共同利益最大化（统筹）。

同时，谈判者往往会在首次达成相对满意的协议时就迫不及待地接受，而不会继续寻求更好的方案。讲座、阅读和实践训练都能够极大地提高团体成员的统筹能力。事实证明，对学生进行专门的统筹型谈判培训也非常有效。

安抚：平息战火 安抚就是在冲突发生期间平息成员的激动情绪。在成员怒气爆发，甚至开始大哭大闹时，合作不可能实现。大家首先得平复激动的情绪。简单一句"对不起"就是很有效的平复措施。"让我们都冷静一下吧。互相攻击对我们没有帮助。"也是一种平复说辞。只有让彼此冷静下来，成员才有机会直面冲突，并进行头脑风暴找到统筹方案。

既然合作是一种如此有效的冲突管理方式，为什么人们在发生冲突时并不总会使用它呢？原因有几点。第一，合作往往要求大量的时间和精力，远超一般沟通方式。即便你愿意采用对峙、统筹和安抚的合作型沟通，对方也不一定愿意。我曾多次目睹过有成员提出了一项统筹方案，却遭到了团体拒绝，原因是其余成员不喜欢那个做出该提议的人。第二，合作建立在信任上。如果冲突各方彼此怀疑，担心对方会背叛自己，那么即便有人提出了统筹方案，也会遭到拒绝。第三，冲突各方有时候对结果的情感需求不同。过度竞争的成员可能只想要明确的"胜利"，而不是一个让各方都满意的解决方案。

↘ 迁就：屈服

迁就就是屈服于他人的想法和需求。采用这种方式的人更关注社会关系，而不那么重视任务完成。如果成员非常希望维持表面上的和谐，就有可能采用这种方式。当然，在不破坏社会关系的情况下完成任务是很好，但采用这种方式的成员可能会无原则地给予对方想要的一切，甚至不惜牺牲生产率。普遍而言，人们往往会期待权力较少的成员去迁就另一方，而很少对权力较多的成员有这种期待。

尽管我们倾向于把迁就看成一种消极解决方式，但它也不无正面意义。对长期存在冲突的团体来说，若有一方偶尔愿意迁就另一方，即便是在不太重要的问题上屈服，也非常值得欣慰。在那些对你的团体无关紧要但对方非常重视的问题上迁就对方，同时对你们自己高度重视的问题坚持原则，往往能够达到超出双方预期的结果。

➤ 妥协：面包一人一半

妥协就是为了得到某些东西而放弃一些东西。有人认为它是一种"双输"模式，因为没有一方能对解决方案完全满意。妥协就是找到折中方案。有些人为了兼顾社会和任务维度选择妥协。妥协的着眼点是方案的可行性，而不要求最佳方案。

妥协是把双刃剑。我们往往会对"在诚信原则上妥协"的人不屑一顾。通常，在堕胎、死刑等一些涉及道德冲突的问题上，妥协让人无法接受。但是另一方面，在劳动合同协商或政治谈判里，大家甚至希望通过妥协来解决问题。专案组成员、特别小组和很多不同规模的委员会都经常采取折中手段来达到目标（"有得必有失"）。

面包一人一半总比挨饿好。虽然并非所有情况里都是如此，但有时我们不得不这么做。当我们无法找到统筹方案时，唯一的出路就是暂时让步；涉及的问题对团体并非至关重要时，妥协也不失为一种实用手段。

➤ 回避：撤退

回避就是从潜在的争议和不愉快的斗争里撤退。在经历了一段时间的争论之后，团体往往会改变讨论主题。赶快从战火里撤离在当下看起来是好事，因为这会避免发生不愉快。但长远看来，面对问题比逃避更有用。有些采用回避手段的人既不关心社会关系也不关心任务。回避者不喜欢冲突，甚至害怕冲突（"我没法处理这种情况"）。他们希望能够通过回避让冲突自行消失。这类人会为了避免某些麻烦而牺牲团体任务质量。在他们一味回避时，团体内的社会关系也无法得以改善。回避甚至会增加关系冲突。

但是回避有时是恰当的。如果你在一个团体中权力较少，直面冲突可能会对你造成伤害，那么在更可行的方案出现之前，回避可能是一项理性的策略。

面对恶霸挺身而出可能在电影里行得通，但是在现实中，当你遇到那种早晨吃生肉，中午可能就要吃掉你的反社会分子（职场恶霸），挺身而出可能就不是一个非常明智的选择了。躲开恶霸，虽然有点明哲保身的意味，但可能是你当下最好的选择。

在对峙的优点不足以掩盖其缺点时,人们可能会选择回避冲突。在有些情况下,怒气需要冷却。暂时避开有争议的话题可能是有好处的。("等我们都冷静一点儿时再讨论这个话题吧,好吗?等我们心情好一些时,我们能想得更清楚。")当你的感情过于激烈时,你的理性往往会稍逊一筹。我们在压力过大时经常会做出愚蠢、不理智的选择。另外,如果团体成员间的差异难以调和(例如性格不合),回避差异并专注于任务也不失为一种可行选择。

但是在大多数情况下,回避而非直面问题会严重影响工作效率。如果团体没有在冲突的初期阶段就将问题解决,它日后可能会变得极具破坏性,而在早期有效解决冲突便可防止冲突进一步恶化。吉列斯(Gelles)和斯特罗斯(Straus)对家庭暴力进行研究之后建议,人们要在暴力呈现出极其轻微的迹象时便直面它,而不要回避问题或寄希望于它不会再次出现。他们总结道:"一味拖延,任由暴力愈发频繁和严重之后才考虑解决,通常已经太迟了。女性必须在遇到问题时采取强硬、迅速和理性的手段,这样才能预防家庭暴力继续出现。""永远不要再对我动手——马上!"必须坚定和明确地表达这一观点。

▶ 竞争:实施强权

当我们把冲突视为一种输赢竞赛时,我们就是在竞争。人们会用不同方式进行竞争性沟通,它们都有可能造成破坏性冲突:威胁、批评、蔑视、不友好的言论和玩笑、讥讽、嘲笑、恐吓、吹毛求疵、谴责和拒绝承担责任。竞争性的冲突解决模式是攻击性的,而不是果敢的。它并非如前文所说的对峙,它是一种攻击。竞争或实施强权是从统治的角度看待权力。竞争并将你的意愿施加于他人是一种输赢模式。采用竞争或实施强权模式的人高度重视团体任务,但不在乎社会关系。任务第一。如果完成任务需要伤害一部分人的自尊,那么它就会被看成实现目标过程里不可避免的代价。采用这种沟通方式的人把完成团体任务视为一种实现个人目标的途径(我主导)。交朋友和营造正面的社交气氛对他们而言是次要的和奢侈的。

这种沟通形态的一个显著标志是在团体表现不佳时互相指责。指责"制造不合、消极,却不能让人学到教训。它令人恐惧惩罚……没有人希望被指责,特别是不公正的指责,所以我们只好把精力用在为自己辩护上"。指责就是评判某个成员过去的行为。"你当时搞砸了"或"这都是你的错"的目的都在于归咎责任，而不是解决问题。

正如其他沟通形态一样，竞争同样也有建设性的一面。如果团体中某个破坏分子丝毫没有停止捣乱的迹象，而问题的严重性和局势已经非常清楚，那么强制这个人离开可能是正确的选择。开除捣乱分子能让余下的成员重新焕发活力，并能让任务的进展更加顺畅。如果一个团体陷入了无休无止的分歧和争执，那么团体领导者可能需要介入冲突，并为团体做出最终决定。无尽的争执只会浪费精力和时间。

这幅漫画展示了哪种沟通管理风格？

1. 实施强权。
2. 迁就。
3. 妥协。
4. 回避。

问题答案见本章末尾。

以上 5 种方式在任务和社会维度上各有侧重。但是采用竞争方式的人有些情况下可能也会关注团体氛围。低关注度不等于没有关注度。有时候，迁就者同样重视团体任务。所有这些沟通形态都只反映了成员或团体管理冲突的倾向性，而不代表他们在任何情况下都会采取不可改变的固定处理方式。

▶ 比较不同形态：成功的可能性

总的来说，研究者们显然对某些冲突管理方式有所偏爱。但处理一场冲突往往需要用到几种手段，甚至同一个成员也会采用好几种方式（见案例分析"KILL 广播电台的冲突"）。合作是最具建设性和最有效的冲突管理方式。"和平制造者"曾是一个非常著名的项目，对象是幼儿园至 9 年级的学生，这个项目的结果证明了合作是一种高效的管理冲突的手段。和平制造者项目专门对北美、欧洲、亚洲、拉丁美洲、中东和非洲的学生进行训练，培养他们用合作的方式管理冲突的能力。纵观以该项目为对象的 17 个研究，我们会发现这些接受过培训的学生无论在家庭还是学校里几乎总会采取合作手段处理大小冲突。结果，学生请求老师解决纠纷的次数减少了 80%，要求校长介入的次数降至 0。学生间冲突的激烈程度和破坏性也都有所降低。

总体而言，合作在各种不同语境里都有可能产生最佳决策，并最大程度地让冲突各方满意，而竞争相对而言效能就低得多。合作有利于催生建设性冲突，而竞争则会激化破坏性冲突。

尽管合作性处理方式优势突出，而竞争性处理方式缺点明显，其他三种手段结果不一，但我们似乎最常使用效率最低的处理方式。没有在和平制造者训练营受训过的学生处理冲突时，从不使用统筹手段，很少使用迁就手段，最常使用竞争或回避。结果，冲突进一步恶化，并得到了最坏的结果。

针对医护人员的虐待研究发现，回避是护士最常使用的冲突管理方式。一项研究显示，只有不到 7% 的护士会跟欺辱自己的医生正面对峙。而另一项研究发现："在多到数不清的案例中，护理人员宁可拖延、回避，处理成百上千份诊断书，也不愿意面对同事可能施加于自己的欺侮"。在护士的职场经验中，冲突管理手段通常会按使用频繁度排序为：竞争、回避、迁就，最后才是合作。

一项职场调查发现，某个组织 6 个层级里有 4 个层级最常使用的手段是妥协，只有新手和高管较少使用该手段。而在另一项职场调查中，一线管理人员、中层管理者、高管和行政管理人员仅有 5% 表示自己曾经在某些冲突场合使用过合作性处理方式；41% 的受访者选择了竞争性手段，还有 26% 的人选择了回避。该研究显示，男性和女性管理人员通常都会选择效能最低的手段来管理冲突。

即便有人选择了成功率最高的冲突管理手段，何时运用和如何运用也必须得到同等重视。对峙作为一种合作策略可能非常有效，但作为时间仓促时的应急手段就效果不佳了。在小组会议结束前 5 分钟，或在你马上要离开之前，抑或是午餐时间跟对方正面对峙，会让另一个人没有时间做出建设性的回应。在时间仓促的情况下进行对峙显得你是在打游击战，而不是努力进行有效沟通并解决纠纷。同样，在何时实施强权也非常重要。除了情况紧急、你跟对方已没有讨论余地、必须马上做出决定时，你应该把强制性手段留到最后使用。如果其他所有冲突管理手段都收效甚微，那么你就有必要用强制性手段来解决纠纷。但实施强权通常会引发抵触心理。如果你试图强加权力，却遭遇抵触，然后你又尝试进行合作或迁就，就会发现搞错了使用这些手段的顺序和时机。在施加强权失败之后又尝试进行合作会让你之前的强制手段变成虚张声势。另一方面，在长期不和之后暂时性撤退有利于双方平复情绪，并能让局面更明朗。有时我们只需要暂时休战，冷静思考一下。

情境因素

尽管有些冲突管理方式比其他方式成功的可能性更高，但我们在选择具体方式时必须考虑当前语境。要学会如何在小型团体中有效处理冲突，我们必须考虑具体的情境因素，例如冲突的类型和冲突管理中沟通形态的文化视角。

▶ 冲突类型：任务、关系和价值

冲突有几种不同类型，而我们应该区别处理它们。只有根据不同的冲突类型采取不同的沟通形态，才能恰当和有效地管理冲突。

任务冲突：常规和非常规　涉及团体任务的冲突究竟是有害还是有利，取决于任务的类型是常规还是非常规的。常规任务就是团体的操作程序和流程几乎没有区别也不太可能发生变化的任务。非常规任务则需要解决问题，几乎没有既定程序，并具有很高的不确定性。跟常规任务有关的冲突经常对团体有负面影响，而涉及非常规任务的冲突经常带来正面影响。涉及常规任务的冲突很容易恶化为集体发牢骚，解决的可能性很低。正如海因（Jehn）的实验里的一名参与者所说："我们似乎正在因为这些事（常规任务）开战，而它们通常是不会改变，因为这就是我们的工作方式。所以这些争吵似乎也会永远伴随着我们的工作。"但涉及非常规任务的冲突有利于"批判性地看待问题和决定，这对完成非常规任务十分重要"。当然，要想得到这些积极结果，团体成员需要选择合作性（解决问题）沟通形态而不是竞争性。

关系冲突：个人问题　冲突不一定都跟任务有关，它有时会涉及团体成员间的关系。鉴于人与人之间可能存在的不兼容性，团体成员也不一定能相处良好。有些最激烈和最让人不快的冲突就爆发于个性不合或互相厌恶的团体成员间。室友冲突就是一个很典型的例子。加州大学洛杉矶分校的研究机构报道，29%的学生跟室友发生过冲突，而多个室友同住的情况又会增加这种冲突的复杂性。你可能只是不喜欢你的室友，而这就会产生张力和分歧。

在海因的实验中，参与者也表达了自己对人际关系冲突的苦恼。一个参与者说："特琳娜和我相处不来。我们永远相处不来。我们完全不喜欢对方。"另一名参与者说："个性冲突啊个性冲突。我实在没法处理它。"

竞争/强制手段远比没有冲突的情况易于激发人际关系冲突，而合作则不会如此。例如，如果你试图把自己的意愿强加给室友，那你可能就会遭到众人的讨厌，并导致日后的不合与纷争。站在合作的角度处理意见不合，则能防止冲突发生。否则，回避可能是你的下一个选项。通常，人们会在个性不合与彼此讨厌时避开对方。他们甚至可能会为了避免冲突而重新设计工作场所甚至调整工作。你可能会避免跟你讨厌的室友过多接触，直到你们找到一种更合适的相处之道。

在日常生活里，我们会根据自己与他人的关系选择管理冲突的手段。管理人员通常会迁就上司（"好的，我会在明天之前把那份报告交给你"），对同事做出妥协（"让我们平均分工吧"）。有时，在权力失衡的情况下选择迁就是一种自保的手段。权力较低的团体成员可能希望进行合作，占据统治地位且权力较高的成员则不认为有合作的必要，因为他们可以任意将自己的意愿强加于其他成员身上（"按我说的去做"）。诚然，从长远角度来说，施加强权对有权力的一方而言未必是明智的选择，但如果你在冲突里是权力较低的一方的话，这可能就是你不得不面对的现实。

如果一份关系建立在信任与合作之上，那么不考虑权力分配悬殊的话，合作本身也具有潜能。在一项研究里，权力较高的上司在合作性的环境里实际上会借助自己的权力支持下属（"让我看看我能不能想办法帮你找到信息，让你能按时完成报告"）。但这可能不会发生在竞争性或个人主义的环境里（"我为什么要为你服务？"）。如果一份关系里充斥着怀疑和信任缺失，那么要实现合作就很难。此时上司会对自己不信任的下属施加强权。

在充满怀疑的关系里，一方试图进行合作的举动可能会被另一方解读为获得某些未知利益而玩弄的伎俩。而一方若迁就对方，即便他的目的是要改变双方间的负面冲突局面，可能也只会被对方当成软弱和投降。

在冲突出现时，认识到任务和关系维度之间的互联性对我们至关重要（见案例分析"KILL 广播电台的冲突"）。一个最初由任务导致的冲突很可能会变异为关系冲突，尤其是当冲突影响到团体完成任务时，成员间的关系也会受到影响。要防止任务冲突进而成为关系冲突，一个关键做法就是在成员间建立信任。学生们在完成课堂小组作业时，某些成员可能会表现出社会惰化。他们对任务漠不关心的表现可能会引发关系冲突。那些想要拿高分的同学可能会抨击不努力的成员。他们不相信某些成员会担负起自己对团体的责任。团体里会出现愤怒情绪，产生破坏性的关系冲突，进而影响整个小组在课堂作业上的表现。关系冲突往往有损团体任务完成的效率和质量。在团体中自由表达冲突性观点可以是有建设性的，并能预防团体迷思。但是我们要防止这些不和意见升级为个人矛盾和争吵。

价值观冲突：深层次的斗争　最难管理的冲突是价值观冲突。价值观即我们对什么是好的、有价值的或道德上正确的这类问题具备的最深刻感觉。信念则是我们认为什么是真实的和有可能的。"共和党人喜欢大公司"或"民主党人都是劳工"就是一般不会恶化为暴力和语言攻击的信念。当信念纠纷升级为价值观冲突，尤其是涉及人们强烈坚持的价值观时，又会带来另一层面的冲突。关于堕胎、色情文学、焚烧国旗、仇恨言论等的争吵都涉及人们在自由、隐私权和平等上的价值观。这种价值观冲突很难达成妥协（你会在你的价值观上做出妥协吗？）

如果你用二分法来看待问题——朋友或敌人、救世主或罪人——那么你往往只能用强制手段来解决冲突。法庭就不得不这么做，声明什么是被允许的，什么是必要的，什么是被禁止的。

当成员来自不同文化背景且世界观大相径庭时，价值观冲突会尤为复杂。鲁本斯坦（Rubenstein）曾向美国人与阿拉伯人描述过一个假设情形。假设一艘小船快翻了，船上有一名男子、他的妻子、孩子、母亲。男子是唯一会游泳的人，而他只能在三个人里救一个。他应该救谁呢？所有受访的阿拉伯人都选择了救母亲，因为妻子和孩子是可以被取代的，而母亲不能。而 100 个美国大学生里有 60 人都选择了救妻子，40 人选择救孩子。他们认为选择救母亲而牺牲妻子和孩子是很可笑的。这三个人里谁的价值最高，是个文化难题。不同文化间的价值观冲突可能是最为棘手的一种冲突（下个小节里会有一些解决文化价值观冲突的小窍门）。

>>> 案例分析

KILL 广播电台的冲突

具体情况（以真实事件为原型）：公共广播电台 K-I-L-L（口号：精彩绝伦的现场广播）里的公开战争已经持续了将近一年。该广播电台位于加利福尼亚州的湾景社区学院，足以覆盖当地的家家户户（该社区人口为 42 000）。

电台总监与总经理发生争执后辞职。很快，总经理也辞职了。他在辞职信里陈述了自己离开的原因：

1. 志愿者（非学生的社区成员）在播新闻时对内容进行不恰当地编辑，并且对争议话题的呈现过于偏颇。这两点都违背了联邦通信委员会对公共广播电台的规定。

2. 志愿者不服从指挥，当上级要求他们用其他节目替换掉预定播出的常规节目时，他们拒不遵守。

3. 当他要求志愿者要么照自己的要求做事，要么辞职时，志愿者对他武力威胁。

而志愿者对这些指责进行了反击：总经理对他们毫无尊重可言，经常辱骂他们；他们超负荷工作，但没人感谢他们；总经理从不在意他们对节目内容和安排的意见。

志愿者们提出了下列要求：

1. 节目内容不应该由某一个人决定，而应该由所有员工达成共识；

2. 如果要更换节目，必须至少提前两周通知工作人员，不要让工作人员

在最后一分钟才临时换下早就准备好的材料;

3. 广播电台应交由志愿者运营,因为志愿者完成了大部分工作,并且是唯一具备专业技能的人。

社区大学每年会赞助广播电台85 000美元,但鉴于目前电台内冲突严重,而且学生没有积极参与电台,校方正在认真考虑削减广播电台的预算。学校的管理层希望把电台作为有志于广播事业的学生的实习平台。

志愿者威胁校方说,除非愿望得到满足,否则他们会集体辞职。学校董事会陷入两难境地。大众传播学院的教授们在这个问题上犹豫不决,因为它可能造成严重后果。当地社区非常重视这个广播电台,对这场纠纷表示痛心疾首。学校管理层任命大众传播学院的主席担任广播电台的总经理和临时节目总监。

在继续阅读之前,请先分析这场纠纷。如果你是新上任的总经理,你会如何处理这场冲突?你会采用哪种冲突管理风格?何时采用?如何采用?

分析:KILL广播电台冲突是一场权力斗争。参与者主要采取了竞争/强制手段管理这场冲突。前任总经理用辞退威胁工作人员,而工作人员用身体伤害威胁总经理。到目前为止,这种强制手段已经导致了两起辞职,大量工作人员流失,工作人员提出许多要求,工作被迫中断,所有人都不开心。作为新任总经理,如果你继续辞退志愿者,可能会让冲突进一步恶化。愤怒的志愿者可能会暗中破坏广播站,而学校和社区之间的关系也会陷入僵局。广播站可能会被迫暂时关闭,直到校方找到合格的工作人员来替代那些被辞退的志愿者。在这种气氛下,董事会和校方管理层可能会考虑永久关闭广播站,以防损失更大。

广播站的沟通气氛是控制性的,而非问题取向的,因为工作人员的意见过去没有得到重视(至少他们自己如此认为)。工作人员现在处于自卫状态。他们认为前任总经理把他们当成可有可无的技术人员,而不是值得尊敬的有才华的员工。双方的任务冲突蔓延到关系层面。

情势在呼唤人们进行合作。第一步是对峙。新任总经理应该马上会见志愿者们,可能先分别单独见面,从他们的角度收集问题。工作人员过去觉得自己不受重视和感激。新的总经理应该充分支持和肯定志愿者对电台运行做出的重要贡献。新的总经理需要安抚志愿者(例如"我们正在重新开始,希望我们能共同努力")。你需要跟工作人员建立起合作性的工作关系。

为了保持合作关系,你得让员工们意识到大家都有一个崇高的共同目标——让电台继续运营下去。新的总经理一定要向员工灌输一个观念,违反联邦通讯委员会的规定可能会导致电台运营牌照被取缔。这并非你的个人意愿,但它是法律。新的总经理还应该进一步表明:"除非我们能做到与众不同,否则学院可能会关掉电台。我们都不希望这件事发生。"你不应该威胁解雇任何人。你们的气氛应该是积极而友好的,一切都围绕着核心的合作目标——保住电台。

尽管总经理对节目内容有最终决定权,但是你也应该积极和严肃考虑员工的意见。毕竟,员工才是播出节目的人。

如果员工想要播放舞曲和布鲁斯，却被命令播放乡村音乐，他们可能也会很不情愿。工作人员应该在当地社区进行调查（因为这是一个公共广播电台），了解听众的口味偏好。然后经理就可以根据调查数据制作节目，而不是基于个人或员工的口味。如果听众的口味跟员工的偏好不一致，你可以适度在一两个节目上做出妥协。在节目更换上，你可以做出一定的妥协（可能提前一周通知，而不是员工要求的提前两周通知）。

对你来说，将广播站与学院课程相结合不是难事。你可以让学生参与广播站的日常工作，并把它算作有学分的实习项目，学院董事会和管理层都会感到满意。同时，这也能为广播站增加一些人手，经过培训的学生能够帮超负荷工作的志愿者分担一些工作。

最后，你要拒绝志愿者运营广播站的请求。但更有可能的情况是，员工在提出这项要求时根本不抱希望它会实现。只要没人再提起它，你就避开这个话题。如果有人提出这个要求，你就要强迫对方接受你的决定。如果你能够有效处理其他问题，这个话题可能会渐渐被淡忘。如果有人再次违反了联邦通讯委员会的规定，那你就要将其解雇。

一名有效沟通者管理这次冲突的关键要灵活运用多种手段。没有哪一种手段足以处理这次复杂的冲突。但你首先要做的是合作。你要先直面冲突各方的问题，而不是竞争/强制。你要找到可行的统筹方案。解雇（施加强权）是你最后的杀手锏，而不是第一选择。只有在没有更好选择的情况下，你才能妥协。你要安抚员工受伤的心情，因为支持性的环境对冲突管理必不可少，你要避免员工的情绪出现不必要的波动，以防激化权力斗争和关系冲突。

当然，如果你不能在采取行动之前规划好每个步骤（行动，而不只是反应），那么以上的冲突管理方法都行不通。有效沟通者必须充分了解各种不同的冲突管理手段、运用这些手段的技巧、敏锐察觉具体情况下的具体需求以及每种选择可能产生的结果。同时，你要有所承诺，尽可能公平和道德地解决冲突。解决复杂冲突需要大量时间。这意味着耐心。

进一步思考

1. 在你读到我对案例的分析之前，你会采取什么手段来解决这个冲突？你的想法跟我的分析有什么不同之处？
2. 你对我提出的建议有不赞成的地方吗？请解释。

➤ 文化与冲突：沟通差异

个人主义文化和集体主义文化在沟通模式上大为不同。以美国和大多数欧洲国家为代表的个人主义文化通常会采用霍尔（Hall）所说的低语境沟通，而拉丁美洲和亚洲等集体主义文化则会采用高语境沟通。低语境沟通是信息—内容取向的，而高语境沟通是信息—语境取向的。"在低语境沟通里，听者所知甚少，必须被告知所有内容。而在高语境沟通里，听者已经对'语境'有所了解，因此不需要对方提供太多的背景信息。"

这两种沟通模式的区别体现在语言表达里。低语境沟通表述详细、直接、全面和明确。法律合同是典型的低语境沟通。电脑操作说明和电子邮件地址也是低语境沟通的例子。电脑操作说明必须准确告诉你实现某项功能应如何操作，电子邮件地址里的每个空格、数字、标点和字母都必须准确无误。

高语境沟通是委婉、不详细和暗示性的。例如，一个不直接的语言表达，例如"我会想一想的"，可能在日本会被理解为拒绝，但你也可以假定它的意思在当下语境里是显而易见的，无须口头说明。你被期待能够在对方的字里行间找到线索，了解文化语境和无须言明的规则、仪式和规范。

一位在美国工作的日本经理如此形容高语境和低语境沟通模式的区别："当我们说一个词时，我们能理解 10 个词。但是在这里，你得说 10 个词，才能理解一个词。"例如，这位日本经理在美国得这样说话："我们的办公室已经搬到川崎了。从车站走到办公室实在太远，所以我不得不买一辆车。我在考虑买一辆本田牌汽车。""如果你听到这条信息里的十分之一，你就应该能理解那余下没说的十分之九。也就是说只要有十分之一的信息，你就能理解这条信息的全部内容了。"

个人主义和集体主义价值观会显著影响冲突管理中的沟通形态的选择。个人主义、低语境的文化在管理冲突时偏爱直接竞争或妥协的手段。

这类文化在冲突里的沟通方式是公开而直接的，甚至有时会"坦率得残忍"。当来自集体主义文化的成员在"拐弯抹角"时，美国人往往会很不耐烦。回避冲突会让大多数美国人感到不舒服甚至焦虑不安。集体主义、高语境的文化在管理冲突时则偏爱回避或迁就的方式。果敢对峙被视为粗鲁和冒犯的行为。它过于直接、大张旗鼓、令人不安。例如，回避正面冲突就是"泰国文化里的核心元素。表达情绪和兴奋被视为不礼貌、不恰当和威胁性的行为"。泰国人会回避冲突，展现尊重、得体、礼貌、谦虚，并控制自己的情绪。同为集体主义文化的马来西亚也重视和谐，排斥果敢，并且会给对方留面子。马来西亚人很少采用强制手段，因为这被认为过于具有攻击性。

设想一下，典型的中国人和美国人会如何处理冲突。例如，中国文化"以和为贵"，这种哲学暗含了回避冲突的首要地位，因为冲突会造成麻烦并破坏和谐。对冲突处理不当会令个人和整个团体蒙羞。因此，当美国人想要迅速解决任务冲突时，中国人却会优先关注关系冲突，在冲突各方都拿出时间来重新修复关系之后，他们才会考虑解决任务冲突。对于美国人而言，这完全是浪费时间。

然而，集体主义文化在处理跟其他文化个体间（团体外）的冲突时，与处理文化内部冲突（团体内）时，做法往往大相径庭。尽管并非初衷，但集体主义文化常常采用竞争/强制手段来处理与外部人士之间的冲突，尤其是当双方利益高度不兼容时。在这类情况下，恶性争吵甚至武力冲突都不罕见。

管理跨文化冲突是很难的，因为不同文化对不同沟通模式恰当性的期待度不同。处理此类冲突的关键就是要灵活使用沟通手段，满足各种文化的期待。不要放弃合作，但若冲突中涉及集体主义文化下的成员，你要准备好在适当的时候做出妥协。同时，你要认识到在大多数跨文化冲突里，竞争/强制都是低效能和不恰当的。

谈判策略

谈判"是两方或多方做出共同决定的过程"。谈判策略就是我们在冲突出现时洽谈这些共同决定的方式。本节我会讨论到冲突谈判中常用的策略。

▶ 以牙还牙：以其人之道还治其人之身

以牙还牙策略始于合作的举动，如果谈判的另一方或几方也有合作的意愿，你就可以继续原有做法（你的回报）。但如果对方用竞争行为回报你的合作行为，那么你也可以采取竞争手段。

那些信奉以牙还牙的人可以在看到合作苗头之后再利用这种策略。以牙还牙有利于维持合作的状态，因为你在对方有所表示之后回报以合作，这也会鼓励对方继续合作下去。在某些情况下，以牙还牙策略对达成合作有一定的作用，尤其是当参与者都强硬且公平时。但在真实世界里，这条策略有可能激化矛盾，不断恶化的负面沟通可能会导致破坏性冲突。在冲突中，我们倾向于用对方的手段来攻击对方。在以牙还牙的过程里，"一旦争端开始了，它就会无穷尽地继续下去"。如果有人试图作弊、勒索或在纠纷中利用你，你应该以德报怨吗？如果对方开始急躁，你应该发火吗？如果你的对手让你做出荒谬的让步，你应该满足对方的要求吗？以上这些听起来像是有效沟通吗？正如费希尔（Fisher）和布朗（Brown）解释的："如果你正在自取灭亡，那我没必要照做。三个臭皮匠，赛过诸葛亮。但一个臭皮匠，也比没有强。"以牙还牙策略会让我们始终跟对方在同一个水平上行事。尽管它是一个常用的谈判策略，但我并不推荐它。

↘ 改过自新：传播救赎

第二条谈判策略叫作改过自新。有些人在谈判开始时表现出强硬或竞争，然后又采用这条策略，进行合作并提出较为宽松的要求。在必要的时候表现出竞争的态度能够诱导对方进行合作。不同于投桃报李，你试图先展现合作的态度来打破冲突螺旋。

这条策略有个非常有趣的版本，就是欧斯古德（Osgood）的"坚毅"（GRIT）策略。坚毅的意思是逐步（Graduated）、互惠（Reciprocated）、主动（Initiatives）地减少紧张（Tension Reduction）。"坚毅"最初是为了反对国际军备竞赛提出的，它也曾被用来减少国际冲突。"坚毅"试图打破冲突螺旋，并让双方开始一个逐步降级的循环，于是破坏性冲突就变成了建设性冲突。这条策略的具体步骤顺序如下：

1. 发表诚恳的公开声明，表达降级冲突的愿望。
2. 具体说明你会做出的让步，阐明你会在何时、如何采取、何种行动。
3. 在对方让步后紧随其后，但是不要把自己的做法当成给对方的回报。
4. 鼓励但不要求对方的回报。

5.不要做出会让你自己处于弱势或无防备境地的高风险让步。不要放弃你的阵地。

在竞争式冲突中采用这条策略推进合作的人，如果发现一段时间之后事情仍然没有进展的话，应该考虑再做出一次让步。这就体现出"坚毅"策略的最大弱点——它看起来好像在奖励对方的顽固行径。因此，不要在没有回报的情况下一次又一次让步。这条策略可能需要耐心和坚持。先做出小小的让步，如果对方没有马上回报的话就撤回让步，这不是真正的坚毅。

立场议价：强硬与软弱

在立场议价里，双方都会在关键问题上坚持立场，然后他们会反复讨价还价，直到有人做出让步，最终达成一致。立场议价有两种类型，强硬型与软弱型。强硬的议价者把谈判看成一场愿望的竞赛。他们靠力量在利益冲突里进行谈判，这在外交事务里很常见。做法的重点在于传达自己的力量和弹性，最终让对方屈服。

强硬议价是一种竞争/强制性策略。强硬的议价者可能会为了打败对方而采用虐待或卑鄙手段。当冲突双方都在强硬议价时，战争就打响了。双方都只想让自己利益最大化（我而不是我们取向），不想用最公平和有建设性的方案来解决利益冲突。公开立场往往是极端和丧失理智的。最强硬的议价者会公开为自己的立场辩护，而且他们的立场会越来越强势。立场也体现出了他们的自我中心（任务冲突也变成了关系冲突）。让步很容易显得像投降。虚张声势地从谈判桌离开，即便是在微不足道的问题上也拒绝任何让步，下最后通牒（"要么接受要么离开"），都是强硬议价的常用手段。"装傻"也是一种常用的强硬议价策略。

以下这组室友对话就是强硬议价的例子。

A：我周六想在这个房子里开一个派对。

B：好主意！

C：对不起，这可不行。我要准备法律考试，如果你有几十个讨厌的朋友来这里，把音乐开得震天响，那我肯定没法学习。但如果我要去图书馆或其他什么地方学习的话，我得收拾一大堆东西。

　　A：谁任命你当国王了？这也是我们的房子。从什么时候开始，你能规定这里能干什么，不能干什么了？

　　C：从我交了三分之一房租开始。还有，我不会牺牲我上法学院的机会让你请一大帮没脑子的朋友在这里喝得醉醺醺。不好意思，我否决了你的小酒吧。

　　B：我都不知道我们如果要在这里开派对的话还需要问你的意见。你根本没法阻止我们。要我说，我们现在就开始准备。如果你不喜欢的话，告我们啊。

　　A：对！接受这个现实吧，我们要开派对了，而你什么办法也没有。

　　C：正好相反，我有很多办法。起诉对我来说确实是选项之一。我可以告你们对我造成了伤害，尤其是如果我在考试里表现不好的话。我还能去小型民事法庭上告你没有经过所有室友同意就在这里开派对，这是违反了口头合同。所以，别忙着给我下最后通牒，除非你希望这个派对除了买啤酒还得再花一大笔钱。

　　然后，随着这场愚蠢的战争不断升级，威胁、辱骂和暴怒都出现了。

　　强硬议价不一定等于粗鲁议价和固执己见，虽然它经常伴有此类行为。一个人能够通过表现强硬来获得积极结果。但是为了避免冲突各方都采取强硬议价策略，让局势陷入僵持状态，你还是得适当做出妥协。让这条策略成为建设性手段的关键就是要做到强硬而公平。

　　这条策略实施起来最大的难点在于，要搞清楚你自己应该显得多强硬而又不至于愚蠢。正如其他竞争式策略，当强硬议价者彼此针锋相对时，他们的一招一式很容易让彼此陷入僵局。强硬议价会降低达成一致的可能性。2005年全美冰球联赛上的冲突和僵持就是强硬议价的结果。到2011年，全美冰球联赛仍然没有让那些因为这场冲突而心灰意冷的球迷全部回头。

　　软弱议价者意识到了强硬议价者需要在人际关系上付出的高昂代价，担心自己在冲突结束之后仍然需要跟对方打交道，于是便屈服于压力。对于软弱议价者而言，达成一致、保持友谊远比赢得战争更重要。但软弱议价最大的弊端在于，为了维护和谐，你可能会在谈判里放弃太多。强硬议价者希望攫取个人利益，而不是团体利益，而他们经常会在对方采取软弱议价手段时他们想丢掉自己的肾脏。

这幅漫画展现了哪种谈判策略?
1. 强硬议价。
2. 有原则的谈判。
3. 软弱议价。
4. 投桃报李。

答案见本章结尾。

利用对方希望合作的意愿来达到目的。

⬇ 有原则的谈判：基于利益议价

费希尔和他的同事在强硬和软弱议价手段之外给我们提供了第三种选择——有原则的谈判，或者说基于利益议价。有原则的谈判涵盖了有效沟通里的必要因素。

4 条原则：恰当的规则 所有的谈判都是按规则进行的。有原则的谈判将竞争性规则（强硬议价）转为合作性规则。这种手段的 4 个基本元素是：

人：将人与问题分开。
利益：关注利益，而不是立场。
选项：在做决定之前汇集不同的可能性。
准则：坚持把结果建立在某些客观标准之上。

将人与问题区分开再次肯定了支持性氛围在谈判时的重要性（例如描述、问题取向、公平或协商）和防御性沟通模式（例如评价、控制、优越感和确定性）的不恰当性。有原则的谈判同样专注于任务冲突，并尽量减少谈判里的关系冲突。

当弗兰克·洛伦佐（Frank Lorenzo）成为东部航空公司的总裁时，管理层和员工之间的关系立刻变得紧张和个人化，在一年谈判未果后，东部航空的机械师和飞行员开始罢工。机械师工会指出洛伦佐就是谈判不成功的症结所在，说他是不道德的收购艺术家。民航飞行员协会则将洛伦佐形容成一个贪心的阴谋家。洛伦佐反唇相讥，说飞行员在罢工里的角色是"自杀式的"，说他们在进行邪教式的悲剧性自杀。正是因为冲突双方无法把问题和人区分开，这场纠纷的结果是东部航空宣告破产，上千人失去了工作。

谈判要以利益优先，而不是立场优先，这是关键所在。立场跟利益不同。比方说，我课堂上有个小组在准备一个座谈会时因为主题选择产生了冲突。两个成员希望小组选择"全球变暖"，还有两个人想选择"死刑"，其他三个人则倾向于"动物权利"。争吵开始了，双方都选择了强硬议价的方式。没有人肯让步。议价的关注点变成了每方支持的主题的缺点。各方开始互相奚落、恶意评论和侮辱对方的选择。但是当这个小组开始着眼于利益，而不是各自的立场时，他们发现了能让彼此都满意的方案。死刑派已经为了其他课程的作业对这个话题进行了大量研究。他们的主要利益诉求是时间管理，因为他们的家人都希望他们早点回家。他们想要一次性完成两个课堂作业，节省研究时间。而全球变暖派也有类似的利益需求。他们已经进行了一些环境问题的研究。动物权利派只是想要一个跟价值观有关的课堂报告，而不是"枯燥的环境科学报告"。大家明白了彼此的利益诉求之后，全球变暖派了解到死刑派已经为整个小组报告做了大部分必要的研究，这比他们在环境问题上投入的研究要深入和全面得多。而动物权利派也赞同死刑既是价值观问题，也牵涉到"事实和人物",因此他们决定选择死刑作为小组报告的主题。

立场是某一方具体想要的东西,而利益是无形的动力——需求、欲望、担忧、恐惧、灵感——这些动机让我们在冲突里采取立场。有关哪个主题最适合小组作业的争吵是立场,但是时间管理是立场背后的利益诉求。利益能够解释为什么某个当事人会采取某种立场。专注于利益而不是立场强调了将合作纳入考虑的重要性。立场议价把谈判变为输赢游戏,而基于利益的谈判考虑的是合作,因为谈判的重点在于问题本身以及如何取得让各方都满意的结果,而不是立场或采取立场的人。关注利益而不是立场,是统筹管理冲突的基础。

有原则的谈判的另一个要素是收集各种不同的备选方案。这可能需要头脑风暴,我在前面已经介绍过具体做法。通过头脑风暴,冲突各方可能会找到统筹方案,名义团体法可能也会很实用。

最后,有原则的谈判要建立客观标准(准则)来衡量任何提案的优缺点。例如在我们前文提到的那个小组作业主题的冲突里,大家一致同意将"花最少的时间进行研究"作为主要的准则。冲突可能也需要建立"公平"准则,让各方都能够平等承担风险和财务支出。

无条件地保持建设性:良好的判断　在利益冲突中,有原则的谈判还必须额外包含两个元素:无条件地保持建设性和建立 BATNA(谈判协议最佳替代方案)。

要无条件保持建设性意味着你在冲突里只会做出有利于你跟对方的举动,无论对方是否有所回报。在冲突里无条件保持建设性能够缩短冲突螺旋。如果对方粗鲁,你仍然保持文明;如果对方故意混淆问题,你就努力澄清;如果对方试图欺凌你,你既不能屈服也不要欺凌对方,你应该用你提案里的优点来劝服对方;如果对方试图欺骗你,既不要相信他们也不要欺骗他们,你应该在谈判全程保证自己的可信度;如果对方不认真听你说话,你仍然要抱着同理心认真听对方讲话。这并不是教你做一个圣人,这是一套帮你实现有原则谈判的切实可行且富有远见的指导原则。你之所以要无条件地保持建设性,是因为如此做对你最有利。

我曾听过释迦牟尼的故事,他是一位印度王子,据说生活在公元前 6 世纪。他的思想为佛教奠定了基础,他向我们展现了在有原则的沟通中无条件保持建设性的必要。曾有人骂骂咧咧地打断释迦牟尼的讲道。释迦牟尼静静等他骂完，然后问道："如果一个人给另一个人送了一份礼物，但是被拒绝了，那么这份礼物属于谁呢？"那个人答道："属于那个送礼物的人。""那么，"释迦牟尼说，"我拒绝接受你的辱骂，并请求你自己保留它们。"用辱骂回敬辱骂只会让双方矛盾升级，降低谈判的效率。你得化解辱骂行为，而不是鼓励它。

如果对方坚持强硬议价，而不肯进行有原则的谈判，你会怎么做？你仍然要无条件地保持建设性。如果你的利益诉求里包括了公平，那么就让对方解释他们的立场如何才能保证公平。不要指责对方的提案不公正。让强硬议价者自己把他们的立场（例如周末不许开派对）调整为利益诉求（例如需要在安静的环境里学习）。若对方对你采取人身攻击、威胁和霸凌手段，你要公开并迅速地跟他们对峙。例如，"威胁是没有建设性的。威胁无济于事。我只做有价值的谈判。我们能不能回到问题本身？"研究显示，把强硬议价归为效率低下的谈判手法，并拒绝回应恶劣的议价行为，能够有效地让谈判回到利益诉求上，并防止冲突螺旋继续发展。如果有必要，你可以通过直接询问游戏规则来打乱强硬议价者的作战计划。例如，"我得提前问一句，我们现在是按照什么规则在讨价还价？大家是都想要尽快且公平地解决问题，还是说我们得一直把这个强硬议价的游戏玩下去，看谁能耗到最后？"你得让他们说服你，他们的目的是正面的。在这个过程中，他们可能也会说服自己强硬议价并不恰当。你需要让强硬议价者自己意识到问题，而不是屈服于你。

BATNA：谈判协议最佳替代方案　你还需要建立一个BATNA（Best Alternative to a Negotiated Agreement 简写）作为衡量提案的标准。你的BATNA会告诉你，如果谈判无法达成协议，在此之外你最好的做法是什么。最重要的是，BATNA能防止你接受一个比你不进行谈判还糟糕的协议。

例如，如果你曾经到过墨西哥一侧的美国—墨西哥国境线，那你肯定曾经为一些手工地毯、太阳眼镜和陶器之类的东西与街上的小贩讨价还价过。如果你事先没准备好BATNA的话，那你就会花掉很多冤枉钱。如果你根本不清楚类似的小商品在美国的价格，那么你可能在毫不知情的情况下就为墨西哥经济做出了巨大贡献。在这种情况下，你的BATNA就是那些在美国价格稍贵的类似工艺品，要么稍微贵一点但质量更好，要么质量稍差但价格也低得多。如果你有了这样的BATNA，那就知道谈判的底线在哪里了。信息就是权力。

一份 BATNA 能够防止你犯下大错。

愤怒管理

冲突时常导致愤怒。例如，职场愤怒问题已经引起了全美的关注。虽说在团体里解决争议并不一定有坏处，但一方的愤怒很容易引起另一方以牙还牙，进而破坏建设性的谈判。曾有一项研究总结道："愤怒的谈判者更容易采取竞争行为，而不是合作行为。"据报道，伴随着职场愤怒的最常见沟通行为有：大吼大叫、骂脏话、人格侮辱、采取卑鄙手段、批评、哭闹、做下流表情、做愤怒的手势、扔东西和身体攻击。所以说，愤怒管理是团体建设性冲突管理的重要组成部分。

↘ 建设性和破坏性愤怒：强度和持续时间

团体成员有无数种方式来表达愤怒。有研究显示，女性比男性更常用回避、哭泣和强忍泪水来表达愤怒。而男性则更有可能不加掩饰地表达自己怒气。"他人的盛气凌人和不礼貌的行为"是引发工作场合愤怒的最常见原因。

愤怒有时候是正义的（在不正义的场合里）。建设性愤怒和破坏性愤怒的区别取决于两个条件：表达愤怒持续的时间和强度。愤怒的强度可以从略微恼怒到大发雷霆。愤怒越强烈，越可能产生负面结果。轻微到中等强度的愤怒表达可以提醒团体必须要解决的问题。这类情况下，愤怒可以是建设性的，但盛怒是破坏性的。它是有效沟通的反义词，因为大发雷霆的成员已经失去了控制。盛怒在职场里是不恰当的，因为它"反映出你失去了控制，而且你在歇斯底里的情况下很难把问题说清楚"。发脾气、咆哮和尖叫会让你看起来像个疯子，因为你正在"犯傻"。如果有人在冲突里采用强制性策略，就很可能会引起对方的暴怒。

愤怒的持续时间也决定了它是建设性还是破坏性的。愤怒可能只持续一瞬间，也可能经久不衰。瞬间的愤怒可能很难引起团体成员的注意。即便是强烈的愤怒，如果持续短暂的话，只会让大家知道你非常低落但没有给团体造成任何无法挽回的伤害。但长期持续的愤怒，即便程度轻微，也可能会让团体成员对你有所怨怼。高强度且持续期长的愤怒是一种极具破坏力的结合体。跟大多数人的观念恰恰相反，发泄我们的怒气只能让我们记住自己的愤怒，然后更加生气。发脾气只会让我们的愤怒更上一层楼，不会让我们忘掉它。

↘ 管理你的愤怒：控制自己

如果你感觉到自己的愤怒已经开始接近破坏性的强度和持续时间了，那你可以采用几个步骤来化解它。

1. 再框架化自我对话。想法引起愤怒。如果你认为某个成员故意破坏了

管理他人的愤怒最好的方式是：

1. 保持对等状态。
2. 保持不对等状态。
3. 采取问题取向。
4. 让对方尽情地发脾气，释放掉愤怒。

答案见本章末尾。

你的工作，你会义愤填膺，甚至想要报复对方。但如果你相信对方并非有意为之，只是发生了点小误会，那你的怒火通常就不会一触即发。愤怒管理的第一步，就是试着去相信对方不是故意伤害你。你应该相信伤害只是个事故，或只是对方不小心造成的，除非有明确证据表明对方有意这么做。再框架化我们对事件的想法能够在愤怒恶化升级之前冲淡它。

2. 做到没有防御性的倾听。当团体成员批评、责备或是嘲弄你时，不要马上开始自我防御。你可以把批评或指责再框架化为挑战或问题，而不是伺机报复。面对他人的防御性沟通模式，你可以用支持性沟通方式来应对。

3. 尽力让自己冷静下来。坚持自律，不要发泄怒火。当你觉得马上要控制不住自己的怒意时，努力放慢呼吸，从 1 数到 10，整理一下你的思绪。用一小段时间冷静一下往往能有效平息你的怒火。通常，你需要 20 分钟才能让愤怒下激增的肾上腺素水平恢复正常。

4. 转移注意力。不断回想那些让你生气的事会让你的怒火再上一层楼。不要一遍遍地在头脑中回放团体成员对你的不公或轻视，这只会让你再次品尝到愤怒的滋味。当旧伤口重新浮上心头时，试着转移自己的注意力。读读报纸，看一会儿电视，跟狗玩一下，或是跟朋友出门散步，讨论些跟你愤怒来源无关的话题。

不要一次性使用以上 4 个步骤。选择其中一个不断练习，让它能在你止不住怒意时条件反射般地出现，然后再试着做第二步，以此类推。

▶ 管理他人的愤怒：沟通中的柔术

建设性地管理冲突意味着你需要化解和降低其他成员的怒火，让双方得以在没有语言或身体攻击的情况下直面问题。在解决真正的纠纷之前，你最好先平复对方的怒气。要化解他人怒气，你可以参考以下几点建议：

1. 跟对方保持不对称。如果某个成员表现出愤怒，尤其是开始怒气冲冲时，你千万不要用同样的方式反击。跟对方保持不对称，也就是说你得表现出对方的反面。用极度的平静应对极度的愤怒。要沉住气。

反劫持谈判专家都要接受专门训练，在与对方沟通时保持绝对冷静，避免个人情绪大幅波动。试想，如果反劫持专家在跟劫持者谈判时陷入暴怒，结果会多么可怕！你得用安抚技巧来让对方平静下来。

2. 肯定对方。肯定是一种合作式的安抚技巧。让对方知道，他的观点和愤怒在一定程度上是合理的，虽然你可能不太同意。你可以通过几种方式来肯定对方。首先，你可以主动为对方的愤怒负起责任。"我让你生气了吧？"承认你造成了对方的愤怒。第二，你可以道歉。"对不起，你有权利生气。"这是对对方的有力肯定。当然，只有在真正必要的情况下你才应该道歉。第三，积极聆听并确认对方的讲话内容，也能让对方感到被肯定。"我知道我没能按时来开会让你很失望。"这会让对方觉得你听到了他的意见，尽管你们的冲突仍然存在。

3. 提问。从愤怒的成员那里收集信息有助于你理解对方的愤怒。当你向愤怒的成员提出问题时，他就不得不暂时从激动的情绪里抽离出来，理性回答你的问题。简单地提问："我们能不能坐下来平静地讨论一下这个问题，让我能理解你的观点？"这能暂时平息对方的怒火。

4. 分散对方注意力。当一个人完全失去理智时，转移他的注意力有时候能熄灭燃烧的怒火。一句俏皮话，一个古怪的问题，请求对方帮忙，或是把话题转移到不相关的事件上去，都能够中断对方的怒意。

5. 采取问题取向。这是一个支持性沟通模式。在你平息了对方的怒火之后，你可以采取这一步。把让对方气愤的事情转化为一个待解决的问题，而不是暴怒的理由。例如："你希望接下来能发生什么呢？"这样就引入了问题解决的思考方式。

6. 拒绝被侮辱。即使你错了，觉得愧疚，或觉得对方理应生气，也不要让你自己忍受对方的语言侮辱。无论这场冲突是谁的过失，语言攻击都是毫无意义的。"如果你继续辱骂我，我就没办法跟你讨论。我知道你很生气，但是骂我也不能让那个问题得到解决。"这样你便定下了表达愤怒的基本底线。

7. 离开。如果以上步骤都无法平息对方的怒火，这就是你最后的办法。尤其是在你使出浑身解数来让对方平静下来，但对方仍然大发雷霆并对你进行侮辱时，这一点就非常重要了。你要坚定地声明："会议结束。我要离开了。我们下次再讨论这个问题吧。"

面对愤怒的团体成员，尤其是陷入暴怒的人，要执行以上7个步骤实在太难了。你应该先专注于练习其中一两个步骤，直到它几乎能形成条件反射，变成你的习惯。与对方保持不对称是最关键的第一步，而肯定对方则紧随其后。掌握了这两步之后，你可以慢慢消化余下的步骤，不断提高自己处理他人愤怒的能力。

团体冲突往往伴随着愤怒。只有控制双方的怒火，你才有机会建设性地管理冲突。团体成员的愤怒可能很合理。愤怒是一个信号，提醒团体需要变革。但我们不应该把愤怒作为武器去侮辱他人。我们需要建设性地应对和表达愤怒，而不是被愤怒驱使。

总而言之，冲突是团体生活的一部分。尽管大多数人都希望冲突不要存在，但冲突不止有消极的一面，也有正面作用。建设性的冲突管理手段能够把纠纷化为正面经历。冲突管理中的5种沟通形态——合作、迁就、妥协、回避和竞争，都是优缺点并存的，具体效果要视情况而定。然而，合作比竞争产生建设性结果的可能性更高。谈判是处理利益冲突的必经之路。有原则的谈判是解决利益冲突的最有效手段。

提升练习

> **批判性思考**

1. 既然竞争有这么多缺点，为什么竞争/强制手段对一个有效沟通者而言仍可能是恰当的？
2. 既然有原则的谈判如此有效，为什么它没有被更多地使用？

> **视频案例**

《社交网络》(*The Social Network*，2010) 传记/剧情；PG-13

本片讲述了脸谱网创始人马克·扎克伯格迅速成长为社交网络领域超级巨星的故事。分析扎克伯格和其他角色在处理冲突时采用的沟通形态。大家都使用了什么谈判策略？尤其在谁提出了脸谱网的原始创意的法律纠纷上，双方采用了何种谈判策略？

《愤怒之上》(*The Upside of Anger*, 2005) 剧情; R

　　琼·艾伦 (Joan Allen) 饰演的中年女性泰瑞在丈夫离开了她和4个女儿后, 深陷愤怒, 跟女儿的关系也降至冰点。凯文·科斯特纳 (Kevin Costner) 则扮演了一名曾是棒球运动员的电台主持人, 他闯进了泰瑞的生活里。分析影片中的愤怒是建设性的还是破坏性的。片中人物又是如何处理自己的愤怒的?

《玫瑰之战》(*The War of the Roses*, 1989) 黑色喜剧; R

　　这是一部非常黑暗的喜剧, 它展现了所有冲突管理的对立面。分析影片中的破坏性冲突和管理冲突时的沟通形态。主要角色最主要采用了哪种沟通形态, 导致了什么后果?

《感恩节大餐》(*What's Cooking?* 2000) 剧情/喜剧; PG-13

　　本片讲述了4个彼此独立但又存在联系的家庭(非裔美国人、越南人、墨西哥裔美国人、犹太人)庆祝感恩节的故事。分析片中人物在处理冲突时采用的沟通形态。片中的冲突主要是任务、关系还是价值观冲突? 文化如何影响了冲突处理? 人们用什么方式处理愤怒? 这些手段有效吗?

多选题答案

漫画（第 320 页）：4；

漫画（第 333 页）：3；

照片（第 338 页）：2，3。

第 *12* 章

科技和虚拟团体

通信技术已经全方位渗透我们的日常生活。全世界互联网用户在 2014 年达到了 30 亿人。手机使用也遍及整个美国甚至全世界，现在还不会操作手机的人可谓是"稀有生物"（也有人说是"恐龙"）了。正如前文提到的，社交网络应用早已成为现象级话题，脸谱网 2014 年在全世界拥有超过 10 亿注册用户，推特同年的月活跃用户超过 3 亿人，领英网的月活跃用户超过 2.5 亿人。

说到电子通信技术的迅速发展，案例不胜枚举。2011 年 1 月，曾有一个视频片段在互联网上被大量传播，让大家捧腹不已。视频内容是全国广播公司（NBC）的《今日秀》（Today Show）节目的主持人凯蒂·库里克（Katie Couric）和布莱恩特·甘博尔（Bryant Gumbel）在 1994 年讨论甘博尔提出的问题："所以到底什么是互联网？"库里克不太确定地回答说："互联网是大型电脑网络，它现在已经变得相当大了。"甘博尔接着问："你是什么意思？你在它上面写什么呢？邮件吗？""不是，"库里克回答道，"很多人用它来沟通。"然后库里克转向一个不知名的幕后人员："你能解释一下什么是互联网

图中的网络社交是人际社交还是小型团体沟通?

吗?"我们当然可以原谅库里克和甘博尔当时说不清楚互联网是什么,毕竟那时世界上大多数人还没注意到这个伟大的、日后会改变全世界沟通方式的发明。

这些电子科技对我们沟通方式的影响非常有趣,我曾多次详细谈过这个问题。但是说到它对小型团体的影响,就很少有人关注了。通信技术对小型团体沟通的影响更局限,也要求更精确的研究角度。虽然很多教授要求或推荐学生在完成小组作业时使用社交网络应用互相联络和交流,但这些社交网络大多在本质上是人际沟通。它们的主要用途是跟朋友保持联络或结交新朋友。

虽然这些通信技术大多数本质上都为人际沟通(手机会话通常发生于两个人之间),但它们还是在一定程度上影响了小型团体的沟通模式。例如兴趣小组(例如车友会)和激进分子团体(女性主义团体或茶党激进分子团体)都在社交网络上建立了自己的阵地,供成员分享和交流信息、讨论话题、促进社交活动。团体领袖还可以利用社交媒体来向成员发布集体讲话。但社交媒体也带来了新的问题。你应该在脸谱网上把老板或上司加为好友吗?你应该在背后聊同事的八卦吗？毕竟现在信息传播比以前广泛多了。社交网络如此透明和容易操作，会不会给机密信息（例如管理层与职员间的合同谈判）带来危险？

有时候社交网络团体被设计适用于小型团体，但是大多数时候他们被允许甚至鼓励不断扩张，远远超过我们所关注的小型团体的规模。《网络视频的未来》(*The Future of Web Video*) 的作者斯科特·克里斯纳（Scott Kirsner）对这些社交网络点评道："我们大多数人都被点赞数冲昏了头脑，我们只想知道有多少人被我们的内容打动，因为这体现出我们的影响力、流行度或我们有多酷。"这些"朋友"之间往往只存在着微弱的联系，甚至关系更远。正如加州大学伯克利分校的法律教授丹尼尔·法博（Daniel Farber）所说："我是鲍勃·迪伦的脸谱网好友，也就是说我可能跟他的公关人员关系非常密切。"一个人的"朋友"跟"粉丝"可能会在社交网站的联系人名单里出现又离开，而系统的互联性（团体定义里的重要元素）也变得暧昧不明。

计算机兴起之初，虚拟团体还没有出现。计算机革命对小型团体和团队的影响曾经相当缓慢。早期的计算机都是庞然大物，它们能协助公司的运营，但并不能为一般员工所使用。直到20世纪七八十年代，个人电脑才出现，并开始协助个人工作。但直到20世纪90年代中后期互联网和万维网普及之后，虚拟组织才在各种组织里常见起来。1995年，全世界只有1 600万人使用互联网。10年之后，全世界的互联网用户达到了10亿。尽管在互联网出现之前，已经有其他形式的虚拟团体存在（例如电话会议），但是互联网的兴起加速了虚拟团体在世界范围内的增长。

我在第1章讲过，虚拟团体就是成员主要通过电子通信技术交流的小型团体。虚拟团体的三个主要特征将其与传统团体区分开。首先，他们的成员分布在多个地点，并且常常跨越多个时区。第二，虚拟团体的成员常常具有更为多元化的背景，来自不同的文化，使用不同的语言，为不同的组织服务。第三，其准入制度相对不稳定。简而言之，虚拟团体就是成员"分开地在一起工作"。

当我们考虑虚拟团体的构成时，也要将"虚拟程度"纳入考虑范围。高度虚拟化的团体完全依靠电子科技沟通。而有些虚拟团体是混合性质的，成员大多数情况下靠电子手段沟通，但偶尔也会见面。在一项有关虚拟团体的调查里，600名受访者里有46%从来没有跟虚拟团体里的成员见过面，30%

的人一年见一次,还有24%的受访者表示一年会见两次以上。另外,高度虚拟化的团体成员在地理范围上分布更广,而虚拟化程度较低的团体中,有些成员可能在同一栋楼办公或位于同一个城市或国家。

尽管研究者和学者往往并不严格区分虚拟团体和虚拟团队,但这二者并不一样。它们都利用电子科技和远程通信技术交流,但是它们之间的区别正如传统团体和团队的区别:合作等级、技能多样性、团体身份认同以及成员的承诺(见第7章)。例如,一个在线课堂讨论小组是一个虚拟团体,但并不是一个虚拟团队。电子技术让远程沟通成为可能,因此同班同学也不需要彼此见面。他们可以通过在线讨论来表达和分享观点。但这种讨论并不需要很高的合作程度,成员并非具备多样化的技能而被选入团体,成员不需要花太多精力建立强烈的团体身份认同(学生只要填写课程申请表即可),而大家对团体讨论的承诺也时有时无。

鉴于这些区别和说明,本章的主要目的就是探索虚拟团体具有的巨大潜质和面临的种种挑战。本章会专注于广义上的虚拟团体,而不是狭义的虚拟团队。当然,虚拟团队也是虚拟团体的一种类型。本章提供的有利于虚拟团体高效工作的建议同样适用于虚拟团队。要达到这个主要目的,本章主要讨论三个话题:

1. 描述科技与小型团体交会的多种方式;
2. 讨论虚拟团体的优点和缺点;
3. 就发展和维护有效能的虚拟团体提供一些建议。

在讨论这些话题之前,我似乎有必要提醒大家一下,尽管已经有很多研究者对比了虚拟团体和面对面团体,但我们对虚拟团体的知识仍然有巨大的不足。我们在虚拟团体上的经验基本还没有超越初级阶段。然而,这不应该阻止我们分享我们所了解到的部分,并基于现有研究提供一些尝试性的建议。

科技团体选项

多种电子沟通科技让虚拟团体成为现实。科技手段是我们实现某种目的的工具,而通信科技手段则是我们达到沟通目的的工具。虚拟团体得以存在的电子通信技术包括互联网、电子邮件、手机、视频和语音邮件。这些科技手段中的任意一种或多种都能把虚拟团体变为现实，这就是本小节所要讨论的。

文本信息：打字的高科技

我们可以通过以文本为基础的方式建立虚拟团体。电子邮件流行已久，而且早已成为我们日常生活的一部分，我们甚至很难想象没有电子邮件的生活了。尽管如今的青少年更偏爱社交网络，对电子邮件的使用率有所降低，但无论是在某一个组织内部还是在组织之间，电子邮件仍然是组织沟通的主要方式之一，而且从目前来看它的重要地位还无法撼动。通过电子邮件，你可以轻而易举地将信息传送给任意或所有成员，这是它巨大的优势，也是一个极大的弊端。它的优势在于它能用最少的精力将大量信息传达给整个团体，但电子邮件很容易导致信息过载，并且会让发送者对每个成员在短期内能消化的信息量产生不合理的期待。

以文本为基础的信息不只限于电子邮件。手机短信也早已在世界各地普及。尽管短信并不是虚拟团体优先选择的沟通工具，但它的确具备定期给全球各地的团体成员发送信息的潜力。团体也可以在论坛和空间上发布信息，方便所有人阅读和回复。这些都是在线大学课堂流行的沟通方式。

音频会议：只有声音的科技

我们大多数人都习惯面对面的会议，但随着全球化和电子科技的发展，对很多生意遍布全球的公司来说，面对面会议常常很难组织。如今，有多种高科技途径能代替传统的面对面会议。其中最简单的方式之一就是音频会议，它通常被称为电话会议。本特利公司曾针对 6 个国家的超过 1 800 名员工展开了调查，发现 61% 的受访者认为电话会议对他们工作的成功和效率至关重要。这种形式的虚拟团体允许几个人通过电话或电脑通话工具进行集体会议。这曾经是大公司的专属工具，如今人人都能轻易地进行电话会议。大多数公司以及很多电话服务商都提供电话会议服务。但要注意，电话会议不只是在电话里对话而已。它的主要目的是让虚拟团体召开会议。我们在第 8 章讨论过高效率召开会议的基本原则，也适用于电话会议。电话会议有必要并应该目的专一、有条理并且尽量简洁。

▶ 视频会议：画面和声音

视频会议也已在职场得到广泛应用。谷歌在 2014 年推出了 Chromebox for Meetings，正式进军视频会议市场，它能够让世界各地的成员轻而易举地用低廉的价格进行"面对面"会议。视频会议与电话会议类似，都是在与会者无法本人到场时的实用选择。它为彼此距离相隔较远的成员节省了大量出差时间和开销。视频会议还能提供非语言线索，例如面部表情、手势、姿态和眼神，这些都是电话会议无法实现的。身体语言能帮助与会者更加准确地接收信息，而且它们有助于成员定义彼此的关系。

视频会议技术已非常成熟，跨越几个时区的虚拟团体成员甚至会觉得自己跟对方置身同一个房间。成员会给对方提供三明治和零食，忘记他们彼此相隔数千公里（"谁想吃巧克力？哎呀，我忘了。你们有两个人在澳大利亚！好吧，那我们几个分了它！"）。

通过 Skype，团体很容易就能召开视频会议。Skype 上的视频会议同时能

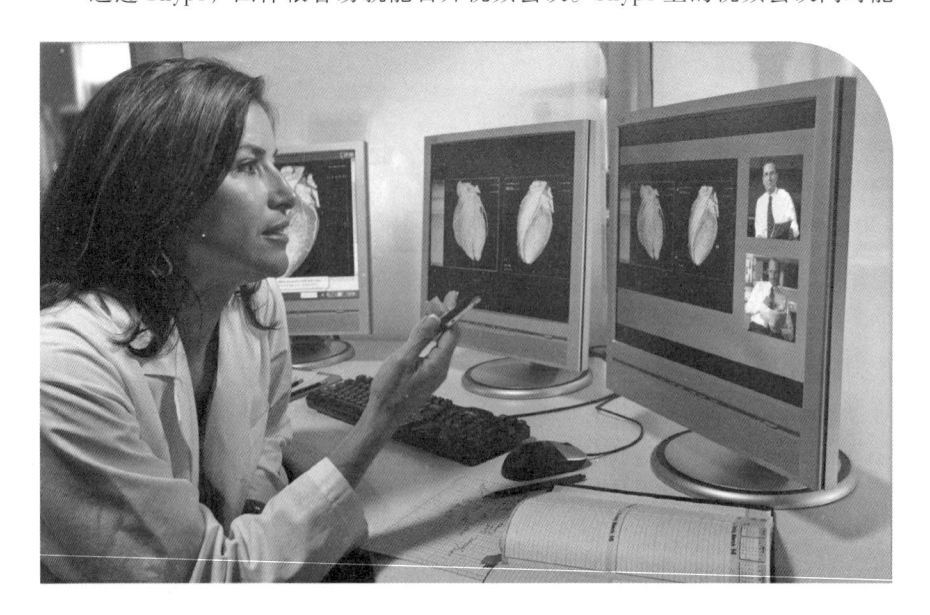

视频会议比以前任何时候都更容易实现了。

保证3~10人在线。通过智能手机的视频服务，你也可以召开视频会议。

视频会议还有另一种选择，就是在"第二人生"用虚拟的用户图像交流，它是一个在线的三维虚拟世界。

在这个虚拟世界里，每个成员都会建立自己的用户图像，这能提供一种社会存在感，并能让大家在无法进行视频交流时产生真实互动的错觉。通过"第二人生"，虚拟团队还可以进行团队建设活动。任何形式的视频会议，也跟任何传统会议一样，应该是必要的、专注的、有条理的并且尽量简短。

虚拟团体的优势和挑战

虚拟团体既有其优点，也有其缺陷。在本小节，我们会讨论前人总结过的虚拟团体的优缺点，但目前我们对虚拟团体的了解也许都会被未来的研究颠覆或修正。

时空：距离的消亡

电子通信技术能够超越时间和空间的限制。凯克罗斯（Cairncross）曾提出了"距离之死"的说法来强调这一点。我们前文也说过很多次了，虚拟团体能够突破成员之间空间距离上的限制。相隔甚远的成员仍然能够以光速彼此交流。对虚拟团体来说，在特定时间找到一个位于中心的开会地点并非难事。成员可以在家里、办公室甚至是机场休息室彼此联系。有项研究显示，75%的受访者都曾经在厕所里接电话。随着无线科技的日益成熟和容易获取，一个团体成员随时随地参加讨论和会议都越来越不是问题了。

但是，超越距离进行沟通也削弱了团体成员之间的亲近感。沟通的有效性成了巨大挑战。在面对面沟通里行之有效的做法在虚拟团体沟通里未必行得通。当你看不到对方眼里的闪烁、脸上的微笑、澄清的姿态或温柔的表情时，对方的一句讽刺、善意的戏弄、无害的玩笑都可能被你理解为伤害或是骚扰。我们赖以理解信息含义的非语言线索的缺失是纯文本和纯音频虚拟团体的巨大局限。在某项调查里，94% 的受访者表示"无法得到非语言线索"是虚拟团体中"最大的个人挑战"。

▶ 决策：输出的质量

对比面对面团体和虚拟团体，"没有令人信服的理论或经验来预测决策差异"。当我们比较面对面沟通与所有类型的虚拟团体时，这种说法是大体正确的。但凡事都有例外。例如，面临时间压力的虚拟团体就不如同样条件下的面对面团体表现好。发生这种情况的部分原因可能是虚拟团体的决策速度较慢。在所罗门（Solomon）的调查中，80% 的受访者都表示这是一个严重问题。例如，在纯文字的虚拟团体中，如果成员没有及时查看和回复电子邮箱或团体论坛，可能就会延迟产生决定。一个跨国团队的成员曾讲述了自己的经历："我们的沟通和回复会有延迟现象，在这些情况下，我可能会损失一整天，而不是几个小时……沟通和合作会占据我们项目的一大部分时间。"在网上课堂里完成小组作业的学生可能也会遭遇同样的问题。

按此推测，视频会议不会产生这种延迟现象，导致团体成员无法及时做出决定，除非由于技术原因视频会议不得不推迟或取消。一项针对 64 个虚拟团体的研究发现，纯文字和纯音频虚拟团体在决策质量上不存在明显差异，但是在加入视频之后，团体决策质量却会得到显著提高。

虚拟团体在决策上花费的时间越长，成员对最终决定的满意程度越低。成员有时还会因为不得不学习新的科技手段而极度沮丧和暴躁，这有时被称为机械摩擦，也会损害团体决策，团体至少要等到所有成员都能够自信地使用科技工具才能进行决策。机械摩擦可能会导致人际摩擦、破坏社会关系，因为有些科技手段对新用户并不友好，有些成员可能会因此陷入沮丧里。

▶ 社会关系：发展人际联系

团体决定的质量同样也会受到团体成员间社会关系的显著影响（任务和社会维度的互联性）。这对虚拟团体的重要性并不比面对面的团体低。在这个问题上，虚拟团体会遇到更加独特的挑战。你如何认可你本人从未见过或只见过几面的团队成员（但是有些虚拟团体为了提高成员的存在感，会建议每个人向团体开放自己的脸谱网或领英网主页。团体还会鼓励那些没有使用这些网站的人去注册一个账号)?

相比面对面团体，虚拟团体似乎需要更多时间来发展正面的社会关系和凝聚力。在发展初期，虚拟团体的成员很容易对彼此评价不高，但经过几周的互动，成员彼此间的信任度、感受度和社交性都会提高，而他们也会变得更加放松和不拘小节。定期反馈对虚拟团队成员建立信任和承诺至关重要。

纯文字和纯音频的团体沟通还有一项潜在的优势，就是团体成员之间的社交纽带可能会建立在更深层次的特质上，例如对话质量、相似的价值观和信念以及成员明确的友好表示，而不是肤浅的外在特征。纯文字和纯音频的团体互动中无法表现身体特征（尽管成员能够在社交网站或电子邮件里贴出自己的照片）。但这项优势并没有经过太多验证，而我们也并不知道外在表现的缺失对虚拟团体而言在多大程度上是一项优势。

权力距离：突出地位提示

权力差异在虚拟团体里可能相对并不突出。成员的排序在电子邮件远没有面对面沟通时明显。但是，这种地位平等化效应可能在纯文字的团体讨论里较为显著，但在音频或视频会议里则较弱。

纯文字沟通主要会弱化两种地位特征：（1）外在特征，例如种族、性别和年龄；（2）沟通线，例如说话语速飞快、演讲的流利程度（停顿较少或常常夹杂着"嗯""啊"）、强调的语气、配合说话的眼神，以及人物的座次。仅通过邮件沟通的团体成员能够隐藏起这些在面对面沟通里立刻会被识别的地位特征。音频会议能够隐藏部分特征，但是年龄、性别、种族甚至是身体特征都能够通过声音展现出来。要注意，这种地位平等化效应可能只是暂时的——它可能只会出现在虚拟团体发展初期。待团体发展成熟后，地位特征仅凭文字交流就能反映出来，例如迟迟不回复权力较低的成员的信息、简短地回答问题，以及使用"有权力"的语言。另一方面，文字信息里很容易出现语法错误和拼写错误，这也可能体现出该成员受教育程度不高、粗心以及不在意自己在其他成员心目中的可信度（都会削弱地位）。在发给权力较高的成员的文字信息里随意使用缩写和间歇可能同样不恰当，因为对方也许期待的是更为正式的沟通。因此，若对方期待看起来更为专业的沟通内容，你最好在发送文字信息之前先检查一下它的恰当性（按照规则）。

▶ 冲突：建设性冲突和破坏性冲突

正如第 11 章里讨论过的，并非所有冲突都对团体有害。处于有效控制之下的冲突能促进重要和积极的变化，但是虚拟团体和面对面团体在冲突管理上有所不同。总体而言，虚拟团体经历的任务和关系冲突多于面对面团体。所罗门的研究发现，73% 的受访者认为在虚拟团体里处理冲突比在面对面团体里更有挑战性，也比处理虚拟团体面对的其他问题更为困难。但面对面团体面临的建设性冲突比虚拟团体多。相比之下，虚拟团体的冲突更有可能发展为破坏性冲突。总而言之，面对面的处理方式比科技手段更适合建设性地处理冲突。

相比面对面团体，虚拟团体成员间的互动更有可能产生摩擦，尤其是当沟通仅限于文字时。虚拟团体更有可能出现"情绪失控""怒火燃烧"的现象。虚拟团体缺乏面对面团体对不当言行和侮辱行为的限制（例如暗示性规范不提倡突然大发雷霆），再加上纯文字信息的随意性，有可能会造成更加负面的互动。正如布林（Brin）解释的：

> 借助电子科技的对话似乎特别容易产生误解，并迅速激起参与者的敌意，或是让双方陷入尴尬的沉默中。一旦双方怒火中烧，平时温顺的人也会表现得像精神病患者……他们会愤怒地打字，冲动地发出短信，把能想到的骂人的话一股脑儿发出去，完全丢掉了人类文化花费了数千年才形成的文明礼仪。

当人们使用科技手段沟通时，面对面沟通用来掩饰情感失控的"滤镜"似乎也失灵了。暗示反对意见的非语言信号，例如一瞥、皱眉或翻白眼，都无法在纯文字或纯音频互动里出现。

你可能会在邮件或短信里说出你不可能当面向对方说出的话。研究显示，虚拟团体的成员更容易给予其他成员负面甚至极端的评价、反对意见和谴责。虚拟团体里还会出现严重的误解，因为你可能没法及时澄清对方在邮件里感受到的轻视、侮辱或负面语气。如果对方没有马上回复，成员可能会怀着被侮辱的心情郁闷地度过一整天甚至一整个星期。

虚拟团体成员的多样化也会加重彼此的误解。有调查显示，由于文化和语言差异产生的误解是虚拟团体面临的最严重的问题。对虚拟团体而言，建立团体规范可能很难，因为文化差异会导致成员在解决冲突的方式、沟通的坦率度以及对权力较高的成员的尊重上各不相同。文化差异也经常给面对面团体带来挑战，但是当成员只能靠文字或声音沟通时，这种挑战的严重性会加倍。当帮助我们理解信息的非语言文本受限于沟通媒介时，我们很难辨识出语言里的歧义。

但是虚拟团体面临的冲突不一定总是比面对面团体严重。一项研究显示，当虚拟团体中发生任务冲突时，成员通过人身攻击、浅薄化问题以及对政策表达不满等方式将任务冲突转化为关系冲突的可能性较低。相比面对面沟通，纯文字的沟通模式尤其有利于成员专注于任务，而不会把心思用在人际摩擦和敌意上。

另外，如果成员之间发生过尴尬或互相威胁的情况，纯文字沟通可能会比面对面沟通更合适。有时，我们在邮件里比面对面时更加诚实果敢。怒气冲冲的成员也可能会在纯文字表达里更仔细地斟酌词句。有多少次，你曾经在头脑里回放自己跟别人针锋相对的对话，并希望自己不曾发表过某些言论，或后悔当时没能委婉一些？当你感到对方在轻视或侮辱你时，暂且写一封反击的邮件放进草稿箱，冷静一下再决定是否要删掉它，这可能是个明智的选择。你可以在电子邮箱里随意编辑内容荒唐的邮件，但你得把握一条原则——永远不在盛怒下回复邮件，直到你控制住自己的怒火，有时间静下心来反思，并把那些攻击性的言论修改掉才行。

成员参与度：表现的动力

如何让成员积极且极具建设性地参与工作是团体常见的烦恼，也是团队恐惧症的最主要来源之一。某些情况下，虚拟团体能够增强成员的参与感，但在另一些情况下，它又会削弱成员的参与度。

社交焦虑症：抵触参与　纯文字的团体讨论能鼓励地位较低的成员参与讨论，并在争议性问题上坚定地表达观点。亲自参与讨论有时令人胆怯，特别是在有人用统治性和攻击性的态度表达观点的情况下。用键盘回复讨论能让拘谨的成员更加果敢。曾有一项关于社交焦虑症的研究对比了面对面沟通和网上聊天室的交流情况，发现高度焦虑的个体（羞涩、沉默寡言）在面对面沟通时会感到极端不自在，但是当大家在聊天室里文字沟通时，高度焦虑的个体与面对面沟通时不会感到焦虑的个体几乎同样自在。另外，这些原本焦虑的成员在网上同伴眼里是自信、可爱和外向的，与面对面团体中其他成员对他们的评价截然不同。甚至有证据表明，在积极参与网上讨论两年之后，原本存在社交焦虑症的人即便在面对面互动里焦虑程度也有所降低。这些结果都说明，纯文字的团体沟通能够促进内向成员建设性地参与团体讨论，进而丰富讨论内容，并能通过削弱面对面互动带来的焦虑感提高成员们对团体体验的满意度。

但是，内向的成员可能会对视频会议心生恐惧。最能有效打击内向成员参与积极性的做法就是，在这些成员不熟悉或不会使用相关设备的情况下召开视频会议。让内向的成员出现在摄像头里可能会增加他们的焦虑感。仅仅是摄像头的存在就足够吓傻内向的成员，他们的语速、语调和一举一动都会变得不自然。在镜头面前如受惊的小鹿般手足无措，或面红耳赤，会让另一端的成员也变得不自信，而且会让所有人感到尴尬。在视频会议前先掌握相关经验和技巧能有效消除这种焦虑。

社会惰化：在虚拟世界里效率低下　尽管针对虚拟团体中社会性惰化的研究很少，但这个问题在虚拟团体中可能远比在面对面团体中严重。

在所罗门的研究里，75%的受访者表示社会惰化对虚拟团体是个严峻的挑战。另一项针对公立大学在线学习小组的研究显示，77%的学生受访者表示自己所在的团体中出现过社会惰化。

虚拟团体的本质使得这个问题尤为棘手（关于社会惰化的解决措施请见第3章）。例如，减少社会惰化的手段之一是提高凝聚力，这在虚拟团体中就很难实现，因为在线课堂往往由陌生人组成，他们只是在老师的安排下结成小组。而解决社会惰化的另一手段——建立个人责任制——则更加困难，因为对成员的付出和表现进行面对面的评估是对社会惰化的有力震慑。除非虚拟团体的成员能够定期见面，否则这种做法在电子邮件和视频会议里是行不通的。而且，通过视频会议对成员进行负面评价可能会在很大程度地引起尴尬。在面对面团体中，跟社会惰化者当面对峙也是一种可行的办法，但是以文字的形式指出惰化者的消极怠工，很可能会被对方视而不见。另一方面，不回复邮件经常被视为对团体缺乏承诺的表现，但是这也有可能是由技术问题或突发事件造成的。

解决这一问题的理想方案是选择那些本身就对虚拟团体的任务有兴趣、乐于挑战、充满动力的成员。大型组织内部的虚拟团体常常按这个标准选拔成员，那些对任务非常感兴趣且技能互补的成员会被选入虚拟团队。但是，由于在线课程的准入制度往往非常宽松（在虚拟环境里，你很少有挑选知识渊博的成员的机会），因此社会惰化在大多数要求小组合作的在线课堂上都非常严重。

▶ 会话证据：交易记录

当成员通过计算机以文字沟通时，重现团体会话会更加容易，信息的保真度也比面对面团体高。若团体成员用电子邮件沟通，所有的成员在任何时间点都能够重新查阅当时的对话记录。当大家为某人说过什么话而争吵时，只要查阅过往的邮件内容便能找到准确的记录。若一名成员坚称自己曾有过某些陈述，但邮件记录却显示他说过完全不同的内容，那么他的坚持就完全站不住脚。但邮件在保存记录上的优势，有时也会成为一种劣势。查阅过往邮件证明某个成员的错误可能会在团体中引起争执。在解决问题的同时，你可能也引起了对方的敌意，导致团体里出现防御性的沟通模式。由于其记录的可保存性，邮件沟通也可能暴露出团体里潜在的问题。如果有成员故意把其他人的邮件转发给团队领导或团队以外的上级，试图破坏上级对这个人的印象，团队的凝聚力就会受损。在某人背后搞小动作可能会导致社会惰化的出现，或是干扰大家的注意力，而仅凭邮件很难建设性地解决这个问题。通过邮件向成员们提供支持和建议的治疗小组同样在保密性上存在法律隐患。在邮件里给团体成员发送不恰当的玩笑、评论和八卦，可能会让团体陷入性骚扰或偏见的丑闻（造成充满敌意的团体环境）。

很多团体为了增强凝聚力会要求成员注册社交网站并添加彼此为联系人，这种做法同样需要谨慎小心。

你的脸谱网或领英主页可能会给你的隐私带来严重隐患，而且如果其中存在有争议的内容（例如挑衅的照片、攻击性的言论等），还可能对你造成伤害，"例如求职被拒或失业、丢脸或尴尬、名声受损，或只是不小心暴露出自己不为人知的一面"。所以你必须把握一条原则，绝不要在发给团体成员的电子邮件或你自己的社交网站主页里输入任何会让你丢脸、尴尬或不得不道歉的内容，以防被不该看到的人看到。你意外暴露的隐私很可能会变成公开记录。

虚拟团体效能

在团体进程中纳入科技手段会让其任务和社会维度都更加复杂。在本小节，我会讨论影响虚拟团体成功的一般因素，以及提高虚拟团体效能的具体建议。

↘ 一般因素：为成功做准备

虚拟团体要取得成功，需要考虑三个基本的一般性因素。它们是暂时性、媒介丰富性和媒介同步性。

暂时性：长期和短期虚拟团体 大多数针对虚拟团体的研究会采用陌生人团体（通常是高校学生），让他们在短期内聚到一起，然后解散。很少有研究关注那些成员长期依靠计算机媒介联系且合作程度较深的虚拟团体。当我们解读那些比较虚拟团体与面对面团体的研究时，要留心这个事实。相比那些对新科技还不熟悉的虚拟团体，有经验的虚拟团体面临的困难可能会少一些。如果成员对彼此都很陌生，即便是像电话会议这么简单的科技也可能会造成沟通不畅。面对一群你不熟悉的声音，光是辨认出谁在说话就足以让你头疼。如果两个或多个成员不小心同时开口，信息交流就会陷入混乱。在团体成员彼此交流了一段时间之后，虚拟团体的效能就会有所改善。如果虚拟团体的成员能够长期相处，并接受媒介操作的培训，团体效能也会提高。最后，如果成员有机会在虚拟世界里长期相处并建立私人关系，虚拟团体的效能也会得到改善。这样下去，成员会对彼此有所了解，电子邮件所带来的误解和困惑也会减少。如果能够长期合作，虚拟团体的成员可能会有机会跟彼此见面，在电话上聊天，或是在视频里与对方会面。结合多种媒介手段能够创造一个丰富的团体环境。

媒介丰富性：丰富与贫瘠理论 达夫特（Daft）和伦格尔（Lengel）的媒介丰富理论（MRT）认为，传播媒介在丰富程度上各不相同，即每种传播形式的信息承载能力不同。丰富性的确定基于每种媒介固有的展示非语言线索、提供快速反馈、展现个人特质和允许语言种类的能力。媒介丰富性从高到低的顺序为：面对面交流、视频交流、音频交流。最后是文字交流。媒介丰富性高的沟通一般更加个人化和温暖，而媒介丰富性低（"贫瘠"）的沟通则相对没有人情味（疏离）和冷漠（实际）。媒介丰富理论预测，贫瘠媒体，例如纯文字沟通只有在团体讨论简单、没有歧义的任务和话题时才具有效能（例如纯文字形式的头脑风暴能交换具体方案并避免过于"丰富"的情感和个人反应干扰任务完成）。丰富媒介（尤其是面对面沟通）则被认为在复杂、不确定的任务和话题里最有效能，例如在利益冲突里，团体需要关于态度、感受、期待值、承诺的信息来解决意见不合等。

媒介丰富理论在直观上具有一定吸引力。当电子邮件向所有成员同时快速传达事实信息时，虚拟团体的成员可能觉得它是及时雨，但是当文化误解出现时，他们可能又会觉得纯文字的沟通过于束手束脚。图文并茂的脸谱网和领英主页能有效丰富虚拟团体的体验。

尽管媒介丰富理论乍看之下颇有道理，但是有关它的研究在不同领域得到的结果却大相径庭。当被应用在传统媒介(面对面沟通、信件、备忘录）时，这条理论似乎很正确。但是当研究者将其运用在电子邮件和视频会议等新型电子媒介时，研究结果却并不一致。同时，很多研究认为媒介丰富理论并没有得到适当的检测，因为研究只关注虚拟团体对媒介手段的选择以及成员对这些选择的感受，但没有同等重视虚拟团体在做出这些选择后的具体表现情况。有一项针对98个虚拟团队的研究总结道，当团队选择了"有助于跟他人联系的媒介"时，他们更有可能实现团队目标。

尽管媒介丰富理论并非虚拟团体媒介使用效能研究上最领先的理论，但它仍然是该领域相当杰出的一套理论。MRT让人们开始关注面对面沟通的丰富性和贫瘠媒介技术带来的挑战。例如，当团体需要解决复杂冲突时，电子邮件就是个很糟糕的选择。

媒介同步性：延伸媒介丰富理论 媒介同步性理论（MST）延伸了媒介丰富性理论，它认为每种沟通媒介的丰富性都是动态的，会随时间变化。媒介同步性理论认为，我们不应该基于固有的、不可改变的信息传输能力将任何沟通媒介定义为"丰富"或"贫瘠"。相反，最丰富的媒介就是最符合团体沟通需要的媒介。有时，这等于同步媒介，有时这等于非同步媒介。同步媒介就是那些允许团体成员同步、实时互动的媒介，例如面对面会议、电话会议、视频会议和网上聊天室都属于同步媒介。而非同步媒介则是那些让团体成员无论在何时何地都能无障碍沟通的媒介。成员会在方便时阅读和发布信息。标准电子邮件、论坛、博客和手机短信都是非同步媒介。

媒介同步性理论既引人注目又富有远见，但很少有人进行过相关研究。不过它确实给虚拟团体对沟通媒介的选择提供了一定帮助。例如，曾有学者研究在线的匿名戒酒会后发现，"非同步的在线匿名戒酒会在某种程度上给大家提供了最富于支持的环境"。非同步的匿名戒酒会里的沟通非常有人情味，并且他们比同步性的匿名戒酒会更加支持彼此（更加频繁地进行颇具同理心的回应），防御性更低（负面评价较少）。非同步性的支持组织能提供延时且富有想法的回应，因此人们会在发送刻薄的批评之前就压制住这种想法（这可能是大多数支持性组织里的实际情况，鉴于成员本身是出于彼此安慰的目的聚在一起）。在面对面的匿名戒酒会里，很多人会羞于分享极度隐私的信息，但他们更愿意在虚拟团体中分享，尤其是非同步性的论坛上。以下就是发生在一名刚刚加入在线匿名戒酒会的成员和一个老成员在论坛上的对话：

  BB：我已经戒酒12天了……但我知道我的过度羞涩可能会让我再次酗酒。我去过一个聚会，见到了与我一样的人，但我又离开了；我没跟任何人说话……要是我能强迫自己开朗一点就好了……谢谢你们让我分享这些。
  DD：很高兴你来这里，BB。要一直来喔。
  EE：谢谢你，BB，我也很害羞。我学会了要问一些开放性问题。

因为过于羞涩，BB没能在面对面的匿名戒酒会上分享自己的个人经历，但是她几乎毫不费力地就在这个新的非同步性虚拟团体里开口了。纯文字、非同步性媒介这种疏离的本质有助于成员进行高度私人化的沟通，因为大家避免了面对面谈论隐私信息时的尴尬。纯文字的非同步性媒介能让成员在暴露让人尴尬或不适的个人信息时情形不至于太窘迫，因为其他人无法马上做出咄咄逼人的评判（翻白眼）。

↘ 具体建议：试验性建议

在我们对虚拟团体了解更深刻之前，任何人对于如何将科技手段与团体进程有效结合的建议都只是试验性的。不过，有些建议听上去确实很有帮助，你不妨在参与虚拟团体时尝试采纳一下。

选择媒介：丰富性和同步性　虚拟团体与传统面对面团体的本质区别便在于它借助了电子通信技术。因此虚拟团体必须慎重考虑自己对沟通媒介的选择。胡乱选择沟通媒介的团体很可能会后悔自己的随意决定。当然，媒介的选择权可能不在你手中。在线课程里的学生通常按照老师的指示运用某种媒介（通常是经济上能够承受的）与小组成员沟通，共同完成作业。

在团体发展的初期阶段，丰富虚拟团体的环境尤为重要。大多数虚拟团队在认识到媒介环境丰富性在团体初期的重要性之后，都倾向于借助面对面沟通来建立凝聚力。面对面的接触与社交能够建立信任，提升团体成功的可能性。在大型组织里，这通常包括出差。如果有可能实现的话，在团体的形成阶段，这种成员亲自到场的见面—拥抱过程是非常值得提倡的。在线课程通常会在学期之初组织面对面的会谈，有些课程（例如公共演讲）通常还会在学期中间穿插几次见面。如果面对面的聚会无法实现，那么团体可以采取电话会议或视频会议的方式来丰富团体媒介环境。某个虚拟团队调查的受访者表示："我们每月会进行一次虚拟午餐，每个人都可以自愿参加……这有助于同事互相加深了解。"

随着虚拟团体的发展日趋成熟，媒介丰富性的重要性会有所降低，因为成员在熟悉彼此和掌握了相关知识以后，便能高效地工作。正如前文讲过的，有时候非同步性媒介对团体更有效，而有时同步性媒介对团体更有效，这都取决于团体的沟通需求。曾有学者针对54个非常成功的团队进行过研究，这些团队的成员来自世界不同行业的26个公司。研究者对这些团队的领袖和成员进行了详细的访问，报告提到当项目需要互补能力和多样化视角，且工作任务可以通过电子通信技术完成时，虚拟团体比面对面团体效能更高。

团队普遍对非同步性的电子邮件和同步性的视频会议都评价不高，而更青睐同步性的电话会议和非同步、纯文字的沟通形式。一对一交换的电子邮件不可避免地让其他成员感到自己被排除在会话之外，破坏团队里的信任和成员的工作表现。为了避免这个问题，有些团队会转发所有成员的邮件信息，而这又会造成信息过载。成员只好直接删除部分未读邮件。这也会制造混乱。团队对视频会议的不满主要来自糟糕的视频质量。电话会议则很容易操作（经常在家便可完成），而且这种方式很适合讨论不同意见。纯文字的沟通方式能够为电话会议打下基础。成功的团队会采用满足自己沟通需求的科技手段（见案例分析"科米特公司案例分析"）。

召开虚拟会议：特殊的挑战 我们在第9章讨论过的召开有效团体会议的具体步骤全部适用于虚拟团体。在你进行第一次虚拟会议之前，你应该复习一下这些步骤。如果你是团体领导者或会议主席，你还应该额外考虑以下几个问题：

1. 选择适合会议的科技手段。如果科技手段与会议目的不匹配，再成熟的科技产品都只是复杂的玩具。经过不断试错，团体最终会发现最适合自己的科技手段，以及不适合用哪些设备和工具。

2. 限制团体规模。对虚拟团体而言，很难了解自己的规模对有效会议而言是否过大。因为他们并没有房间和座位来衡量会议能容纳多少人。你应该把团体控制在尽可能小的规模，这样你们采用的科技手段就不至于太复杂，不会干扰讨论过程。

3. 准备好面对日程安排上的困难。如果你的虚拟团体由来自不同时区的成员构成，那么不要在旧金山时间的晚上6点钟开会，因为这样一来伦敦的成员就得在凌晨2点钟参加会议。有研究发现，时区是虚拟团体面临的最普遍的挑战。

4. 每次会议之前必须检查所有科技设备，确保它们能正常运行。技术故障会干扰会议进程，甚至毁掉会议。在虚拟会议过程中，要保证有技术维修人员随时待命。

5. 确保每个成员都能熟练运用会议将要使用的科技手段。提醒成员麦克风可能会录到大家的窃窃私语。这可能会引起尴尬，或是扰乱沟通过程。虚拟会议看似难以控制，但经过练习，科技带来的障碍就会消失。

以上是我对小型团体沟通能力的全部讨论。我的核心观点之一就是，仅仅一个人就能对团体的工作质量产生极大影响。你个人做过的某个举动，可能恰恰就决定了一个团体的成败。有效沟通从你开始。我们取向是团体效能的核心。不要指望别人完成团体工作。充分利用你在本书学到的知识和技能，将其投入实践，运用它们改善团体表现，你就能得到提高。

>>> 案例分析

科米特公司案例分析

花将近一年半的时间，柯博尔（Kerber）和布奥诺（Buono）在对科米特公司培训和发展部门的一支虚拟团队进行了研究。科米特公司是一家市值30亿美元的公司，员工超过8 000人。这个虚拟团队由来自4个国家、跨越多个时区的11个成员组成（美国、英国、爱尔兰和澳大利亚）。该团队召开电话会议时，有些成员在下午1点开始，有些成员是晚上9点，而其他人则是早晨6点。这个新成立的团队面临的挑战是设计出适用于一个刚经历过重组的大型跨国公司的培训和发展方案。

对于科米特公司的这个团队来说，在成员间建立起良好的社会关系是一大挑战。团队领导者（姓名不详）马上意识到团队需要一个丰富的沟通环境。他当下的目标是"在成员间建立、发展、进化庞大的信息流，让他们能够超越地理距离和虚拟的存在感"。为了实现这一点，该团队结合了同步性的沟通方式（例如电话会议、一对一通话，以及能够见面的成员们亲自见面）和非同步性的沟通方式（例如电子邮件和语音留言）。团队领导者建立了一套强化凝聚力和社会关系的步骤，其中包括成员在团队形成阶段互换照片、分享个人生活片段、每周进行电话会议、领导者每两周跟成员进行一对一的通话，在电话会议上进行"破冰"活动（例如每个成员都描述自己最尴尬的经历），并鼓励成员在电话会议的特定时段闲聊。领导者要能够随时联系上所有成员。

同时，领导者会对团队表现进行常规检查。电话会议的议程通常是：开放性讨论，包括回顾团队工作目标和团队现阶段的工作成果；可能对目标进行的修正；识别突发状况；进行头脑风暴寻找可行方案；齐心协力参与决策；以及安排具体成员执行团队决策（换句话说，他们通常会依照标准议程行事）。电话会议还会持续评估团队在培训项目上的进展。团队每季度会做工作报告。领导者会指导成员的工作，时常予以反馈，认可他们的成绩，并关注成员的个人发展。这种沟通方式有效减少了团队里的社会惰化，并提高了成员对团队目标的承诺。

要让成员对团体保持满意，虚拟团队的领导者要比面对面团队的领袖更加努力。在虚拟团队中，成员都表示自己对团队领导和团队整体的工作表现相当满意。一位成员表示："我们的领导者非常出色，他尊重成员丰富的工作经验和专业度。他不会压抑我们的创造力……作为一个团队，我们干得很不错。尤其是，团队领导者一直让我们优先考虑自己眼下最重要的工作和策略。"

很多指标都显示，科米特公司的虚拟团队取得了巨大成功。这在很大程度上要归功于团队领导者对媒介丰富性和同步性的重视。

进一步思考

1. 这个虚拟团队的成功是特殊环境造就的，还是所有虚拟团队都能够成功？
2. 此案例中，视频会议是否有助于提高团体凝聚力？

提升练习

批判性思考

1. 随着科技水平的提高，虚拟团体有可能最终变得与面对面团体几乎一样吗？
2. 随着科技手段更加成熟和复杂，虚拟团体面临的哪些挑战可能会变得更加严峻？哪些问题的挑战性会降低？
3. 一个由老年人和年轻人组成的虚拟团体会遇到什么挑战，又具备哪些潜在优势？

视频案例

跟虚拟团体有关的电影，即便是最近的电影，都很容易过时甚至老套，因为科技发展实在太过迅速。然而，仍然有一些影片可供我们分析，并将理论运用其中。

《防火墙》(*Firewall*，2006)剧情；PG-13

《虎胆龙威》(*Live Free or Die Hard*，2007)剧情；PG-13

《创：战纪》(*Tron Legacy*，2010)科幻；PG

思考以上影片内容。其中有虚拟团体的例子吗？分析其中沟通媒介的同步性和非同步性。它们分别对沟通有什么影响？

附录 A

团体口头报告

团体有时需要进行公开演讲。在有些情况下，团体的成立就是为了在观众面前口头展示信息。为了帮助那些未经培训或没有经验的人发表公开演讲，我制作了这篇简短的附录。它包括了口头报告的基础内容：团体口头报告、演讲焦虑症、注意力策略、组织语言以及视觉辅助手段的运用。

团体口头报告的典型类型

团体口头报告主要分为三种类型。它们是专题研讨会、座谈会和论坛。

↘ 专题研讨会：自由交换观点

专题研讨会通常由一小群参与者组成，其中大多数是专家，他们会在观众面前就某个具体话题自由表达自己的观点，交换信息。专题讨论的目的包括解决某个复杂问题，向观众讲解他们感兴趣的某个话题，或是鼓励观众思考某个争议性话题的正反方观点。

专题研讨会需要主持人。主持人通常会召集对主题有不同看法的专家来进行专题讨论。专题研讨会的成员需要事先了解即将讨论的话题以及亟待解决的主要问题。为了成功举行专题研讨会，主持人应该遵循以下几个步骤：

1. 主持人应该布置好专题研讨会的现场。通常，嘉宾的人数不应该少于3人，也不能多于7人。嘉宾应该坐在舞台上一张面向所有观众的长桌子后面。当团体讨论的参与者多于四五个人时，嘉宾应该分坐在两张桌子旁边，面对观众成V字形，这可以让嘉宾在不背对观众的情况下彼此交流。每个嘉宾面前都应该摆放姓名卡片，方便观众了解每位专家。如果专题研讨会的会场相对较大，那么主办方要提供一个麦克风给所有讲话者使用。如果嘉宾要求DVD播放机和显示器、电脑、智能平板、黑板、白板或其他视觉辅助工具，你要尽可能地全部提供给对方，并将这些设备放在便于取得且不会影响观众视线的位置。

2. 主持人通常应先欢迎观众的到来，再对话题背景进行简短介绍，再介绍每位嘉宾，包括每位嘉宾的具体背景和专业相关性。

3. 主持人应该鼓励嘉宾们携带大纲前来，但不提倡他们照本宣科事先准备好的草稿。

4. 主持人应先向嘉宾抛出一个问题，开启讨论（例如"大学校园里过度饮酒的情况到底有多严重？"）。你可以向所有嘉宾提出开放性问题，或是先向某个嘉宾提出有针对性的问题。主持人要决定谁在讨论里有发言权。

5. 主持人要在讨论里扮演向导的角色。如果有嘉宾偏离了讨论主题，主持人应该及时向他提问。如果有嘉宾开始主导讨论，主持人应该及时介入，并鼓励其他嘉宾参与讨论。研讨会提倡适当的争论，但要把对话控制在礼貌的限度内。主持人有责任保持讨论的文明。如果嘉宾变得粗鲁，主持人要提醒嘉宾求同存异。主持人要保证所有主要话题都能在规定时间里得到讨论（通常是45分钟到1小时）。

6. 在总结陈词中，主持人应该总结研讨会上嘉宾的主要观点，并指出讨论里凸显的值得进一步讨论的话题。

座谈会：有条理的团体报告

座谈会是一种面向观众的、相对有条理的团体报告形式。它通常是由几个观点相反的人就某个话题发表不受干扰的演说。不同于专题讨论，座谈会的参与者不需要与对方讨论。每个人会就话题的一部分进行简短的演说（通常是 4~6 分钟）。座谈会的核心目的是向观众解释某个争议性话题，或是对某个观众有兴趣的话题进行说明。

座谈会同样需要主持人。主持人应该遵循以下步骤来确保座谈会成功：

1. 前文提到过的专题研讨会的会场布置同样适用于座谈会；

2. 为了避免演说太冗长，主持人应该挑选观点各不相同的演说者；

3. 主持人应该先向观众简短讲解本次座谈会的主题背景，再介绍演说嘉宾，然后逐一介绍嘉宾的发言顺序。

↘ 论坛讨论：观众参与

观众在观看公开演说、专题讨论会、座谈会或辩论之后，能够现场参与相关的话题讨论，这就是论坛。论坛的主要目的是让观众也参与到讨论里来。主持人对论坛的成功至关重要。在主持论坛时，主持人应该遵循以下做法：

1. 通知观众本场专题研讨会或座谈会之后还有论坛讨论。观众应该准备好问题或对刚才演说的感受。

2. 主持人在讨论开始之后应该明确规定论坛参与的规则。规则可能包括：当观众想要参与讨论时，请举手或到一边排队，等待麦克风轮到自己的手里；观众的问题和评论要尽量简短（大约 15~30 秒）；每个人都只能提问一个问题。

3. 限制论坛的时间长度（通常大约 30 分钟）。在论坛快要结束时，提醒大家还剩一两个问题可以提问。等到论坛时间用完便停止接受观众提问，然后对观众的参与表示感谢。

4. 鼓励观众发表不同看法。你应该事先确立正反方的立场。主持人要保证正反两方的参与人数相对平衡。

5. 如果有人声音太小，主持人应该重复提问者的问题。如果某个问题有歧义，主持人可以要求提问者再次解释自己的问题，或是总结问题的要义，方便嘉宾或是论坛演说者回答。

演讲焦虑症

每个人在进行公开演讲之前都会有不同程度的焦虑感。在一项调查中，85%的受访者表示演讲焦虑症（或者说舞台恐惧症或表演焦虑症）是他们人生里的一大严重问题。即便是在网上对观众进行远程演讲，演讲人也会有同样的感受。

就算是大学讲师也会有演讲焦虑症，在某项研究中，87%的心理学讲师承认他们的讲课生涯里曾经历过演讲恐惧症。在这些受访者中，65%的人认为自己经历的最严重的演讲焦虑介于"绝对不自在"和"剧烈或极端不舒服"之间。如果你因为需要在课堂上演讲而焦虑不安，那你绝对不是一个人。

你可以通过大量镇静剂来"治愈"演讲焦虑症，但是一方面这种做法存在心理隐患（镇静剂有成瘾性），另一方面它可能会让你在全班同学面前反应迟钝，因为镇静剂是通过降低感受敏锐度来达到目的的。如果你不想在学生面前显得像根木头，就应避免使用药物缓解焦虑。

演说焦虑症不是魔鬼。我们要关注的不是焦虑症本身，而是你焦虑的程度。适当的焦虑可能会让演讲者发挥更高水平。如果你感到整个演讲经历毫无挑战性，可能会无精打采，但是适度的压力能够让你呈现一场生动、有力量的演说。

不过，过度的恐惧会让你心力交瘁，甚至没法专注在演讲上。如果你对此重视不够，可能会导致严重的问题。它会让你思维停滞、无法灵活思考。这是每个演讲者的噩梦。吓坏了的演讲者只想赶快逃走。你在三分钟里就把原本7分钟的演讲内容磕磕巴巴但语速飞快地说完了。因为你说得越快，你就能越早逃脱。

演讲焦虑症的原因复杂且多种多样。由于篇幅有限，我们没法对这些原因进行彻底讨论。总的来说，演讲焦虑的原因是你种种自我挫败的想法和情境因素。

自我挫败的想法包括认为自己一定会失败的负面思想，想要赢得全部观众支持的欲望，以及意识到观众会评价你的演讲表现。有关你演讲表现的负面想法会让你不断夸大自己的潜在问题并最终被焦虑吞噬。那些预测演讲失败的负面想法不会一闪而过，它们会整个击垮你的心理机能（"我就知道我会忘掉全部演讲内容,像个傻瓜一样站在那里")。你只不过讲得略微缺乏条理,你就把这放大为整段话都在语无伦次地喋喋不休。完美主义者也会为自己演讲里的每一点瑕疵而惴惴不安,把每个小错误都无限放大。谁都希望能发表毫无瑕疵的公开演讲,但是为什么要因为自己没做到这一点就折磨自己呢?完美主义者会对自己说一些自我挫败的话,例如:"我真是个傻瓜。我把我提到的一个专家的名字读错了。""我肯定说过几十次'嗯',我听起来像个白痴一样。""我的膝盖在颤抖。观众肯定觉得我紧张到四肢失调了。"但讽刺的是,这些让完美主义者如此痛苦的不完美之处,往往根本不会被大多数观众注意到。过高估计观众对演讲者紧张程度的洞察,被称为透明度错觉。即便是最有天分和经验最丰富的演讲者也会偶尔犯错,但因为他们的演讲内容非常精彩,观众根本不会注意到这些瑕疵。

另一种自我挫败的想法是希望得到观众们百分之百的认可,特别是希望他们认可我们很重视的观点。但这种期待是很不理性的。你不可能取悦每个人,特别是在那些有争议性的话题上,你更不可能让人人满意。如果你把成功的标准设定在根本无法企及的高度,那你只会摔得很惨。

事实是每当我们进行演讲时,观众确实会评价我们的表现,即便没有人正式地为我们打分,评价也一直存在,这或多或少会引起我们的焦虑。人类是社交生物,我们不喜欢甚至恐惧他人的不认可。即便你没有期待得到观众百分之百的认可,你也不太可能对他人的评价完全无动于衷。如果每个人的演讲都会得到一个正式分数,公开演讲会变得加倍激烈。

很多情境因素也会造成演讲焦虑。其中最明显的两种是新环境和暴露在众目睽睽之下的感觉。新情境会造成不确定感,而不确定感很容易让你紧张。对大多数学生来说,公开演讲是一种新的情境。很少有人此前做过多次公开演讲,有些人甚至从未在众人面前正式演说过。好在当你有过几次公开演讲的经验之后,这种陌生感会逐渐消失,你的焦虑也能有所好转。

暴露在众目睽睽之下的感觉会让大多数人焦躁不已。大多数学生告诉我,对一两个人演讲通常不难,但是在全班同学或几千个观众面前演说会让他们紧张得把午饭吐出来。显然,这种在众人面前的不自在感与你对获得认可的期待有关。在几个人面前演说失败似乎没什么,但是在一大群人面前张口结舌就不一样了。在前一种情境下,你可能的失败充其量不过是打气时间,但是在后一种情况下,一旦失败,你可能就会成为全校同学嘲笑的对象——很多人的逻辑便是如此。

鉴于诸多会引起焦虑的原因，你应该如何控制演讲焦虑症呢？有人告诉我，在演讲时幻想观众是裸体的或只穿着内裤或尿布会很有效（但你得控制住不被自己逗笑）；也有人表示深呼吸能在短时间内迅速缓解舞台恐惧。这些建议都不无道理，它们可能会对你有所帮助。但它们都不是缓解演讲焦虑症的可靠措施。你可以采取更多更为有效的办法。

首先，演讲前的充分准备必不可少。你应该在演讲之前对主题进行认真的研究，清楚并周详地组织你的演说内容，并多练习几次，这样能有效缓解你的焦虑。充分的准备工作还必须包括你体力上的准备，例如保证你在演讲前营养充足。如果你忽略了自己的身体状况，你在演讲前的所有其他准备都有可能白费力气。不要饿着肚子进行演讲，但也不要吃太多垃圾食品。你应该补充高能量的食物，例如碳水化合物，保证你在演讲时精力充沛。要避免摄入过多糖分（甜甜圈、饼干）、咖啡因（咖啡、可乐、巧克力）和尼古丁（香烟）。充分的准备会降低你的不确定感和对失败的恐惧感。

第二，理性看待你的演讲情境。演讲焦虑症有理性和非理性之分。我的一位同事达里尔，用一个简单的方程式来判断这二者间的区别。用你所担心的事情的严重性去乘以你担心的事情的发生概率，你就能判断出哪种程度的焦虑是理性的，哪种程度已经超越了理性的范围。要估计事态的严重性，你可以假设你最担心的事变为现实——你弄砸了演讲。你会离开美国吗？你会退学吗？大概不会，你的演讲再糟糕，你也不会采取这么激烈的做法。你可能会考虑退课，但连这种事的可能性都很低，因为学生一般都对糟糕的演讲非常宽容。所以即使你的演讲很糟糕，你也不需要进修道院，或是对生活做出任何重大改变。况且，如果你准备足够充分的话，你搞砸演讲让噩梦成真的可能性本来就很低。所以，如果你能按照这里的每条建议去做，就没有理由为即将到来的演讲而紧张成一团了。

第三，跳出自我，把注意力放在你演讲的内容和观众身上。你无法同时专注于两件事。如果你沉溺在自己的紧张情绪里，你就无法专注于演讲本身。你得充满热情、有条理地向大家发表你的演说。你应该把整个演讲过程当成一次激发观众兴趣的挑战，甚至是一个改变他们对某个问题的看法的机会。

第四，在演讲中不断给自己打气，尤其是当你突然卡壳时。没有经验的演讲者不小心犯错误时，往往会给自己负面的心理暗示。你本来只是忘记了一个观点，思维有一秒钟的短路，或是走神，你却马上对自己说"我就知道我会搞砸"或者"我告诉过所有人了，我的演讲不可能成功"。不要这样做，要尽量给自己正面暗示。当你遇到问题时，要对自己说"我能做得更好"或是"我马上就到了我最擅长的那一部分了"。要不断地鼓励自己，扼杀那些自我挫败的想法。如果你某一段讲得不错，马上告诉自己做得不错（当然是心里默念，不要大声说出来）。这会让你在演讲过程里充满能量。

获取和保持注意力

观众不会奇迹般地对你发生兴趣。想让观众兴趣盎然，你要有周详的计划并利用注意力策略。尽管对任何演讲者来说，获得和保持观众的注意力都是个很重要的目标，但是你要确保吸引力策略能给你的演讲锦上添花，而不会分散观众对内容本身的关注。毫无章法的演讲也会获得注意力，但却是以负面的方式。频繁的语气助词，例如"你知道的""嗯""啊"只会让观众注意到你的笨嘴拙舌。

某些刺激手段能引起观众的注意。想想以下这些刺激手段是怎么变成吸引力策略的。

首先，冲击力能吸引注意力。冲击力来自集中的刺激，是情绪、思想和行为的极端状态。某个女性摆脱偷窥狂的故事可能会给观众造成极大冲击，特别是那些本身就害怕这类事件发生的观众。但你也不要把这类情感冲击力太强的故事描绘得过于生动，否则你可能会冒犯到观众。

有几种基本的风格技巧能增强对观众的冲击，吸引其注意力。直接、锐利的眼神是一项实用技巧。在你炽热的注视下，白日梦想家也得从美梦里醒过来。但是不脱稿的演讲者往往会忽略与观众保持眼神交流，因为他们正在认真朗读面前的一字一句，这又强调了演讲脱稿的重要性，否则你与观众的联系会中断。直接的眼神接触能吸引注意力，而缺乏眼神接触会让观众失去对你的兴趣。

第二种提高冲击力的技巧是音量变化。提高音量会瞬间吸引全场注意。

你可以用突然提高的音量来突出演讲里的重点，就像你在写作时用感叹号加强语气一样。但是观众也可能会很讨厌演讲者不时突然提高音量。不断用同一条信息对观众反复轰炸，可能会引起观众的厌烦，反而让他们心理上与你离得更远。

只有在信息非常重要，需要观众密切关注时，你才应该提高自己的音量，否则你的演讲听起来就像全程在咆哮。

沉默同样能带来冲击力。耐人寻味的停顿——沉默的时间略长于你的换气时间——能让你的演说更富余戏剧性，也能突出重点。

第二种刺激手段是惊吓。你可以用一些令人震惊的言论、实施或数据让观众大吃一惊，目瞪口呆，瞬间清醒过来。例如，"艾滋病显然有可能造成人类大批量死亡""卡路里会杀死你"或是"你隔壁可能住了一个恐怖分子"。这些言论都会让观众瞬间直起身来。让人震惊的事实包括，政府在囚犯食宿上的开销远高于将他送进最昂贵的大学会花掉的费用。当然，如果你没有充分证据来支持你惊世骇俗的言论，就不要为了吸引眼球而信口开河。

并不是所有的惊吓刺激都能带来建设性的注意力。演讲者在惊吓观众的同时，可能也会冒犯到他们。我和我同事的个人经历都能印证这一点。曾有一名学生（在进行有关食物中毒的演讲时）为了赢得注意力，把炒鸡蛋吐进了自己的手帕，让大家对演讲者的品味产生了极度的怀疑。另一名同学曾狠狠地朝自己脸上揍了一拳，因为打得太重，他有几秒钟根本站不稳（他在进行美国暴力状况的演讲）。这些例子都有个共同点：演讲者吸引到了关注，但也失去了自己的可靠度。坏品味的玩笑、种族诽谤和冒犯性的语言都能吓到观众，博取关注度，但也会让演讲者损失惨重。我们在使用吸引力策略时的通用法则是，这些策略必须能够强化我们演讲的效果，而非削弱演讲效果。

第三条吸引力策略是，让观众觉得你谈论的话题与他休戚相关。你可以通过两种做法来实现这个效果。第一，这个生死攸关的点不能太抽象，而要具体、紧迫和有意义。当你对观众说出此类内容时，他们的反应应该是："所以我会受到什么影响？"如果听者发现不作为的后果会直接影响自己的利益和生存，他们就会认识到问题的重要性和意义。"现场每 10 位女性观众里就有 1 个人可能会罹患乳腺癌，每 10 位男性里就会有 1 个人得前列腺癌。就算你不得病，你身边也很可能会有朋友或亲戚死于这些癌症。"上述说法将问题变得个人化，让观众觉得它与自己休戚相关。但是要小心，不要夸大其词，把微不足道的情况描述成生死攸关的问题。要让观众相信某件事的严重性，它必须首先是真实的。你要拿出有力的证据来证明这个问题的重要性。

　　第四种策略是利用新奇感。观众会自然而然地被新鲜和特别的事物吸引。不寻常的案例、绝妙的引用、离奇的故事都能够引起观众的注意，因为它们很新奇。一个新奇的开场白对你的演讲非常关键。不要先告诉观众你的主题是什么。那太老套和无聊了。你应该先用一个新颖的开场引起大家的兴趣，比如一个离奇的新闻事件、故事或是与你的主题有关的案例。请看下面这段开场白是如何抓住观众的注意力的：

> 　　俄克拉荷马的一名抢劫犯自己给自己做了辩护律师，当有目击者在法庭上认定他有罪时，抢劫犯激动起来："我应该一枪崩掉你的脑袋。"他大喊道，紧接着又反应过来："如果我当时在那里的话。"审判结果呢？有罪。我们从中学到了什么教训？给你自己做辩护律师可不是个好主意。

　　新奇感是一条非常有效的注意力策略，它能让你的开场白引人入胜，也能让你的整个演讲趣味横生。

　　最后，恰到好处的幽默是一条绝佳的注意力策略。你应该在整个演讲中穿插一些幽默的趣闻逸事、名人名言和个人经历。但是，在使用幽默时，你也得把握几条原则。第一，不要故作幽默。如果你并不是一个特别有趣的人，也从未绘声绘色地讲过一个笑话，那你就不要在观众面前假装喜剧大师。幽默的话语、有趣的故事和可笑的经历只有在不经意间被讲出来时才最好笑。你可以在阐述核心观点时穿插一些笑话，如果观众们觉得好笑，他们会哈哈大笑的。

　　第二，幽默也要符合主题。如果你是个喜剧大师，你的目的只是逗笑观众，你可以天马行空地讲笑话和故事。但在正式的演讲里，你必须发表重要的观点。你对幽默的运用必须切合主题，目的在于提升整个演讲的效果。

　　第三，要有良好的品位。粗俗、猥亵和恶心的笑话会引起观众的愤怒和敌意。关于刻板印象或贬低他人的笑话可能会激怒你的一大部分听众。性别歧视、种族歧视的笑话只会让观众觉得你品味糟糕、判断力低下。

　　第四，不要过度使用幽默。不要被你自己的小把戏迷住。一个接着一个的笑话可能会让观众们笑声不断，但如果你的演讲里除此以外毫无实质内容，观众也不可能满意。

幽默是个有点冒险的手段，但假如你运用得当，效果会相当让人满意。如果你能恰当和有技巧地运用幽默，它可能会成为最有效的注意力策略。

组织和提纲

成功的演讲必须条理清晰。本小节会教你如何组织演讲内容并列出提纲。

组织演讲内容最简单的方式可能是把它看成一个倒金字塔。这个倒金字塔的底部是你演讲里最笼统的部分，也就是主题。然后逆着金字塔的走向，你应该先陈述本次演讲的目的，然后就这个目的提出你的主要观点，再用分论点和具体的分论点层层递进地阐释。你应该从最抽象的部分开始，然后越来越具体。

假设你的小组选择美国的暴力作为座谈会主题。首先，你们必须将这个笼统的主题细化为几个分论点，每个成员负责就每个论点进行4～6分钟的演讲。分论点可能会包括电视里的暴力、电影里的暴力、枪支与暴力、黑社会暴力、暴力的社会经济原因以及有可能解决暴力问题的手段（这又能够被进一步细化为更具体的措施，例如"三振出局"，禁止私人持有枪械，监狱改革和社会项目等）。每个成员都应被分配到一个分论点。

在你们确定了各自要在座谈会上阐释的分论点之后，每个成员都要写一段具体的目的陈述。目的陈述是用简单、清晰的语言写成的一段简短、准确、说明式的陈述，它会介绍你们的总体目标（告知或劝说）和具体目标（你具体希望观众理解、相信、感受或做些什么）。目的陈述通常要参考届时现场观众的知识水平和兴趣。你的小组报告应该考虑到观众的兴趣、理解力深度和生活经历。

主题：枪支与暴力

目的陈述：告诉大家美国存在严重的枪支问题。

你的目的陈述是你整个演讲的蓝图。你要在目的陈述里清楚表达你的主要观点。

主要观点 I：枪支致死是个严重问题。
主要观点 II：枪支造成的严重伤残也是美国社会里的严重问题之一。

每个主要观点要被细化为分论点、更细的分论点，以此类推。

主要观点 I：枪支致死是个严重问题。
分论点 A：美国每年有超过 1.6 万起枪杀案，而日本只有不到 100 起。
分论点 B：美国 10~19 岁的年轻人里，每年有超过 1.14 万人开枪自杀。

然后你要用具体案例和证据进一步细化每个分论点。

分论点 A：美国每年有超过 1.6 万起枪杀案，而日本只有不到 100 起。
次分论点 1：在过去 10 年里，青少年枪杀案的发生数量几乎翻了一倍，每年超过 5 000 起。
次分论点 2：青少年的枪杀致死率如今已经超过了所有自然原因致死率的总和。
次分论点 3：每 100 小时里被枪杀的美国男性人数是每 100 小时里死于海湾战争的人数的 4 倍。
次分论点 4：提供青少年在街头暴力中被枪杀的例子。

分论点 B：美国 10~19 岁的年轻人里，每年有超过 1 400 人开枪自杀。
次分论点 1：超过 2/3 的自杀者是开枪自杀的。
次分论点 2：枪支问题让很多有自杀倾向的年轻人处在危险中。
次 – 次分论点 a：超过 1/4 的高中生曾严肃考虑过自杀。
次 – 次分论点 b：16% 的高中生制订过具体的自杀计划，而且其中一半的人执行了计划。
次 – 次分论点 c：枪支的容易获取提高了青少年自杀的可能性。
次 – 次分论点 d：讲述 14 岁的保罗·霍夫曼的故事。

你的第一个主要观点的提纲应该如下文所示：

目的陈述：告诉大家美国存在严重的枪支问题。

I. 枪支致死是个严重问题。
 A. 美国每年有超过 1.6 万起枪杀案，而日本只有不到 100 起。
  1. 在过去 10 年里，青少年枪杀案的发生数量几乎翻了一倍，每年超过 5 000 起。
  2. 青少年的枪杀致死率如今已经超过了所有自然原因致死率的总和。
  3. 每 100 小时里被枪杀的美国男性人数是每 100 小时里死于海湾战争的人的 4 倍。
  4. 提供青少年在街头暴力中被枪杀的例子。

 B. 美国 10~19 岁的年轻人里，每年有超过 1 400 人开枪自杀。
  1. 超过 2/3 的自杀者是开枪自杀的。
  2. 枪支问题让很多有自杀倾向的年轻人处在危险中。
   a. 超过 1/4 的高中生曾严肃考虑过自杀。
   b. 16% 的高中生制订过具体的自杀计划，而其中一半的人执行了计划。
   c. 枪支的容易获取提高了青少年自杀的可能性。
   d. 讲述 14 岁的保罗·霍夫曼的故事。

你应该按照这个格式继续完成第二个主论点的提纲。要注意，每个分论点要紧密贴合主论点，每个次一级的分论点又要严格切合前一个分论点。

我上面给出的提纲范例运用了标准的符号格式，它由罗马数字、大写字母和阿拉伯数字组成。你得把每个笼统的观点都细化成分论点。这有利于你在演讲时思路清晰地陈述观点。每个主论点要至少被细化为两个分论点。

在组织演讲内容时，主干内容的准备是最难和最重要的部分。开场白是你带给观众的第一印象。你的开场白要满足以下几点要求，通常按此顺序：

1. 吸引观众注意力。
2. 进行目的陈述。
3. 把你的话题和目的陈述跟观众的兴趣联系起来（回答"为什么观众要关心你的演讲主题和目的？"）。

4.预告你演讲里的主要观点（要严格按照你提纲里的说法进行陈述）。

你演讲的结论部分要做到以下两点：
1.对你的主要观点进行简单总结。
2.采用有效的吸引力策略，让演讲在热烈的气氛里结束。

有了开场白、主干和结论，你的演讲提纲就完成了，然后你要多练习几次。按照提纲而不是演讲稿进行演说的形式被称为即兴演讲。首先你要完整地复述整个提纲，然后把其中的句子提炼浓缩为简短的词语或词组，这才是你真正的演讲提纲。当你面对着全场观众的压力时，不需要完整地复述句子会让即兴演讲更加简单。你可以偶尔瞥一眼提纲，提醒自己接下来要陈述什么观点，这样你便能在防止思路中断的同时跟观众保持眼神交流。

最后，在进行演说时，明确标记出你的主要观点。标记可以让观众了解你的演讲进行到了哪一步，便于他们跟上你的思路。每次讲到一个主要观点时，你都应重述所有的主要观点，这就是标记。如果你认为"美国的枪支问题有三个原因"，你应该每次在谈到原因之一时都提一句，"枪支暴力的首要原因是贫穷""第二个原因是枪支太容易获取""第三个原因是刑事司法制度的瘫痪"。通过这种方式，你就能让观众了解到你演讲的重点。

使用视觉辅助手段

视觉辅助手段能为你的演讲增添趣味性，阐释复杂的问题，让你的观点更容易被记住，并能增强演讲者的可信度。视觉辅助手段多样，而且随着电脑图形科技的发展，视觉辅助手段上的限制也相应减少。但是，毫无经验的演讲者最好能够采取简单的辅助手段。照片、图表、图画、物理模型、视频片段和幻灯片都是普遍的视觉辅助手段。

如果视觉辅助手段设计太粗糙，或是你不能熟练操作的话，它反而会破坏你演讲的效果。你可以按照以下指导原则有效准备和展示视觉辅助手段：

1. 让视觉辅助手段保持简单。在书本、杂志或报纸行之有效的视觉辅助手段可能并不适合在演讲里使用。在出版物中，视觉辅助材料都可能会被读者仔细研究。但是如果你在演讲里运用了复杂的视觉内容，却会分散观众的注意力，因为他们得费力弄清楚你的图表、图画或是表格。

2. 视觉辅助内容要够大，便于所有人观看。我们最基本的原则是，坐在房间后面的人能够轻易看到你的视觉辅助内容。

3. 视觉辅助内容要美观和有吸引力。若你的视觉辅助内容制作得马虎又草率，那还不如不要使用它们。幻灯片里的一长串项目列表非常无聊。记住，幻灯片应该成为你的视觉辅助手段。所以你要保证它在视觉上有吸引力。

4. 在所有观众能够轻易看到的地方展示你的视觉辅助内容。确保观众不需要站起来或伸长脖子才能看到视觉内容。用小电脑屏幕播放幻灯片，而不是将它投影在大屏幕上，几乎在所有小组报告里都不够实用。

5. 练习操作视觉辅助手段。谨记墨菲定律——有可能会出错的就一定会出错。确保你的设备运转正常。不要不加练习就采用某种新科技手段。

6. 对着观众讲话，而不是你的视觉辅助内容。不要在解说视觉资料时背对观众（即使是专业演讲者在操作幻灯片时也很容易这么做）。面向观众站立，脚趾朝正前方，幻想你的脚被钉在地上。站在视觉辅助内容旁边，用手指或激光笔向观众解说视觉内容。

7. 当你不需要使用视觉辅助手段时，将它移到视线以外。当你在讲解跟视觉内容无关的部分时，观众仍可能会被视觉内容转移注意力。我曾经参加过一个座谈会，它的主题是冲浪，在大家演讲的同时，座谈会上一直在播放一部冲浪电影。不出意外，观众对视频的兴趣远大于演讲者。如果你要播放幻灯片，那你应该在不需要视觉辅助时插入一些空白幻灯片。

8. 不要在观众中间传递你的视觉辅助资料。当你仍在演讲时，允许观众传递图片或其他视觉辅助内容会分散他们对演讲的注意力。

附录 B
重温批判性思维：论据和谬误

我已经在第 8 章和第 9 章深入探讨了小型团体决策和问题解决里的批判性思维过程。团体成员必须能够识别和有效应对信息过载和信息不足的问题、确认偏差、伪二分法、集体推理错误、团体极化和团体迷思。另外，标准议程的每个步骤里都包含着批判性思维，特别是当团体收集和评估信息，制定和应用决策准则，以及做出最终决定时。

将这个附录收入本书的原因，是美国部分地区的课堂比其他地区更加重视推理和证据的使用。本附录分为两部分内容：论据的结构和谬误的类型。

论据的结构

每个论据或者说"推理链"都由几个部分组成。这些部分包括：主张，指被断定和亟待证明的部分；资料，指主张的根据（支持/证据），例如统计数据、专家证词、文件、物料、展示、测试结论、能证实的事实，以及此前确定的结论；立论理由，指被用来将资料和主张联系起来的推理，通常是被假定的（暗示的），而不是被直接提出的；支持，指用于支持立论理由产生的论断的额外证据和推理；反驳，指能够削弱主张力度的例外或反例；模态限定，指主张的真实程度（例如非常有可能、貌似真实的、有可能等）。

下面这个例子就是论据的 6 个组成部分：

主张：吉姆·戴维斯应该被给予抗生素。

资料：戴维斯的胳膊和双腿在车祸里严重受伤。

立论理由：这些伤口有感染的风险。

支持：医院的报告和无数研究都表明感染的风险很高，而抗生素能防止感染发生。

反驳：滥用抗生素会制造出超级细菌。只有在确定必要的情况下我们才能使用抗生素，否则它们最终会变得无效。

模态限定："有可能。"这是一个基于可靠证据和推理的有力主张。

谬　误

了解谬误能帮你判断自己主张的正确性，资料的力度，以及你的立论理由和支持的可靠性。下面这份谬误清单并不全面。我只是选择了一些经常发生以及学生们每天都可能会遇到的谬误。我将这份谬误清单分为三大类：材料谬误，是指在使用支持性材料作为证据的过程里发生的错误；逻辑谬误，指在推理过程中发生的错误；心理学谬误，是基于感性而不是逻辑和证据之上的主张。

⬇ 材料谬误：错误使用数据

材料谬误主要有两种：错误使用数据和错误使用权威。错误使用数据的谬误不计其数。我下面列举了5个常见的谬误。

人为制造的或值得怀疑的数据：捏造　这种谬误包括经过篡改的统计数据，或没有合理方法编译因此有效性高度可疑的统计数据，又或者是能被量化的部分太小，无法保证编译准确的统计数据所必需的时间、精力和资源。每年的奥斯卡金像奖颁奖典礼都声称全世界有10亿人在收看节目。根据尼尔森的收视调查，美国有4 000万人在收看该节目，而奥斯卡金像奖在美国比在任何其他国家都更受关注，因为其中提名的大部分影片都是美国本土影片，另外这个电视颁奖典礼是英语节目，而英语并非世界大多数国家的官方语言，综上所述，我们几乎可以确定这个 10 亿观众的主张纯粹是人为捏造和夸大的荒谬数据。

不相关数据：不适用 有些数据不能直接证明主张的真实性，但是它却被作为证据提出来支持主张。例如，"美国每年在医疗上要花 10 000 亿美元，比世界上任何其他国家都多。显然，我们的医疗制度是全世界最棒的。"金钱开销的数量无法证明政府明智、有效率地使用了这笔钱。

样本规模不足或不明确：远远不够 当样本太小，导致误差幅度大于或小于 3% 时，或是当你根本不清楚样本的规模时，这种谬误就会发生。例如，"80% 的此类调查支持有线电视立法。"有多少人接受了访问？ 10 个人里有 8 个支持立法？

自选样本：不是随机挑选 电视台的电话调查和杂志的调查问卷都是例子。那些愤怒的或跟结果利益相关的人最有可能参与这些调查。MSNBC 曾就乔治·布什是否该被弹劾在互联网上进行过调查。不出意外，89% 的人认为他应该被弹劾（这项调查持续了数年）。但是在其他名誉良好的、采用随机样本而非自选样本的大型调查中，结果都没有出现多数人支持弹劾。

过时的数据：缺乏时效性 统计数据应该尽可能保持时效性，尤其是在事件、现象或是情况处于动态中、随时可能发生变化的情况下（例如失业人数、贷款的长期利率，不同城市的谋杀案发生率以及国际汇率）。有些现象即使会随时间变化，也非常缓慢（例如美国自称天主教、新教和其他教派的人口比例）。它们对数据时效性的要求较低。"根据住房和城市发展部门 2000 年向国会提交的一份报告，美国一栋新房子的价格中位数是 12 万美元。"这就是一个根本无法反映当前美国住房市场的统计数据。

▶ 材料谬误：错误使用权威

专家和权威机构的证词可以被用来支持主张，因为专家能够利用比非专家人士更大的数据库和知识库。专家并非永远正确，但专家比那些毫无知名度或只通皮毛的人更可靠，特别是在高度专业的问题上。

不完全引用：既不具体也不完整的引用 完整引用的最低要求是要包含权威的资质（如果不明显）、出版地点和引用日期。例如，"总统心理卫生委员会在本年度一月份名为'心理健康，心理疾病'的报告里总结道，'美国最大的耻辱就是被贴上了心理疾病的标签。'"而"研究显示"（除非是由某位专家提供了自己专业领域的最新成果），"调查显示"等用法，都是不完整引用。

有偏颇的信息来源：别有用心者　为了获取金钱、特权、权力或影响力而在某些问题上采取特定立场，或是坚持某种说法的特殊利益团体或个人，即便具备了专业知识，仍然是有偏颇的信息来源。其中的一个例子就是骆驼香烟公司在吸烟与健康问题上发表的言论。

引用专业领域以外的言论：专业度不是天生的　你只能引用专家在自己专业领域内的言论。"生物学教授恩纳德·鲍斯特斯（Ernhard Bousterhaus）博士声称，电动汽车至少在接下来的50年内都是不切实际的。"虽然以上言论来自一位专家，但电动汽车跟他的专业领域毫无关联。

逻辑谬误：推理失误

推理是论据立论理由的基础。有时我们的逻辑是错误的。

草率结论：过度概括　根据过少或非典型的例子得出的结论被称为草率结论。对癌症治愈、信仰治疗等的推崇和褒奖就是基于过少和非典型的个人经历而得出的草率结论。脱口秀嘉宾们基于个人经历的概括也是一种草率结论。

错误类比：伪比较　错误类比就是把两个非常类似的物件、事件或现象视为完全一样的，即便二者间存在一个或多个显著差异。"在土耳其，农民把罂粟（海洛因的原料）当作经济作物种植。在美国，农民把大豆和玉米当成经济作物种植。既然我们没有禁止玉米和大豆种植，那为什么要禁止种罂粟呢？"这就是一个错误类比，因为罂粟并不是人类主要的食物来源，不能解决全球的饥饿问题，但是玉米和大豆可以。另外，罂粟是被作为毒品原料种植的。尽管玉米能被用来造酒，但那并不是玉米种植的主要目的。

误认为是因果关系：共变谬误　当两种现象同时发生变化，我们经常会错误地将其联系起来。"我这个星期吃了很多巧克力，现在我脸上长痘痘了。我猜我应该停止吃巧克力，这样粉刺就会消失了。"这个例子就误认为两个现象存在因果关系。

单一原因：复杂性过度简单化　把一个由很多原因导致的复杂现象归结到某一个原因上，就是单一原因谬误。"沟通不良是离婚率上升的原因"就是个例子。沟通不良可能是某些离婚案例的原因之一，但不一定是最重要或唯一的原因。

心理学谬误：情感伪装成逻辑　假装情绪化攻击是有逻辑的，就会陷入谬误的境地。这种谬误有两个典型例子：人身攻击和从众效应。

为了转移对信息的注意力而攻击信息就是一种人身攻击谬误。但并非所有针对某人的可信度、个性和资格的攻击都是谬误。如果某人的个性或可信度确实存在问题，那么这种攻击就是相关论证（例如，在弹劾听证会上攻击比尔·克林顿的廉洁问题就不是错误的人身攻击）。"为什么你总是因为不学习来烦我？上个学期你的 GPA 下降了将近一分"就是一个人身攻击谬误。

基于民意而不是证据和推理的主张是一种从众心理谬误。"尽管抽大麻吧。超过三分之一的大学生都在抽"就是一个例子。

图书在版编目（CIP）数据

小团队沟通课 / (美) J.丹·罗斯维尔著；魏思静译. -- 北京：中国友谊出版公司，2021.6
书名原文：In Mixed Company
ISBN 978-7-5057-4665-7

Ⅰ.①小… Ⅱ.①J… ②魏… Ⅲ.①企业管理—组织管理学 Ⅳ.①F272.9

中国版本图书馆CIP数据核字(2019)第057070号

著作权合同登记号　图字：01-2021-1086

©2019 by Oxford University Press
©2016, 2013, 2010 by Cengage Learning

IN MIXED COMPANY: COMMUNICATING IN SMALL GROUP AND TEAMS, TENTH EDITION by J DAN Rothwell was originally published in English in 2019. This Translation published by arrangement with Oxford University Press, GINKGO (SHANGHAI) BOOK CO., LTD is solely responsible for this translation from the original work and Oxford University Press shall have no liability for any errors, omissions or inaccuracies or ambiguities in such translation or for any losses caused by reliance thereon.

本书中文版权归属于银杏树下（北京）图书有限责任公司。

书名	小团队沟通课
作者	[美] J.丹·罗斯维尔
译者	魏思静
出版	中国友谊出版公司
发行	中国友谊出版公司
经销	新华书店
印刷	天津创先河普业印刷有限公司
规格	720×1092毫米　16开　24.5印张　364千字
版次	2021年6月第1版
印次	2021年6月第1次印刷
书号	ISBN 978-7-5057-4665-7
定价	72.00元
地址	北京市朝阳区西坝河南里17号楼
邮编	100028
电话	（010）64678009